集人文社科之思 刊专业学术之声

集 刊 名：汉语语言学
主办单位：中山大学中国语言文学系

编辑部地址：广东省广州市海珠区新港西路135号中山大学中国语言文学系
邮编：510275
编辑部邮箱：clsysu@mail.sysu.edu.cn

汉语语言学（第四辑）
集刊序列号：PIJ-2019-404
中国集刊网：www.jikan.com.cn/汉语语言学
集刊投约稿平台：www.iedol.cn

漢語語言學

中山大学中国语言文学系《汉语语言学》编委会 编

第四辑

目　录

CONTENTS

媒体谈话语篇中的“我+感知动词”立场标记*

徐晶凝

（北京大学对外汉语教育学院）

提　要　本文基于媒体谈话语篇中的语料研究立场标记“我看”“我想”“我觉得”“我认为”的功能语义异同，研究发现“我+感知动词”在媒体谈话语篇中的使用频率不同于影视剧语料与法庭互动语篇。“我+感知动词”的功能分布与其所表达的说话人的承诺度高低存在密切关联，它们的连用不仅具有明确标识逻辑语义层次的作用，还可以营造一定的立场氛围。“我+感知动词”既用于认识情态表达，又用于表达一定的证据范畴义，但存在主观化与语法化过程上的不同步。

关键词　承诺度　认识情态　证据范畴　立场　语体

1. 引言

“我看”“我想”“我觉得”“我认为”等“我+感知动词”（CPU①，

* 本文在中国语言学会第21届学术年会（2022年9月23日至25日，西安）上宣读过。感谢与会专家邵敬敏、方梅、董秀芳、陆志军、陈颖等的宝贵意见。

① CPU即cognition verbs，perception verbs，utterance verbs。“我+感知动词”还包括“我以为”“我估计”“我相信”“我猜”等。不过，它们在意义上比较实在，本文暂不研究。

Givon，1993）组合可以用作认识立场标记，显现说话人的观点或看法。它们不仅可以单用，也可以彼此连用，如：

（1）窦文涛：我认为伊丽莎白·泰勒也挺纯的，我觉得$_1$玛丽莲·梦露也挺纯的。就是至少从表面上看，你比如说那种天真的性感，我就像刚才文道说的，我觉得$_2$就像当年他们讲阿娇那种，觉得不纯了，不天真了，哎呀，我觉得$_3$我不是这么看的。

（2）刘威葳：我觉得$_1$你说得有道理，因为我本身我是金牛座，我觉得$_2$我身上有点儿母爱泛滥，你知道吗？就是，虽然我没有孩子，但是我自己都能感受得到我那个有点儿母爱泛滥。但是对生孩子这件事情，我一直觉得$_3$这个是特别特别自私的一件事情。可能我这样说的时候真的很多人会骂我。

王小帅：所以要理解，所以说要反向理解她一下，这个社会就平衡了。

刘威葳：我认为是最自私的，不信我们做个实验，就是你去问五十个人也好，或者问咱们先问十个人吧，你说你为什么生孩子？他给你的答案就是（略）。答案都是从他自己，或者他身边的人，他都是为了自己。没有人，没有一个人（略）。

例（1）中说话人在同一个话轮中完成观点表述时连续使用了“我认为”和“我觉得”；例（2）中，说话人刘威葳在表述观点的过程中被插话，通过两个话轮完成观点表达，连续使用了三个“我觉得”之后，使用了“我认为”。

说话人为什么要这样使用立场标记？它们的连用是否存在某些规律，又是否反映了立场标记在功能、语义上的差异？这些问题学界尚无人探讨。本文拟基于媒体语言语料库（Media Language Corpus，MLC）对此问题进行研究。在 MLC“锵锵三人行”栏目语料中共检索到“我看”“我想”“我觉得”“我认为”连用例148例，如表1所示①。

表1 “我看”“我想”“我觉得”“我认为”连用的情况

<table>
<tr><th colspan="3">连用模式</th><th>数量(例)</th></tr>
<tr><td rowspan="4">自相组合连用</td><td colspan="2">我觉得+我觉得</td><td>45</td></tr>
<tr><td colspan="2">我想+我想</td><td>3</td></tr>
<tr><td colspan="2">我认为+我认为</td><td>4</td></tr>
<tr><td colspan="2">我看+我看</td><td>2</td></tr>
<tr><td rowspan="7">彼此组合连用</td><td rowspan="4">我觉得+我认为</td><td>我觉得+我认为</td><td>40</td></tr>
<tr><td>我觉得+我认为+我觉得</td><td>5</td></tr>
<tr><td>我认为+我觉得+我认为</td><td>1</td></tr>
<tr><td>我觉得+我认为+我觉得+我认为</td><td>2</td></tr>
<tr><td colspan="2">我觉得+我想</td><td>29</td></tr>
<tr><td colspan="2">我觉得+我看</td><td>15</td></tr>
<tr><td colspan="2">我想+我认为</td><td>1</td></tr>
<tr><td>多项组合连用</td><td colspan="2">我觉得+我想+我认为</td><td>1</td></tr>
<tr><td colspan="3">合计</td><td>148</td></tr>
</table>

2. “我+感知动词”在连用中的功能表现

2.1 引导在线规划

Kärkkäinen（2003）指出，英语中I think作为独立的语调单位时，有一个功能是在线规划（on – line planning）。“我觉得”“我想”也有此用法，即说话人在表述观点的过程中一边思考一边组织观点或者寻找措辞时，使用

① 有的语料从表面上看是不同立场标记的连用，实际不是，如：“其实我一直觉得像你说的这个恋爱确实是蛮好生意的，比如说印度有一个恋爱网站（略）我老觉得其实，如果你是富豪你要征婚，你不要太乐观，因为你很可能被诈骗集团骗，因为我知道就有这样子的例子，有人，比如说，今天我看你你想要好一点的，对不对？你入会我先跟你收个5万块钱好了（略）。”这个例子中“我看”并不是说话人在论述自己的观点，而是在转述他人观点。因此，这条语料分析为“我觉得”的自相组合连用，而非“我觉得+我看”连用。

"我觉得"或"我想"。如：

(3) 窦文涛：不是，他现在是一个铺路的阶段，还没到那种正式的广泛的大规模的放，我估计到大规模放的时候，节目的片源就解决了。我觉得$_1$你说广告这个，我是觉得$_2$，有些时候觉得$_3$说挣钱，也要挣的这个，怎么说呢？以人为本。你比如说我觉得$_4$，就像你说的，有些电视台进有线。说实在话，我觉得$_5$有些地方有线，它再把你的广告时段覆盖，去卖它的广告，当然这也是现实，对吧，我也不说什么。可是我有时候看有些比赛，或者看什么，我看的生气是什么呢？你已经赚这个钱了，可以了，但是你不能把你的广告一直延长到了覆盖了人家的节目了。

(4) 叶檀：但是问题是这个整个全是政策市，我想$_1$这个股民作出的贡献，其实我想$_2$股民自己都非常有，就是刘老师你想想看，这个央企，整个的国家国企改革，离得开资本市场吗？离得开投资者的钱吗？那么多钱投进去，救这个国企，这个国企现在才稍微好一点，而还会源源不断地投啊。

"我觉得""我想"引导在线规划时，说话人措辞困难，不能顺畅表达观点或者中途变换表述视角，其后所接语言片段的主要特征是"不成句"，整个语段的口语即时加工特点显著。例（3）中说话人在话轮开始时观点表达顺畅，但是在对某些电视台大量投放广告节目进行诟病时出现了话语不连贯，在组织观点和措辞的过程中用了五次"我觉得"。例（4）中，说话人对股民的行为做出猜测，经过两次努力仍没能找到合适的语词，最后用"就是刘老师你想想看"转换了表达角度。徐晶凝（2012）将日常口语会话中"我觉得"的这种用法看作"占有话轮"，不过，在媒体谈话节目中话轮转换的规则性比较强，一般不会被打断，说话人不需要采用话轮占有技巧来保持话轮，因此，本文将"我觉得""我想"的这种功能称作在线规划。

相比而言，“我觉得”引导在线规划的使用频率要远远高于“我想”。在“我想”与“我觉得”“我认为”的30个连用中，它没有引导在线规划的用例。而“我觉得”与“我看”“我认为”“我想”的连用中，则有不少是用于引导在线规划的。

“我觉得”“我想”引导在线规划时有一个独特的句法表现，即它们都可以在观点表述的过程中引出一个“自说自话”的假性问句，如：

（5）孔二狗：比如说我觉得$_1$，像是说一个地方打黑，除掉了一个黑社会老大，抓起团伙，十几个人，我觉得$_2$有用吗？我觉得$_3$这是一种博弈……

例（5）中，如果删除“我觉得有用吗?”，说话人的观点表述其实会更为流畅。说话人之所以在这里引入一个问题，可能一方面意在增强与听话人的交互感，另一方面也给自己提供一段组织观点的时间。语料中还可检索到“可是问题就是说，我觉得正义是什么？正义就是……”“但是呢，我觉得为什么说可惜，就是说……”“所以今天我觉得我们国家的问题在哪儿，就是……”“但是我想，我们要关注的是什么？一个总统这样的人……”等用例。

无论“我觉得”“我想”是单用还是接续使用，这些用法都是它们独有的，而“我认为”“我看”无此用法。我们在MLC中专门检索了“我看、我想、我觉得、我认为”后接“为什么”的使用情况，结果是“我觉得（,）为什么”65例，“我想（,）为什么”16例①，而“我看、我认为”均未检索到用例②。徐晶凝（2020）指出，“我看”具有引导在线规划的用法，如：

① 有2例无效语料，即“别让我想为什么”以及单独占据一个话轮的真疑问“但是我想为什么呢?”。

② 语料中也检索到“我认为”“我看”引导问句的用例，不过，均是说话人向交际另一方抛出问题，而且说话人虽然使用了问句，却是有倾向性答案的，所以，“我认为”“我看”并非用于引导在线规划。如：（1）窦文涛：这一点我真是要请教女性，我真是很不理解，你知道吗，我认为女性是不是比男性更能耐得“脏”呢？（2）窦文涛：徐文大夫，同仁医院，也挺可怜的，给砍伤了，我看医务人员是不是示威啊？

(6) 但是呢我有同事告诉我一个细节，让我挺意外也特别感动，我看啊，应该是2009年的时候，当时有一个大型的活动，就是叫……

“我看”的这种用法，主要是说话人在对某个时间数量信息进行回忆或规划时使用，与本文所谓的一边思索一边寻找措辞或组织观点的用法并不完全一样。

2.2 合作完成观点表述

“我+感知动词”无论是自相连用，还是彼此组合连用，都可以合作完成观点表述。如上引例（2）说话人用“我觉得$_3$”引出观点，在王小帅插话后，她继续使用“我认为”重复观点，然后展开论述。再如：

(7) 窦文涛：他是怎么看，那首先一定是这个人很火，……至少他是个话题人物，你相信不相信它，信不信由你，但是可以介绍请这个人来。但是其实我认为$_1$，说到底，有一个问题，就你们这个宗教，你也是信宗教的，我认为$_2$这个宗教的认证系统是不是有个问题。

(8) 许子东：我看$_1$不管怎么样，基本目的，初步的目的已经达到了，因为关键是中国现在是网民全世界最多，网络这么发达，有些事情我们谁都知道，该讲我们不能讲，我们总得讲一些别的事情来填补一下空间吧，所以我看$_2$基本的动力就在这个地方，你们基本上已经达到了他的初步目的，继续发展吧。

(9) 朱力安：他们倒没事儿，我觉得$_1$空气问题其实也不是很大，现在我们在这里当然认为应该提高，应该好起来。但是毕竟我们也在这儿那么多年，我觉得$_2$没有那么强烈的感受。

以上三个例子是“我+感知动词”自相连用，代表了三种不同类型的完成观点表述。第一种：引进观点+交互性语句+重复观点，如例（7）。第二种：引进观点+扩展论述+重复观点，如例（8）。第三种：引进观点+扩展论述或交互性语句+重述观点，如例（9）朱力安首先表明北京空气问题不大，紧接着进行了扩展论述，然后再次使用“我觉得”对这一观点进行再述，但是改变了表述方式，可以理解为一种观点重述。

还有一些立场标记连用，在合作完成观点表述时带有纠偏（repair）特点。比如：

（10）窦文涛：我看这个胡兰成，其实我觉得胡兰成不是一个大多数都能理解的人，他自有他的妖媚之处。但是胡兰成写张爱玲，我看的印象，就是惊为天人。但是你看了张爱玲的心理，你就觉得实为女人，她就是一个女人的心理。

（11）吴淡如：你要用败德的成分看它，它就是败德。可是如果你要是说，……，他也可以说他还蛮艺术的。现在主要问题是，我认为$_1$陈冠希还有比如说阿娇，还有张柏芝，我实际上觉得大家不应该用抓女巫的心理，好像一定要把这些人的伪善，里面的那个恶魔，说你都这样骗我们，你装出来那个玉女的形象，或者装出来那个什么形象。我认为$_2$其实他们都是被害人，我一定要澄清，这不管在哪一国的法律，我相信，他们一定都是被害人。

例（10）中说话人首先使用“我看”引出所要谈论的人物胡兰成，然后换用“我觉得”将观点表述完毕。在例（11）中，说话人首先使用“我认为”引出所要谈论的人物，然后使用“我觉得”引入所要插入的论据展开论述，最后再次使用“我认为”完成了全部观点的表述。前引例（1）中“我觉得$_2$”与“我觉得$_3$”也用于合作完成观点表述。在这样的用例中，“我觉得”也有一定的在线规划功能。

2.3 分别引导论点与论据

有一部分“我+感知动词”连用时，其中之一引出论点，另一个则用于论证部分以引出论据。如前引例（2），“我觉得$_1$”回应交际另一方时引出观点，“我觉得$_2$”则用于引出支持性论据。再如：

（12）陈丹青：我觉得这个就是中国永远在整个情况中，不好，要不全是雅文化，要不全是俗文化，我想我们在先进国家看到的其实是一个平衡的状况，什么都有，什么什么都有，小沈阳也有，现代诗照样在那儿念，各有各的观众，大众小众。

（13）何东：我看，反正这种事，我就没有什么同情心，或者怜悯这种比较低级的情感。因为什么？我就觉得，所有这些艺人，就是一个大机器上一颗永不生锈的螺丝钉。（略）

在例（12）中，说话人使用“我觉得”引出观点，阐述论据时使用了“我想”。在例（13）中，使用“我看”引出论点，“我觉得”引出论据。

“我+感知动词”不仅都可以用于引出论点，也都可以用于引出论据。我们在“锵锵三人行”中检索了“我看、我想、我觉得、我认为”与“因为、所以”的连用情况，如表2所示。

表2 “我+感知动词”与“因为、所以”的连用情况

单位：例

	我认为	我看	我觉得	我想
所以	30	6	550	35
因为	8	3	209	18

不过，“我看、我想、我觉得、我认为”连用时却呈现出一个较为显著的倾向，即承诺度（commitment，即说话人在多大程度上承诺命题为真）高的多用于引出论点，而承诺度低的则用于论证部分。尤其是“我

认为”在与其他立场标记连用的用例中，引出论点的用法远远多于引出论据。罗桂花（2020）指出，“我认为”在法庭辩论中常用于观点总结。徐晶凝（2020）基于影视剧语料发现“我看”多用于直接表明立场，发出定论，极少用来引导“理据性断言”。这些观察结论在媒体谈话语料中有相似表现。

2.4 引导并立命题

“我+感知动词”连用，也可以用来引导并立命题。比如，例（1）中“我认为”“我觉得$_1$”分别引导对两个女影星的评价，两个命题并立。例（2）中“我觉得$_1$”对交际另一方的观点做出回应，“我觉得$_3$”则引出对“生孩子”的看法。再如，例（14）（15）中，说话人分别使用“我想+我觉得”和“我想+我认为”引导两个并立命题。

（14）梁文道：我想他是挺勇敢的一个校长，但他这次说这个话，我觉得他基本上仍然是反对大学行政化，只不过他不认为现在是一个……

（15）窦文涛：对，我是不好，可是我想我对中国人民也会有启发。就是说如果你到了一个地方，你发现了一堆人家的不好回来，我认为你没有什么出息，你像我这样，我到一个地方，我有所得，我注意到的是好的东西，比如说（略）。

当“我+感知动词”引导并立命题时，它们在语篇中的功能相当，孰先孰后并没有显著倾向，说话人主要依据自己对命题的承诺度高低加以选择。比如，例（14）中，“评价一个人是否勇敢”与“根据他所说的话推断他的观点”，两者相较而言，前者的证据充分性更弱，说话人启用“我想”表达前者，使用“我觉得”表达后者。

2.5 小结

"我+感知动词"在连用语料中的功能表现，总结如表3所示[①]。

表3 "我+感知动词"连用的功能

单位：例

	在线规划	完成观点	并立命题	论点+论据	合计
我觉得+我觉得[②]	6	10	26	3	45
我想+我想	2	1			3
我认为+我认为		4			4
我看+我看		2			2
我觉得+我认为	8(我觉得)	7	28	5	48
我觉得+我看	1(我觉得)	4	9	1	15
我觉得+我想	1(我觉得)		23	5	29
我想+我认为			1		1
合计	18	28	87	14	147

从统计数据可以看出，"我+感知动词"连用以引导并立命题占绝大多数，不过，它们所表达的说话人的承诺度高低也影响其功能分布。比如承诺度低的"我觉得、我想"可以用来引导在线规划，承诺度高的"我认为、我看"无此功能。当高承诺度与低承诺度立场标记在"论点+论据"式语篇环境中连用时，多是前者引出论点，后者引出论据。

"我+感知动词"连用，无论是引导并立命题，还是分别引导论点与论据，抑或是合作完成观点表述，都具有标记话语内容逻辑层次的作用，可以为听话人理解话语提供语言上的线索。也就是说，虽然脱离语境孤立地看，"我+感知动词"立场标记大多可以隐去，即隐去后基本不影响语句命题意

① 表3中未包括"我觉得+我想+我认为"的复杂组合用例，因此，总体数据为147例。

② "我觉得"自相组合连用可以多达5次，在这样的用例中，存在多种功能并存的情况，比如在完成观点表述的过程中伴随着在线规划，我们根据大的逻辑层次将之归属为完成观点。如果其中两个"我觉得"用于引导一个观点（可能是"论点+论据"），另外的两（三）个"我觉得"所引导的观点，从大的逻辑层次看，与前一个观点并立，我们就把它们看作引导并立命题。

义的表达，甚至语句的合法性，但是在具体语境中，从语篇连贯的角度来说，它们并非可有可无。许光灿（2014）指出，语篇中有两个人的观点并存时，说话人就需要用“我认为”明确标示自己的观点。本文通过观察发现，当说话人要表明自己的观点是固有的还是临时产生的，或者表达对交际另一方的交互态度，或者凸显个人视角时①，“我+感知动词”也并非可有可无。此时，“我+感知动词”中间皆有其他成分插入，如上引例（2）（3）（11）（13）。结合在MLC以及《婚姻保卫战》《奋斗》《蜗居》《我爱我家》影视剧语料中的检索结果以及已有研究文献（徐晶凝，2020；罗桂花，2020），我们将“我+感知动词”中插入其他成分的情况总结如下（见表4）。

表4 “我+感知动词”中插入其他成分的具体用例汇总

	我看	我想	我觉得	我认为
变体形式	我看/俺看、据我看、依我看/依俺看、照我看、按我看、根据我看、要我看、要叫我看、要照我看、要依（着）我看、在我看、就我看、我看着、依俺看着	据/依/照我想（来）、我在想、我是想	我这会儿就觉得、我现在倒真觉得啊、我突然觉得、我老觉得、我就老觉得、我无非就是觉得啊、我心里觉得、我还是觉得、我还真觉得、我是觉得、我也是觉得、我也觉得、我倒觉得（啊）	我本来认为、我从来都认为、我一直认为、我从始至终认为、我个人认为、我们一致认为、我是认为、我确实认为、我甚至认为、我就认为、我也认为、我却认为

大致来说，“我觉得”与“我认为”中主要可以插入三类成分：第一类是表示时间的词语，不过，“我认为”一般只能中插表示恒久时间的词语（如“一直、从始至终、老、总是”），而“我觉得”无此限制，还可中插临时性的时间词语（如“现在、这会儿、突然”）；第二类是表示说话人针对交际另一方的交互态度的词语，如“倒、确实、无非、甚至”等；第三类是表示衔接关联的词语，如“也、还是、却、就”等。“我想”只能中插表示强调的“是”以及表达体意义的副词“在”，并且“我是想、我在想”的凝固度已经很高了。“我看”不可以中插任何成分。下文将对此进行分析。

① “我+感知动词”都可以中插“个人”，即用“我个人觉得/认为/想/看（来）”来引出自己的观点。

3. 讨论

关于“我+感知动词”认识立场标记，学界进行过诸多探讨，主要涉及它们的话语标记身份（曾立英，2005；张旺熹、姚京晶，2009；殷树林，2012；张金圈、唐雪凝，2013）、主观化过程及其特点（易美珍，2007；姚占龙，2008；曹秀玲，2010；程丽霞，2014；魏晓菲，2018）、话语功能（刘月华，1986；高增霞，2003；郭昭军，2004；张家骅，2009；胡清国，2011；徐晶凝，2012、2020；李秋杨，2012；曹旸旸、彭爽，2020；等等），及其与现实情态、认识情态等范畴间的关系（方梅，2005；陈振宇、朴珉秀，2006）等。本文则基于媒体谈话语料，观察“我看、我想、我觉得、我认为”在同一个说话人观点表述中的连用情况，以期进一步观察它们在功能、语义上的异同。通过观察统计发现，“我觉得”不仅可以自由自相组合连用，也可以自由与其他三个立场标记组合连用，而“我看、我想、我认为”彼此组合连用的用例却很少，甚至检索不到用例。这是为什么呢？

3.1 情态、证据与立场

Halliday（1985）将“I think”看作一种情态隐喻表达，认为“I think”同情态助动词一样，所表达的意义也处于“是—否”之间，存在可被质疑否定的空间。汉语的“我+感知动词”也是一样的，即便通常被认为是表达说话人高承诺度的“我认为”也并非表达说话人百分之百的承诺。如：

（16）分局长无话可说，出了门绕到楼后，仰头望五层楼的高度，在草丛里东嗅嗅西踩踩。“我认为他不会从窗户爬进爬出的。”瘦高侦查员小心翼翼地发表看法。（王朔《人莫予毒》）

这个例子中的描写性小句“小心翼翼地发表看法”表明侦查员对“他

不会从窗户爬进爬出”这一判断仍然持有一定的保留态度，该句如果后续“不过，我也不是很确定”，完全可以成立。

在标示说话人对命题的承诺度上，“我 + 感知动词”也存在梯度（degree）差异。学界一般认为“我觉得、我想”表达低承诺度，“我认为”表达高承诺度（郭昭军，2004；徐晶凝，2012、2020；张金圈、唐雪凝，2013；唐筠雯，2018；罗桂花，2020）；对于“我看”意见稍有分歧，郭昭军（2004）认为，“我看”属于低承诺度，而徐晶凝（2012、2020），曹旸旸、彭爽（2020）则认为它属于高承诺度。本文将其看作高承诺度标记，因为依据上文的观察可以发现，它在连用语料中的话语功能与“我认为”具有更多共同点。依据说话人的承诺度高低，“我看、我想、我觉得、我认为”形成一个连续统，大致可以如下图所示。

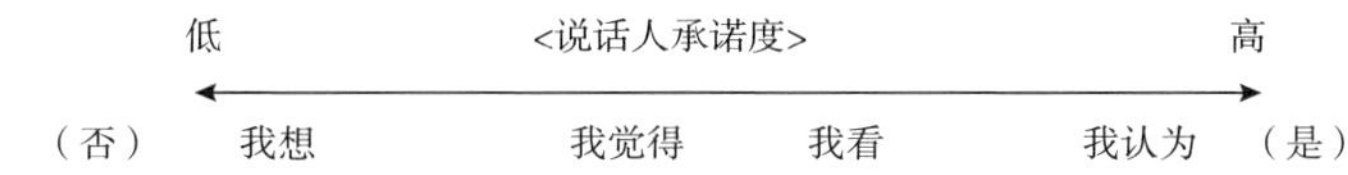

另外，“我 + 感知动词”都可以前加“据、依、照”等语义成分。如：

（17）据我想，这是他信教的原因，不敢说准是这样。（转引自程丽霞，2014）

（18）叶耀鹏：（略）其实他们现在所立下来的大概是说在四个月，多久的时间就要查出来，依我看两个月时间就可以查得出来。（略）

（19）马家辉：（略）但是呢要照我觉得，这就有点神乎其神的成分（略）。

（20）孟祥青：当时确实有这个危险，我们也看得很清楚，就是美国实际上不断地有高官去访问以色列。据我认为，是美国去压制以色列（略）。

这样的语言事实表明“我 + 感知动词”也具有显示证据来源的作用。依据证据意义在其意义表达中所占的比重大小，我们将“我看、我想、我觉得、我认为”的连续统刻画如下。

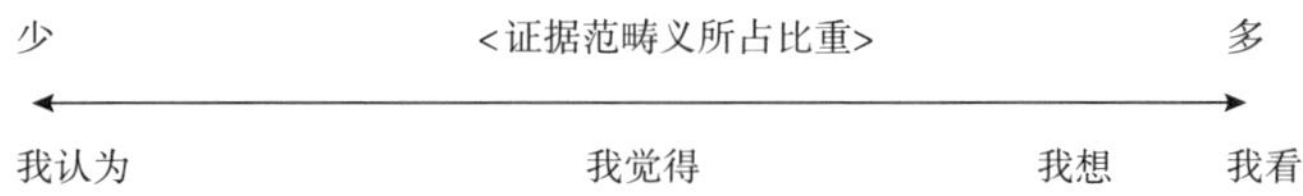

之所以做出这样的推论，有如下一些语言事实的支持。

（一）“我看”前加“据、依、照”的变体形式使用频率最高，其次是“我想”，而“我觉得、我认为”则极少使用。

（二）有三种语篇环境唯有“我看”可以进入。一是联系他人的先前话语或行为推断其想法或某一事实（如：翟老师，我看你的意思是这个瓶子值?）；二是对听话人的行为进行描述并隐含批评（如：我看你得意得出奇呀，敢跟我嘴儿来嘴儿去的?）；三是警告听话人（如：我看你们俩呀，谁敢动她!）（徐晶凝，2020）。在这些语篇分布中，“我看”的视觉义仍很凸显。

（三）在某些用例中，“我看”存在认识情态义与感官义的密切关联，比如：

（21）董扬：（略）我也看到了那则消息，（略），当时我看着，我觉得不靠谱。我们开过一些会，（略），我看多半是记者本人愿望的表现，不是事实的表现。

（22）王蒙：这样的事儿呢，我们听着我觉得很可爱，就说明我们的学者，有时候他也有一种非常天真的、美好的那种见先进就学，叫做这个就是从善如流的那种精神。

例（21），孤立地看“我看着、我觉得”连用看似一种纠偏，即说话人首先选用了“我看着”，然后换用“我觉得”完成观点，但是联系上下文可以看到，“我看着”实际上带有很明显的视觉义，与例（22）的“我们听着”用法完全一样。

（四）语料中还可发现“我想”与“反思、猜测”等词共现，“我觉得”与“感觉、感受”共现。如：

（23）所以我当时听到这个以后，我不知道我能说什么，我想，后来我自己在反思，我想我们可能也太庸俗……

（24）……像我们记者去，你说受到那么多阻拦，我们也是为了我们的本职工作，想把这个事情来尽到我们的本职工作，他们也是尽到本职工作，我想，我猜测可能也会受到一种阻力，这种阻力虽然说也是像我们一样……

（25）当时大前先生告诉我们，大连这个地方非常适合做软件和服务外包，未来一定能做到50万人，当时我感觉50万人，我觉得，心里想不太可能，但是表面上我还不能跟大前先生说。

（26）基层的人员看病、就医，我觉得，真的，我有很深的感受，这几年我就一直在做这方面的工作，我觉得下面确实看病有一定的困难。

这些共现很好地诠释了说话人使用“我想”“我觉得”引出观点时，他所依据的是自己的猜想或感觉。不过，上一节的分析表明，相比而言，“我觉得”作为认识情态标记的用法更为凸显，因为它的功能分布更为广泛、意义泛化程度更强，因此，本文认为它的意义中证据意义的比重应当低于“我想”。

综上所述，我们可以回答本节开头所提出的问题。“我觉得”之所以可以自由与其他三个立场标记组合连用，正是因为无论是从认识情态意义的维度看，还是从证据意义的维度看，它都处于连续统的中间位置，所以，它与位于两端的其他立场标记组合连用的话，不会造成立场上的显著不和谐，而位于连续统两端的“我想、我看、我认为”的组合，在用于针对同一个命题发表个人意见时，则会带来承诺度上的冲突，或者证据源方面的冲突。

情态范畴与证据范畴之间存在复杂的交叉关系，学界的理解并不一致（详见徐晶凝，2022）。本文认为，DeHaan（1999）区分证据范畴与情态范畴的观点值得重视，即证据范畴所编码的是信息来源，而情态范畴所编码的则是言者对所言信息的承诺程度。只有这样严格区分，才可以更好地观察两个范畴之间的关系，也更有利于我们理解兼跨两个范畴的语言形式究竟是如何演变的。郭昭军（2004）认为，“我看、我想”没有否定形式（不可以接受“不”修饰），是因为它们属于弱断言谓词。我们认为更可能的原因在于“我看、我想”的证据范畴义更为凸显，因为既然是证据源，就只能是肯定形式。“我看、我想”几乎不能中插其他成分，也可能是因为证据源无须强调其时间特征，也无须与听话人交互。

鉴于“我+感知动词”在共时层面上证据义与情态义并存的事实，我们认为，无论是将其作为证据范畴还是情态范畴都有可能导致概念混淆，不妨使用“立场”（stance）一词来涵盖情态、证据两个方面的意义。正如Precht（2003）所言，“立场”是一个完美的语言学术语，因为它能够容纳同一个语言形式可以表达的各种主观性意义。作为立场标记，“我+感知动词”的连用组合，可以营造出一种典型的立场氛围（stance mood，Precht，2003），表明说话人对于自己所述观点的承诺态度，这种态度可能来源于说话人做出判断的证据来源的可靠性，也可能来源于他对交际双方关系的考量，总之，都是顺应交际语境而营造出一种确信或不确信的立场氛围。

3.2 “我看、我想、我觉得”的主观化与语法化

已有研究指出，“我看、我想、我觉得”都经历了主观化和语法化两个过程。从语义变化的角度来说，它们都经历了由感官义向认识情态义演变（概念意义），再由概念意义向程序性意义的演变（曾立英，2005；姚占龙，2008）。从结构变化的角度来说，它们都改变了分界，由“我+(感知动词+XP)”变为“(我+感知动词)+XP”。而且，“我”已经不是真正的句子主语（utterance subject），而是作为言者主语（speaker subject）出现，感知动词也发生了去范畴化，不能带时、体、语气等动词范畴（曾立英，2005；姚占龙，2008；曹秀玲，2010）。

不过，本文通过观察发现“我看、我想、我觉得”在主观化与语法化

的演变进程中存在不同步的现象。

从语义上来说，“我觉得”的语义泛化程度，即主观化程度最高。它常常用于引导在线规划，此时几乎完全失去了词汇意义。在如下语境中，“我觉得”甚至与“你觉得”的区分也相当模糊，都只是作为一个言者印记的功能性成分而被引入语篇：

（27）窦文涛：但是我也是想你刚才讲的那个印象，就日本的人的气质里好像有一种阴冷的东西，我觉得，你比如说哪怕是村上春树写的那个小说，你就会觉得他的这种恋爱和男女关系，当年有个电影叫《黑木瞳》，他的偶像……

另外，其否定形式“我不觉得”“我没觉得”也发生了语义中和（郭光，2022）。如下例中的“我没觉得”完全可以换用为“我不觉得”。而同样可以受“不、没有”否定修饰的“我认为”则还具有显著的时体意义区别。

（28）许戈辉：可是这个身份的变化应该是很大的，本来你是一个寂寂无闻的一个普通的女学生，突然间就变成了万众瞩目的一个明星了，你自己没有这种强大的反差感吗？
倪妮：首先我没有觉得自己现在是明星，我是喜欢别人叫我叫演员，还是别做明星了吧，怎么说呢，之前的生活跟现在的确会有变化，但是说实在的，我真的没有觉得大到哪里去。你看我平时如果有工作的话我就来北京，我没有工作的话我就是在南京跟我爸爸妈妈在一起。

然而，“我觉得”却又保留着较多的核心谓语动词的某些句法表现。四个“我＋感知动词”的句法表现总结如下（见表5）：

表 5 “我 + 感知动词”的句法表现

	我看	我想	我觉得	我认为
中插其他成分(表示时间、交互态度、衔接关联的词语)	-	-	+	+
用于定语位置上	-	-	+	+
否定表达“我 + 不/没 + 感知动词”	-	-	+	+
引述过去观点①	-	+	+	+

这些句法表现显示出“我觉得”仍具备一般的主谓结构之结构松散的特点（朱德熙，1982），与“我认为”一样，还未完成从一个短语变为一个词汇性功能成分的语法化过程。不过，它的确比“我认为”的凝固度稍强一些，这表现在“我觉得”一般不可中插语气助词，而“我认为”可以。

而“我看、我想”则相反，它们结构自身的整合度高，几乎不可中插其他成分，语音上的整合性往往对应着语法上的凝固性（Bybee，2001；Tao，1996），所以，它们的语法化程度相对更高一些。但是，在语义上它们却保留了较强的词汇来源本义，即主观化的程度相对要低一些。

3.3 语体特点

本文发现“我 + 感知动词”在媒体谈话语体中的使用也有区别于其他语体的地方。

罗桂花（2020）调查发现，法庭互动中“我认为”的使用频率远远多于“我觉得”，而“我觉得”远远高于“我看、我想”。本文的调查显示，媒体谈话语体中“我觉得”的使用频率远远高于“我认为”，“我看、我想”的使用频率更低。我们又考察了影视剧语料《婚姻保卫战》《奋斗》《蜗居》中“我 + 感知动词”的使用情况。结果是“我觉得”（55 例）与“我看”（56 例）、“我想”（50 例）的出现频率大致相当，“我认为”（5 例）

① 比如“我 + 感知动词”与“当时”的共现情况：“当时我认为”13 例，“当时我觉得”110 例，“当时我想”26 例，而“当时我看”未检索到用例。

则极少①。三种语体中“我＋感知动词”的使用频率总结见表6：

表6 “我＋感知动词”在不同语体中的使用频率

法庭互动	媒体谈话	影视剧
我认为 > 我觉得 > 我看、我想	我觉得 > 我认为 > 我看、我想	我看、我觉得、我想 > 我认为

“我＋感知动词”在不同语体中使用频率上的差异，主要与交际场合的正式度以及所涉及的言语行为类型有关。在影视剧语料中，交际者多处于日常生活场景中，交际场合的正式度较低，所实行的言语行为则主要与交际双方的私人情感交互相关，面子是交际中一个重要的影响因素，因此，可用于减弱面子威胁的低确信标记“我觉得、我想”以及口语色彩很强的“我看”都大量出现（徐晶凝，2012、2020）。而法庭互动的正式度最高，控辩双方都极力为维护争取己方利益而发表看法，较少顾及面子问题，因此“我认为”大量出现，而“我觉得、我想、我看”都极少使用。媒体谈话语体的正式度介于前两者之间，参与者的交际目的虽然主要致力于对命题的维护及观点输出，但也要顾及人际关系的维护与建构，而且媒体这一表达环境的公开性也意味着每个人的发言都可能引起社会的广泛关注，说话人有必要适当注意自己的表达，减弱观点输出的攻击性等，因此“我觉得”被大量使用。

此外，徐晶凝（2012、2020）基于影视剧语料发现“我看”与“我觉得”都高频率地倾向于用于交际参与者立场“不一致”的互动语境中。郑贵友（2016）也发现，“我看、我觉得、我认为”常用于后一话轮提出不同的看法和见解。不过，我们通过对媒体谈话语体的观察发现，虽然高承诺度的“我认为、我看”引导不一致的观点远远多于引导一致性观点，但低承诺度的“我觉得、我想”在两种观点的引导上并无显著的倾向性差异。另外，主持人窦文涛的话语中“我看、我认为”的使用频率很高，这可能与

① 根据徐晶凝（2012、2020），在影视剧本《我爱我家》中，“我觉得”和“我看”分别检索到61例和205例，两者相差悬殊。不过，徐晶凝（2020）观察的其他10部影视剧作品中，“我看”为144例，自然口语语料中“我看”用例是171例，都远远少于《我爱我家》用例。这可能是因为《我爱我家》编剧为了塑造爷爷的老干部形象而过多使用了“我看”。因此，《我爱我家》可能并不能反映真实的使用频率，本文不把它作为语料来源。

他“机敏、睿智”（王红梅，2005）的主持风格有关。作为主持人，他可能会为了引起嘉宾参与讨论而故意发表不同的看法，高承诺度的“我看、我认为”能够有效帮助他实现对谈话现场的控制和引导（史文静，2008）。

参考文献

曹秀玲：《从主谓结构到话语标记——“我/你V”的语法化及相关问题》，《汉语学习》2010年第5期。

方梅：《认证义谓宾动词的虚化——从谓宾动词到语用标记》，《中国语文》2005年第6期。

曹旸旸、彭爽：《“我看”的话语关联与认识立场表达》，《东北师大学报》（哲学社会科学版）2020年第5期。

陈振宇、朴珉秀：《话语标记“你看”、“我看”与现实情态》，《语言科学》2006年第2期。

程丽霞：《汉语想猜类构式的演化：从思考猜想到认识情态》，《外语教学》2014年第1期。

高增霞：《汉语的担心——认识情态词“怕”“看”和“别”》，《语法研究和探索》（十二），商务印书馆，2003。

郭光：《从“否定—存在循环”视角看“不”和“没”的中和》，《中国语文》2022年第3期。

郭昭军：《现代汉语中的弱断言谓词“我想”》，《语言研究》2004年第2期。

胡清国：《“依X看”与“在X看来”》，《汉语学报》2011年第3期。

李秋杨：《“我想”与I think的语义和功能考察》，《天津外国语大学学报》2012年第6期。

刘月华：《对话中“说”“想”“看”的一种特殊用法》，《中国语文》1986年第3期。

罗桂花：《法庭互动中的认识立场标记“我认为”与“我觉得”》，《石家庄学院学报》2020年第5期。

史文静：《新闻访谈节目主持人之语言及控制分析》，《新闻传播》2008年第8期。

唐筠雯：《话语视角标记“我认为”和“我觉得”的对比研究》，暨南大学硕士学位论文，2018。

王红梅：《电视谈话节目主持人的语言风格》，《中国电视》2005年第3期。

魏晓菲：《“我看”的词汇化研究》，《黑龙江工业学院学报》2018年第6期。

徐晶凝:《认识立场标记“我觉得”初探》,《世界汉语教学》2012年第2期。

徐晶凝:《“我看”在交际互动中的分布及其语用特点》,《汉语教学学刊》第2辑,北京大学出版社,2020。

徐晶凝:《现代汉语话语情态研究(修订本)》,上海教育出版社,2022。

许光灿:《也谈“认为”和“以为”》,《汉语学习》2014年第1期。

姚占龙:《“说、想、看”的主观化及其诱因》,《语言教学与研究》2008年第5期。

易美珍:《“我想”的语法化和功能分析》,《江西省语言学会2007年年会论文集》,2007,第83~86页。

殷树林:《现代汉语话语标记研究》,中国社会科学出版社,2012。

曾立英:《“我看”与“你看”的主观化》,《汉语学习》2005年第2期。

张家骅:《“知道”与“认为”句法差异的语义、语用解释》,《当代语言学》2009年第3期。

张金圈、唐雪凝:《汉语中的认识立场标记“要我说”及相关格式》,《世界汉语教学》2013年第2期。

张旺熹、姚京晶:《汉语人称代词类话语标记系统的主观性差异》,《汉语学习》2009年第3期。

郑贵友:《汉语“话语修正”过程内部项目的构成》,《汉语学习》2016年第3期。

朱德熙:《语法讲义》,商务印书馆,1982。

Bybee, Joan. 2001. *Phonology and Language Use*. Cambridge and New York: Cambridge University Press.

DeHaan, Ferdinand. 1999. Evidentiality and epistemic modality: setting boundaries. *Southwest Journal of Linguistics*, 18: 83 - 101.

Givon, Talmy. 1993. *English Grammar: a Function - based Introduction*. Amsterdam/Philadelphia: John Benjamins Company.

Halliday, Michale. 1985. *An Introduction to Functional Grammar*. Edward Arnold.

Kärkkäinen, Elise. 2003. *Epistemic Stance in English Conversation: A Description of its Interactional Functions, with a Focus on I Think*. Amsterdam: Benjamins.

Precht, Kristen. 2003. Stance moods in spoken English: Evidentiality and affect in British and American conversation. *Text - Interdisciplinary Journal for the Study of Discourse*, 23(2): 239 - 257.

Tao, Hongyin. 1996. *Units in Mandarin Conversation: Prosody, Discourse and Grammar*. Amsterdam/Philadelphia: John Benjamins Company.

"I + CPU Verbs" Stance Markers in Media Discourses

Xu Jingning

Abstract: Based on media conversation corpus, this article studies the functional semantic similarities and differences of stance markers "*wo kan*(我看), *wo xiang*(我想), *wo juede*(我觉得), *wo renwei*(我认为)". It has found that the usage frequency of "I + CPU Verbs" in media discourse is different from that of movies & TV dramas, and courtrooms. The functional distribution of "I + CPU verbs" is closely related to the speaker's commitment to the propositions. Their co-occurrence can clearly identify the speaker's logic of meanings, and can also create a certain stance mood. "I + CPU Verbs" is not only used to express epistemic modality, but also used as evidentials, but they are in different stages of subjectivization and grammaticalization.

Keywords: commitment, epistemic modality, evidentiality, stance, genre

汉语口语会话中思维引语的结构特征与语用功能*

张金圈

（曲阜师范大学国际教育学院）

提　要　本文以电视访谈节目会话的转写材料为语料，考察了汉语口语中思维引语的界定标准、构件成分、话轮特征及语用功能。研究发现，思维引语的引导动词几乎都是表达认知思维活动的心理动词“想”和“觉得”，引导句中不会出现表示受话人的成分；思维引语的引用句基本都是直接引语，具有较强的展示性，表现为其起始位置经常出现标志思维状态改变的话语小品词，往往伴随不同于前后直述话语的有标记韵律特征，其中人称代词的使用也具有一定的特殊性。思维引语可以单独构成一个话轮，也可以位于一个较长话轮的起始、内部或结束位置，不同的话轮位置往往对应不同的话语功能。在访谈节目语料中，思维引语主要具有三种功能，即立场表达功能、自我辩护功能和面子维护功能。

关键词　汉语口语　引语　思维引语　立场　面子

1. 引言

引语（reported speech）是人类交际中非常普遍的语言现象，指的是说

* 本文为2022年度国家社科基金项目“跨语言比较视野下汉语方言引语的结构与功能研究”（项目编号：22BYY148）的阶段性成果。

话人引述的他人或自己在过去或将来某个虚拟语境中的所言与所思。“所言”指的是被引述者说出来的具体话语，“所思”则指被引述者未说出口的内在话语或思维活动。为便于区别，我们将前者称为“言谈引语”（reported talk），将后者称为“思维引语”（reported thought）。以往的引语研究大都是针对言谈引语展开的，即使一些语法取向的研究也包括了思维引语，但并未对其进行深入考察，这主要是因为思维引语和一般的言谈引语在语法结构上并无明显差异，特别是在书面文本中（Haakana，2007）。

近年来，随着对自然口语中引语现象的关注日益增多，人们发现，思维引语在互动交际中发挥着不同于言谈引语的独特功能。Haakana（2007）考察了芬兰语抱怨话语中的思维引语，发现其与言谈引语的基本特征类似，但经常用来表达一种无声的批评；思维引语的批评性和情感性一般要强于言谈引语，它不仅是为了转述言者当时的想法，更重要的是传达自己的抱怨性评价。Barnes 和 Moss（2007）也指出，英语口语会话中的思维引语不是对被引述者内部话语的简单记忆和转述，而是具有复杂的互动功能和立场表达功能。Vásquez 和 Urzúa（2009）考察了新手教师使用直接言谈引语和思维引语的情况，发现他们使用直接言谈引语可以凸显教师的自信力、对课堂教学的掌控力以及对自己言行的确信度，从而建构自己作为课堂权威的身份，而使用思维引语则表明其对教学情况以及自己态度的不确信、无把握甚至否定性的情感。Kim（2014）发现，韩语日常会话中的思维引语经常出现在评价语境中，说话人重演以前的想法，借此表明其当前立场。Park（2018）运用会话分析方法研究了提供建议的会话序列（一对一的写作指导）中的思维引语，发现指导教师经常会通过引述自己或他人的想法来表达对学生文章的评价。

针对汉语口语中引语使用情况的研究刚刚起步（马博森、管玮，2012；管玮，2014；张金圈、肖任飞，2016；方梅，2017；张金圈，2020），而专门针对其中思维引语的讨论则几乎还是空白。就我们所见，目前似乎只有管玮（2014）对自然口语中思维引语的引导动词进行了简单的举例说明，但并未从语篇和功能角度做进一步的探讨。

在本文中，我们将以《首席夜话》《非常静距离》《杨澜访谈录》《开讲啦》《超级访问》等电视访谈节目的转写材料为语料，考察汉语口语会话中思维引语的使用情况。在约 30 万字的转写材料中，我们共收集到思维引语的用例 83 例。下面先介绍思维引语的界定标准，然后分别从结构特征和交际功能的角度探讨。

2. 思维引语的界定标准

管玮（2014）指出，思维引语的引导动词都是表达思维、认知的心理动词，最常见的是“想”和“觉得”，这与言谈引语主要由言说动词“说”“道”“告诉”“回答”等引导明显不同。但是在有些情况下，说话人使用自由直接引语的形式，缺少了具有定性功能的引导动词，所以会导致思维引语和言谈引语的身份界限不明，例如：

（1）刘涛：我们是 2008 年举行的婚礼，2007 年下半年以后，其实是一直在往下，就是整个的金融环境，所谓的金融风暴就已经开始了，呃，那个时候，我没有想过说我们会遇到一些什么样的事情，因为，他是一个，不会去跟我说什么的人，我问什么他也等于白问，所以——

乐嘉：呃，他不告诉你的原因，是因为他爱面子还是觉得他讲给你听你也不懂？是出于什么？

刘涛：性格。他，就他，他这个男人，“我，我的事情我自己决定，我自己扛，我自己面对就好了，你就好好地、踏踏实实地在家，照顾孩子，做你的太太就好了。”他就是这样的想法。他也不希望给我带来一些什么样的心理压力。（《首席夜话》）

（2）肖晴：每次我都，他们在杀，我就，“哎呀，好残忍，怎么能杀，怎么敢杀？”我都说，你们怎么敢杀鸡啊？然后他们说，又没关系的。（转引自管玮，2014：110）

在例（1）中，演员刘涛通过引述丈夫的一段话语来说明他的性格。由于前边没有引导动词，所以我们无法判断这段引语是她丈夫内心的思维活动，还是他说出来的具体话语。即使引语后边补充说明“他就是这样的想法”，依然无法证明刘涛仅仅是在展现丈夫的思维过程，因为我们了解他人想法最直接的途径还是通过其说出来的话语。例（2）中的画线部分既可以看作说话人引述自己当时说出的具体话语，也可视为仅仅是自己内心的所思所想。

从整体来看，这种思维引语和言谈引语模棱两可的情况比较少见，在我们的语料中只出现了两例。为保证分析对象的一致性，我们未将其列入考察范围。

Leech 和 Short（1981：337）将英语小说文本中表达故事角色思维的话语分成五类，即“自由直接思维引语、直接思维引语、自由间接思维引语、间接思维引语、思维活动的叙述体”，例如：

（3）Does she still love me?（自由直接思维引语）

He wondered, “Does she still love me?”（直接思维引语）

Did she still love him?（自由间接思维引语）

He wondered if she still loved him.（间接思维引语）

He wondered about her love for him.（思维活动的叙述体）

这一分类是直接仿照他们自己提出的言谈话语的五种类型做出的，即“自由直接引语、直接引语、自由间接引语、间接引语、言语行为的叙述体”。这就是人们熟知的引语“五分法”。我们认为，正如其名称所示，其实“言语行为的叙述体”和“思维活动的叙述体”并不能视为引语，因为引语最本质的特征在于“引述”，是将另外一个声音引入当前叙述中（Thompson，1996），而“言语行为的叙述体”和“思维活动的叙述体”则是叙事者将“另外一个声音”表达的信息用自己的话语进行的重新表述。有些情况下，表达思维活动的话语到底应该被看作引语还是说话人的叙述，存在一定的模糊性，例如：

(4) 乐嘉：啊？是“真的不行”？你，你居然拒绝了？

李立群：对，我不敢，我觉得我会耽误她的事儿。然后接下来邓丽君就没有讲任何，不再提这个事了，大家就聊天、吃饭。就这么两次。(《首席夜话》)

例（4）中的画线部分可以看作说话人对自己之前想法的引述，此时，可以在“我觉得”后加冒号或逗号，然后将“我会耽误她的事儿”置于引号中，但是，如果中间不作任何停顿，用同一种语调一气呵成地说出来，则该部分又可以被视为说话人对之前想法的一种客观叙述。管玮（2014：52）指出，只有当说话人将自己或他人在某个特定时刻的想法通过言语过程展现出来，而受话人好像共同经历了被述者的思考过程、仿佛听到被述者当时的内心话语并对其当时的想法有一种相对具体的感受时，说话人的话语才可以被视为一种思维引语。我们认为，“展现”一词准确地揭示了引述与叙述的本质区别。在口语中，这种“展现”主要是通过停顿、语调变化等韵律特征以及叹词性小品词来标记的，这些韵律特征和小品词就相当于书面文本中的逗号、冒号、引号等可视符号。因此，在界定思维引语的过程中，我们不仅依赖于转写的文字文本，而且综合考虑了其在现场交际情境中的韵律表现。

还需要说明的是，很多情况下，说话人用“我想”“我觉得”引导的话语是自己当下的思维活动或者想法、观点。例如：

(5) 杨澜：来，请坐。先跟我们热情的观众打个招呼哈。(观众欢呼)哎呀，你能帮我解释一个现象吗，为什么她们都是女生啊？(笑)

李云迪：我也不知道。

杨澜：其实我想这种魅力是双重的哈，既有这个音乐的魅力，也有个人的魅力是吧，是不是大家可以认同啊？(《杨澜访谈录》)

(6) 撒贝宁：当然这个问题我不是真的想问说，是不是艺术家都烫头，但是它引发出另外一个问题，我觉得很有意思——在您眼中，艺术家是什么样的人？

吕思清：我觉得艺术家，最重要的，就是要把美传达给大家。这才是真正的艺术家。(《开讲啦》)

以上例（5）（6）中的画线部分都是说话人对自己当前想法和观点的直接叙述，并没有一个“引述”或“转述”的过程，所以我们不将其视为思维引语。

综上所述，汉语口语会话中的思维引语与言谈引语以及思维活动的叙述话语之间都存在一定的模糊地带，思维引语的界定缺乏明确的刚性标准。我们在判定思维引语的过程中，主要参照其在口语中的韵律特征、叹词等表情成分的使用，并综合考虑其是否重在以“展示”（demonstration）而非“描述”（description）（Clark & Gerrig，1990）的方式呈现说话人自己或他人的思维过程。通过这样的界定标准，基本能保证所遴选出的 83 条用例都是较为典型的思维引语。在保持语料一致性的基础上，方可进一步探讨其结构特征和语用功能。

3. 思维引语的构件特征

3.1 思维引语引导句的特征

与言谈引语相同，思维引语一般也由引导句（reporting/introductory clause）和引用句（reported/quoted clause）两个部分构成。如前所述，思维引语引导句中的核心动词一般都是表达思维活动的认知心理动词，在我们收集的语料中，绝大部分都是“想”和“觉得”，其中由“想”做引导动词的有 64 例，“觉得”做引导动词的有 17 例。还有两种情况比较少见，均只有 1 例。如：

（7）严歌苓：很穷。有一次提款拿不出来了，后来呢就开出一支票，跳票了，然后才知道，“哦，我已经一分钱也没有了。”（《首席夜话》）

（8）付笛生：但是我有一个感觉，在任静怀孕期间吧，我老琢磨，我说，“这孩子出来，那个，会不会少一只腿啊，或者是一个脚啊……”（《超级访问》）

例（7）中的引导词“知道”属于认知心理动词，其后的思维引语转述说话者当时的认知状态。例（8）中的引导词是“说”，按照一般的理解，“说”属于言说动词，其引导的引语应该是言谈引语，但是前边的“我老琢磨”又说明其后确实应该展示某种思维活动，再考虑到“想”的话与“说”的话之间界限的模糊性（如自言自语），我们认为该例中的引语仍属于思维引语，其中的“说”发生了语义的虚化或转移。

有的时候，“想”和“觉得”后边可以再出现“说”，例如：

（9）乐嘉：天娇，你第一次听李健的歌是什么时候？当时听的是什么？

天娇：2006 年的时候，我那时候在训练，……其实特别无意间地去听到《向往》这首歌，它里面说，“不是所有鸟儿都会飞，当夏天过去后，还有鲜花不曾开放”，我觉得这两句歌词突然间就，可能它会用最直接的方式，来表达我内心当时的感受，所以就觉得说，“哦，既然它能给我这样的正能量，那就继续听下去吧”。（《首席夜话》）

（10）闹闹：……而且还有一个问题是，他们每天给我介绍不同的男的，恨不得是亲戚从天坛公园里面看了一纸条说“北京，北京人，3000 块钱，有住房”，就让我去见一面。我心想说，“我都认识他吗，让我去看他干嘛？”（《首席夜话》）

根据方梅（2006），例（9）、例（10）中的“说”不再表示具体的言说义，已经虚化成一个准标句词（semi - complementizer），删除后不影响语句的可接受性。

少数情况下，“觉得”和“想”可以同时使用，共同引导出后面的思维引语，例如：

（11）刘涛：我就觉得、我心里还在想，“天哪，咱俩怎么爬呀，你还大着肚子，还晕倒的那种，我根本都扶不动你”。我还在那儿说话，还在那儿聊天儿，然后她特别认真地在演，特别认真地在演……（《首席夜话》）

思维引语引导句的另一个显著特征是，核心动词“想”“觉得”前边经常出现承接上文表示结果义的副词“就”和表示可能性的助动词“会”以及它们的连用形式，如上述例（9）和例（11），再如：

（12）李念：对，前剧情一半大家看都会觉得，“啊！朱丽太完美了，三观多正啊，又孝顺又对公公好，然后又会训斥老公，还会理财”，然后“太好了，一个女神的形象”。……（《非常静距离》）

（13）杨幂：突然有戏拍了以后，经纪人会问我，现在有一部戏你拍吗？我说拍。那这边过两天说，这边还有一部戏你拍吗？我说拍。那两个时间撞了，我说没有办法调一下，但我都要拍。那还有一个什么什么几天，你去吗？去！后来终于有了这种现象出现了以后，就会想说，“太好了！太好了！有戏拍了，大家不会再换掉我了”。（《首席夜话》）

除此之外，“想”前边还经常出现表示动作进行的副词“在”和表示经过某一短暂动作就得出结论或结果的数词“一”，这两个词不能出现在“觉得”前边，例如：

（14）刘涛：……就之前他就会告诉我说，“我有个朋友，他特别崇拜你，就是看过你的戏”，他说“如果他想来见你一面，跟你合个影，您介意吗?”“哎呀”，我说“这——，没关系，没关系”，我说“来吧，没关系”。自始至终王珂坐在我身边是没有说话的，是他的朋友老在说话、老在说话。我就一直以为是这个人很崇拜我，我在想，“哦，那我什么时候跟他合个影就得了吧”。……（《首席夜话》）

（15）郎平：因为我自己拿过奥运会的冠军，我的心态就特别希望队员能拿到奖牌，当然你金牌最好，有时候急呀，就觉得这个球应该这么打，你怎么那么打？一想，“嗨，反正也不是你扣球，人不可能每个人都跟你一样”，所以反过来要做自己的工作，要耐心呀，什么的。(《杨澜访谈录》)

思维引语的引导句中大都会出现表示被引述话语来源的成分，一般都是第一人称代词“我”，即使有的时候省略，受话人也能根据语境自然地补出来，如例（13）、例（15）。也就是说，说话人引述的内在话语大都是其本人的思维活动。这不难理解，因为一个人可以方便地感知并引述自己之前的想法，却很难了解他人的内心世界。当然，这也并非绝对。在我们的语料中，就有11例思维引语的被引述主体不是说话人本人，其中表示受话人的1例，引导句主语用“你”；表示听说双方之外第三者的10例，引导句主语大都是第三人称代词，除此之外还有“外人”“其他人”“大家”“你老妈”等。例如：

（16）俞敏洪：就像你这个，在路上走路的时候捡到了100块钱，最后你觉得，“哎，我每天都能捡到100块钱”，你这辈子怎么低头走路都不一定能捡到第二个100块钱。(《开讲啦》)

(17) 乐嘉：《梦想新搭档》和黄绮珊搭档，（沙宝亮：嗯）你在和黄绮珊搭档，唱那个《梦想新搭档》的时候，呃，他们就在想，“（啧声）你是否有意识地，呃，在做绿叶，来衬托黄绮珊？”有这样的倾向吗？（《首席夜话》）

(18) 谭晶：而且我们家当时在装修，正好在装修一个新的房子，我们家的大彩电啊，冰箱啊什么，全是我买的。

乐嘉：你老妈心里在想，“这个投资（注：指培养谭晶做歌手）我做得值啊！”（《首席夜话》）

从所处位置来看，在我们收集的语料中，思维引语的引导句都是位于引用句之前，无一例外。

在言谈引语的引导句中，经常会出现或者可以补出当前转述言语行为的受话人，如“宝玉对黛玉说……”中的“黛玉”，这是由言谈行为的交互性决定的。但是，思维活动是个体性行为，因此思维引语的引导句中不可能出现表示受话人的成分，如上举各例所示。

3.2 思维引语引用句的特征

Barnes 和 Moss（2007）指出，英语思维引语引用句的起始部分经常出现标志思维状态改变的小品词，如 well、oh 、oh no、God、Christ、goodness、yeah、right 等。这一现象在汉语口语的思维引语中也普遍存在，如上举各例中的“啊”“哦”“嗨”“天哪”，其他的还有“呀”“哇”“哎呀”“完了”。例(17) 中引用句起始部分的啧声虽然没有对应的词语形式，但我们认为其与上述小品词可视为同一类型。

此外，思维引语的引用句经常伴随不同于前后直述话语的有标记韵律特征，如例（10）中的说话人转述被要求去相亲时自己的内心活动，其引用句“我都认识他吗，让我去看他干嘛？”中的“认识”“干嘛”重读，展示了自己当时的厌烦情绪；例（18）中主持人乐嘉在转述谭晶母亲的思维话语时，也生动地模仿了其兴奋激越的语调。

Leech 和 Short（1981）指出，思维引语也有直接思维引语和间接思维引语的区分。根据上述描写，我们可以发现，汉语口语中的大多数思维引语具有较强的展示性和模仿性，因此大都属于直接思维引语。

Li（1986：30－32）提出一个根据人称代词的所指区分直接引语和间接引语的可操作手段。他认为，直接引语里的第一人称代词和第二人称代词，分别跟直接位于引语外的那个小句中的说者和听者同指（co－referential），第三人称代词不能与直接位于引语外的那个小句中的说者和听者同指；间接引语中的第一人称代词和第二人称代词分别指称当前说话人和受话人，间接引语中第三人称代词的所指没有明确的限制条件，可能与当前语境或被转述语境甚至语境之外的任一个体同指。

先来看第一人称代词和第二人称代词的情况。例如：

（19）a. 宝玉$_i$对黛玉$_k$说："我$_i$喜欢你$_k$。"

b. 宝玉$_i$对黛玉$_k$说，我$_s$喜欢你$_l$。

a 句中引用句"我喜欢你"中的"我"和"你"分别与引导句中的说者"宝玉"和听者"黛玉"同指，因此是直接引语；b 句中的"我"和"你"分别指称的是当前转述言语行为的说话人和受话人，因此是间接引语。

Li（1986）所说的情况是针对言谈引语来说的，对于判定其直接引语或间接引语的身份具有较强的可操作性。那么该规则是否也适用于思维引语呢？先看以下两例：

（20）谭晶：而且我们家当时在装修，正好在装修一个新的房子，我们家的大彩电啊，冰箱啊什么，全是我买的。

乐嘉：你老妈$_i$心里在想，"这个投资我$_i$做得值啊！"（《首席夜话》）

（21）俞敏洪：就像你这个，在路上走路的时候捡到了 100 块钱，最后你$_i$觉得，“哎，我$_i$每天都能捡到100块钱”，你这辈子怎么低头走路都不一定能捡到第二个100块钱。(《开讲啦》)

根据语境可知，以上两例引用句中的第一人称代词“我”分别与引导句中的思维主体“你老妈”和“你”同指，由此可判断，它们都是直接思维引语。这也与我们根据小品词和韵律特征判断得出的结论相一致。这说明Li（1986）提出的规则对思维引语同样适用，但需要强调的是，其应用范围和有效性十分有限。因为按照这一规则，当说话人转述自己的话语时，凭借第一人称代词的同指关系进行判定的操作就会失效，例如：

（22）a. 昨天我跟老师说，我还没写完毕业论文。

a1. 昨天我$_i$跟老师说：“我$_i$还没写完毕业论文。”

a2. 昨天我$_i$跟老师说，我$_i$还没写完毕业论文。

在a句中，引用句里的第一人称代词“我”与引导句中被转述话语的说话人“我”同指，但是，由于该说话人同时是当前转述行为的说话人，所以，此时a句既可以解读为a1的直接引语，也可以解读为a2的间接引语。

上文说过，在我们收集的83条思维引语的用例中，有70例都是当前说话人引述自己之前的思维活动，也就是说，有近90%的思维引语无法通过第一人称代词的同指关系判定其直接引语或间接引语的身份；同时，前文指出，思维引语的引导句中没有所谓的“受话人”，因此，依据第二人称代词同指关系进行判定的操作同样无法实现。

而且，考虑到口语会话中人称代词的各种“移指”现象（王义娜，2008；张磊，2014；完权，2019），会导致情况更加复杂。比如，直接思维引语中的第二人称代词可以与当前语境中的受话人同指：

（23）乐嘉：事实上在很多人的心目当中，他们只有一个美猴王，但是刚才那句话从你的嘴巴里面说出来，你不担心，有很多的观众或者很多人他们会在想，“哎，你不就是仗着当年演了一个非常牛，是很成功的形象，那你，你的意思是全世界只有你一个人能演，其他人不能演”。你不担心其他人会这样来进攻你？(《首席夜话》)

（24）乐嘉：《梦想新搭档》和黄绮珊搭档，（沙宝亮：嗯）你在和黄绮珊搭档，唱那个《梦想新搭档》的时候，呃，他们就在想，“（啧声）你是否有意识地，呃，在做绿叶，来衬托黄绮珊？”有这样的倾向吗？(《首席夜话》)

以上两例中的“你”分别指称当前会话的受话人六小龄童和沙宝亮。一般情况下，主体在思维活动中指涉自身之外的其他客体时，通常会使用第三人称，比如，宝玉受了黛玉的奚落之后，内心活动通常会是“她怎么这么不理解我呢?”；只有在表达强烈感情、假想在心中与客体直接对话时，才会是“你怎么这么不理解我呢”。看下面一条口语交际中的实例：

（25）任静：因为那个我去检查的时候那医生$_i$还跟我聊天呢，好像是聊别的事，后来我想，“她$_i$怎么还不说，我到底怀没怀孕啊”，完了我就问她，我说，“您告诉我我到底怀没怀孕”，她说“你怀孕了”，我说，“真的?”我脸腾一下就红了，然后我就跑出去告诉他。(《超级访问》)

在该例中，说话人任静正是用“她”来指称自己当时思维活动所指涉的客体——那位医生。由此可见，在说话人自己的思维活动中，用第三人称代词指涉其他客体是最自然的方式。因此，我们有理由相信，在例（23）和例（24）所设想的思维主体的思维过程中，其内在话语更可能是“他不就是仗着当年……”和“他是否有意识地……”，但在乐嘉的转述话语中，却将“他”换成了“你”，用来指称当前语境中的受话人。可见，说话人既想以被转述者的视角展示其思维活动，同时又考虑到了现场的受话人，兼顾了自己的视角，从而建构了一个双层的互动空间。

口语中的言谈引语转述的可以是另一语境中交际双方的会话，即 Günthner（1997）所说的对话式引语（reported dialogues），例如：

（26）郎平：我那天呐跟队员说，我说，“今天呐打中国队”，啊，我说，“我对中国队的感情你们都知道的”，我说，“今天比赛我不会说太多，你们自己看着办”，完后后来我们队员就反问一句，说，“哟，教练你不能这样”，说“你万一要打冠军决赛”，我说，“打冠军决赛，坐在板凳上那就不是我了”。（《杨澜访谈录》）

例（26）中，郎平转述自己以前和其所指导的美国女排队员的一段对话，加单下划线的部分是郎平的话语，加双下划线的部分是队员的话语。不同交际主体的话语交替出现，原则上可以无限延展。但是，由于思维活动不存在类似的交互性，所以也不会有相应的“对话式思维引语”。

Kim（2014：238）指出，韩语口语中的直接思维引语经常没有引导句，在她研究的 34 条用例中，有 15 例如此。她认为这是因为韩语的引导动词后置于引用句，在引用句之前，说话人会采用其他手段来标记从当前语境到被引述语境的转变，因此，引导句就变得可有可无。但通过上述考察发现，汉语口语中的思维引语基本都会有引导句，在我们的语料中，只有一条 Leech 和 Short（1981）所说的自由直接思维引语的用例，如：

（27）付豪：这个名字是爸爸起的。

戴军：（对付笛生）当时怎么想的？

付笛生：这个名还真挺不好起，姓付——，完了起一个什么呢？副食品肯定不行，（笑）副主任，这都不行。（《超级访问》）

该例中，主持人戴军用一句“当时怎么想的”询问付笛生给儿子取名字时的想法，付笛生转述自己的思维活动时，没有用“我想”之类的引导词，而是承接着戴军的询问话轮直接说出了自己的思维话语。虽然没有引导词的标示，但是观察现场交际情境可以发现，在转述的同时，付笛生模仿自己当时紧皱眉头、冥思苦想的表情，同样对思维引语的身份起到了一定的标记作用。

4. 思维引语的话轮特征

口语交际是由互动双方的话轮交替组成的，Sacks 等（1974：702）指出，在言谈交际中，说话人会用不同类型的单位构建一个话轮，包括句子、小句、短语和词语等，这些成分被称为话轮构建单位（turn - constructional unit）。一个话轮可以由单个话轮构建单位组成，也可以包含多个话轮构建单位。

如果不考虑引语本身内部结构的复杂性，我们可以笼统地将口语会话中的思维引语看作一个话轮构建单位。那么，一个包含思维引语的话轮就可以分成两类：第一类是只有思维引语本身构成的话轮；第二类是由思维引语和其他话语构成的话轮。在我们研究的语料中，绝大部分是第二类，只由一个思维引语构成话轮的仅出现 4 例，如例（20）和例（27），另外两例如下：

（28）乐嘉：他们冒出来了以后，那你是什么样的态度去对应呢？
杨幂：觉得，“有那么熟吗？”（《首席夜话》）

（29）乐嘉：我要采访，我要采访一下你当时的真实的心态，你问他坛子放下了没有，他说“嗯嗯嗯”，他没有正面回答你，当时你心里面的估计和猜测，有可能是什么？
李贞：反正我当时想啊，就是说，“可能没放下，但是肯定没怎么练。”（《首席夜话》）

这种思维引语大都是针对上一话轮提问的回应。下面我们重点分析由包括思维引语在内的多个话轮构建单位组成的话轮。根据在话轮中所处的位置，思维引语可以分成三类，即话轮起始位置、话轮内部和话轮结束位置的思维引语。

4.1 话轮起始位置的思维引语

这种情况比较少见，在我们研究的语料中只有4例，举2例如下：

（30）乐嘉：当时雅安以后，你不是捐了一笔钱嘛，但是有人跳出来说你是诈捐，……听到这个声音的时候，你的心态，它跟其他的调侃是等量的，还是说是有差异的？

杨幂：其实那一瞬间我想到的是，“我又碍着谁了，怎么又出来了这种声音？”因为我不是当天捐钱的唯一一个人，也不是自己说出来自己有捐钱的唯一一个人……（《首席夜话》）

（31）李静：我觉得朱丽这个人特别靠近生活，她是一个就是蛮有——，我说不清啊，这种人——

李念：对，前剧情一半大家看都会觉得，“啊！朱丽太完美了，三观多正啊，又孝顺又对公公好，然后又会训斥老公，还会理财”，然后“太好了，一个女神的形象”。哐当，掉坑里了。突然觉得她人设崩塌了。（李静：对）但是那一点才是我们真正想要去反映的。每一个人在生活中都是不完美的。（《非常静距离》）

例（30）中，杨幂首先用思维引语转述自己的内在想法以回答乐嘉的提问，然后进一步阐述自己产生该想法的原因。例（31）中，主持人李静想发表自己对电视剧《都挺好》女主角朱丽的评价，但一时又找不到准确的表达（“她是一个就是蛮有——，我说不清啊，这种人——”），所以她用一种拖长的语调向听话人李念示意自己要转让话轮并寻求解答。因此，李念转述了自己假定的观众的思维活动进行回应，并就此做出进一步的评价。

根据其与前一话轮的关系可以发现，其实这一类与只由一个思维引语构成话轮的用法具有相同之处，都是针对他人对自己认知思维活动的询问进行回答，区别仅在于其后是否有进一步的补充说明。

4.2 话轮内部的思维引语

在我们考察的语料中，绝大部分思维引语出现在一个较长的叙事性话轮的内部，如：

（32）刘子华：刚刚毕老师讲的那一段她的经历，我特别能够感同身受，其实我一直到初中的时候我还是结巴，……然后那个时候呢，就遇到了喜欢的女生嘛，我连跟她开口说话，我真的就见到她，我连面对她的勇气都没有，我就想，“我这么窝囊，还怎么立于世间呢?”于是我就开始从那一刻开始，就跟自己找别扭……（《首席夜话》）

（33）徐小平：……我是在华盛顿哥伦比亚特区，就美国首都一个餐馆里边做这个，就在那工作、打工，做什么呢？一早过去以后就洗碗，哗啦哗啦地洗，我一边洗一边想，“我是北大老师，对吧，我是知识分子，我干嘛要洗碗呢？但是如果我今天不洗碗，对不对，我明天就没有吃饭的碗”。最痛苦的还是精神的折磨……（《首席夜话》）

例（32）中刘子华讲述自己少年时期口吃的经历，用思维引语转述自己在某个时刻的想法；例（33）中徐小平讲述自己辞去北大教职，在美国餐馆打工的经历，同样用思维引语转述自己当时的思维活动。上文说过，在思维引语的引导句中，经常出现承接上文表示结果义的副词“就”和表示可能性的助动词“会”以及表示动作进行的副词“在”和表示经过某一短暂动作就得出结论或结果的数词“一”，如果从更大的语篇范围来观察，可以发现，之前的叙述话语和思维引语之间经常蕴含着一种“境况/原因—结果”或“背景—前景”的关系，表现为思维引语引导句的前边还经常出现或可以自然地补出“所以”“此时/这时候”等成分。从信息表达的角度来看，无论是“所以”标记的结果/结论还是“此时/这时候”标记的前景信息，都可以视为一种焦点成分，是说话人要着意凸显、强调的内容，在情节发展过程中发挥着关键性的节点作用。

4.3 话轮结束位置的思维引语

在我们研究的语料中，这类思维引语共有 17 例。按照其与后续话轮之间的关系又可以分成两类。一类是说话人转述自己或他人心中的疑问，然后向受话人寻求答案，共有 6 例，如上述例（23）和例（24），再如：

（34）乐嘉：刚才聊了这么多，我刚刚在聊的过程当中在想，“毕老师你的心态一直这么好，在你的成长过程当中，你会觉得有自卑或者——”，你会有这样的时刻吗？（《首席夜话》）

（35）乐嘉：因为今天这两位老师，他们都有自己的小孩儿，所以我刚才一直在想啊，“第一个，自己的藏品会不会传？第二个，自己的本领会不会传？”（《首席夜话》）

这样的思维引语都存在一种要求受话人做出回应的语力，也预示着说话人本人话轮的结束，可以认为是处在话轮转换的相关位置（transition - relevance place）（Sacks et al.，1974）。

另一类位于话轮结束位置的思维引语仅表示一段叙述的结束，没有明显的话轮关联功能，共有 11 例。例如：

（36）毕淑敏：也没一个子儿都不剩，还有一点儿。

乐嘉：你看你看，你又骗我了。

毕淑敏：不是，那有一点儿，是几万块钱，我当时想，“我还得留十万块钱，万一要得个重病什么的”。

乐嘉：（笑）你别这样好不好，我真的，我今天要采访你，你讲得我心酸得不行。(《首席夜话》)

该例的背景为，毕淑敏首先讲述自己为环游世界花光了所有的积蓄，但随后又作出修正说“还有一点儿”，当被乐嘉质疑故弄玄虚时，毕淑敏通过转述自己当时的想法进行了解释和辩护，随后结束话轮。

5. 思维引语的语用功能

Barnes 和 Moss（2007：142）指出，思维引语在访谈类语料中出现频率很高。我们的考察也证实了这一结论，在60余万字的《我爱我家》电视剧语料中，思维引语的用例一共不足10例，而在30万字左右的访谈节目语料中则出现了83例，其间的数量差显而易见。Barnes 和 Moss（2007）进一步指出，有些语言现象在机构会话中出现的频率高于日常对话，这正说明它们发挥着特定的机构功能。

根据我们收集的语料，绝大部分思维引语是用来展示说话人以前的思维活动，这是由人物访谈节目的性质决定的。在这类节目中，交际双方谈论的主要话题是围绕受访嘉宾个人经历展开的，其中往往涉及受访嘉宾大量的对过往事件的回忆和叙述，所以用来展示说话人言谈话语和思维活动的引语现象便会高频出现。

由此可见，展示说话人在过去时空的认知思维活动是多数思维引语最基本的功能。但需要进一步思考的问题是：说话人在言谈过程中的某一时刻，为何要展示自己以前的认知思维活动，也就是说，思维引语还有哪些更加具体的作用？而且，除了展示自己在过去时空的认知思维活动，说话人有时还会假设性地展示他人的所思所想，这一行为又有何作用，也值得进一步思考。通过分析，我们认为，汉语口语会话中思维引语的语用功能大致可分成以下三个方面：立场表达功能、自我辩护功能和面子维护功能。下面分别介绍。

5.1 立场表达功能

立场指的是在话语交流过程中，说话人对所言信息以及受话人的认识、态度、情感、判断、承诺等（方梅、乐耀，2017：2-3）。

Haakana（2007：168）指出，思维引语的批评性和情感性一般要强于言谈引语，思维引语不仅是为了转述言者当时的想法，更重要的是传达自己的抱怨性评价，经常用来表达一种无声的批评。汉语口语中的思维引语也经常用来行使这一功能，例如：

（37）毕淑敏：我那时候应该是小学五年级吧，歌咏比赛，我们学校呢就组织了一个小合唱团，我那时候个子就挺高的了，有一天我们的音乐老师，……就站在我面前说，“毕淑敏，我一直听到有一个人走调儿，我不知道是谁，我现在总算知道了，就是你，今天啊就把你开除了，你啊就走吧。”那我觉得我还是有点儿那个没心没肺的，我想，“那不要我就算了呗”，那我就拿着书包我就走了。第二天下课的时候，突然小合唱队的一个女生啊就跑过来了，“哎呀”，说“毕淑敏，你还幸亏没走啊，音乐老师让我叫你回去”。回去了以后呢，那个老师就指着我说哈，说：“毕淑敏，谁让你长这么高个儿呢？”我觉得，“这个特别没意思，那肯定是我们家吃的饭好呗，那就长得高呗”，（笑）也没法回答啊。……（《首席夜话》）

（38）闹闹：……而且还有一个问题是，他们每天给我介绍不同的男的，恨不得是亲戚从天坛公园里面看了一纸条说“北京，北京人，3000块钱，有住房”，就让我去见一面。我心想说，“我都认识他吗，让我去看他干嘛？”（《首席夜话》）

例（37）中，毕淑敏讲述自己小时候因唱歌跑调被老师逐出合唱团，但后来由于自己的身高优势能够补齐队形，又被召回的故事。在叙事过程中，毕淑敏用思维引语展示了自己当时面对老师的驱逐行为和反问质疑而产生的内在思维活动，同时传达出了自己对那位音乐老师的一种沉默的反抗和不满情绪。例（38）中，一位现场观众讲述自己被父母催婚的经历，说话人用思维引语表达了自己当时敢怒不敢言的烦躁心情和抱怨态度。

除此之外，“一想”引导的思维引语经常用来表达说话人在过去某个时刻认识立场的转变，例如：

(39) 徐小平：老二想跳街舞，想放弃上大学，这个十八岁没到就喝酒，我都跟他们冲突过，但是我最后自己反过来一想，对吧，“中国也没有禁酒令，我干嘛把这个西方的观念强行、（笑）强行用在我孩子身上”。(《首席夜话》)

(40) 李立群：戏剧化，戏剧化，对。但是呢后来我一想，“不要用这两个说法来比较海峡两岸的或者三岸的，他们的演员到底有什么不同，这就是特色”。(《首席夜话》)

例（39）中，徐小平讲述自己对儿子喝酒问题的态度，用“一想”引导的思维引语引出自己的新认识。例（40）中中国台湾演员李立群讲述自己对大陆演员表演风格前后不同的两种态度，用“一想”引导的思维引语说明这种认识的转变。

5.2 自我辩护功能

在电视访谈节目中，访谈嘉宾一般是有一定社会知名度的公众人物，他们平时的一言一行都容易得到社会大众的关注，特别是对他们的一些有争议的言行，更容易引发人们的负面评价。当在访谈过程中涉及这一类话题时，他们往往会使用思维引语转述自己当时的考虑和想法，从而为自己的言行做出解释，进而达到自我辩护、维护自身形象的目的。例如：

（41）李娜：三十岁的李娜去找余丽桥教练谈她伤害过十五岁李娜的心理，在去的路上还想，“完了，我怎么能做这样的事情呢？我怎么会去主动去找这位教练去聊呢？”当时想了特别多，呃，就是场景，有可能她会脾气特别火暴地噼里啪啦给我说一顿或者怎么样，可是当我去了以后，跟她聊了以后，我发现神奇的事情出现了，我们俩竟然可以心平气和地聊了二十分钟。（《风云会》）

（42）杨幂：质量的问题完全没想过，当时就是因为，可能是之前被换掉的那种心情，觉得太恐怖了，然后没有工作的日子觉得很恐怖，所以就觉得说，“我只要在工作，我只要在做事情就可以了，我不管我在做什么或者做出来的东西大家会怎么看我，我至少可以通过这段时间对我自己的打压，我知道，我连这样的日子我都能熬过来，所以以后碰到类似于这样的困难，其实对我来说就不是事了”。所以，对自己也是一种压榨吧。（《首席夜话》）

例（41）中，节目主持人谈及著名网球运动员李娜曾因为记恨自己的启蒙教练余丽桥当年对自己的严苛态度而去找其进行理论的逸事，并要求李娜就此做出一些更详细的说明。由于中国素来有尊师重道的传统，所以在多数人看来，即便教练当年对自己苛责过度，李娜也不应该在成名以后去找教练兴师问罪。因此，李娜在讲述过程中，用思维引语转述自己当时带有懊悔情绪的思维活动，在一定程度上为自己的失礼行为进行了辩护。例（42）中，主持人谈及观众质疑演员杨幂在拍摄影视作品时盲目追求数量而不顾质量的话题。作为回应，杨幂首先讲述自己之前由于长时间无作品可拍而产生的焦虑心情，随后用思维引语引出自己后来接到很多拍摄任务时的所思所想，从而为自己的行为做出了解释。

Barnes 和 Moss（2007：133）指出：“思维引语是被互动中的局部需求塑造的，它用来表现说话人对所讲述的行为的一种解释，而不是仅仅展现内在的认知活动。”上述的汉语用例也很好地说明了这一观点。

5.3 面子维护功能

在访谈节目中，当主持人为了节目内容需要问及某个可能损害受访嘉宾面子的问题时，往往会使用假设性的思维引语，即先假设某人可能会在内心存有这样的疑问，然后再要求受话人做出回应，如上文例（23）、例（24），再如：

（43）主持人：因为我总在想说，（啧声）就是会不会这样让很多人会想，“啊，童瑶，你是不是想通过这样的方式来这个提升自己的知名度啊，或者炒作之类的”，（童瑶：哦）就是你会不会怕大家这么想？有没有想过这个问题？（《最佳现场》）

（44）乐嘉：举个例子，如果有一部戏，这部戏明摆着人气可能会好，但是演了以后，其实演的可能不怎么样的时候，那你为什么要去接它呢？这个时候你就可以来选择。章子怡出道的时候……那么外人就可能会来想了，“你杨幂为什么不走她（注：指章子怡）的这条路呢，而是走的另外一条路，在非常短的时间里面，接了非常非常多的东西，看的人非常多，谁都知道你，但是那些片子出来，很多人觉得那个片子其实并不一定好”。（《首席夜话》）

例（43）中，青年演员童瑶在很多宣传中刻意突出自己长相酷似章子怡的一面，从而招致一些非议。主持人就这一话题询问童瑶，无疑会损害受话人的面子，因此，为了减轻这种损害，主持人选择用思维引语的形式（同时用疑问语气）委婉地提出这一问题。例（44）中，主持人乐嘉质疑杨幂拍摄作品时重数量不重质量的做法，并将其与章子怡以质取胜的路子进行对比，这也是一种面子损害行为。此时，乐嘉同样采用了使用思维引语的策略，先假设有人存在如此的想法，然后请受话人做出解释，这种迂回的方式可以在一定程度上缓和面子冲突行为。

Park（2018）考察了一对一写作指导课中教师使用思维引语的情况，他发现，指导教师在对学生做出批评性评价时，经常会将立足点从自己转向假设的读者，用思维引语转述假设的读者的态度，这样可以减轻对学生的面子损害。由此可见，假设性的思维引语可以在口语会话中发挥重要的互动功能，可以视为一种维护听者尊严、减轻面子损害的有效策略。

Tannen（1989）将自然口语中的引语称为“建构的对话”（constructed dialogue）。她认为，即使说话人使用直接引语，也绝不是对原说话人话语的“逐字复制”（verbatim reproduce），而是将其进行了重新的语境化，以服务于当前说话人的交际目的。这是就言谈引语来说的。其实，这一论断对思维引语同样适用。说话人是否选择转述自己在之前某个时空中的所思所想、选择所思所想的哪一部分内容作为思维引语的转述对象，都取决于说话人当前的交际目的，而且由于人的思维活动本来在多数情况下是一种模糊混沌的意识流动，说话人要将之前的这种意识流转化为当前的线性言谈话语，必定会对其进行重新建构。再考虑到对他人思维活动的假设性转述，思维引语的这种“建构”特征会更加明显。

6. 结语

汉语口语会话中的思维引语主要是说话人转述自己在之前某个时空中的所思所想，有时也会假设性地转述他人的内心活动。从构件特征来看，思维引语的引导动词几乎都是表达认知思维活动的心理动词“想”和“觉得”。由于思维活动的非交互性，思维引语的引导句中不会出现表示受话人的成分。思维引语的引用句基本都是直接引语，具有较强的展示性，表现为其起始位置经常出现“啊”“哦”“嗨”“呀”“哇”“哎呀”“天哪”等标志思维状态改变的话语小品词，往往伴随不同于前后直述话语的有标记韵律特征。思维引语引用句中人称代词的使用具有一定的特殊性，Li（1986）提出的根据人称代词所指判断引语属性的操作对思维引语来说适用性有限。从话轮特征来看，思维引语可以单独构成一个话轮，也可以位于一个较长话轮的起始、内部或结束位置，不同的话轮位置往往对应不同的话语功能。在访谈节目的口语互动中，思维引语主要发挥三种功能，即立场表达功能、自我辩护功能和面子维护功能。

20 世纪 90 年代初兴起的话语心理学（discursive psychology）认为话语现象就是心理现象，强调通过观察人们的日常话语行为探究人类认知和思维的奥秘（钟毅平，2012：37）。如果说互动交际中说出来的一切话语都是当前内部话语的外在呈现，那么思维引语对应的内在话语则同时包含了另一时空中的内在话语，呈现出一种递归结构，其反映的认知心理过程肯定会更加复杂。因此，这一语言现象理应得到话语心理学家的关注。

参考文献

方梅:《北京话里“说”的语法化——从言说动词到从句标记》,《中国方言学报》2006 年第 1 期。

方梅、乐耀:《规约化与立场表达》, 北京大学出版社, 2017。

方梅:《“说是”的话语功能及相关词汇化问题》,《中国语言学报》2017 年第 18 期。

管玮:《汉语自然会话中的转述现象研究》, 浙江大学博士学位论文, 2014。

马博森、管玮:《汉语会话中的零转述现象》,《外国语（上海外国语大学学报）》2012 年第 4 期。

完权:《人称代词移指的互动与语用机制》,《世界汉语教学》2019 年第 4 期。

王义娜:《人称代词移指：主体与客体意识表达》,《外语研究》2008 年第 2 期。

张金圈:《汉语口语会话中直接引语后边界的识别手段》,《当代修辞学》2020 年第 2 期。

张金圈、肖任飞:《汉语口语会话中引语管领词的复说现象》,《中国语文》2016 年第 3 期。

张磊:《口语中“你”的移指用法及其话语功能的浮现》,《世界汉语教学》2014 年第 1 期。

钟毅平:《社会认知心理学》, 教育科学出版社, 2012。

Barnes, Rebecca & Duncan Moss. 2007. Communicating and feeling: The social organization of "private thoughts." *Discourse Studies*, 9/2: 123 – 148.

Clark, Herbert H. & Richard J. Gerrig. 1990. Quotations as demonstrations. *Language*, 66: 764 – 805.

Günthner, Susanne. 1997. The contextualization of affect in reported dialogues. In S. Niemeier & R. Dirven (eds.), *The Language of Emotions: Conceptualization, Expression, and Theoretical Foundation.* Amsterdam: Benjamins: 247 – 276.

Haakana, M. 2007. Reported thought in complaint stories. In E. Holt & R. Clift (Eds.), *Reporting Talk: Reported Speech in Interaction.* Cambridge, UK: Cambridge University Press: 150 – 178.

Kim, Mary Shin. 2014. Reported thought as a stance – taking device in Korean conversation. *Discourse Processes*, 51: 230 – 263.

Leech, Geoffrey N. &Michael H. Short. 1981. *Style in Fiction: A Linguistic Introduction to English Fictional Prose.* London and New York: Longman.

Li, Charles N. 1986. Direct and indirect speech: A functional study. In Florian Coulmas (ed.) *Direct and Indirect Speech.* Berlin: Mouton de Gruyter: 29 – 45.

Park, Innhwa. 2018. Reported thought as (hypothetical) assessment. *Journal of Pragmatics*, 129: 1 – 12.

Sacks, Harvey, Emanuel A. Schegloff & Gail Jefferson. 1974. A simplest systematics for the organization of turn – taking for conversation. *Language*, 50/4: 696 – 735.

Tannen, Deborah. 1989. *Talking Voices: Repetition, Dialogue, and Imagery in Conversational Discourse.* Cambridge: University Press.

Thompson, Geoff. 1996. Voices in the text: Discourse perspectives on language reports. *Applied Linguistics*, 17/4: 501 – 530.

Vásquez, Camilla & Alfredo Urzúa. 2009. Reported speech and reported mental states in mentoring meetings: exploring novice teacher identities. *Research on Language & Social Interaction*, 42/1: 1 – 19.

The Structural Features and Pragmatic Functions of Reported Thought In spoken Chinese

Zhang Jinjuan

Abstract: Based on the transcribed conversation corpus of TV interview programs, this paper investigates the definition criteria, component characteristics, turn features and pragmatic functions of reported thoughts in spoken Chinese. It is found that the reporting verbs in reported thoughts are almost "*xiǎng* (想)" and "*juéde* (觉得)" which express cognitive activities, and there will be no component that represents the addressee in the reporting clauses. The quoted clauses of reported thoughts are basically direct quotations, at the initial position of which are often marked by the particles expressing the change of thinking state, and at the same time, the quoted clauses are often accompanied by marked prosodic features which are different from the ones of the narrative clauses before or after them. The use of personal pronouns in reported thoughts are also different from the ones in reported talks. Reported thoughts can form a turn alone, or they can be located at the beginning, the interior or the end of a turn. Different turn positions often correspond to different discourse functions. In the interview program corpus, reported thoughts mainly play three functions, namely, stance－taking, self defense and face maintenance.

Keywords: spoken Chinese, reported speech, reported thought, stance, face

能力义可能补语不对称现象新解*

吴芸莉

（江苏大学文学院）

提　要　本文把“V得/不C”的语义重新概括为：以做V为前提，是否能够达到C的结果。可能补语肯定与否定的不对称现象，并不是因为其肯定式表达的肯定程度低，实质上是因为其否定式出现的频率奇高。对于同一VC事件，能力义只有两种否定表达：“V不C”与“不能VC”。与三种肯定表达频率较为均衡不同，“V不C”的出现频率有压倒性的绝对优势。“V不C”的语义并非“愿而不能”，而是“做而不能”。部分否定而非全面否定的语义满足了语用上的礼貌原则，符合汉族人非必要不轻易在听话人面前做全面否定的委婉表达需要。

关键词　可能补语　不对称　V不C　能力义

1. 引言

不少前辈学者都注意到了可能补语的肯定式与否定式存在不对称现象。比如刘月华（1980）对曹禺、老舍、赵树理、姚雪垠四位作家共六部作品进行了统计，1145000字的语料中“V得C”出现了24例，“V不C”出现了1211例，否定式是肯定式的50倍之多。吕文华（1995）提到可能补语的

* 本文受到国家社科基金后期资助项目“现代汉语情态动词语义分析”（项目编号：21FYYB023）的资助。

否定式与肯定式的比例约为 30∶1。石毓智（2001：75）考察《现代汉语频率词典》中一些结合得比较稳固的“得”字短语，发现“V 不 C”的词次是“V 得 C”的 7 倍。胡清国（2003）考察史铁生、王朔、曹禺三位作家的三部作品，“V 得 C”出现了 12 句，“V 不 C”出现了 125 句，否定式的出现频次约是肯定式的 10 倍。吕俞辉（2013）统计 2002 年全年的《北京日报》和《北京晚报》，肯定式约 2900 句，否定式约为 16000 句，可能补语否定式约为肯定式的 5.5 倍。不同学者考察的语料来源不同，否定式相比肯定式出现频次的数值虽呈现出 5 倍至 50 倍不等，但无一例外，可能补语肯定式的出现频率远远低于其否定式。

对可能补语肯定式和否定式出现频率不对称现象的解释，比较经典的是石毓智（2001：83－84）：“肯定程度低的用于否定结构的几率就大，肯定程度高的多用于肯定结构，肯定程度不大不小的用于肯定式和否定式的概率大致相等。”而“V 得 C”与“介意”这样的词一样，肯定程度很低。在从 0 到 1 的量级模型上处在 0.1 的位置，语义大致为“有点儿可能”，因此其否定式的使用频率远高于肯定式，而且否定式一般只出现于陈述句，肯定式一般用于反问句或疑问句。赞同且沿用“V 得 C”肯定程度很低这一观点的，还有郝维（2002）、胡清国（2003）、吕俞辉（2013）等。

但是实际上，语料中出现的很多“V 得 C”并不能理解为表达可能性很低或是肯定程度很低的意思。在具体的语境中，有时反而是表达可能性很高或肯定程度很高的意思，比如：

（1）“你们村里驻着军队没有？”骑车子的人问。

高四海不言一声。

“喂！”骑车子的人喊，“你聋了吗？”

“我不聋，”高四海一边割草一边说，“鸡叫狗咬我全听得见。你不叫我问你，你就也别问我！”（孙犁《风云初记》）

（2）他不去当律师（他有法学博士学位，当个体面的律师是不难的），不去当外交官（他有过副领事衔，只要他乐意，到中国当个体面的外交官也不难），也不去争取做个汉学教授（他当时已是汉学系助教，再写几篇学术论文，当个教授完全办得到），他却宁愿做一个被当时汉学界所瞧不起的中国小说的翻译者。（马汉茂《〈红楼梦〉的德译者库恩》）

例（1）是说话者要反驳别人说自己聋了，并不是表达“我有点可能听见鸡叫狗咬”。例（2）的上下文语境是说“他”如果选择去当个体面的律师、外交官、教授都不难，这些都容易做到，可“他”却选择做一个被人瞧不起的翻译者。句中的“办得到”也不是指“他如果选择去当个教授，办到的可能性很小”。这两例表达的能力实现可能性都是非常高的。并且“V 得 C”前还带了“全”“完全”等词，说明肯定程度并非很低，相反还应认为肯定程度很高。而且从这两个例子中也可以看出“V 得 C”并不局限用于反问句和疑问句中，在自然的陈述句中出现也毫无违和感。

如果认为“V 得 C”并不表达“有点可能”或是“肯定程度很低”，那么以往量级的分析就不足以用来解释可能补语肯定式和否定式的不对称现象了。可能补语肯定式和否定式不对称现象出现的原因究竟是什么？要解释这个问题，首先要重新分析可能补语的语义。

2. 可能补语“V 得/不 C”的语义分析

刘月华（1980）把普通话可能补语分为三种类型：

A 类：V 得 C/V 不 C（吃得饱/出不来）；

B 类：V 得了/V 不了（去得了/走不了）；

C 类：V 得/V 不得（去得/去不得）。

赵元任（1968/1979：210～211）提出补语“了”（liǎo）和“来”有两种，一种是没有什么特殊意义的傀儡补语（如“太辣的东西我吃不了”），一种是有实际意义的一般补语（“这么多饭我吃不了”）。B 类“V 得了/V 不了”中的“了”，即使是无特殊意义的傀儡补语，在词形上也可以和 A 类统一起来，本文把 A 类和 B 类统称为可能补语“V 得/不 C”。

根据刘月华（1980），A 类可能补语所表示的意义大体上与“能”的甲类意义相当，即表示“主、客观条件是否容许实现某种动作的结果或趋向”；B 类可能补语也表示“能”的甲类意义，但 A 类总是与动作的某种结果或趋向相联系，而 B 类一般与动作的结果和趋向无关。“V 不 C”表示“非不愿也，实不能也”的意义。

这三类中 A 类和 B 类都可以表示动力情态能力义，C 类表示道义情态的许可，本文只讨论 A 类和 B 类这两种表示能力义的可能补语。

2.1 “V 不 C”的语义

与刘月华（1980）“非不愿也，实不能也”的解释相近，张旺熹（1999：136）也认为典型的“V 不 C”结构的意义是“愿而不能”，即“表达人们主观上企望执行某种动作行为以实现某种结果”，但“由于客观原因而使结果不能实现”。

虽然大多数“V 不 C”中的 V 确实可以理解为具有“企望义”的“自主性”动词（张旺熹，1999：142），但在语料库中还是能发现一些例子并没有表达“愿”的“企望义”。比如：

（3）许多新“买办”的家庭不稳定，离婚率高，妻子或丈夫接受不了不贞的爱情是主要原因之一。（CCL 语料库，1994 年报刊精选）

（4）划小经营单位后，干部和工人再也容忍不下充数的“滥竽”，大家主动要求精简人员。（CCL 语料库，1994 年第 1 季度《人民日报》）

（5）而且，事实也是如此，很多东西我们看不到，我们就认为不存在的。《阅微草堂笔记》里男人跟女鬼同居的故事也是如此，女鬼变出各种肉身来，真就是幻，幻也未必不真。（CCL 语料库，《李敖对话录》）

例（3）丝毫没有“愿意接受不贞的爱情”或是“企望接受不贞的爱情”的意思。例（4）也不能理解为“愿意容忍充数的‘滥竽’而不能”，而只是表达了“不能容忍下充数的‘滥竽’”的意思。例（5）谈论的是“女鬼”，对于鬼怪的事，很多人是害怕的，因此也不能认定为“我们愿意看”，而只能理解为单纯的“不能看到”的意思。例（3）至例（5）虽然没有表达“愿意V”或“企望V”的意思，但是确实做了V这个动作，是做了“接受”“容忍”“看”这些动作，而不能达到某种结果。因此比起“愿而不能”，“V不C”的语义更像是“做而不能”。只是大部分“做而不能”的事，因为V这个动作是自主做的，在合适的语境中常常可以进一步引申出愿意去做的意思。因此，可以判定“企望义”是合适的语境赋予的，而在像例（3）至例（5）这样的语境中，就能清楚地看到“V不C”结构本身只包含了“做V”，并没有包含“愿意V”的意思。

可能补语的意义和情态动词“能”最为接近。“V不C”与“不能VC”的差别，并不是“V不C”多了一层“愿意V”的意思，而是“V不C”表达了有“做V”的前提。因此使用“V不C”时，就要求能够通过语境激活联想出V，使“做V”这个前提可以自然融合而不显得突兀。比如拿“弯不下”和“不能弯下”对比，CCL语料库中“不能弯下”仅有1例，即例（6），上文没有任何成分可以使人激活联想出做“弯”这个动作。在语料库中有21例“弯不下”，其中14例的上文直接提到了与“弯”关联密切的名词“腰”，如例（7）；有2例的上文涉及需要“弯腰”的动作，如例（8）的“插秧”；有3例“弯不下腰”是接着“脾大”“肥得”“老伯伯”这样的问题而说的；还有2例是对话，情境中有实际的身体动作也可以激活做“弯”这个动作，如例（9）。语料库21例“弯不下”无一例外地在语境中都有明显的成分能使人激活联想出做“弯”这个动作，因此使用以“做V”为前提的“V不C”是自然的。而像例（6）这样的语境，上文没有明显的成分可以激活联想出“弯”，替换成“弯不下腰来”会非常不自然。

（6）毋庸讳言，大多数中国百姓的欣赏层次还有待提高，然而文艺工作者为什么不能弯下腰来，走向现实，走向生活，去努力创作一些普通百姓喜闻乐见的作品，再从中做些提高工作呢？（1995 年 1 月《人民日报》）

（7）一天忙下来经常是腰酸腿疼，觉得腰都弯不下去了。（张小暖《女人养颜经》）

（8）想想看，农民到了田里，拔秧蹲不下，插秧弯不下，担秧未走几步已是气喘吁吁，这样的人能种地吗？（1998 年《人民日报》）

（9）"还有什么事?"他扶了扶眼镜问。

"我弯不下腰去系这边的鞋带。"我不好意思地说。（《读者（合订本）》）

也就是说，与"不能 VC"相比，"V 不 C"的使用要求语境上文能激活联想出 V。因此"V 不 C"的语义可以概括为：以做 V 为前提，不能达到 C 的结果。

2.2 "V 得 C"的语义

吴福祥（2002）在吕叔湘（1944/1982）、蒋绍愚（1995）的基础上进一步论证了"V 不 C"的来源与"V 得 C"无关，两者的语法化不仅在范围上不均衡，在时间上也不同步，但两者都经历了从"表实际之结果"到"表悬想之可能"的语法化过程。关于"V 得 C"的"得"，王力（1980：350～352）认为是由"获得"义转化为"达到行为的目的"的"达成"义，再进一步虚化而来。赵长才（2002）认为除了由"达到、达成"义虚化而来，还有一条路径是由"获得"义引申为"致使"义再虚化而来。

我们认为，虽然在历时层面"V 不 C"与"V 得 C"有诸多不一致之处，但在共时层面，"V 不 C"与"V 得 C"都包含"以做 V 为前提"的意思，两者的使用都要求语境上文能够激活联想出 V，使"做 V"这个前提能融合而不突兀。比如例（1）中语料上文有“鸡叫狗咬”，就能很自然地使人激活联想出“听”这个动作，因此用“听得见”是合适的；例（2）中语料上文是“当个教授”，所以能激活联想出动作“办”，使用“办得到”也不突兀。

如果语境上文没有任何成分或因素使人能激活联想出 V，V 是一个全新的未知信息，句子使用“V 得 C”就会显得奇怪，不如用“能 VC”自然。比如，当我们讲述“蔡文姬晓断弦”这一历史典故时，一开头，可以说：“你知道吗？蔡文姬六岁就能听出她父亲弹琴时弹断的弦是第几弦。”用“能听出”引出一个全新的未知信息是合适的。一般不会在一开头说：“你知道吗？蔡文姬六岁就听得出她父亲弹琴时弹断的弦是第几弦。”如果要使用“听得出”，一般在上文会出现能够激活联想“听”这个动作的成分，比如说：“蔡文姬的父亲有一次在家弹琴把琴弦弹断了，蔡文姬当时才六岁，就听得出弹断的弦是第几弦。”这时使用“听得出”才非常自然，是因为语境上文提到了“弹琴”，就能够激活联想出“听”，这时“做 V”并不是一个全新的未知信息，使用语义包含“以做 V 为前提”的“V 得 C”就能够自然融合进语句中。

因此，“V 得 C”的语义可以总结为：以做 V 为前提，能达到 C 的结果。结合 2.1 节，“V 得/不 C”的语义可以综合为：以做 V 为前提，是否能达到 C 的结果。

3. 能力义可能补语不对称现象的本质

3.1 允准 VC 事件的三种表达手段

第 2 节分析得出可能补语“V 得/不 C”的语义是：以做 V 为前提，是否能达到 C 的结果。“V 得/不 C”表达的是一个程度性结果的 VC 事件。现代汉语表达能力义的多种手段中，允准程度性结果 VC 事件的，还有情态动词“能”和“可以”。彭利贞（2007：156）认为“能”是“从主语主动的角度来实现做某事的能力”，“可以”是“从无障碍的角度来实现做某事的能力”，我们表示赞同。三种能力义表达手段都允准 VC 事件，但表达的角度有所不同，三种能力义表达手段的语义对比如下：

“V 得/不 C”：以做 V 为前提，表达能力是否达到 C 的结果；

“能 VC”：表达从主动的角度来实现 VC 的能力；

“可以 VC”：表达从无障碍的角度来实现 VC 的能力。

汉语表达能力义的手段中只有“可以”没有否定式，语料库查到的“不可以”全都是“禁止义”，不是“能力义”。根据 Palmer（1990：35 ~ 37）对情态三分法的分类体系，“禁止义”属于道义（deontic）情态，“能力义”属于动力（dynamic）情态。杉村博文（1982）曾指出“不能 VC”和“V 不 C”相比，“不能”比较倾向于表示“禁止”。但通过调查语料库可以发现，“不能”与“不可以”不同，除了表示道义情态的“禁止义”，还有不少表示动力情态“能力义”的“不能 VC”，比如：

（10）症状是在夜间光线不充足的地方视力很差或完全不能看见东西。（《倒序现代汉语词典》）

（11）她闷着头想了想，却不能想出几句能连得起的这一类话，不由得恨自己开会总是纳鞋底。（1997 年《作家文摘》）

对于同一个 VC 结构来说，比如“看见”，普通话能力义的肯定表达一共有“可以 VC（可以看见）”“能 VC（能看见）”“V 得 C（看得见）”三种方式，而否定表达只有“不能 VC（不能看见）”和“V 不 C（看不见）”两种方式。以往的研究只是孤立地比较“V 得 C”和“V 不 C”这一组表达方式在语料中出现的频率。但频率的表现实际是可能补语、情态动词“能”和“可以”这几种表达手段相互竞争的结果。否定式（两种）比肯定式（三种）可选择的表达手段少，也可能是产生某种否定式表达比对应的肯定式表达频率高的原因。为了更接近可能补语不对称现象的本质，有必要在同一种 VC 事件下考察肯定的三种、否定的两种表达手段相互竞争的频率结果。

3.2 同一种VC事件几种表达手段的频率考察

我们选取了12个VC事件，在CCL语料库中排除表示道义情态的例子，分别统计动力情态“能力义”肯定式的三种表达“可以VC”“能VC”“V得C”和否定式的两种表达“不能VC”“V不C”出现的频次。比如选取“看见”这个VC事件，分别统计表示动力情态能力义的“可以看见”“能看见”“看得见”“看不见”“不能看见”出现的频次。统计数据如表1所示：

表1 能力义VC事件三种肯定和两种否定表达手段的频次

	可以VC	能VC	V得C	V不C	不能VC	肯定之和	否定之和
看/见	1188	1167	1859	5718	80	4214	5798
听/见	552	465	571	1377	18	1588	1395
闻/到	67	130	40	95	0	237	95
说/出(来)	71	417	329	5221	46	817	5267
写/出(来)	80	373	72	477	28	525	505
干/出(来)	18	111	164	112	1	293	113
想/出(来)	36	169	235	1481	3	440	1484
办/到	109	263	360	1035	16	732	1051
赚/到	42	110	8	136	2	160	138
(支)撑/住	2	2	52	280	0	56	280
吃/完	2	7	6	199	0	15	199
创造/出(来)	92	205	0	34	14	297	48
总计	2259	3419	3696	16165	208	9374	16373

在对12组VC事件的考察中，包含“V得C”的句子一共3696例，包含“V不C”的句子一共16165例，“V不C”是“V得C”的4倍多，可能补语否定形式的出现频率确实远大于其肯定形式，这点和前人的考察结果是一致的。

与其他几组表达一起比较就会发现有意思的现象。我们把考察的数据做成柱状图，所谓的不对称现象到底是怎么回事就更清楚了。图1表明“可以VC”（无否定形式）、“能VC/不能VC”及“V得C/V不C”三组的出现频

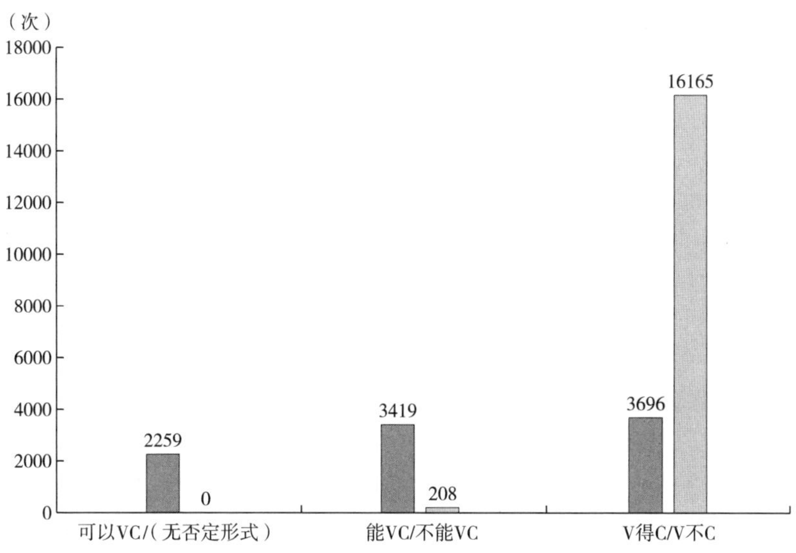

图1　三种肯定和两种否定表达手段的频次

次，每组的左侧（黑色）是肯定式表达，右侧（灰色）是否定式表达。可以看出，“V 不 C”的频次确实远远高于“V 得 C”的频次，但更值得注意的现象是肯定表达的左侧（黑色）三个数值相差得并不是特别多，而否定表达的右侧（灰色）两个数值极其不对称。事实上能力义 VC 事件的三种肯定表达“能”（3419）、“可以”（2259）、“V 得 C”（3696）的出现频次是比较均衡的，而两种否定表达“不能”（208）和“V 不 C”（16165）则出现了极端的不对称现象：“V 不 C”在否定表达中占绝对优势。柱状图表现出“V 得 C”、“能 VC”和“可以 VC”在频次上差得不多，那么可以认为可能补语的否定形式出现频率远大于其肯定形式，本质上并不是“V 得 C”出现频率低的问题，而应该考察是不是“V 不 C”出现频率过高。“V 不 C”出现的次数是“不能 VC”的 77 倍多，这个倍数远远大于“V 不 C”与“V 得 C”相比的 4 倍比值。在能力义 VC 事件的否定表达手段中，“V 不 C”占据了绝对的优势。而“能 VC”是“不能 VC”的 15 倍多，“能”与“不能”在 VC 事件上出现频率的不对称现象比可能补语的不对称现象还要严重。

频率是几种表达相互竞争的结果，虽然总体上“V 得 C”比“V 不 C”

出现频率低很多，但是“V 得 C”实际的出现次数与“能 VC”“可以 VC”的出现次数相比是较为均衡的，甚至还略高一点。语料库中不乏像例（1）和例（2）那样用于陈述句、语义上不宜解读为可能程度很低的例子。可以认为“V 得 C”也是肯定表达的主要手段之一，可能补语不对称现象的本质原因并不是“V 得 C”的肯定程度低。我们的眼光不应该局限于只看到“V 不 C”比它的肯定式出现频率高，而应该讨论更为本质的问题——为什么能力义 VC 事件的否定式大多选择“V 不 C”表达而不选择“不能 VC”表达？

3.3 不对称现象的解释

汉语的问句，其答句一般倾向于沿用问句里的动词。表达动力情态用“能”发出的很多问句，其肯定式的答句一般还是沿用问句的“能”，当然有时也会用“可以”回答。但相应的否定式答句却常常不用“不能”作答，而要换作用“V 不 C”来回答。比如在日常口语对话中，我们问“后面的同学能听见吗?”，肯定式回答“能”或者“可以”都是自然的，但否定式的答句常常都是“听不见”，一般不用“不能”作答。在语料库能搜到的例句虽没有这么干脆简短，略微复杂一些，但也符合这个现象，比如例（12）和例（13）：

（12）经理：“晃那么一下观众能看清吗?”
“班头”：“看不清有啥难的？由跟踪他接头的我方侦查员让女售货员再拿出来瞧瞧，仔细检查一下，不就有了吗?”（1993 年 6 月《人民日报》）

（13）“哪儿也别去了。”孙国仁拭着泪说，“今儿就家去，好好过日子吧。”“可是我不放心，这么大的摊子，你们能弄好吗？我老骥伏枥……”“弄不好还弄不赖么？怎么着也能跟您弄得差不多……送老赵回府。”（王朔《千万别把我当人》）

在使用“能”的问答句中，理论上还有利于“不能”的出现，“V 不

C”在这种条件下强占了“不能”的位置。我们将通过解释问答句中的不对称现象，来看“V不C”出现频率奇高的原因。首先要问的就是，是不是所有用“能”发问的语句，其否定式的答句都强制要求用“V不C”回答呢？

事实上，包含“能”的问句，在某些特定的语境中也不用“V不C”作否定式回答。比如面对一条大河，孩子对妈妈说：“我们能飞过去吗？”妈妈的回答在正常情况下只能是“不能”，而不是“飞不过去”。因为“V不C”的语义是“以做V为前提，不能达到C的结果”。使用要求上有以“做V”这个动作为前提，但因为人是不能飞的，所以不存在有做“飞”这个动作的前提。当不存在有做V的前提时，“V不C”就不能使用了。再来看语料库中的例句：

（14）骑士忍住气，看见燕南飞这种惊人的身手，他不能不忍，也不敢不答：“我要赶去奔丧。”燕南飞道：“是不是你的亲人死了？”骑士道：“是我的二叔。”燕南飞道：“你赶去后，能不能救活他？”“不能！当然不能。”燕南飞道：“既然不能，你又何必赶得这么急？”（古龙《天涯·明月·刀》）

例（14）如果回答成“救不活”就不太合适了，因为人已经死了，处在奔丧环节，不存在“救”这个动作作为前提。通过以上两个例子可见，当说话人不承认以做V这个动作为前提时，“V不C”不能回答使用“能”发出的问句。

那么在一般情况下，为何又要优先选用“V不C”回答，而不直接说“不能”呢？问句说“后面的同学能听见吗？”，否定式答句“听不见”，是答话人要告诉问话人自己首先是听的，在听的前提下，不能达到听见的结果。虽然是做出了一种否定，但是也肯定了V这个动作本身，否定的只是C这个程度而已，是一种先肯定再否定的回答。可以说“听不见”是一种部分的否定，而“不能听见”是一种全面的否定。对于“后面的同学能听见吗？”这样的问句，直接做全面的否定“不能听见”，在否定程度上太过了，不够礼貌。降低否定程度说“不太能听见”就合适多了。“不太能听见”和“听不见”在言语行为的作用力上是一样的，都会促使问话人调大音量，而两者都是一种部分否定而非全面否定。从问答句可见，交际中为满足礼貌原则，我们的语言常常优先使用部分否定的“V 不 C”。如果不是语义需要连 V 都一起否定时，不倾向使用全面否定的“不能”。

因此“能”问句的否定回答常常用“V 不 C”是因为说话人就是要表达一种部分的否定：在肯定 V 的前提下，否定 C 的结果。为了满足礼貌原则的语用要求，“V 不 C”抑制“不能 VC”几乎是强制的。当无关乎语用要求，只是单纯语义需要把 V 的前提都否定掉时，则只允许“不能 VC”进入，不用“V 不 C”，如例（14）。

“V 不 C”在语义上和“不能 VC”是有明显区别的：“不能 VC”是全面否定，否定 V 也否定 C；“V 不 C”是部分否定，是以做 V 为前提否定 C。而肯定式的“能 VC”和“V 得 C”都是既肯定 V 又肯定 C 的全面肯定。在语篇中，只要不处在话语的开端，V 就不容易是一个全新的未知信息。在具体的话题下，语境上文都很容易激活联想到动作 V，这时选用“能 VC”“可以 VC”“V 得 C”没有太多本质的差别，因此表现在频率上，三种肯定式的表达手段大致相当。而“V 不 C”部分否定和“不能 VC”全面否定的差别却造成了“V 不 C”出现频率奇高的现象。为满足语用的礼貌原则，或是语义本身的需要，我们做出否定时常常需要的就是一种部分否定而不是全面否定。这就是“V 不 C”与“不能 VC”相比，出现频率有压倒性优势的原因。语用上需要更加礼貌，语义上需要部分否定，语用和语义两个方面的原因，都会造成选择“V 不 C”而不选择“不能 VC”的现象。

4. 结语

所谓的可能补语的不对称现象，实质是“V 不 C”与“不能 VC”之间的不对称现象。“V 不 C”与“不能 VC”相比，出现频率有压倒性的优势。可见在语言的实际运用中，或出于语用上满足礼貌原则的原因，或出于语义需要部分否定的原因，对于 VC 事件的否定，常常会选用一种部分否定。汉语的表达委婉含蓄，汉族人的思维习惯使得说话人常常以听话人为中心，非必要不轻易在听话人面前做全面的否定。表达“做而不能”部分否定的“V 不 C”则完全匹配了汉语委婉表达的需要。

参考文献

北京语言学院语言教学研究所：《现代汉语频率词典》，北京语言学院出版社，1986。

蒋绍愚：《内部构拟法在近代汉语语法研究中的运用》，《中国语文》1995 年第 3 期。

郝维：《补语的可能式的肯定式与否定式不平行的原因》，《新疆大学学报（哲学社会科学版）》2002 年第 2 期。

胡清国：《“V 得/不 C”的强势与理据》，《华东师范大学学报（人文社会科学版）》2003 年第 3 期。

刘月华：《可能补语用法的研究》，《中国语文》1980 年第 4 期。

吕叔湘：《与动词后得与不有关之词序问题》，《汉语语法论文集》（增订本），商务印书馆，1944/1982。

吕文华：《关于对外汉语教学中的补语系统》，《语言教学与研究》1995 年第 4 期。

吕俞辉：《汉语可能补语的不对称现象》，《外语学刊》2013 年第 6 期。

彭利贞：《现代汉语情态研究》，中国社会科学出版社，2007。

杉村博文：《V 得 C、能 VC、能 V 得 C》，沙野译，《汉语学习》1982 年第 6 期。

石毓智：《肯定和否定的对称与不对称》，北京语言文化大学出版社，2001。

王力：《汉语史稿》，中华书局，1980。

吴福祥：《汉语能性述补结构“V 得/不 C”的语法化》，《中国语文》2002 年第 1 期。

赵长才：《结构助词“得”的来源与“V 得 C”述补结构的形成》，《中国语文》2002 年第 2 期。

赵元任：《汉语口语语法》，吕叔湘译，商务印书馆，1968/1979。

张旺熹：《汉语特殊句法的语义研究》，北京语言文化大学出版社，1999。

Palmer, Frank Robert. 1990. *Modality and the English Modals (second edition)*. New York: Longman Inc.

A New Interpretation of the Asymmetry of Potential Complements of Dynamic Ability

Wu Yunli

Abstract: This article redefines the semantics of the structure "V de/bu C" as on the premise of doing V, whether the result of C can be achieved. The asymmetry of affirmation and negation of potential complements may not be due to the slight possibility of the affirmative form, but rather to the extremely high frequency of negative form. For the same event of VC, "V bu C" and "bu neng VC" are the only two negative expressions of ability. Different from the relatively balanced frequency of the three positive expressions, the frequency of "V bu C" overwhelmingly dominates. "V bu C" does not mean "wishing but cannot", but rather "doing but cannot". The partial negation rather than complete negation satisfies the principle of pragmatic politeness and meets the euphemistic requirement of Han people not to easily make direct and full negation in front of the listener.

Keywords: potential complement, asymmetry, V bu C, ability

试论老舍作品中的情态副词“顶好”*

姜其文
（浙江师范大学人文学院）

提　要　情态副词“顶好”在句中充当高层状语，用以评价整个命题。它表达道义情态，表示说话人的建议或规劝。在语篇中，“顶好”具有篇章追补功能和建议规劝功能。

关键词　顶好　情态副词　道义　老舍

1. 前言

在有些语言中，会采用比较级或最高级形式来表达道义情态，这种结构被称为“比较情态”（comparative modality）（van der Auwera & De Wit, 2010：127），这类从比较义演变而来的情态在情态类型上属于道义情态。汉语中的副词“顶好”也表示这种情态。

现代汉语中的“顶好”有两种性质：一是形容词短语“顶好$_1$”，二是情态副词“顶好$_2$”。“顶好$_1$”是由“副词 + 形容词”组成的形容词短语。形容词短语“顶好”还可分为两类：表示优点多的、让人满意的“顶好$_{1a}$”

* 本文为浙江省哲学社会科学规划课题青年项目“现代汉语情态构式专题研究”（项目编号：21NDQN217YB）的阶段性成果。

和表示容易的“顶好$_{1b}$”。“顶好$_{1a}$”主要做谓语和定语，少数情况下可以充当状语和补语。“顶好$_{1b}$”主要做状语，其中的“好”是独立的词，可以单用，而情态副词“顶好$_{2}$”主要做状语，其中的“好”是不成词语素，不能单用。形容词短语“顶好$_{1}$”表示“最好或最容易”，而情态副词“顶好$_{2}$”则表示“最适合”。例如：

（1）钱必是顶好的东西，会使爸不马虎。（老舍《小坡的生日》）

（2）他认为乌江河里的鱼顶好钓，无鳞，一尾有三五斤重。（沙丁《贺龙将军印象记》）

（3）你们现在有这点钱，顶好把这个生意扩充一下，好好的干一下，还许有希望。（老舍《二马》）

例（1）是“顶好$_{1a}$”；例（2）是“顶好$_{1b}$”；例（3）是“顶好$_{2}$”。我们主要关注情态副词“顶好$_{2}$”。关于情态副词“顶好”，《现代汉语八百词（增订本）》（173 页）解释为：“习用语，同‘最好’，表示说话人认为最好的选择或一种希望。”徐志诚（1991：50）把它看作副词。无论是习用语还是副词，这类“顶好”与“副 + 形”结构组成的形容词短语“顶好$_{1}$”在句法分布和语义上并不一致。

关于“顶好”的情态副词用法，前人探讨得较少。它与近义情态副词“最好”之间在地域分布、语体和成熟时代等方面的差异也很值得探究。情态副词“顶好”主要出现在老舍的作品，其他作品中用例少见，因此我们集中对老舍作品中的情态副词“顶好”进行详细分析。

本文从三个方面来探讨情态副词“顶好”：（1）归纳其句法分布与搭配；（2）阐述其情态表达及其语义等级；（3）探究其篇章功能。

2. 句法分布与搭配

2.1 句法分布

在句法上，道义情态副词“顶好$_2$”主要充当高层状语，用以评价整个命题。例如：

（4）一位小姐到底是小姐。虽然我应当要什么便过去拿来，可是爱情这种事顶好得维持住点小姐的身分。（老舍《阳光》）

（5）你丢了官，于我有什么好处呢？先别疑心朋友，顶好大家总动员起来，赶紧再抓个差事！（老舍《残雾》）

“顶好”在例（4）、例（5）中都做状语，其辖域是整个命题。

“顶好”既可做句中状语，也可以充当句首状语。例如：

（6）“就是！就是！”晓荷赶快的说：“我也这么想！闹义和拳的时候，你顶好去练拳；等到有了巡警，你就该去当巡警。”（老舍《四世同堂》）

（7）父亲是专门作政治的，去问他。其余的事我有知道的，也有不知道的，顶好你先自己去看，看完再问我。（老舍《猫城记》）

“顶好”在例（6）中做句中状语，在例（7）中做小句“你先自己去看”的句首状语。无论“顶好”做句中状语，还是句首状语，其主语都可以承前回指或直接省略。例如：

（8）你们要知道好歹，顶好回家睡觉去，省得挨打！（老舍《小坡的生日》）

在例（8）中，“顶好”所在小句“回家睡觉去”的直接主语由于承前回指前一小句的主语“你们”而省略。

2.2 人称分布

“顶好”表达说话人对听话人的希望或建议。情态副词“顶好”的主语除了人称代词，还可以是名词。当主语是人称代词时，多为第二人称，少数是第一人称和第三人称；既可以是单数，也可以是复数。当主语是第二人称时，由于说话人与听话人分属会话双方，因而言者主语是说话人，句子主语则指向听话人。例如：

（9）最后，他又板着脸教训：“冠家连太太都能做官，大哥你顶好对他们客气一点！这年月，多得罪人不会有好处！”（老舍《四世同堂》）

（10）所以呀，王先生，方老板，你们顶好别跟他为仇作对，他是万年青，永远是绿的！（老舍《方珍珠》）

当主语是第一人称时，听话人与说话人发生了重合，主语指向说话人自身。例如：

（11）我知道我顶好是不说什么，省得教老先生生气。（老舍《兔》）

（12）老张你平心静气的想想，顶好我们和平着办，你不信呢，非打官司不可，我老龙只有奉陪！（老舍《老张的哲学》）

当主语是第三人称时，主语既不是说话人，也不是听话人，而是会话双方谈论的某个对象。例如：

（13）他看出来，连长是有心事。但是连长既不出声，他顶好也暂时不出声；沉默有时候比催促更有刺激性。（老舍《无名高

地有了名》)

2.3 句类分布

情态副词“顶好”主要分布在陈述句和祈使句中，一般不出现在感叹句和疑问句中。

a. 陈述句

情态副词“顶好”主要对命题或事件进行评价，表达说话人的期待或建议。“顶好”既可以出现在肯定陈述句中，表达说话人的正面希望或建议。例如：

(14) 看见他，你必须强调战术思想的重要，跟他一同学习！他最爱听你的话！你顶好先去看看营长，然后再看连长。(老舍《无名高地有了名》)

(15) 你要是懂得好歹的话，顶好把肘子、钱都给我送上门去，我恭候大驾！(老舍《正红旗下》)

也可以出现在否定陈述句里，表达说话人对听话人的负面劝诫，以达到规劝听话人不施行某一行为的目的。例如：

(16) 孙七知道晓荷是在扯谎，知道顶好不答理他……(老舍《四世同堂》)

(17) 为自己，为别人，夏天顶好不去拜访亲友，特别是胖人。(老舍《离婚》)

“顶好”还可以与同样表达建议的情态副词“还是”等连用。例如：

(18) 两件事使他想起就怕，妈妈的死和学校里的冷酷。顶好还是

请位先生，在家里读书，爱读什么就读什么，不必学算数，上体操。（老舍《牛天赐传》）

b. 祈使句

祈使句表达说话人的祈愿或命令。当“顶好”位于祈使句时，它表达间接建议，具有减弱祈使强度、缓和语气的表达效果。例如：

（19）老二，谢谢你的好意，我谢谢你！可是，你顶好别管我的事，你不懂洋务啊！（老舍《正红旗下》）

“顶好”在祈使句中具有缓和祈使语气的作用，它遵循了会话交际中的礼貌原则。

3. 情态表达及其语义等级

3.1 情态表达

情态副词“顶好”表达间接道义情态，即说话人对听话人的希望、建议或规劝。希望是说话人表现出来的主观期待，它可以是对听话人的，也可以是对说话人自身的。建议则是说话人传达给听话人，用以促使听话人去施行的行为。建议要求听说双方共享，更多表达交互主观性，它希望得到听话人正面、积极的回应。因此，“顶好”一是表示说话人自身的希望或期待，它属于知域，表达说话人的主观性；二是表示说话人对听话人实施某一行为的建议，属于言域，表达交际双方的交互主观性。“顶好”的情态表达具有以下特点。

a. 主观情态

“顶好”表示的主观情态是指，“顶好”传达了说话人的期待或意愿。它与表示客观情态的“只得”相比，更多地体现为主观情态。例如：

（20）他不愿再去听，也不愿去多想，他知道假若去打抢的话，顶好是抢银行；既然不想去作土匪，那么自己拿着自己的钱好了，不用管别的。（老舍《骆驼祥子》）

（21）“地道里我出不来气儿！”马先生想起到伦敦那天坐地道车的经验。马威无法，只得叫了辆汽车，并且嘱咐赶车的绕着走。（老舍《二马》）

例（20）的“顶好”表示的是说话人提出的主动行为，是主观情态；例（21）的“只得”更多的是由于客观环境所限而做出的被动行为，是客观情态。

b. 间接建议

“顶好”是针对某一情状，说话人向听话人提出正面、积极的建议或对听话人某种行为的劝诫。这种情态语义一般是以间接的方式表达的。因而，它与直接表示祈命的道义情态相比，在表达效果上对听话人而言显得更加委婉、更加礼貌，让听话人也相对容易接受。例如：

（22）下班的时候，你再来吧，顶好别叫大家看见。（老舍《春华秋实》）

（23）他眼中的中国人，完全和美国电影中的一样。“你必须用美国的精神做事，必须用美国人的眼光看事呀！”（老舍《牺牲》）

例（22）的“顶好”与例（23）的“必须”相比，“顶好”更多地体现为对听话人的间接建议，在语用表达上也更委婉，更加考虑到听话人的感受；“必须”由于是直接的祈命，它带有强制命令性，在语用上显得更直接。

c. 内部情态

“顶好”表示的内部情态是指“顶好”的情态来源是说话人，而不是外在的情理或环境。与来源于外在的道义情态不同，它传递说话人的道义情态，体现说话人所预设认为的最佳适宜性（best felicity）。例如：

（24）你们要知道好歹，顶好回家睡觉去，省得挨打！（老舍《小坡的生日》）

（25）你得起誓，不能去拉包车，天天得回来；你瞧，我要是一天看不见你，我心里就发慌！（老舍《骆驼祥子》）

例（24）的“顶好”表示说话人的建议，是内部情态；例（25）的“得”表示由外部客观情理或环境导致，是外部情态。

与道义情态动词相比，“顶好”对所评价的事件在时间上有一定的限制，不能用于已然事件句。例如：

（26a）你现在应该把作业做完。

（26b）你明天应该把作业做完。

（26c）你昨天应该把作业做完（的）。

（27a）你现在顶好把作业做完。

（27b）你明天顶好把作业做完。

（27c）*你昨天顶好把作业做完。

表示道义的情态动词“应该”没有时间上的限制。当“应该”与现在时、将来时搭配，它分别表示对现在、将来的期待或希望。当“应该”与过去时搭配时，它表示的是对过去已然发生的事件进行陈述。它可以与标示任何时间的事件相搭配，如例（26a）、例（26b）、例（26c）所示。而在所评价的事件句中，情态副词“顶好”可以与将来时和现在时相搭配，如例（27a）和例（27b）所示。但它表示对现在或将来的期望或建议，因而它所评价的不能是已然事件，不能与过去时间相搭配，如例（27c）所示。

情态副词“顶好”与形容词短语“顶好”在现实性表达上不同。情态副词“顶好”只具有非现实性，用于评价非现实情境，而形容词短语“顶好”则既可以评价非现实情境，也可以评价现实情境。例如：

（28）你们要是送给他礼物，顶好是找个小罐儿装点雪，假如你住的地方有雪，给他看看，他没有看见过。（老舍《小坡的生日》）

（29）不幸我们失败了，我们能殉国自然顶好，不能呢，也不许自动的，像蓝东阳与冠晓荷那样的，去给敌人做事。（老舍《四世同堂》）

（30）她向四下里一指，“咱们弄清楚了顶好，心明眼亮！就着这个喜棚，你再办一通儿事得了！”（老舍《骆驼祥子》）

例（28）的“顶好”用于假设条件句，这种假设是对将来可能情状的估计，“找个小罐儿装点雪”是说话人对将来可能情状所提出的建议，不是对已然事件或实然命题做出评价。因而，道义情态副词“顶好”不能出现在已然现实句中。而形容词短语“顶好”则既可以出现在非现实句中，也可以出现在现实句中。例（29）的“不幸我们失败了”“我们能殉国”作为假设条件分句，表示可能假设情状。而例（30）的“顶好”表示现实情状。“咱们弄清楚了”是已然发生的情境，这里的“顶好”表示对已然事件做出评价，整个句子表示的是现实情态。因此，情态副词“顶好”只表达非现实情态，用于非现实句中，而形容词短语“顶好”既可以表达现实情态，也可以表达非现实情态。

当情态副词“顶好”与形容词短语“顶好”都出现在非现实句中时，二者句法位置可以互换。例如：

（31a）他顶好搭我的班儿！（老舍《方珍珠》）

（31b）他搭我的班儿顶好！

例（31a）的“顶好”是情态副词做状语，例（31b）的“顶好”是形容词短语做谓语。当情态副词“顶好”充当状语时，二者可以互换。

当情态副词“顶好”前面有修饰性成分或与“是”组合在一起时，二者不能互换。例如：

(32a) 他能够很体谅人，很大方，但是他不愿露出来；你对他也顶好这样。（老舍《春来忆广州》）

(32b) ＊他能够很体谅人，很大方，但是他不愿露出来；你对他也这样顶好。

(33a) 我知道我顶好是不说什么，省得教老先生生气。（老舍《兔》）

(33b) ＊我知道我是不说什么顶好，省得教老先生生气。

(33c) ＊我知道我不说什么顶好是，省得教老先生生气。

例（32a）的“顶好”受到副词“也”修饰，不能变换到谓语位置，如例（32b）所示。当“是”修饰“顶好”时，“顶好”不能变换到谓语位置，如例（33b）和例（33c）所示。

3.2 语义等级

道义情态副词“顶好”表达说话人对听话人的建议或规劝。“顶好”在道义上的施加者一般是说话人或外在的情理、环境。“顶好”表现的是说话人主观认定或特定条件下的优先选择，这种优先选择义一般是非排他性的，而形容词短语“顶好”的本义表示“最佳选择”，具有排他性。例如：

(34) 有吃就吃，有喝就喝，有活儿就作，手脚不闲着，几转就是一天，自己顶好学拉磨的驴，一问三不知，只会拉着磨走。（老舍《骆驼祥子》）

(35) 他进去了，坐在了顶好的座位上，看着空的台，空的园子，心中非常的舒服。（老舍《四世同堂》）

例（34）的“顶好”的语义并不具有排他性，而是表示优先选择。而例（35）的“顶好”则具有排他性，它表示选择上的最佳。

“顶好”在情态的表达上具有间接性和委婉性。与直接表示道义情态的“应该”相比，“顶好”的语义显得比较委婉。例如：

（36a）你们顶好今天就回家。

（36b）你们应该今天就回家。

“顶好”属于表达间接建议，“应该”表示直接祈命。不同的是，直接祈命的“应该”可以有外部否定表达，而表示建议的“顶好”外部否定形式则很少。因为表示建议一般是肯定正面或积极的行为，而极少是对行为的否定。“顶好”表达了说话人对所提建议具有较强的信念并寻求听话人也共享这种信念并实施。

同样表示间接道义情态，相比“可以”“还是”，“顶好”的语义在情态等级上是最高的。“可以”提供的是处于同等地位的选项，它的语义强度最低；“还是”提供的是基于比较而得出的优先选项，它的语义强度处于中等；“顶好”提供了基于某一范围内的最优选择，它的语义强度最高。例如：

（37）下了课你可以去玩儿，也可以回家。［平等选择］［语义强度最低］

（38）你们打算坐火车还是乘飞机回去？

还是乘飞机吧，老单身体没有恢复，飞机快，火车晃哩晃荡受罪。（王朔）（引自方梅，2013）［优先选择］［语义强度中等］

（39）你顶好把作业写完。［最佳选择］［语义强度最高］

以上三者都表达建议。其中，“顶好”的语义最强。在语义上，“顶好”的本义是表示“选择上的最优”，在说话人看来或在情理上被认为是最佳选择。说话人把自己认为的最优选择分享给听话人时，通过会话的招请推理（invited inference）机制，使听话人也认同说话人的这一观点。交际双方都默认的最优选择在情理上也就变成了最应该去实施的行为，因而衍生出道义情态义。

4. 篇章功能

情态成分不仅具有人际功能，还具有一定的篇章功能。“顶好”的篇章衔接功能主要表现在追补功能和建议规劝功能两方面。

4.1 追补功能

a. 承接性追补

承接性追补是指，前分句阐述主要内容，后分句对前分句的内容进行进一步的补充说明或解释阐述。例如：

（40）我要是盖水房子呀，一定不要工厂：顶好在那儿挖个窟窿，一直通到海面上，没事儿在那里钓鱼玩，倒不错！（老舍《小坡的生日》）

（41）她决定晚去一会儿，顶好是正赶上照相才好。（老舍《善人》）

在例（40）中，“顶好”后接的小句成分“在那儿挖个窟窿，一直通到海面上”是对前一小句“我要是盖水房子呀，一定不要工厂”的补充说明。例（41）的“正赶上照相才好”是对前一分句“她决定晚去一会儿”的时间的进一步说明。

b. 递进性追补

递进性追补是指“顶好”用于衔接两个在语义上具有递进关系的小句。前一小句表达主要内容，后一小句是对前一小句在数量、程度、时间或范围上的递进。例如：

（42）好，飞跑！顶好比飞更快一点！（老舍《西望长安》）

（43）第二行必须是中央什么馆或什么局的主任才能镇得住；至少也得是某某大学——顶好是国立的——教授。（老舍《文博士》）

“顶好”在例（42）中是对前一分句“飞跑”程度上的递进，即“比飞更快一点”。在例（43）中是对“某某大学”等级上的递进，即“国立的”。

c. 解注性追补

解注性追补是用于衔接两个小句相关的表述。“顶好”所在的小句对前面所谈的内容进行总结、解释或说明。例如：

（44）我有我的志愿，我的计划；他有他的。顶好是各走各的路，是不是？（老舍《黑白李》）

（45）为操守而受苦，受刑，以至于被杀，都顶好任凭于它。（老舍《四世同堂》）

例（44）、例（45）分别表示对前一小句内容的总结性概括。

4.2 建议规劝功能

建议规劝功能是指“顶好”所在分句表达建议或规劝。例如：

（46）纸不要弄平了，那既费料子，又显着单薄，顶好就那么团团着放进去，好显出很厚实；分量也轻，省脚力。（老舍《四世同堂》）

（47）这位爷（指丁四）还睡哪。顶好别惊动他，就让他睡下去吧。（老舍《龙须沟》）

例（46）、例（47）的“顶好”所在分句都是提出相应的建议，后接分句表示实施这些建议的目的。“那么团团着放进去”的目的是“好显出很厚实；分量也轻，省脚力”；“别惊动他”的目的是“让他睡下去”。例如：

（48）谁要是跟我一样，想不出什么好办法来，顶好用这个话，又现成，又恰当，而且可以不至把自己绕糊涂了。（老舍《我这一辈子》）

（49）最后，他又板着脸教训：“冠家连太太都能做官，大哥你顶好对他们客气一点！这年月，多得罪人不会有好处！”（老舍《四世同堂》）

例（48）、例（49）的“顶好”所在分句都是提出相应的建议，后接分句表示实施这些建议的原因“又现成，又恰当，而且可以不至把自己绕糊涂了”；“对他们客气一点”的原因是“这年月，多得罪人不会有好处”。无论是表示目的还是原因，它们表达的内容一般都与说话人的建议相一致，是对该建议的补充说明，用以证明该建议的充分性与合理性。

与目的或原因不同的是，可能导致的结果不受说话人的主观意志所控制，因而这些结果有些是正面的、积极的，有些则是负面的、消极的。例如：

a. 积极义

（50）再和二青打的时候，顶好是咬住他一个地方，死不撒嘴，这样必能致胜。（老舍《狗之晨》）

“顶好”在例（50）中提出“咬住他一个地方，死不撒嘴”，这样带来的积极结果就是“必能致胜”。这类可能结果对于说话人来说是积极的、有利的。

b. 消极义

“顶好”后接的成分表示避免发生负面或意料之外的结果，这类结果往往是说话人不愿意看到的或超出说话人的建议规劝。例如：

（51）“顶好是把烟断了”，他教训张知事，“省得叫我拿羊皮皮袄满街去丢人；现在没人穿羊皮，连狐腿都没人屑于穿！”（老舍《赶集》）

（52）家里有太太，顶好别多看花瓶儿们！弄出事来就够麻烦的！（老舍《四世同堂》）

例（51）的“顶好”表示的是说话人对听话人提出某一建议，它与避免类目的标记“省得”搭配，即如果实施了这一建议，就可以避免“叫我拿羊皮皮袄满街去丢人”的后果。在例（52）中，“别多看花瓶儿们”是说话人的建议，以免产生“弄出事来就够麻烦的”这一后果。

无论是积极义还是消极义，“顶好”提出的建议都是为了产生某种积极影响或避免带来负面、消极的结果，从而达到说话人提出这些建议的目的。

5. 结语

情态副词“顶好”主要充当高层状语，多与第二人称搭配，常出现于陈述句和祈使句中。它属于道义情态，表达说话人的建议或规劝。在语篇中，“顶好”具有一定的追补功能和建议规劝功能。

参考文献

巴丹：《“最好”的追补性衔接功能及语篇模式》，《汉语学报》2018 年第 4 期。

董秀芳：《从比较选择到建议：兼论成分隐含在语义演变中的作用》，《云南民族大学学报（哲学社会科学版）》2016 年第 3 期。

方梅：《说“还是”——祈愿情态的浮现》，台湾《语言暨语言学》专刊系列之五十《*Breaking Down the Barriers: Interdisciplinary Studies in Chinese Linguistics and Beyond*》，Vol. 2，台湾“中研院”出版，2013 年 10 月。

江蓝生：《“VP 的好”句式的两个来源——兼谈结构的语法化》，《中国语文》2005

年第 5 期。

李宗江:《“为好” 与 “的好”》,《语言研究》2010 年第 1 期。

吕叔湘:《现代汉语八百词（增订本)》, 商务印书馆, 1980。

聂志军、唐亚慧:《程度副词 “顶” 进入现代汉语的过程》,《重庆工商大学学报（社会科学版)》2011 年第 1 期。

聂志平:《白话文经典作家老舍作品中为什么有 “起去”?》,《中国语文》2018 年第 4 期。

沈家煊:《语言的 “主观性” 与 “主观化”》,《外语教学与研究》2001 年第 4 期。

徐志诚编著《现代汉语口语词典》, 辽宁人民出版社, 1991。

乐耀:《汉语中表达主观建议的主观性标记词 “最好”》,《语言科学》2010 年第 2 期。

张谊生:《论与汉语副词相关的虚化机制——兼论现代汉语副词的性质、分类与范围》,《中国语文》2000 年第 1 期。

赵军:《程度副词 “顶” 的形成与分化》,《云南师范大学学报（对外汉语教学与研究版)》2005 年第 2 期。

Denison, David & AlisonCort. 2010. Better as a verb. In Kristin Davidse, Lieven Vandelanotte & Hubert Cuyckens (eds.), *Subjectification, Intersubjectification and Grammaticalization*, 349 - 383. Berlin/New York: Mouton de Gruyter.

Palmer, Frank R. 1990. *Modality and the English Modals*, 2nd edition. London: Longman.

van der Auwera, Johan and Astrid De Wit. 2010. *The English Comparative Modals - A Pilot Study*. In: Bert Cappelle and Naoki Waka (eds.), *Distinctions in English Grammar, Offered to Renaat Declerck*, 127 - 147. Tokyo: Kaitakusha.

On Modal Adverb "*dinghao*"(顶好) in The Works of Lao She

Jiang Qiwen

Abstract: "*Dinghao*" is a Modal adverb which acts as a high -level adverb in the sentence to evaluate the whole proposition. It is a deontic modality which expresses the speaker's advice or exhortation in pragmatics. In the discourse, "*dinghao*" has certain textual replenishment, suggestion and persuasion function.

Keywords: *Dinghao*, modal adverb, deontic, *Lao She*

“没准（儿）”的语法化*

贾成南
（浙江工商大学国际教育学院）

提　要　现代汉语“没准（儿）”主要做状语，句法位置灵活，具有认识情态副词的句法功能。“没准（儿）”与情态动词同现时基本只出现在情态动词前，句法位置较高；与副词、情态动词连续共现时，基本语序是“没准（儿）>副词>情态动词”。“没准（儿）”具有［+推测性］、［+不确定性］、［±结论真］等语义特征，表示说话者对所述内容的主观性推断。在类推和转喻机制的作用下，“没准（儿）”先经重新分析，从动宾短语词汇化为凝固的谓语动词，并逐渐出现在别的动宾甚至主谓短语之前，语义也从具体的“客观否定NP”演变为抽象的可能性“主观推断”，逐渐语法化为认识情态副词。

关键词　没准（儿）　语法化　认识情态　副词

1. 引言

《现代汉语词典》（第7版）将“没准（儿）”定义为动词，义为“不一定，说不定”。有研究指出，“没准”是表不确定的揣测类认识情态副词

* 基金项目：教育部人文社会科学重点研究基地重大项目“汉语情态的历时研究”（15JJD740013）；杭州市哲学社会科学规划课题“近代汉语情态动词的历时研究”（Z22JC067）；浙江工商大学引进人才科研启动项目“近代汉语情态动词历时研究”（4060XJ2320002）。

本文曾在汪维辉老师的“汉语词汇史”课（浙江大学，2017年5月）、第九届现代汉语语法国际研讨会（韩国延世大学，2017年10月）、浙江大学语法语义认知组会（浙江大学，2019年5月）、中国语言学会第二十届学术年会（浙江大学，2021年4月）上宣读过，感谢课上和会上学者的宝贵建议。感谢匿名审稿专家和编辑部的宝贵意见。在撰写和修改过程中承导师彭利贞先生指导，在此谨致谢忱！如有错谬，概由作者负责。

（罗耀华、刘云，2008：44），表说话人对不确定性事件含有肯定的主观倾向性推测（王秋萍，2015：27）。刘云（2010：101）认为认识情态副词“没准（儿）”的语义演变路径是“不确定 > 有可能”。胡斌彬（2018：150）认为副词性情态成分“没准”是从上古时期的“无准”演化而来的，始见于明朝。本文认为“没准（儿）”已发展出认识情态副词的用法。结合前人研究，我们认为以下问题仍值得深入探讨：“没准（儿）”的雏形和情态副词用法是何时出现的？“没准（儿）”语法化过程中各阶段的结构语义特征及其形式验证是怎样的？“没准（儿）”语义演变的路径及其语法化的动因与机制是什么？

2. “没准（儿）”现代汉语的使用情况

“没准（儿）”一般被认定为动词，下面将对它在现汉语料库[①]中的使用情况进行描写分析，进而归纳出它作为认识情态副词的特点[②]。

2.1 句法位置灵活

在现汉语料库中，共检索到“没准（儿）”用例 618 例，其中做句中状语的有 365 例，做句首状语的有 186 例。[③] 例如：

（1）这没准儿还是你小时候用过的呢。（陈建功、赵大年《皇城根》）

① 本文的语料选自北京大学 CCL 现代汉语语料库（以下简称“现汉语料库”）和古代汉语语料库（以下简称“古汉语料库”）。

② 徐晶凝（2008：285、300）认为认识情态副词是对表述事件的推断，分为揣测类、推断类、估测类；“没准”属认识情态副词推断类。她将情态副词的句法特征总结为述谓性；可位于句中、句首或句末（我们认为位于句末的属追补成分）；只能位于谓语小句和补语小句；通常只位于“是”的前面。不过，徐文指出实际语料中也存在边缘用法。此外，徐文认为情态副词与其他副词连用时一般位于最前面，而“没准”在实际语料中与副词共现时，位置却可前可后。

③ 另外 67 例“没准（儿）”分别做谓语（“人若是不可靠，神仙就更没准儿了。”）、追补成分（“也许约她出去走一走，没准！”）以及“单独使用”（“没准，不一定。几个月一次，半年一次。”）。我们认为这里“没准（儿）”的用法是做动词，不过在做“追补成分”和“单独使用”时还有非典型副词的特点，是其语法化的残留。

（2）当初要不是李力看她天生是个打不死的小强，收了她，没准她至今还在傻呵呵地瞎混。（李可《杜拉拉升职记》）

例（1）中的“没准儿”做句中状语。例（2）中的“没准”做句首状语，修饰整个句子，句法位置最高，辖域为全句，属命题外成分。

“没准（儿）”与副词同现共有349例，置于副词前的301例，置于副词后的46例，“没准（儿）”前后均出现副词的2例。例如：

（3）回到家也抓紧时间学点英语，以后没准儿就派上用场了。（石康《奋斗》）

（4）如果不是爱上赛车，她曾经经营的送餐公司也许会非常成功，也没准儿她会成为一个优秀的家庭主妇。（新华社2001年新闻报道）

（5）虽然不至于朝人家扔臭鸡蛋，还真没准他就能从手下的面包撕下小团，当场抛向对方。（李可《杜拉拉升职记》）

“没准儿”在例（3）中置于副词“就”前，这种置于副词前的用例在“没准（儿）”与副词同现的情况中所占比重最高，说明大多数情况下，“没准（儿）”的句法位置比副词高。例（4）中的“没准儿”在副词“也”的后面，例（5）里“没准”的前后分别是副词“还”、“真”和“就”。可见，“没准（儿）”的句法位置较灵活。

“没准（儿）”与情态动词[①]共现时，基本上出现在情态动词前面，句法位置较高。例如：

（6）要是早先，瑞宣没准儿会笑上一笑，说两句俏皮话把丁约翰打发走。（老舍《四世同堂》）

（7）有事你说，没准儿能帮上忙呢。（电视剧《天道》）

① 彭利贞（2007：160）将现代汉语情态动词分为三类：认识情态动词、道义情态动词和动力情态动词。

(8) 没准一家人都要给堂上列祖列宗多烧几炷高香。(网络语料)

例 (6) 至例 (8) 中的"没准(儿)"都在情态动词的前面,说明"没准(儿)"的句法位置较高。与"没准(儿)"共现频率最高的是认识情态动词,共132例,如例(6)。其次是动力情态动词,共96例,如例(7)。共现频率最低的是道义情态动词,为5例,如例(8)。"没准(儿)"倾向于"认识情态动词 > 动力情态动词 > 道义情态动词"的选择顺序。

从"没准(儿)"与副词、情态动词共现的情况看,三者的基本顺序为"没准(儿)> 副词 > 情态动词"。例如:

(9) 过了一阵子,家珍坐在床上能干些针线活了,照这样下去,家珍没准又能下床走路。(余华《活着》)

(10) 留在家里只会让父母生气,还不如南下打工,去闯闯天下,没准还会有点出息。(1993年《人民日报》)

例 (9) 中的"没准"在副词"又"和动力情态动词"能"的前面,例 (10) 中的"没准"在副词"还"和认识情态动词"会"的前面。我们可以看出"没准(儿)"与副词、情态动词同现时,一般位于它们的前面,句法位置较高。

2.2 语义主观性强

"没准(儿)"是说话人对表述内容不确定的一种主观推断,语义特征为[+推测性]、[+不确定性]、[±结论真](罗耀华、刘云,2008:44)。对于这种不确定性,"没准(儿)"常含有说话人主观上肯定倾向的推测(王秋萍,2015:27)。例如:

(11) 拿出对巴西队比赛的劲头和水准,战平土耳其队是很有希望的,打好了没准能爆个冷门。(新华社2002年新闻报道)

(12) 那里面的一句话没准就能带来一个行业的开放。(新华社2004年新闻报道)

上面两句插入“没准”后，语义变得不确定了，主观性更强了。这两句没加“没准”时，情态动词“能”倾向于表示动力情态［能力］；加入“没准”后，更倾向于表示认识情态［可能］。这说明“没准（儿）”主观推断的语义特征与认识情态具有天然的相容性。

“没准（儿）”可出现在表心理或认知义的动词（如“知道”“相信”“想”等）后的小句里作状语，这类动词的主观推测义与“没准（儿）”的语义特征具有适恰性。例如：

（13）谁知道，也许，都在一个城市里，没准哪天就遇到了。（王朔《给我顶住》）

（14）相信不久的将来，没准儿“发烧友”们能真正注目我们大陆的明星。（1993年《人民日报》）

例（13）和例（14）中的心理认知动词“知道”和“相信”是主观性较强的动词，这类动词后的宾语小句插入“没准（儿）”后，增强了说话者主观性的态度或看法。

“没准（儿）”常出现在假设关系和条件关系的复句中，表言者的一种主观推测，具有非现实的语义特点，与“没准（儿）”的不确定性语义特征相匹配。可同现的连词有“要是”“只要”“若是”“假如”等。例如：

（15）要是契诃夫还活着，没准真会发生这样的事。（张洁《爱，是不能忘记的》）

（16）只要考取了这个专业资格没准就能找到工作。（《男人四十》）

例（15）和例（16）中的连词“要是”和“只要”分别引导的假设关系和条件关系的复句，表达了非现实的语义内容，插入“没准”后表述具有了主观上的推断义。

2.3 表达委婉含蓄

语言重要的功能之一就是交流，为了保持交流的顺畅，人们常采用一些方法使交流进行下去，“没准（儿）”常可以起到这样的作用。“没准（儿）”［+不确定性］的语义特征使说话人的表述内容显得间接、委婉，与消极或负面的语义连用时，语气显得较为温和，这与日常会话中的礼貌原则相契合。例如：

（17）假如比赛再多进行几分钟，英格兰队没准就要输掉比赛。（新华社2002年新闻报道）

（18）如果不是棚架的缓冲，没准他就摔瘫痪了。（余华《在细雨中呼喊》）

例（17）和例（18）表达的都是令人不悦的或者负面消极的内容，但插入“没准”后，语气就较为缓和，不生硬，会显得礼貌一些，这也符合会话中的合作原则。

总之，“没准（儿）”的句法位置灵活，主要做句首和句中状语，可置于副词前后或副词之间，也可与所有类型的情态动词同现，一般出现在情态动词前，句法位置较高。“没准（儿）”表达了言者主观上的一种态度或想法，具有［+推测性］、［+不确定性］、［±结论真］语义特征。因此，“没准（儿）”的应用常使说话者的表述委婉含蓄，契合会话交际中的礼貌原则与合作原则。

3.“没准（儿）”语法化过程

“没准（儿）”先经重新分析，从动宾短语“没有+［准+NP］”词汇化为凝固的谓语动词“没准（儿）”，然后逐渐出现在别的动宾甚至主谓短语之前，语义也从具体的“客观否定NP”演变为抽象的可能性“主观推断”，最后逐渐语法化为认识情态副词。

3.1 第一阶段：没有/没+［准+NP］

“没准（儿）”的雏形“没有/没+个+［准+NP］”最早见于清初作品《红楼梦》里，有1例。例如：

（19）有一位说是喜，有一位说是病，这位说不相干，那位说怕冬至，总没有个准话儿。（曹雪芹《红楼梦》）

不过，到清末这一形式仍在被使用。例如：

（20）何尝不想答报呢？只是她又没个准住处，真名姓，可那里找她去呢？（《侠女奇缘》）

例（19）和例（20）中的“没有/没+个+［准+NP］”结构上较为松散。清末出现“没有+［准+NP］”的形式，“个”被省略，形式上更为简略和紧密。第一阶段的动词“没有/没”对“准+NP”是客观否定，形容词“准”修饰NP，做NP的定语，“NP”常为表时间、处所等方面的词。例如：

（21）如若他要问吾几时回来，你就说一两月也不定，一年半载也不定，没有准日子，哄他走了就是了。（《续济公传》）

（22）三个人上了坐骑，顺大路往前走，也没有准去处，道路之上饥餐渴饮，晓行夜宿。（《济公全传》）

从这两句可以看出，“没有+［准+NP］”是一个动宾短语，语义比较具体实在。

3.2 第二阶段：短语或动词“没有/没准（儿）”

第一阶段的“没有/没+［准+NP］”演变为“没有/没+准（儿）”，

之后被重新分析为动词“没准（儿）”，主要做句子的谓语。

第一，“没有/没 + 准（儿）”是在动宾短语“没有/没 + [准 + NP]”的基础上演变的，即 NP 脱落或话题化前移①，“准”儿化②后通过转喻指称整个 NP（即性质转喻实体），义为“不确定”。例如：

（23）清风说：“他能上哪里去?”飞云说：“那可没有准！他时常出去访友。要不在家就剩下我兄弟，他没有多大能为。”（《彭公案》）

（24）又问：“上哪去?”回答：“没准。”（《小五义》）

以上两例“没有/没 + 准（儿）”做句子的谓语，NP 虽已脱落，但仍可推导出对应的 NP（去处）。这一阶段的“没有 + 准（儿）”尚未成词，仍是动宾短语，在一定条件下可以扩展。例如：

（25）……掂了掂这块肉，说道：“这手头没多大准儿，也有四两来肉吧。（《雍正剑侠图》）

第二，“没有/没 + 准（儿）”经重新分析，词汇化为凝固的谓语动词“没准（儿）”，在句中主要做谓语，与其相对应的 NP 也很难再补出。例如：

（26）金头虎说道：“那可没准，平了莲花湖，打桥上过去，又用不了鱼怪的儿子啦。”（《三侠剑》）

---

① 刘云（2010：103）认为“没有（没） + 准 + N”中的“N”话题化后前移了，“准”成为“没有”的宾语。章敏（2016）指出“准”的语法化过程为形容词 > 名词 > 动词/介词 > 情态动词 > 情态副词。所以，我们认为这里的“准”也可能是形容词“准”已演变为名词“准”，然后通过转喻指称整个 NP，可以理解为“没有把握/定准”，也是说得通的。

② 刘云（2010：103）指出“准”自指儿化后产生了“N + 没（有） + 准儿”。

例（26）中的“没准”不是一个动宾结构的词组，而是一个跨层结构，经重新分析凝固成词。到这一阶段，“没准（儿）”已不可以再扩展。

“没准（儿）”也可做定语。例如：

（27）押红拐就是一、四，押黑拐就是三、二，押单穿就是一、三，押双穿就是二、四，都是两门儿赌，不见得准得输，没准的事。（《雍正剑侠图》）

3.3 第三阶段：情态副词“没准（儿）”

“没准（儿）”从动宾短语词汇化为动词，并逐渐出现在别的动宾甚至主谓短语之前，语义也从具体的“客观否定 NP”演变为抽象的可能性“主观推断”，逐渐完成了副词语法化的过程，也就是副词虚化。张谊生（2014：345）指出副词虚化的过程为：实词（名动形）>副词、副词（略虚）>副词（较虚）、副词>连词/语气词。而实词在完全虚化前，常会有两可的现象。胡斌彬（2018）认为 20 世纪 30 年代“没准”占据了非典型副词的位置，向典型副词过渡。我们也赞同这一观点。张谊生（2014：346～389）指出现代汉语中的“虚实难分”很常见，然而诱发“实词副词化的外在形式”的因素主要包括“结构、句位、相关成分”，而“与虚化成分共现的搭配成分”和“与该虚化成分呼应的对举成分”是诱发实词虚化的主要因素。例如：

（28）也许约她出去走一走，没准！（老舍《同盟》）

（29）没准，我会重写一遍金牧场。（1994 年报刊精选）

（30）没准，不一定。几个月一次，半年一次。（吕新《圆寂的天》）

（31）“没准”，她说，“我还没有打定主意。得看情形。”（《天才》）

以上这几例中的“没准（儿）”都是介于动词和副词的用法，在语义上与其前面或后面的"也许、会、不一定、没有打定主意"等表主观推测义的词已很相似，与它们形成呼应，与认识情态义已很接近，用法上也已类似于"也许"这样的非典型副词。

如果一个词，或一个词组，或某种语言成分，经常出现在谓语前，这种句法位置促使它的意义和功能产生变化，有了发展成为副词的可能（杨荣祥，2005：193～196）。到现代汉语时[①]，动词"没准（儿）"的句法结构发生了变化，可以出现在状语位置上（即谓语前）或句首，其语义也更加虚化，从第一阶段"不确定的N"演变为"不确定的V"，从具体的"客观否定"义演变为较抽象的"主观推断"义，基本已语法化为认识情态副词。例如：

（32）他摆佛龛是因为以前在这儿的餐馆都不景气，觉得供个神没准儿管用。（1996年《人民日报》）

（33）从你的角度，没准会看到更新鲜的东西。（1994年《作家文摘》）

（34）没准一家人都要给堂上列祖列宗多烧几炷高香。（网络语料）

上面这几例中的"没准（儿）"都已是认识情态副词。例（32）和例（33）中的"没准（儿）"之后还可插入其他副词："……没准也都不管用""没准也会看到……"。在现汉语料库中，"没准（儿）"作状语的这类用例占总用例的89.16%，可出现在谓语前作句中状语，也可出现在主语前作句首状语。正因为这种句法位置的高频使用，"没准（儿）"逐渐产生了副词

① 我们在古汉语料库找到1例，即"番王的脾气没准就许把我杀了"（《彭公案》）。这句的"没准"在句中做状语，是对表述内容的一种可能性主观推断。因为只有1例，所以我们对该例进行了核对。在CCL语料库、孟青祥等《侠义双马传》（下集）（黑龙江人民出版社，1990，第1455页）和贪梦道人等《学生版中国古典文学名著 彭公案12》（知识出版社，1997，第1548页）中都为"番王的脾气没准就许把我杀了"。但我们也发现了不同的断句，即"番王的脾气没准，或许把我杀了"（http：//www. eywedu. com/Case/11/mydoc335. htm）。如果以第一种情况为准，"没准"在清末已演变为情态副词。如果第二种断句为实，"没准"情态副词用法的出现推迟至20世纪初。

的语义和功能，即语义趋于主观化，句法位置较灵活。所以，我们认为到现代汉语，“没准（儿）”已完全虚化成为认识情态副词。

3.4 “没准（儿）”语法化各阶段的形式验证和表现特征

表 1 “没准（儿）”语法化各阶段的形式验证

形式验证 / 语法化阶段	能否扩展	能否用“没有”	能否儿化
阶段一	+	+	-
阶段二	±	+	+
阶段三	-	-	+

注：“+”表示具有该用法，“-”表示不具有该用法，“±”表示两可。

“没准（儿）”语法化各阶段的特征可以从形式上得到验证。

1. 原式与扩展式并存是阶段一、二和阶段三的一个区分。阶段一［例（21）和例（22）］和阶段二［例（25）］有扩展式，但阶段三无扩展式。阶段二［例（26）和例（27）］成词后不可扩展。

2. “没”与“没有”并用是阶段一、二和阶段三的区别。“没有准（儿）”和“没准（儿）”语义上没有区别，但阶段二“没有准（儿）”像是短语，而“没准（儿）”则像词。阶段三基本不使用“没有准（儿）”①。

3. 有“儿”与没“儿”是阶段一和阶段二、三形式上的一个区别。阶段一“准”尚未儿化。阶段二“准”儿化后通过转喻指称 NP，书面语中“儿”常省略，阶段三中“儿”也常省略。

“没准（儿）”语法化过程中各阶段的表现，如表 2 所示：

① 现汉语料库仅有 1 个“没有准儿”做状语的例子，即“若走西边，没有准儿会驴我同归哪”（朱自清《潭柘寺 戒坛寺》）。

表 2 “没准（儿）”语法化的过程

	第一阶段	第二阶段	第三阶段
初现年代	清初	清末	20 世纪初
结 构	没有/没+[准+NP]	没有/没+准(儿)	没准(儿)
	[动]+[形+名]	[动]+[名]/动词	认识情态副词
是否成词	动宾短语	动宾短语/成词	成词
语 义	客观否定 NP	不确定	可能性主观推断
功 能	“准”做定语 修饰宾语 NP	名词“准(儿)”做“没有”的宾语/ 动词“没准(儿)”做谓语	副词“没准(儿)”做状语 或全句修饰语
位 置	主语后	主语后	谓语前/主语前
否定辖域	否定 NP	否定谓语	无否定义

4.“没准（儿）”语法化的动因与机制

“没准（儿）”语法化的演变有其内在的动因和机制，主要有以下几个方面。

4.1 省力原则和高频使用

语言的省力原则促使阶段一“没有/没+［准+NP］”和阶段二“没有/没+准（儿）”中的“没有”和“有”的用法共存，但阶段三“没有”已完全简化为“没”，语言形式更加简洁。阶段三以后“没准（儿）”开始被大量使用并被收录进词典，高频使用是其语法化的主要原因之一。[①] 例如：

（35）三个人上了坐骑，顺大路往前走，也没有准去处，道路之上饥餐渴饮，晓行夜宿。（《济公全传》）

① 在古汉语料库里，“没准（儿）”语法化三个阶段的例子共搜索到 29 例。在现汉语料库中，检索到“没准（儿）”用例 618 例，其中有 67 例不是情态副词的用法。可以看出“没准（儿）”情态副词的用法已在现代汉语中占主导地位。此外，在北方口语中，“没准（儿）”的使用更为普遍。

（36）四爷知道柳爷没准主意，紧催他说：“三件，三件，说呀，我好点头。”（《小五义》）

（37）那可没有准！他时常出去访友。（《彭公案》）

（38）再说他碰棉花团的部位也没准，碰刀子不行啊。（《雍正剑侠图》）

阶段一中的“没有”［例（35）］可以简化为“没”［例（36）］，语义上无区别。阶段二中的“没有+准（儿）”［例（37）］进一步被简化为“没准（儿）”［例（38）］，前者是短语，后者已成词，但两种形式的意义没有太大区别。阶段三［例（32）］已完全简化，“没有”不再使用。这说明省力原则是“没准（儿）”语法化的动因之一。

4.2 礼貌原则和主观化

人们交际时出于礼貌，往往采取间接委婉的表达方式以避免引起对方不快。“没准（儿）”在表述消极或负面的内容时，由于含有［+不确定性］、［+推测］等语义特征，使人不会感到过于生硬和唐突。例如：

（39）四爷知道柳爷没准主意，紧催他说：“三件，三件，说呀，我好点头。”（《小五义》）

（40）他们暗地里议论议论，说这个人说话可没准。（《小五义》）

（41）父亲表情非常严肃，因为他意识到弟弟没准就会在哪个角落里出现。（朱文《我爱美元》）

“没准（儿）”经历了从“客观否定”［例（39）］到“主观推断”［例（41）］的演变历程，即从阶段一［例（39）］到阶段二［例（40）］，再到阶段三［例（41）］语义逐步主观化。由于礼貌原则的驱动，“没准（儿）”的这种“主观推断”逐步趋向于关注听者的感受和态度，偏向于顾及听者的面子和形象。“没准（儿）”这种委婉含蓄的表达方式逐步发展演变，产生了交互主观化，表述易被听者接受，那么交际就会更为顺畅。

4.3 转喻和类推

“转喻”促成了“没准（儿）”从阶段一到阶段二的演变，即阶段一“没有/没+[准+NP]”[例（42）]演变为阶段二“没有/没+准（儿）”[例（43）]，NP脱落，“准”儿化后通过转喻指称整个NP。转喻是“没准（儿）”语义演变过程中的重要机制之一。例如：

（42）三个人上了坐骑，顺大路往前走，也没有准去处，道路之上饥餐渴饮，晓行夜宿。(《济公全传》)

（43）他没在庙里。时常不在庙的时候多，也许十天八日不回来，也许三五个月不回来，没有准。(《济公全传》)

（44）从你的角度，没准会看到更新鲜的东西。(1994年《作家文摘》)

此外，“没准（儿）”到阶段三[例（44）]开始出现在状语位置上，语义也从阶段一[例（42）]客观具体的“否定”义虚化为较抽象的“主观推断”义[例（44）]。我们认为是在类推机制的作用下，“没准（儿）”经常出现在状语的句法位置上，它的语义也随之逐步虚化，从而具有了副词的句法功能和语义特征，而这种句法结构的高频再现则是促使它语法化为认识情态副词的决定性因素。

4.4 重新分析

“没准（儿）”语法化的第二阶段，从词组“没有+准（儿）”[例（45）]演变为动词“没准（儿）”[例（46）]的过程中出现了重新分析，是“没准（儿）”凝固成词的关键。例如：

（45）他没在庙里。时常不在庙的时候多，也许十天八日不回来，也许三五个月不回来，没有准。(《济公全传》)

（46）他这一觉睡到什么时候没准儿，起来一声不言语就走。（《雍正剑侠图》）

例（45）“没有准”是动宾短语，可以理解为“没有准日子”，第一阶段中的NP可以补出。例（46）“没准儿”是一个跨层结构，经重新分析，已成词，NP无法再补出，它的语义也变得更为虚化。

总之，省力原则使第一阶段和第二阶段的“没有”可简化为“没”。礼貌原则和主观化是“没准（儿）”语义逐步虚化的动因之一。转喻使“没准（儿）”在形式上更为简约，即从“没有/没+［准+NP］”演变为“没有/没+准（儿）”。重新分析是“没准（儿）”成词的关键，高频使用是它演化的动因，而类推则是它语法化为认识情态副词的内在机制之一。由于句法位置的变化，“没准（儿）”的语义从“不确定的NP”逐步演化为“不确定的VP”，从客观具体的“否定义”虚化为主观抽象的“推断义”。这些因素促使“没准（儿）”句法功能和语义特征发生变化，从而逐步推动了它的语法化进程。

5. 结语

现代汉语“没准（儿）”主要做句首状语和句中状语，句法位置灵活，具有认识情态副词的句法特点。“没准（儿）”一般只出现在情态动词前，句法位置较高；与副词、情态动词连续共现时，基本语序是“没准（儿）>副词>情态动词”。“没准（儿）”具有［+推测性］、［+不确定性］、［±结论真］等语义特征，表达了说话者对表述内容的主观性推测。与消极或负面的语义连用时，“没准（儿）”的语气较委婉，与对话中的礼貌原则相符。“没准（儿）”的语法化经历了三个阶段：从短语“没有+［准+NP］”演变为“没有+准（儿）”；NP脱落或话题化前移，“准”儿化后通过转喻指称整个NP，短语“没有+准（儿）”重新分析为“没准（儿）”并凝固成词，做句子的谓语；在类推机制的作用下，“没准（儿）”具有了认识情态副词的特征，主要可以做句子状语。从“没准（儿）”语法化的演变轨迹分析，可以看到其先是经重新分析，从动宾短语词汇化为凝固的谓语动词，然后逐渐出现在别的动宾甚至主谓短语之前，经历了从“客观否定”到“主观推断”的语义虚化过程，句法位置更加灵活，语义更加主观化，逐渐语法化为认识情态副词。与“没准（儿）”一样，“说不定”“论不定”“指不定”“定不得”“保不定”“保不齐”“保不住”“备不住”等也是从“客观否定”演变为“主观推断”的认识情态副词，有相同的语义序列“客观否定 > 可能认识情态”。

参考文献

胡斌彬：《情态成分“没准儿”的主观性和主观化》，《新疆大学学报（哲学·人文社会科学版）》2018 年第 2 期。

刘云：《类型学视野下的汉语认识情态副词语法化研究》，北京大学博士学位论文，2010。

罗耀华、刘云：《揣测类语气副词主观性与主观化》，《语言研究》2008 年第 3 期。

彭利贞：《现代汉语情态研究》，中国社会科学出版社，2007。

王秋萍：《“没准儿”“不一定”“不见得”和“说不定”的语义倾向性和主观性差异》，《语言与翻译（汉文版）》2015 年第 4 期。

伍春兰：《析“没准儿”与“没个准儿”》，《语文学刊》2009 年第 21 期。

徐晶凝：《现代汉语话语情态研究》，昆仑出版社，2008。

杨荣祥：《近代汉语副词研究》，商务印书馆，2005。

张谊生：《现代汉语副词研究》（修订本），商务印书馆，2014。

章敏：《汉语“准”的语法化考察》，《重庆文理学院学报（社会科学版）》2016 年第 3 期。

中国社会科学院语言研究所词典编辑室编《现代汉语词典》（第 7 版），商务印书馆，2016。

The Grammaticalization of *Meizhunr*（没准儿）

Jia Chengnan

Abstract: *Meizhunr*（没准儿）is mainly used as an adverbial in modern Chinese, and it has the syntactic function of the epistemic adverb with flexible syntactic position. *Meizhunr*（没准儿）almost only occurs in front of the modal verb, and its syntactic position is higher than the modal verb. When *meizhunr*（没准儿）continuously co－occurs with adverb and modal verb, the basic word order is *meizhunr*（没准儿）> adverb > modal verb. *Meizhunr*（没准儿）has semantic features such as [+speculative], [+indeterminate], [±truth-conclusion], which indicate the speaker's subjective speculation of the expression. Under the action of analogical and metonymy mechanisms, through re－analysis, *meizhunr*（没准儿）is lexicalized into a fixed predicate verb from the subject－object phrase, and then gradually appears in front of other verb－object phrases, even subject－predicate phrases. The semantics of *meizhunr*（没准儿）also evolves from concrete “objective negation NP” to abstract possibility “subjective inference”, and gradually grammaticalized into an epistemic adverb.

Keywords: *meizhunr*（没准儿）, grammaticalization, epistemic, adverb

焦点算子“只”对情态的焦点化作用*

修俊俊

（北京大学对外汉语教育学院）

提　要　焦点算子“只”对多义情态词的语义有限制作用，本文集中分析了“只”“能”的组配关系。“只”与“能”组合以后，呈现松散与紧密两种结构，“只—能”松散时，“能”表动力情态［能力］，为主语取向（subject - oriented）；“只能”紧密时，“只能”表认识情态唯一［可能］与道义情态［许可］，为言者取向（speaker - oriented）。数量成分的出现能够促发“只”的量级用法，动力情态［能力］、道义情态［许可］具备量级用法。“只能”的不同意义与不同的“了”产生匹配，动力情态的“只能”匹配“了$_3$”，道义情态与“了$_1$”和谐，认识情态则与“了$_2$”组配。

关键词　“只”　“能”　情态　焦点化

1. 引言

从 Jespersen（1924）到 Jackendoff（1972），在语言学文献中，人们经常谈到情态动词的歧义性（Lewy，1976）。这种歧义性可表现为情态动词本身的多义性，在具体的语言环境中，存在一些情态动词多义性的解释成分

* 本文系国家社科基金一般项目“汉语情态与体的同现限制研究”（项目编号：23BYY042）阶段性成果。感谢导师彭利贞教授，审稿专家以及本刊编辑部对本文提出的宝贵意见，其他尚存错谬，概由作者负责。文中引用的例句均注明出处，未说明出处的均为自拟例句。

（熊文，1999；彭利贞，2005、2007a）。在焦点研究中，“只”作为焦点算子（祁峰，2012；殷何辉，2017），关联句中的不同成分，会对句子命题意义产生影响，而情态词也可以成为其关联的对象，进而“只”也能成为多义情态词的解释成分。

吕叔湘（1982：255）认为，“可能”和“必要”是相通的。表示“可能”的词，加一“只”字，如“只能”“只好”“只得”“只会”，就会把它的可能性缩小，成为表示“必要”或“必然”的词。例如：

（1）a. 又怕宝玉烦恼，只得勉强忍着。

b. 如今弄多少是多少，也只好是集腋成裘了。

c. 你看罢，只会比去年多，不会比去年少。（吕叔湘，1982 用例）

例（1a、b）“只得”“只好”表示［必要］，例（1c）“只会”表示［必然］。可见“只”对情态有限制作用，从焦点与焦点关联的角度来说，“只”字句的断言通过了并列结构测试及否定结构测试，属对比焦点（蔡维天，2004）。“只”作为焦点算子，对情态词进行操作，会使其情态语义发生变化，这种变化表现为从［可能］或［必要］转变为［必要］或［必然］，即道义情态与认识情态，其中认识情态从［可能］变成［必然］。

本文以多义情态动词“应该、准、会、能”与焦点算子“只”结合而成的“只应该、只准、只会、只能”为考察对象，讨论以下几个问题：

（1）情态的意义变化与“只”的关系以及与焦点的运作关系；

（2）“只”的地位与作用是什么？

（3）“只”与“能”组配时产生意义差异的原因是什么？如何对这些差异做出解释？

2. “只”对情态词的焦点化作用

本节以焦点算子“只”为出发点，考察它对多义情态词语义的影响作用，包括“应该、准、会、能”。之所以没有讨论“要”，是因为“只要”已经语法化必要条件的连词，本文暂不考虑。

2.1 “只”的焦点算子地位

在英语文献中，人们经常讨论“only”作为焦点算子的焦点关联作用（Rooth，1985，1992；Krifka，1997；Jackendoff，1972），如：

（2）a. Sue only introduced [Bill]$_F$ to John.（Sue 只介绍 [Bill]$_F$ 给 John。）
b. Sue only introduced Bill to [John]$_F$.（Sue 只介绍 Bill 给 [John]$_F$。）

例（2）中，“only”关联的对象不同，句子焦点不同，会影响句子的真值，例（2a）的语义是 Sue 只介绍了 Bill 给 John，没有介绍其他人给 John，此时的 Bill 具有排他性，而例（2b）表示的是，Sue 只介绍了 Bill 给 John，没有把 Bill 介绍给 John 以外的人，此时 John 具有排他性（李宝伦、潘海华、徐烈炯，2003；胡建华，2009）。汉语中，“只”具有类似焦点算子地位，如：

（3）a. 小明只给 [他妈妈]$_F$ 做饭。（小明会为他妈妈做饭，而不会为其他人做饭。）
b. 小明只给他妈妈 [做饭]$_F$。（小明会为他妈妈做饭，而不会为她做其他的事。）

例（3）中，“只”关联的焦点不同，句子解读不同，具体解读不再赘述。然而，当“只”关联情态词时，情态词的情态语义也会受到影响，呈现倾向性变化，本文认为，这是焦点算子“只”对情态动词的“焦点化”作用。

2.2 “只M”的语义分析

先看“只应该”与“只准”，“应该”“准”受“只”关联以后，表示道义情态，认识情态得到滤除，表现较为一致。如：

（4）这种感情上的事，不应该问别人，只应该问自己！（毕淑敏《米年型电话键》）

（5）这种事我只应该跟他一个人说。（《北京人在纽约（电视剧记录）》）

（6）a. 你应该看过他的诗；b. *你只应该看过他的诗

例（4）、例（5）中的“应该”都表道义情态。例（6a）中的“应该”表认识情态，表示说话人对命题的猜测，而例（6b）加上“只”以后，句子则不成立，“只应该”不可表认识情态。“准”受“只”关联以后，表示道义情态，认识情态得到滤除。如：

（7）只准证人揭发，不准我开口。（冯骥才《一百个人的十年》）

（8）我的面前已摆好了铁轨，只准上前，不许退后。（老舍《我这一辈子》）

（9）a. 明天准下雨；b. *明天只准下雨

例（9a）中的“准”表认识情态，而例（9b）的“准”加上“只”以后，便没有认识情态的用法。需要说明的是，虽然句子可能成立，但“只准”已经表道义情态，表示“只准下雨，不准天晴”的意思。

再看看“只会”，“会”受到“只”的关联以后，倾向没有同“应该”

那么一致，会呈现动力与认识两种语义，先看动力语义的“只会”，如：

（10）我只会办教育嘛。（池莉《凝眸》）

（11）五爷没读过书，不会细玩，只会粗玩。（乔典运《香与香》）

例（10）、例（11）中的“会”为动力情态［能力］，“只会”也可表认识［必然］，如：

（12）要变的话，只会变得更好。（《路子走对了，政策不会变》）

（13）路子不会越走越窄，只会越走越宽。（《路子走对了，政策不会变》）

由于“只”具有语义上的排他性（exclusivity），认识情态的“会”受“只”关联以后，排除了其他可能，表示唯一［可能］，即［必然］。动力情态的“会”受“只”关联以后，排除了其他能力，表示唯一［能力］，“只会”没有道义的用法。

最后分析“只能”，“只能”与“只会”类似，语义更加多样，用三分结构（tripartite structure）表达如下：

（14）a. 婴儿只能爬，不能走路。（动力情态［能力］）

只	［婴儿能 x］	［x = 爬］
算子	限定域	核心域

b. 只有五分钟，只能了解一部分。（动力情态［条件可能］）

只能	［了解 x］	［x = 一部分］
算子	限定域	核心域

（15）嫌疑人只能是他。（认识情态［推定］）

只能	［嫌疑人是 x］	［x = 他］
算子	限定域	核心域

（16）a. 现在规定，每人只能骑三分钟　　　（道义情态［许可］）

只能　［每人骑 x］　　［x = 三分钟］

算子　限定域　　　　核心域

b. 现在规定，你只能骑车去。　　　（道义情态［许可］）

只能　［你 x 去］　　［x = 骑车］

算子　限定域　　　　核心域

例（14）至例（16）表明，“只能”的语义多样，动力情态、认识情态、道义情态皆有表达。本文也注意到例（16a）与例（16b）的区别，在 4.1 小节将详述。至此，我们可以将以上分析作一小结，如表 1 所示：

表 1　焦点算子“只”对多义情态词的影响

M = 能	应该	准	会	能
M	道义\认识	道义\认识	动力\认识	动力\道义\认识
只 M	道义	道义	动力\认识	动力\道义\认识
只 M 语义	［许可］	［许可］	［能力］［可能］	［能力］［许可］［可能］

总之，多义情态词“应该”“准”受焦点算子“只”关联后，认识情态得到滤除，而“会”“能”则表义多样，存在意义上的细微变化。

3. “只能”的多义与分化

由于“能”的情况比较复杂，本节重点讨论“只”对“能”的限制作用或者影响。本文认为，当“只能”表道义、认识情态时与表动力的“只能”存在结构松散与紧密之别，简言之，表动力时，“只—能”结合松散；表道义与认识情态时，“只能”结合紧密。

3.1　松散的“只—能”

上文提到“只”通常被当作焦点算子，可以关联一个成分使其成为焦点（李宝伦等，2003）。我们认为，动力情况下的“只能”，其中“只”所关联的对象不是后边的整个 VP，而是其中某个部分，如：

(17) a. 他只能喝［一点］$_F$酒。(能力大小)　［动力］

b. 他只能［喝一点酒］$_F$。(不能不喝)　［道义］

例（17a）、例（17b）的语义可以用三分结构表达如下：

(17a) 只　［他能喝 x 酒］　［x = 一点］

算子　限定部分　核心部分

(17b) 只能　［他 x］　［x = 喝一点酒］

算子　限定部分　核心部分

例（17）中，当“只”关联“一点酒”时，此时的“只”与“能”结合松散，“能”表现为动力情态。而当“只”与“能”构成复合算子“只能”，关联“喝一点酒”成为焦点时，此时“能”表道义情态，表示唯一［许可］，允许的事件是“喝一点酒”，我们可以补充上下文语境，使其意义得以凸显，如：

(18) 他叫我喝一点，我只能喝一点酒。

(19) 我只能喝一点酒，否则他们不让我走。

上述分析表明，动力情态的“只—能”结合松散，“只”关联的对象是 VP 后的成分。

3.1.1 “是”的插入

我们可以通过“是”能否插入予以证明。表道义情态的“只能”中间不可再插入其他成分，而动力情态的“只—能”结构比较松散，“是”可以进入，看下面对比：

（20） a. 只—能喝［一点儿］$_F$。（不能喝多）［动力］

b. 只是能喝［一点儿］$_F$。（可以插入“是”）［动力］

（21） a. 没有办法，只能［喝一点儿］$_F$。［道义］

b. 没有办法，只能［喝］$_F$。［道义］

c. *没有办法，只是能喝（一点儿）。（不能插入“是”）

d. *没有办法，是能喝。（不能插入“是”）

例（20b）插入“是”，强调能力，语义上合适，因此“只是能”表示能力很自然。但是当“只能”表示相当于“不得不、必须”时，如例（21a）表示必须要做的事，强调什么事才是自然的，所以“是”放在“只能”前后都可以接受，不能插入中间，插入中间强调“许可”不自然。

例（20）、例（21）说明，结构松散时“只—能”中的“能”表动力，可以插入“是”，结构紧密时“只能”表［道义］，并且是强制性要求的道义，“一点儿”可以删除，中间不能插入“是”，此时的“只能”类似于“不得不/必须”，情态等级较高，只能“紧密”。

3.1.2 能力与数量

本文认为，当“只能”表示能力时，“只”对“能”的动力情态义进行限制，这在有数量成分出现的句子中可以显现，并且可以通过数量成分的移动变换证明“只能”的结构松散，如：

（22） a. 钱可以多给你些，粮票只能给你十斤，多了我也实在拿不出来了。（都梁《亮剑》）

b. 说实话，真要打过来，我这个军只能支撑几天，部队的装备和训练太差了。（都梁《亮剑》）

c. 今年至多只能写出一个中篇，那是一年前就答应了上海文艺的。（巴金《巴金书信集》）

d. 家里刚装了一个空调器，在二楼，但只能调到十三度。（巴金《巴金书信集》）

例（22）中画线部分可以变换为：

（23）a. 粮票只（有）十斤能给你。

b. 这个军只几天能支撑。

c. 只一个中篇能写出。

d. （空调）只十三度能调到。

通过以上变换，数量成分可以移到“只—能”之间，表示能力在数量上的限制，说明“只能”的可拆分性，“只”的限定性范围的移动可以证明“只—能”的松散性。

3.1.3 言者取向与主语取向

言者取向对应的是道义情态，而主语取向对应的是动力情态。彭利贞（2007a：151）指出，有时候，因为对语境因素理解不同，“能”的情态意义解读可能出现歧义，即［能力］（［条件］的能力）与［许可］之间的歧义。把客观环境理解为一种［条件］，“能”则获得表［条件］的［能力］义；把客观环境当成产生道义的原因，“能”则获得［许可］这一道义意义。下边是一些“能”可能出现歧解的例子：

（24）a. 好在我住小店住熟了，小店生意不好，欠他钱也能住下去。（《侯宝林自传》）

b. 我在屋里不能待下去了。（邓友梅《在悬崖上》）

例（24a）和例（24b）中的“能”都可以有两种理解，虽然这两种理解之间依然存在倾向性的大小问题。例（24b）的“能”倾向于解读为［许可］，即有一个权威主体发出道义之力［禁止］“待下去”，但也可以解读为无［条件］“待下去”（彭利贞，2007a：151）。“只能”同样有歧义，如：

（25）a. 这种鞭炮只能在室外引爆，否则会有危险。

b. 由于这个指示需要绝对保密，只能由张文秋一字一句的背下来。（卢弘《张文秋的“红色间谍”生涯》）

例（25b）“只能”倾向理解为道义情态［许可］，表现为“指示”对行为的禁止，即因为需要保密，只能背下来带出去。例（25a）倾向理解为道义情态，表示唯一许可。

总之，松散的“只—能”中，“能”倾向表动力情态［能力］。

3.2 紧密的“只能”

3.2.1 “只能”与“只好”的替换

《现代汉语八百词》指出，“只好”表示没有别的选择，不得不。“只能”可以替换为“只好”，例如：

（26）a. 下雨了（条件），比赛只能取消（结果）。

b. 下雨了（条件），比赛只好取消（结果）。

例（26）说明，作条件用法的“只能”可以被整体替换为“只好”，这从一个侧面说明作“条件可能”用法的“只能”的整体性。并且，我们注意到“只能”与“只好”的差别，如：

（27）a. 下雨了，比赛（只好/不得不）取消。

b. 下雨了，比赛（只能/不能不）取消。

例（27a）“只好”用“不得不”替换，而例（27b）“只能”用“不能不”替换。彭利贞（2019）指出，“不能不”与“不得不”都表达道义情态［必要］，都有迫不得已的意味，但二者表达的情态存在主观与客观的倾向性区别。总体来说，“不能不”表达的［必要］具有主观性，而“不得不”表达的情态具有客观性。将“不得不”与“不能不”相比，本文认为，

“只好”具有客观性，与“不得不”类似，而“只能”具有主观性，与“不能不”类似。

3.2.2 “必须”与“只能”同现

现代汉语中，“必须”是一个较为典型的表道义情态的情态动词，我们也能找到“只能”与“必须”同现的例子，如：

（28）a. 无锡纺织行业80%的企业是生产出口产品的，只能和国际先进水平比，也必须这么比，因为你的产品要打国际市场。（《人民日报》）

b. 所谓经风雨见世面，优胜劣汰，严酷的环境会逼得他们只能、必须更强壮。（王朔《我是你爸爸》）

c. 这不是你想不想的问题，你只能也必须全休了。（王朔《永失我爱》）

d. 但我已是必须走了，我只能如此。（老愚《最新中国校园随笔选萃》）

e. 我们面对一种无可奈何，常常发出“只能如此”、“必须如此”的叹息，实际上当然不必这样。（张炜《时代：阅读与仿制》）

例（28a）、例（28c）用“也”将“只能”与“必须”关联，常常“必须”在“只能”之后，说明“必须”的情态强度还要高于“只能”，是一种强制性要求。例（28b）、例（28e）更是将“只能”“必须”并置，说明二者在功能语义上的相似性与可替换性。本文认为，以上的“只能”具有不可拆分性，可以用“必须”整体替换，此时“只能”呈紧密状态。

3.2.3 非现实语气

我们还可以通过反问句与特殊疑问句观察“只能”结合的紧密程度，例如：

（29）反问句

a. 难道我们学的这一身本领，就只能去开民航吗？（毕淑敏《北飞北飞》）

b. “姑娘十八一朵花”，那么这位姑娘就只能是“牵牛花”吗？（《人民日报》）

（30）特殊疑问句

a. 你们可以复员，转业，调动工作，我们为什么只能在边疆当一辈子知青？（邓贤《中国知青梦》）

b. 为什么只能吃那么一丁点儿呢？（老舍《四世同堂》）

例（29）、例（30）中，“只能”结合紧密，并不能拆开。“能”表［可能］的时候，所处的句法环境有独有的特征，即表［可能］的“能”一般出现于疑问句与否定句中。事实上以上的疑问句并不表疑问，无一例外都是反问句，反问并未询问信息而是通过反问表达没有可能，实际上反问的作用在于否定。

那么，为什么只能出现在这种语境中呢？彭利贞（2005：139～142）指出大概也是因为时间指示上的特殊性。“能”与静态持续体表达的事件结合，在语气上有特定的要求，即都呈现为虚拟语气，或者说是非现实（irrealis）语气，这时，说话人表达的语用效果是怀疑。

3.2.4 与认识情态动词并举

本文认为，一些与“只能”共现的情态动词的语义可以帮助我们推测“只能”的情态语义，例如：

（31）在这种情况下，他要杀的只能是自己的妻子，而不会是别人。（余华《偶然事件》）

例（31）中，“只能”表示认识情态，是对可能情况的唯一推测，后常有表认识的情态动词对举，如“可能、不会、绝不会、一定”等。

（32）a. 这不是你想不想的问题，你只能也必须全休了。（王朔《永失我爱》）

b. 既然我们不能用通胀的代价来换得经济的健康发展，看来我们只能也必须管住票子。（1994 年《报刊精选》）

周小兵（1991）也举有两例，他说“只”所限定的是动作的可能性。如下：

（33）a. 羊肉是肥，只能闻味儿下不了嘴。

b. 我没有办法，只能这么干。

下面例（34）表“唯一可能”比较明显，例如：

（34）a. 唯一办法只能把原来的架子拆散。（朱金顺、刘锡庆《范文读本》）

b. 不可能在业务上有出息，只能走从政的路子。（冯骥才《一百个人的十年》）

总之，通过以上分析，“能”可以表达三种情态，即动力情态［能力］、道义情态［许可］、认识情态［可能］，并且当表达道义情态时，在一定语境下，也可以理解为动力情态，当表达认识情态［可能］时，表现为客观［可能］，带有比较浓厚的根情态意义色彩。

当受到焦点算子“只”的关联以后，动力情态［能力］表现为对能力与条件的限定，道义情态［许可］表现为［唯一许可］，认识情态［可能］表现为［唯一可能］。并且，“只能”在表达道义情态［唯一许可］与认识情态［唯一可能］时，结合更为紧密。我们可以根据“只能”的紧密与否与它的语义解读建立以下关系，如表 2 所示：

表 2 “只能”表达的情态语义与结构疏密对应

	动力情态	道义情态	认识情态
只能	受限[能力]	[唯一许可]	[唯一可能]
结构关系	松散	紧密	紧密

4. 差异的可能原因

本节分析“只能”存在歧义的原因。本文认为，“只能”的不同用法可以与“只”的量级与非量级用法产生对应，即动力情态对应量级用法，而道义情态与认识情态对应非量级用法。

4.1 量级与非量级

殷何辉（2009）分析了“只”的量级用法与非量级用法，有鉴于此，我们有一个初步的假设是，量级用法对应动力情态，道义情态应该做进一步区分，道义情态唯一［许可］无非量级用法，不能向下衍推，道义情态最大［许可］具备量级用法，可以向下衍推，例如：

（35）a. 他只能喝。　　（道义情态［许可］；对比焦点；排他性）

b. 他只能喝，不能不喝。

（36）a. 他只能喝［一点］$_F$，不能喝［很多］$_F$。

（动力情态［能力］；对比焦点；排他性）

b. ＊他只能喝一点，不能喝很多。

（37）a. 你只能骑［五分钟］$_F$。

（道义情态最大［许可］；不唯一；向下衍推）

b. 你只能骑五分钟，也可以骑四分钟。

c. 你只能骑五分钟，不能骑六分钟。

（38）a. 你只能［骑车］$_F$去。　（道义情态唯一［许可］；排他性）

b. *你只能骑车去，也可以走路去。

c. 你只能骑车去，不能走路去。

(39) a. 你只能［12点］$_F$交卷。（道义情态唯一［许可］；排他性）

b. *你只能12点交卷，也可以11点半交卷。

c. 你只能12点交卷，不能11点半交卷。

例（35a）“他只能喝”，没有数量成分，倾向理解为道义情态［许可］，加上数量成分，如例（36a），他只能喝一点酒，只关联“一点”，此时“能”表动力情态，不能向下衍推，因为“一点”已经是最低量，如果换成“他只能喝二两酒”，那么“可以喝一两”，此时构成量级，可以向下衍推。

例（37a）“你只能骑五分钟”，表示道义情态［许可］，有数量成分，不具排他性，构成量级，可以向下衍推，如：他只能骑五分钟，四分钟也行。

例（38a）“你只能骑车去”，没有数量成分，表示道义情态［许可］，并且是唯一［许可］，具有排他性，无量级，表示“只能骑车，不能走路”之类的意义。

例（37）与例（39）的对比表明，数量成分能构成量级，但是时间成分不能，依旧具有排他性。

上述分析表明，“只”作为焦点算子，句中数量成分会促发“只”的量级用法。有数量成分，构成量级，此时“只”所关联的成分不具排他性；无数量成分，则不引发量级用法，“只”关联的成分具有排他性。

动力用法的“只—能”结构比较松散，“只”关联的对象是“一点”，而不是“能”，此时的“能”是动力情态，［能力］有量级之分。“能喝一点、能喝很多、能喝非常多……”形成一个量级序列。该序列可以形成从左至右的衍推关系，如：他能喝一斤→他能喝八两→他能喝半斤→他能喝一两。这种用法在有数量成分出现时尤为明显。

而表示道义情态［许可］的“只能”，要分两种情况：一是有数量成分出现，此时激发量级用法；一是无数量成分，此时表示唯一［许可］，为非量级用法。例如：

(40) 朋友叫他喝，他只能喝一点。

(41) 这种焰火只能近观，不能远赏。

例(40)、例(41)“只”与“能”关联，形成复合算子“只能”，关联”“喝一点”整个VP使之成为焦点，此时“一点”也由实指转为虚指，并不指称喝酒的量，例(40)“近观”成为焦点，排除其他成员。殷何辉(2009)在非量级用法中，焦点选项集的成员不呈现为量级排列，“只”选取任何一个都排除其他成员，但这只是在“只能”表示道义情态［唯一许可］的时候。

认识情态表示［必然］，是量点，因此也无量级。如：

(42) 你看罢，只会［比去年多］$_F$，不会［比去年少］$_F$。(吕叔湘，1982用例)

例(42)“只会”的结合比较紧密，关联“比去年多”成为焦点，后边“比去年少”是对比焦点。

4.2 不同的预设

本文认为，“只能”表达道义情态与动力情态时，二者存在不同的预设。Jackendoff (1972) 给出了焦点和预设这两个概念的工作定义的操作性定义：句子的焦点指句子中说话人假定的不是他跟听话人所共享的那部分信息；句子的预设指句子中说话人假定的是他跟听话人所共享的那部分信息。焦点是由心理重音来体现的，预设则是用一个焦点的上位概念来替代焦点以后得出的一个命题（范开泰，1985），例如：

(43) 动力情态

a. 只能喝一点。

(预设：能喝酒)

（44）道义情态

a. 没有办法，只能喝一点。

（预设：只能做某事）

例（43）、例（44）的预设不同，一是“能喝”；二是“要做什么事”。

4.3 事件变量与非事件变量

胡建华（2009）指出，“都”和“只”在右向量化时对谓语动词有不同的要求，“都”必须要约束事件变量，而“只”无须约束事件变量。这一观点可以从下面这组例子中看出（“青岛啤酒”是焦点，下同）：

（45）a. 他都喝青岛啤酒。b. *他都喝过青岛啤酒。c. *他都喝了青岛啤酒。

（46）a. 他只喝青岛啤酒。b. 他只喝过青岛啤酒。c. 他只喝了青岛啤酒。

李强、袁毓林（2018）同意这一点，并分析了其中原因，不过令我们感兴趣的是，当“只”的约束对象不同，比如本文所讨论的情态词，是不是事件变量对应不同的情态解读。如：

（47）a. 他只能喝［一点］$_F$，不能喝很多。（不约束事件变量）

b. 没有别的办法，只能［喝一点］$_F$。（约束事件变量）

c. 没有别的办法，只能［喝了一点］$_F$。

本文认为，当“只—能”结构松散时，也即“能”表动力情态时，“只”约束的是非事件变量，而“只能”结合紧密时，即“能”表道义情态时，“只”与“能”组成“复合算子”，共同约束事件变量“喝了一点”。更多例子如：

（48） a. 她只能自找台阶地补充了一句：“我是曾平的朋友……”（霍达《魂归何处》）

b. 于是王德无法，写了半天，只能无中生有的写了三条。（老舍《老张的哲学》）

c. 有什么法子呢，我只能把文竹留给了他们，让他们转交给杨老师。（刘心武《我可不怕十三岁》）

d. 两个人都相互又点头又摇头，只能悄悄地去喝了一口自来水，充当饮料。（秦文君《女生贾梅》）

例（48）中的“只能”后边都包含体貌助词“了”，此时的“了”表现为通常所说的动词后边的“了$_1$”，因此都有一个事件变量，这类的“只能”不表现为动力情态，而是表示道义情态。如果是动力情态，“了”表现为补语的“了”，即具有［消除］语义特征的“了”（彭利贞，2005：169），如：

（49） a. 他只能喝三两酒

b. 他只能喝掉三两酒

c. 他只能喝了这三两酒

d. 他能喝了这三两酒

没有“只”参与时，例（49d）有歧义：一是表示说话人准许“他”喝了这三两酒，此时的“能”是道义情态，表现为言者取向（speaker oriented），对应于例（49c）；二是表示他喝酒的量或者说能力是能喝三两酒，此时“能”是动力情态，表现为主语取向（subject oriented），对应例（49b）。

上述分析表明，动词后的“了$_1$”与动力情态不能同现，与“了$_1$”同现的是道义情态。至于为什么，大概是“能”表达的动力情态具有［恒定］的语义特征，而另一个基本的观点是，认识情态的“只能”对应句尾“了$_2$”，如：

(50) a. 看来我只能一个人去承受了。(秦文君《孤女俱乐部》)
b. 没办法，只能辞去监护权了！(秦文君《孤女俱乐部》)
c. 假如你们回答不出，我只能公布答案了。(秦文君《男生贾里》)
d. 既然事实无法否定，就只能改变原来的观点了。(李春波《劝导说服的艺术》)

以上分析可以总结为表3：

表3 “能”的情态语义与“了”的对应关系

	动力情态	道义情态	认识情态
只能	了$_3$	了$_1$	了$_2$
语义	“掉”[去除]	体助词唯一[许可]	语气词唯一[可能]

再看看包含其他体貌助词的情况，比如“着”，如：

(51) a. 我们的感激之情无法用语言表达，只能流着泪高呼：共产党万岁！(都梁《亮剑》)
b. 我的哨兵站岗只能带着语录本，这样的哨兵还不如稻草人呢。(都梁《亮剑》)
c. 我能怎么样，只能听你们的，只能依着你们。(池莉《一去永不回》)
d. 我只能默默地听着，很长时间没有说话，也插不上话。(西戎《在住招待所的日子里》)

这也符合彭利贞（2005：168）对多义情态与体的互动的观察，即当“着”在不同的语境效果下表达不同的体意义时，多义的情态动词的意义解读也产生相应的变化。即当“着”表达静态持续体意义时，情态动词的义项呈现为认识情态，而当“着”表达动态持续体意义时，情态动词也相应地改变为根情态，即动力情态或道义情态。

总之，“只—能”存在结构松散与紧密的区别，因此存在歧解。这与其量级性、句子预设，以及事件为事件变量还是非事件变量的差异性有关。

5. 结语

本文认为，“只能”是一个结构可松可紧的词，松散时为短语，进入句子之后，“能”的语义需要其他因素才得以显现。通过分析，本文的主要结论如下。

“能”可以表达三种情态，即动力情态［能力］、道义情态［许可］、认识情态［可能］，并且当表达道义情态时，在一定语境下，也可以理解为动力情态，当表达认识情态［可能］时，表现为客观［可能］，带有比较浓厚的根情态意义色彩。

当受到焦点算子“只”的关联以后，动力情态［能力］表现为对能力与条件的限定，无数量成分出现时，道义情态［许可］表现为［唯一许可］，有数量成分出现时，道义情态［许可］表现为最大［许可］，允许向下衍推，认识情态［可能］表现为［唯一可能］。并且，当“只能”表达道义情态［许可］与认识情态［唯一可能］时，结合最为紧密，“只能”成为一个复合算子，关联其后的成分成为焦点。

参考文献

蔡维天：《谈“只”与“连”的形式语义》，《中国语文》2004 年第 2 期。

范开泰：《语用分析说略》，《中国语文》1985 年第 6 期。

胡建华：《焦点与量化》，载程工、刘丹青主编《汉语的形式与功能研究》，商务印书馆，2009。

李宝伦、潘海华、徐烈炯：《对焦点敏感的结构及焦点的语义解释（上）》，《当代语言学》2003 年第 1 期。

李强、袁毓林：《“都”和“只”的意义和用法同异之辨》，《中国语文》2018 年第 1 期。

吕叔湘：《中国文法要略》，商务印书馆，1982。

彭利贞：《现代汉语情态研究》，复旦大学博士学位论文，2005。

彭利贞：《现代汉语情态研究》，中国社会科学出版社，2007a。

彭利贞：《“不能不”和“不得不”情态的主观客观差异》，《对外汉语研究》2019 年第 2 期。

彭利贞：《论情态与情状的互动关系》，《浙江大学学报（人文社会科学版）》2007b 年第 5 期。

祁峰：《现代汉语焦点研究》，复旦大学博士学位论文，2012。

熊文：《论助动词的解释成分》，《世界汉语教学》1999 年第 4 期。

殷何辉：《焦点敏感算子“只”的量级用法和非量级用法》，《语言教学与研究》2009 年第 1 期。

殷何辉：《焦点解释理论对“只”字句语义歧指的解释》，《汉语学习》2017 年第 3 期。

周小兵：《限定副词“只”和“就”》，《烟台大学学报（哲学社会科学版）》1991 年第 3 期。

Jackendoff, Ray. 1972. *Semantic Interpretation in Generative Grammar Cambridge*. Mass: MIT Press.

Jespersen. 1924. *The Philosophy of Grammar*. London: Allen & Unwin.

Krifka M. 1997. *The Expression of Quantization (boundedness)*//Workshopon Cross - Linguistic Variationin Semantics. LSA Summer Institute. Cornell.

Lewy C. 1976. *Meaning and Modality*. CUP Archive.

Rooth M. 1985. *Association with Focus (Montague Grammar, Semantics, Only, Even)*. University of Massachusetts Amherst.

Rooth, M. 1992. A theory of focus interpretation. *Natural Language Semantics*, 1(1), 75 - 116.

Focalization of Modalities by the Focus Sensitive Operator *Zhi*

Xiu Junjun

Abstract: The focus - sensitive operator *Zhi* has a restrictive effect on the semantics of polysemous modal words. This paper focuses on analyzing the combination of *Zhi* and *Neng*. After *Zhi Neng* is combined, it presents two structures of looseness and tightness. When *Zhi Neng* is loose, *Neng* expresses dynamic modality [ability], which is subject - oriented; Can only mean the only [possible] epistemic modality and the [permission] of the deontic modality, which is speaker - oriented. The appearance of the quantitative component can promote the use of the sclar of *Zhi*, and the dynamic modality [ability] and the deontic modality [permission] have the sclar usage. The different meanings of *Zhi Neng* can also be matched with different *le*, the dynamic modality "can only" matches "Le_3", the moral modality is integrated with "Le_1", and the cognitive modality is combined with "Le_2" match.

Keywords: *Zhi*, *Neng*, modality, focalization

从“莫个”到“咪个”

——情态演化的一个粤语样本*

严丽明

（广东第二师范学院文学院）

提　要　早期粤语劝止副词“莫个”沿着两条以提醒避免为共同节点的并行演变路径，分别发展为表或然的认识情态副词“咪个”和表测度的担心—认识情态副词“莫个”。这一双链条并行的二维语义演化过程是劝止副词“莫个”不期望、未确知的语义内容由行域隐喻投射到言域和知域的结果，其语义功能的演变过程及其最终结果受制于语言经济原则、合作原则、接受者设计原则以及合适的句法语义条件等多重因素。

关键词　“莫个”　“咪个”　语音变体　粤语　情态演化

19世纪20年代，粤语口语中表示否定祈使的劝止副词主要是“莫个”，但此后“莫个”逐渐被“唔好”等其他劝止副词变体取代。这一变异竞争结果在历时语料中的具体表现为，19世纪40年代开始，劝止副词“莫个”在粤语文献中出现的频率骤降并最终消失，而其他劝止副词变体的使用频率则逐渐上升。

然而，“莫个”消失于早期文献并不等于所有粤语社群的日常口语交际都不再使用“莫个”。事实上，与广州话同属粤语广府片的云浮话不仅保留

* 本文得到教育部人文社科青年基金项目“互动视角下云浮粤语特色虚词及相构式研究”（项目编号：18YJC740123）的资助。感谢匿名审稿专家提出的宝贵意见，尚存问题由作者负责。

了“莫个”作为劝止副词的部分用法，还出现了早期粤语中“莫个”不具备的其他情态用法，完整地呈现了劝止副词“莫个”语义功能的演变过程，为研究情态演化的普遍路径提供了一个粤语样本。

与早期粤语相比较，云浮粤语的劝止副词“莫个”不再用于表示禁止劝阻，但除了表示提醒避免，还发展出了非祈使否定的用法，而且这些用法都与早期的祈使否定用法存在发展关系。在日常使用过程中，云浮粤语的“莫个”在祈使否定用法的基础上，沿着两条以提醒避免为共同节点的并行演变路径，因应不同的语境浮现出了不同的语义功能，分别发展为表测度的担心—认识情态副词“莫个”和表或然的认识情态副词“咪个”。“莫个”非祈使否定用法的浮现和发展，受制于语言内部自组织原则、语言经济原则、合作原则、接受者设计原则以及合适的句法语义条件等多重因素。

1. 早期粤语“莫个”的语义功能

早期粤语的“莫个”是一个祈使否定副词，只能放在谓语动词前，构成否定祈使句，发出一个否定命令。不过“莫个”的具体语义会因其否定项语义特征的不同而有所区别。

1.1 表禁止劝阻

当“莫个”的否定项具有［+自主］和［+可控］两个语义特征时，“莫个”表示禁止劝阻。如例（1）的“去”、例（2）的“催”、例（3）的“学”以及例（4）的“开咁大价钱”（开价太高）都是可由人的主观意志决定是否发生以及如何发生的，因此，当这些情况尚未发生或者正在发生而说话人又不希望这些情况发生的时候，就可以通过“莫个”祈使句，实施禁止或劝阻的言语行为，从而阻止对方实施正在进行或即将进行的动作行为。如例（2）旨在否定和阻止对方正在实施的催促行为；例（4）中说话人在说明了自己要购买的商品后，紧接着赶在商家报价之前用“莫个”祈使句阻止商家要高价，这是对将要出现的行为进行劝阻。另外，在不同的语境中，“莫个”祈使句的语气有强弱之别。例（1）和例（2）的“莫个”表示禁止，说话人的态度比较强硬，语气也比较生硬，带有命令的口吻，有不容辩驳的意味；例（3）和例（4）的“莫个”表示劝阻，说话人的语气相对舒缓，态度也相对温和，说话人多是以劝告的口吻，表达自已不希望对方做某事的意愿，因此表劝阻的“莫个”祈使句通常会出现一些用以缓和语气的句末语气词，如例（3）的“啊”和例（4）中的“呀”。

（1）你莫个去。[（《广东省土话字汇》，1828）你别去。]

（2）你莫个催我！[（《广东省土话字汇》，1828）你别催我。]

（3）你莫个学佢啊。[1] [（《广东省土话字汇》，1828）你别学他啊。]

（4）我要一百七金头、二百红夹金、三百七一六六对半，你莫个开咁大价钱呀。[（*Chinese Chrestomathy in the Cantonese Dialect of Chinese Language*，1841）我要一百七金头、二百红夹金、三百七一六六对半，你别要价太高啊。]

1.2 表提醒避免

当“莫个”的否定项具有［-自主］和［+可控］两个语义特征时，“莫个”则表示提醒对方要避免发生不希望出现的行为或情况。如例（5）的“为……所愚”（被……骗）、例（6）的“上……当”，都是非自主但在一定程度上可控的。是否“为佢所愚”或“上佢当”都不是完全由人的主观意志决定的，也就无法直接阻止，但面对这些不希望发生的事情，说话人可以提醒听话人注意防范，以避免出现不如意的情况。

（5）你莫个为佢所愚啊。[（《广东省土话字汇》，1828）你别被他骗了啊。]

（6）你莫个上佢当啊。[（《广东省土话字汇》，1828）你别上他的当啊。]

19世纪20年代至40年代的粤语文献中，“莫个”的用例一共有18个，[2] 都是否定祈使句，说明早期粤语的“莫个”是一个用法相对单一的劝

① 原句中语气词写作“阿”，我们根据现代粤语词书写习惯改为“啊”。

② 本文的历时粤语语料主要来源于香港科技大学中国语言研究中心的“早期粤语口语文献资料库”和“早期粤语标注语料库”。语料库无偿对外开放使用，特此感谢有关机构和个人。

止副词。但在不同语境中“莫个”的具体语义也有差别，而且这些语义功能的差别都反映在“莫个”对其否定项的不同选择上。当“莫个”的否定项具有［+自主］和［+可控］两个语义特征时，“莫个”表示禁止或劝阻听话人实施某个动作行为；当“莫个”的否定项具有［-自主］和［+可控］的语义特征时，“莫个”表示提醒对方要避免发生不希望出现的行为或情况。

2. “莫个”在当代云浮粤语中的语义和语音变化

虽然“莫个”一词在当代广州话和香港粤语中已然消失，但因为语言发展的地域不平衡性，“莫个”不仅在当代云浮粤语中保留了作为劝止副词的部分用法，还在日常使用的过程中浮现出了早期粤语中“莫个”不具备的非祈使否定的语义功能，而且伴随语义功能的演变，其语音形式也出现了相应的变化。“莫个”在当代云浮粤语和早期粤语中语义功能的差异表现，完整地呈现了劝止副词“莫个”语义功能演变的过程，也为认识情态演化的研究提供了一个粤语样本。

2.1 表示提醒避免

2.1.1 “莫个”的语义功能及其语音形式

早期粤语中“莫个”虽然也可以表示提醒避免，但这一语义功能在文献中的使用频率比较低。我们在19世纪20年代至40年代的粤语文献中共搜索到18个“莫个”用例，其中只有2个是表示提醒避免的，占比只有约11%，其余都表示禁止劝阻。这一情况说明早期粤语中“莫个”最主要的语义功能是表禁止劝阻。而当代云浮粤语中作为劝止副词的“莫个”已不再用于表禁止劝阻，出现于祈使句中的“莫个”只表示提醒避免。如例（7）“畀人揾笨”（被人占便宜）和例（8）“唔知醒”（醒不来）都是非自主但一定程度上可控的行为。既然是无法完全由人的主观意志决定是否发生的行为，也就无法直接阻止，说话人面对不期望发生的情况，只能在言语上提醒对方要避免发生不希望发生的事情。

（7）朋友之间的对话

W：喂，我老表介绍嗰个筭盘你觉得点啊？

哎，我表兄弟介绍的那个超值房子你觉得怎么样？

→C：问多几个人，了解清楚先，你莫个畀人揾笨都唔知！

多问几个人，先了解清楚，你可别被人骗了都不知道！

W：唔会啩？（.）喂，老表来噶喎大佬！

不会吧？欸，他可是我的表兄弟啊，大哥！

（8）家人之间的对话

M：仲唔瞓，仲早吗？

还不睡，还早吗？

E：哦，睇埋呢集先。

嗯，先看完这集。

→M：好去瞓喇，你莫个听朝唔知醒！

该去睡觉了，你可别明天早上起不来！

E：知喇！你去瞓先啦。

知道了！你先去睡吧。

此外，云浮粤语表提醒避免的“莫个”小句前，往往有一个语义与之对立的小句，且两个小句之间存在“条件——逆条件可能结果”的推理关系。如例（7）的“问多几个人，了解清楚先”和例（8）“好去瞓喇”都是说话人向听话人提出的要求或建议，同时也是避免出现后续“莫个”小句所述情况的条件。也就是说，“莫个”所引导的“畀人揾笨都唔知”和“听朝唔知醒”分别是不满足前述条件时可能出现的结果，而且这一结果都是说话人不希望发生的。我们认为，这一使用特点也是促使“莫个”的语义由行域隐喻投射到言域的条件。“莫个”小句由行为上对未然、自主且可控事件的实际禁止或劝阻，发展为在言语上对未然、非自主但一定程度上可控事件的提醒避免，成为劝止副词“莫个”发展出非祈使否定功能的起点。相较于表禁止劝阻的“莫个”，表提醒避免的“莫个”在祈使否定意义方面已经有所消解，“莫个”小句的祈使功能也相应减弱。因为“莫个”小句所引导的内容属于非自主的动作行为，而且只是说话人根据经验或常理推导出来的可能发生的情况，因此，即使说话人不希望这种情况发生，也无法直接阻止，只能在言语上提醒听话人要想办法避免，原因在于如果不按照前一小句所提出的条件去做，就有可能出现“莫个”小句所述的不希望发生的情况。

需要指出的是，云浮粤语中表示提醒避免的“莫个”都可以无条件地替换为“咪个”，例（7）和例（8）中的“莫个”句也可以改为例（7’）和例（8’）。

（7’）问多几个人，了解清楚先，你咪个畀人揾笨都唔知！

多问几个人，先了解清楚，你可别被人骗了都不知道！

（8’）好去瞓喇，你咪个听朝唔知醒！

该去睡觉了，你可别明天早上起不来！

云浮粤语“咪个”中的“咪”读音为［mɐi^{21}］，阳平调。① 调查结果显示，表示提醒避免时，云浮当地人中只有中心城区七十岁以上的个别老年人会在日常口语中使用“莫个”，但他们也常常使用“咪个”；所有中年及青年居民常用的是“咪个”，少数中年或青年居民表示日常也会使用“莫个”，其余绝大多数中青年居民表示日常不用或很少使用“莫个”一词。② 根据这一调查结果，我们可以推断出关于“咪个”来源的两种解释：一是“莫个”和“咪个”是两个互相独立但语义功能相同的词项变体，且在变异竞争中“咪个”处于优势地位并呈现出逐渐取代“莫个”的趋势；二是伴随祈使否定功能的弱化，“莫个”在意义和形式动态协同演变规律的作用下（Joan Bybee et al.，1994/2017：31）在特定的阶段经历了语音形式的变化，产生

① 按照广州话的语音规律，这里的“咪”应该读［mɐi^{22}］，阳去调，但由于云浮话的阳去和阳平合流，广州话的阳去字在云浮话中都读阳平，所以云浮话中的“咪$_2$”读［mɐi^{21}］，阳平调。

② 老年和中年调查对象各10人。青年群组的具体调查人数为38人。具体调查方案及相关数据已另文讨论。

了语音变体“咪个”。我们倾向于第二种解释，原因如下。

如果采用第一种解释，首先难以说清“咪个”产生的机制和动因；其次难以解释为何由“提醒避免”演化而来的表“测度”的情态成分其语音形式仍是“莫个”而不是“咪个”。因为，如果表示提醒避免的“咪个”是独立于“莫个”的同义变体，并且“咪个”终将在变异竞争中取代“莫个”，那么“莫个”的使用频率应该是相对较低的，按照语法化的规律，这个处于劣势的使用频率无法支持“莫个”完成下一阶段的功能演变，而后续表“测度”的应该是“咪个”而不是“莫个”，但这一假设与语言事实不符。

如果认为“咪个”是“莫个”的语音变体，是“莫个”在意义和形式动态协同演变规律作用下发生语音变化的结果，则既符合语义弱化过程往往伴随语音弱化的语法化规律，同时“咪个”的读音也符合粤语语音发展的规律。另外，共同语的劝止副词“别”和“莫”演变为测度副词后，在语音形式上也发生了相应的变化，分别变为“别是”和“莫非”，这也为“咪个”是“莫个”的语音变体这一假设提供了一个佐证。“别”、“莫”和“莫个”在语音演变过程中虽然具体的变化机制不尽相同，但都是在“接受者设计”（recipient design）的型式选择动因[①]的驱动下实现的。最后，在后面的分析中我们还会看到，并非所有用于非祈使否定功能的“莫个”都发生语音形式的变化，不过在“提醒避免→或然”这一语义演变链条上，祈使句句法特征越模糊，非祈使否定的语义功能越明显，“咪个”的使用频率就越高，这一语言事实也是“莫个”为降低语义识解难度，随着原始语义的弱化而发生语音弱化的一个佐证。以上关于从“莫个”到“咪个”的语音演变假设，我们会在3.2小节进行详细分析。

2.1.2 “莫个/咪个”句法和语义特征的变化

早期粤语的“莫个”句作为祈使句，其主语都是第二人称，而作为劝止副词的“莫个”也只能出现在句子主语之后、谓语动词之前的位置，“莫

① 详见 Marja – Liisa（2014）。

个”否定的内容自然是谓语部分，如前面的例（1）至例（6）；即使有些例子中“莫个”位于句首，也是因为省略了“莫个”前面的主语“你”，而省略句子主语的情况在祈使句中很常见，如例（9）和例（10）。

（9）莫个整烂。[（《广东省土话字汇》，1828）别弄坏了。]

（10）莫个做是做非啊。[（《广东省土话字汇》，1828）别挑拨是非哦。]

同样是表示提醒避免，当代云浮粤语的“莫个/咪个”句则不同。首先，句子主语的限制条件明显放宽了，主语除了可以是第二人称，也可以是不在场的第三人称，还可以是生命度为零的指物名词，如例（11）和例（12）。虽然两个例子中后一小句的主语都省略了，但根据句子意义，我们很容易知道例（11）中“莫个”小句的主语是不在会话现场的“佢”，例（12）中“咪个”小句的主语是生命度为零的“啲隔夜菜”。其次，“莫个/咪个”的句法位置也更自由，除了位于主语之后、谓语动词之前的位置，还可以位于句首主语之前，相应的“莫个/咪个”的辖域也得到了扩展，从原来的谓语辖域扩展到小句辖域，如例（13），“咪个”出现在带主语的完整小句句首，可以说已经具备了高层谓语的性质。

（11）家人之间的电话录音

M：你今晚翻来食饭吗？

你今天晚上回来吃饭不？

D：我今晚同阿晓去行街睇戏直落，唔翻来食㗎喇。

我今晚跟阿晓去逛街看电影，不回来吃饭了。

→M：你叫佢着多件衫啊，莫个又冻感冒。

你叫她多穿件衣服吧，别又冻感冒了。

（12）家人之间的电话录音

M：你啲唔翻来食我就唔买菜啰。整热今朝食净啲菜算咯。

你们不回来吃饭我就不买菜了。热一下中午吃剩下的菜就算了。

→D：啲隔夜菜唔好食喇，咪个食坏人！

那些隔夜的菜不要吃了，别把肚子吃坏了。

（13）家人微信语音记录

→D：今早水厂啲人来换咗只水表，费用同下个月啲水费一齐扣。你同老窦讲声啦。咪个佢又话人哋收多佢水费。

今天早上自来水公司的人来换了一个水表，费用和下个月的水费一起扣。你跟老爸说一声吧，他可别又说人家多收了他水费。

J：你自己同佢讲声咪得啰!：

你自己跟他说一声不就行了吗!

D：我费事佢又咿咿吪吪。

免得他又对我啰啰嗦嗦。

袁毓林（1993）认为汉语共同语典型祈使句的句法语义特征包括以下四个方面：主语为第二人称或第一人称复数，句中动词具备［+自主］、［+可控］的语义特征，动作行为具有［+未来执行］的语义特征，听话人在场。上述四个特征中任何一个发生变化，都会影响到祈使句的性质。

例（11）至例（13）中的“莫个/咪个”小句，无论是主语的人称、是否在场，还是句子谓语的语义特征，都不同程度地突破了典型祈使句的限制，因此，相较于例（7）至例（10），例（11）至例（13）中的“莫个/咪个”小句已经不是典型的祈使句，“莫个/咪个”的否定意义也被进一步消解，为“莫个”语音弱化为“咪个”提供了语义基础，也为下一阶段的语义功能演变提供了条件。

2.2 表测度

不管是要禁止劝阻的内容，还是要提醒避免的内容，就说话人的态度而言，都是主观上不希望发生的；从事件的时间特征来看，都是未然或者未实现的；从说话人对事件是否真实的知识状态来看，也是具有不确定性的。换言之，“莫个/咪个”所在句子的内容对于说话人而言具有［+非期望］和［+未确知］的语义特征。云浮粤语“莫个”的“测度”功能是从“提醒避免”进一步发展而来的，是“不期望”“未确知”的语义内容进一步从言域隐喻投射到知域的结果，语义条件是相关句子所述内容属已然情况，而句法条件则是表“提醒避免”的“莫个”辖域的扩展。

如例（14）的“仲未到”和例（15）的“仲未见个衰仔出来”，都是说话人说话时已实现的情况。因为事情是已实现的，所以既无法在实际行为上进行阻止，言语上的提醒避免也没有意义，而且结合说话人的经验和一般常理，根据这样的现实状况所推导出的“佢真係荡失路”和“界老师罚留堂”很可能是真实的。但这些推导结果依然是说话人不期望发生的，而且是否真的“荡失路”或被“罚留堂”，对说话人而言仍未得到确认，因此说话人还是可以从主观认知上表达不希望推导结果为真的愿望。这样，通过对语境隐含义的吸收和语境义的规约化，前后小句的逻辑推理关系以及说话人不希望推理结果为真的主观态度就成了“莫个”语义的一部分，从而衍生出对不期望事情的测度这一语义功能，“莫个”的语义功能也从言域投射到了知域。“莫个”句所隐含的“不期望”“未确知”的语义内容从行域到言域再到知域的隐喻投射过程如图 1 所示。

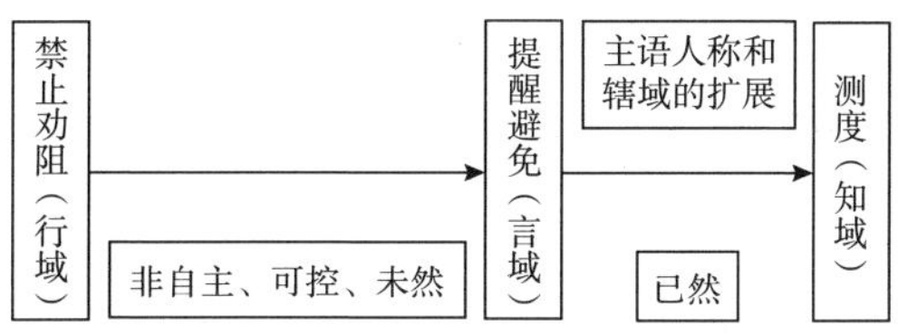

图 1 “莫个”语义隐喻投射过程

（14）家人之间的对话

N：啊咩仲未到㗎？莫个佢真係荡失路㖞。

怎么还没到呢？他可别真的迷路了啊。

→ S：使乜咁紧张啊！（.）伊家有样嘢叫导航㗎嘛。（说话同时向 N 展示手机。）

用得着这么紧张吗？现在可是有导航的啊。

（15）家人之间的电话录音

→B：仲未见个衰仔出来㖞，莫个又畀老师罚留堂咕呢？

还没见那小子出来哦，别是又被老师罚留堂了吧？

N：我打个电话畀老师睇睇先。等阵复翻电话畀你。

我先打个电话给老师问问看。一会儿给你回电话。

如例（14）和例（15）所示，云浮粤语的“莫个”表测度有两种形式，一种是陈述句，如例（14），另一种是疑问句，如例（15）。共同语的句末语气助词“吧”也是兼用于陈述和疑问的测度成分。陈述句中表测度的“莫个”往往与句末语气助词“喎”共现，构成“莫个 + 主语 + VP + 喎”的句法格式，如例（14），不过，出现在这一句法格式中的“莫个”也可以表示提醒避免，如例（16）。二者语义的区别取决于句子所涉事件的时间特征，当话语中包含明确的时间标记，或者语境能暗示明确的时间特征，“莫个”的语义就是确定的。如例（14）中的“啊咩仲……”（“怎么还……”）和“真係”（“真的”）都在暗示相关内容属于已然情况，因此句中的“莫个”只能理解为表测度；例（16）第6行“莫个”小句前是一个未实现的建议，B的儿媳妇甚至都还不知道B把房间的窗帘换了，知道后是否会认为B不尊重她也是未然且未知的，所以这里的“莫个”只能理解为提醒避免。“莫个”在会话中的语义解读是根据语境动态实现的，严格来说，并不存在可以同时有两种解读的可能。不过，如果“莫个”所在话语没有明确标记事件时间特征的成分，脱离语境孤立地看，则可以有表测度和表提醒避免的两种理解。如例（17）M的话语中，“莫个”句前是一个疑问句，关于D告诉舅姥姥别来贺寿这一事情是否已经发生，M是不确定的，此外该会话是在“奶奶”生日前两天发生的，舅姥姥是否会“担鸡酒来”属于未然情况，所以例中“莫个”表提醒避免。如果撇开会话背景及相关内容，并在“莫个”句前添加一些可以明确反映时间特征的表述，“莫个”句就可以有不同的理解。如例（17’），“莫个”可以理解为测度，而例（17”）中“莫个”表提醒避免的语义则更加明确。

（16）小区大妈间的闲聊

A：今朝成朝唔见人噶？

怎么今天一个早上都没看见你呢？

B：哦，\ /我房入面啲窗帘唔遮光，揾人来换过啲窗帘之嘛。

是这样的，我房间里的窗帘容易透光，就找人来把窗帘都换了。

A：噉你有冇同你新抱商量过㗎？

那你跟你儿媳妇商量过没有啊？

B：我间房使乜同佢商量啰？你又真係咯！

我的房间用得着跟她商量吗？你还真是的！

A：噉冇得噶。\ /话晒都係人哋间屋咕咧。=

这样不行的。怎么说房子都是人家的嘛。

→A：=你循例都同人哋讲声啊，莫个佢又话你唔尊重啲后生喎。赚倒又争交。

你循例也要跟人家说一声啊，可别又闹得她说你不尊重年轻人哦。这样只会又吵架。

（17）家人之间的谈话

M：今年阿奶生日唔搞啰嘞噃，我哋自己喺屋企煮餐饭食就算咯。

今年奶奶生日不搞生日宴会了，我们自己在家里做顿饭庆祝一下就算了。

D：哦。

哦。

→M：你有冇同妗婆啲讲啊㗎嘛？（.）莫个佢啲又担鸡酒来喎。

你跟舅姥姥他们说了没有？他们家可别又郑重其事地送贺礼来哦。

D：各条村都开晒大喇叭话唔畀聚集，唔畀探亲访友啦，=

各个村镇都喇叭全开大声喊话，说不准聚集，不准探亲访友了呀，

D：=佢哋出唔出得倒门都仲成问题，点来同阿奶做寿啊？

他们能不能出门都还是个问题，怎么来给奶奶贺寿啊？

（17’）你居然唔记得同佢讲？莫个佢啲又担鸡酒来喎。

你竟然忘记了跟她说？他们不会又郑重其事地送贺礼来吧。

（17”）你记得同佢讲声喎，莫个佢啲又担鸡酒来喎。

你记得跟她说一声，别弄得他们又郑重其事地送贺礼来哦。

共同语的“别”和“莫”除了可以表示对不期望事情的测度，还可以表示对中性事情的测度；云浮粤语的“莫个”只能表示对不期望事情的测度。此外，“莫个”表示对不期望事情的测度这一用法在云浮城区少数七十岁以上老年居民的日常口语中较常出现，中年群组的调查对象一半表示日常也会使用，但不经常，而另一半则表示日常基本不使用；青年群组的调查对象也有超过一半的人表示基本不使用，[①] 而不使用“莫个”的人群表达测度时多选用“唔通”“咕呢”“唔通……咕呢”等表达形式。例如，当地中青年居民习惯把例（14）和例（15）中的“莫个”测度句表达成例（14’）和例（15’）。另外，表示测度的“莫个”其语音形式并没有弱化为“咪个”，换言之，例（14）和例（15）的“莫个”并不能被“咪个”替换。表测度的“莫个”没有出现语音弱化的现象，其原因我们会在3.2小节中分析说明。

（14’）啊咩仲未到㗎？唔通佢真係荡失路？

怎么还没到呢？难道他真的迷路了？

（15’）仲未见个衰仔出来喎，又畀老师罚留堂咕呢？

还没见那小子出来哦，怕是又被老师罚留堂了吧？

2.3 表或然

作为情态意义，测度与或然在语义上虽有密切关系，但两者并不是一回事。测度重在表达说话人对命题内容为真半信半疑的态度，介乎直陈语气和疑问语气之间，而或然侧重表达命题内容为真的可能性的高低，说话人对这种可能性是深信不疑的，所以或然情态属于广义语气中虚说的范畴，多用于陈述句中。（吕叔湘，2014：345，361，415，417）。

云浮粤语表达或然情态主要使用由“莫个”经语音弱化而成的“咪个”，而“莫个”基本不再使用。如例（18）、例（19），“咪个”所在话语中，前

---

① 老年和中年调查对象数量各10人。青年群组的具体调查人数为38人。具体调查方案及相关数据已另文讨论。

后两个小句所述内容都是未实现的情况，但两小句之间无法构成“条件—逆条件可能结果”的推理关系，因为“落雨”不仅是非自主的，而且是不可控的，不管收不收衣服、出门带不带伞，下雨这一情况都无法避免。例（18）和例（19）前后两个小句之间的语义关系只能理解为“建议—作为理由的可能情况”。“上天棚收啲衫翻落来”和“出门记得带遮”是说话人向听话人提出的要求或建议，而后续的“咪个”小句则用于补充说明提出该要求或建议的理由，但这个作为理由的情况并不是事实，只是一种可能出现的情况。也就是说，在这两个例子中“咪个”的语义功能重在提醒听话人注意“咪个”小句命题内容为真的可能性。

（18）家人之间的对话

M：今朝啲衫有冇晒啊喇？

今天早上的衣服晾了没有？

E：晒啊啦。

晾了啊。

→M：噉你上天棚收啲衫翻落来啦，咪个等阵落雨。

那你上天台把衣服收回来吧，搞不好一会儿会下雨。

（19）家人之间的对话

M：今日咪休息吗？咁早去边度啊？

今天不是休息吗？这么早上哪儿去啊？

E：约咗啲同事去行山啊。

约了同事去爬山啊。

→M：出门记得带遮啊，咪个落雨。

出门记得带伞啊，搞不好要下雨。

“咪个”表或然的语义功能也是由提醒避免发展而来的。从“条件—逆条件可能结果”的推理关系到“建议—作为理由的可能情况”的语义关系的转变，是语言经济原则与言语交际合作原则共同作用的结果。当“咪个”表提醒避免时，例（18）和例（19）“咪个”所在话语完整的表述应该是例（18'）和例（19'）。“上天棚收啲衫翻落来”和“出门记得带遮”是说话人向听话人提出的要求或建议，同时是避免出现“咪个”小句所述情况的条件，而后续的“落雨淋湿啲衫”和“落雨淋湿身”则是当听话人违背前述要求或建议时，可能出现的说话人不希望出现的情况。不过，当说话人在语言经济原则的驱动下省略了可能结果中不言而喻的“淋湿啲衫”“淋湿身”后，原来识解句子意义的机制就不再适用，但根据言语交际合作原则中的关联准则（relevant maxim），说话人话语所提供的信息之间应该是密切相关的。当听话人发现说话人的话语没有遵守这一准则时，会努力参照语境搜寻话语之间可能存在的关联，直至话语可以理解。（邵敬敏，2007：264）这样，“咪个”通过对新的会话含义的吸收和规约化，实现了“不期望”和“未确知”的语义内容由言域到知识域的又一次投射，产生了新的表或然的语义功能。

（18’）噉你上天棚收啲衫翻落来啦，咪个等阵落雨淋湿啲衫。

那你上天台把衣服收回来吧，别一会下雨把衣服淋湿了。

（19’）出门记得带遮啊，咪个落雨淋湿身。

出门记得带伞啊，别下雨把自己淋湿了。

表或然的“咪个”不仅可以用于提醒听话人注意可能出现不期望发生的事情，也可以用于提示中性事情发生的可能性，如例（20）和例（21）。这说明，表或然的“咪个”已经不局限于作为“担心—认识”情态成分标示不期望事情发生的可能性这一用法，还进一步消解了担心的语义成分，成为不受限于特定主观态度的认识情态标记，例（22）是一个最能反映这一特点的典型例子。

（20）朋友间对话

A：边个电话啊？倾咁耐噶？

谁的电话啊？聊这么久？

B：阿猫哥啰。约我哋听晚去佢酒吧玩嗬。佢知你翻咗来，仲特登叫我叫埋你。

猫哥呗。约我们明天晚上去他的酒吧玩。他知道你回来了，还特意让我叫上你。

A：唔去。读书嗰时同佢哋嗰班人就冇乜两句嘅啦。

不去。上学那会儿和他们那些人就没什么共同话题。

→ B：去啦，咪个有好嘢益你呢。

去吧，说不定有好东西给你。

A：啊，：你几时变得咁市侩㗎？

呀，你什么时候变得这么市侩的啊？

（21）亲戚间对话

A：你使唔使同佢讲声啊？

你要不要跟她说一声啊？

B：嚱，又唔係咩好事，无谓搞倒人哋啦。

嗐，又不是什么好事，就别麻烦人家了。

→ A：你咪讲畀佢听啰，咪个佢可以帮到你一二呢。

你就告诉她呗，说不定她能给你帮上一点忙呢。

（22）亲戚间对话

A：你同佢讲下啦。

你跟他说一下嘛。

B：你啲家事我点开口啫？你自己同佢倾下先啦。

你的家事我怎么开口呢？你自己先跟他谈谈吧。

→ A：咪个佢唔肯呢？ =

万一他不肯呢？

→ B： =咪个佢肯呢？（.）你都冇试过，点知啫！

说不定他肯呢？你都没试过，怎么知道呢！

3. “莫个/咪个”的语义演变模式和语音演变机制

3.1 “莫个/咪个”的演化模式

通过对“莫个/咪个”语义功能历时和共时的梳理，我们可以知道，“莫个”在发展为表测度的担心—认识情态副词之后，并没有继续演变为表测度的单纯的认识情态成分。也就是说，粤语的“莫个”并没有完全按照共同语“别”和“莫”“主观必要（否定祈使）——担心—认识情态（对不期望状况的测度）——认识情态（不受限于特定主观态度的测度）”的情态演化路径来实现功能演变，在发展为担心—认识情态成分后，其功能演化进程就停止了，“莫个”表测度的这一语义功能甚至在云浮当地的粤语交际中逐渐式微，目前已濒于消亡。但同时，“莫个”又以“提醒避免”这一语义节点为基础，发展出了另外一条演化路径，最终在表或然性的情态意义上实现了单纯的认识情态的演化结果，在这个过程中，“莫个”还在意义和形式的动态协同演变规律作用下，发生了语音弱化，改变了语音形式，演变为“咪个”。

早期粤语以及当代云浮粤语“莫个/咪个”语义功能的关联情况表明，在过去两百年间劝止副词“莫个”的语法化形成了一个双轨并行的链条，是一个二维的演化路径，具体如图2所示。

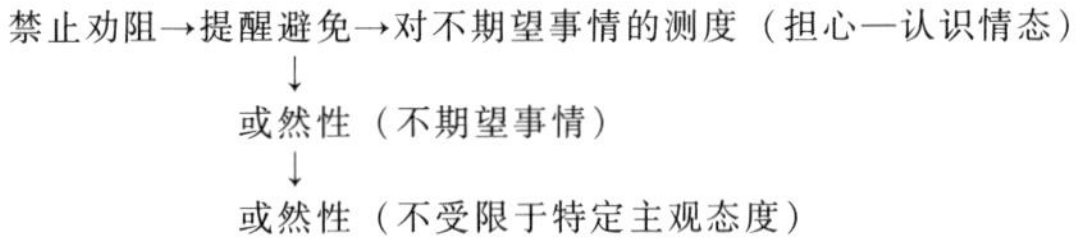

禁止劝阻→提醒避免→对不期望事情的测度（担心—认识情态）
↓
或然性（不期望事情）
↓
或然性（不受限于特定主观态度）

图2 “莫个/咪个”语义演变路径

李宇凤（2007）也提及了不同语言同类型词语经历了相关但有区别的语义演化路径的情况。英语“lest”类情态成分也与“莫个”一样，没有最终发展为单纯的认识情态成分，而汉语中与“lest”类似的“怕”“恐怕”“看”等虽然发展为单纯的认识情态，但只用于盖然陈述，而不是像“莫”“别”那样用于疑问句表测度。不过，李文认为“lest”类、“莫”类和“怕”“恐怕”“看”等情态成分的演化路径及其最终演化结果不尽相同，主要是因为其来源语义不同。但对比“莫”“别”“莫个”的演化过程和演变结果可知，即使开始于相同来源意义的语法化，其具体的语法化进程和最终的演变结果也未必一致。

3.2 “莫个”语音弱化的演变机制

前面我们分析过，随着“莫个”祈使否定义的消解，其语音形式也在意义和形式动态协同演变规律的作用下发生了变化，具体表现为“莫”的入声舒化。李新魁（1990）总结了中古时期以后粤语韵母系统四类带普遍性的音值演变情况，分别是主元音高化、主元音圆唇化、主元音 ɐ 化和单元音裂化。而粤语的入声舒化也有其自身的演变规律。入声包括入声调和入声韵两个方面，在入声调方面，杨蔚（2002）在考察了粤语古入声分化情况后指出，粤语入声字调归向的趋势虽有多种，但广州话倾向于“分别保持各自的调值，归入与本身调值相对应的舒声调类去。一般来说，上阴入归阴平，下阴入、阳入归去声”。；在入声韵方面，侯兴泉（2005）结合语音调查和语音实验的结果，认为当代广州话入声韵变化主要表现为两种情况：一是主元音弱化且塞音韵尾弱化；二是主元音不变而塞音韵尾弱化或脱落。

而“咪个”作为“莫个”的语音变体，由“莫”到“咪”的语音变化过程也在上述语音演变规律的范围之内。“莫个”语音演变过程如图 3 所示。[①]

$mɔk^{22} \rightarrow mɐ^{22} \rightarrow mɐi^{22} \rightarrow mɐi^{21}$

图 3　云浮粤语“莫个”语音演变过程

按照语音变化规律，“莫个”中“莫”［$mɔk^{22}$］入声舒化的具体表现应该是主元音弱化为央元音 ɐ，塞音韵尾脱落，原来的阳入调归为阳去调，即变读为［$mɐ^{22}$］；粤语韵母系统中没有 ɐ 这个单元音，因此按照单元音裂化这一粤语韵母音值演变规律，ɐ 裂化为 ɐi，使“咪”的读音变为［$mɐi^{22}$］，也是合情合理的。至于云浮粤语“咪”的声调调值却是 21，属阳平调，则是由云浮粤语阳去调并入阳平调的系统性语音特征造成的。

另外，既然“莫个”在表提醒避免阶段就已经因为祈使否定义的弱化而

① 邓小琴（2013）认为粤语“莫个”是“莫”的一种分音使用现象，其中“个”是入声韵［-K］的书面标记；“莫个”经历了入声舒化的语音演变，“个”随之脱落，最终演变为粤语祈使否定副词“咪”［$mɐi^{13}$］，但余蔼芹（2000）认为“个”是词尾，并提供了 19 世纪的粤语书面材料，证明词尾“个”除了与“莫”组成“莫个”外，还有“来个”“唔个”“唔肯个”“乱个”等组合。因此，我们认为邓文构拟的“莫个”演变过程存在明显疏漏，［$mɔk^{22}$］→［$mɐi^{13}$］的语音演变过程也有悖于粤语入声舒化的普遍规律。

产生语音变体，为何后续发展出来的测度义“莫个”却保留了原来的语音形式呢？对此，我们的推测是，“莫个”产生语音变体的动因除了是遵循意义和形式动态协同演变规律的结果，还受到了言语交际需要的影响。“莫个”的演变以提醒避免这一节点为中心，分别产生了两条方向不同的语法化链条，不同链条、不同阶段的演变结果并存叠加，使得同一个语音形式所负载的语义功能过于复杂，违反了话语交际中的“接受者设计原则”（recipient design）这一型式选择动因，增加了听话人识解话语意义的难度，因此作为一个自适应系统，语言系统对“莫个”新产生的语义功能做了语音形式上的区分，以扩大经由不同路径得到的演变结果之间的区分度，降低话语含义识解的难度。因此，“禁止劝阻→或然”这一路径上的语音形式发生了变化，而“禁止劝阻→测度”路径上的功能成分自然就只能保留原来的读音，以示区别。

4. 结语

本文采用共时和历时研究相结合的方法分析了粤语劝止副词“莫个”非祈使否定功能的浮现和发展过程。粤语劝止副词“莫个”由 19 世纪 20 年代主要表示禁止劝阻，逐步发展为表测度的担心—认识情态副词“莫个”和表或然的认识情态副词“咪个”，在其语义演变链条中，表提醒避免这一用法作为关键节点，在不同的语境中分别沿着两条并行的演变路径发展出不同的非祈使否定用法。“莫个”非祈使否定用法的浮现和发展，是其祈使否定用法中不期望、未确知的语义内容因应不同的话语语境、从行为域隐喻投射到言域和知识域的结果，其演变过程虽然符合语言内部的结构发展规律，但受制于语言经济原则、合作原则、接受者设计原则等会话交际原则，其语义功能都是在言语互动过程中建构出来并不断变化的，这在一定程度上印证了动态浮现语法的思想，即语法是在使用的过程中由具体的互动交际行为逐步塑造的，是动态可变的。

长期以来，关于情态及其发展规律的研究，一向重视跨语言（方言）材料的收集和比较，以期结合最广泛的语言材料得出最接近语言事实的语言共性规律。粤语劝止副词“莫个”从19世纪20年代以来的语义演变过程与同类词语的演化路径既相关又有区别，说明即使从相同来源意义开始的语法化，其具体的演变过程以及最终的演变结果也可能不尽相同，为研究从说话人指向情态发展为认识情态的普遍规律①提供了一个粤语样本。

附录：文中例子所用转写符号说明

→ 箭头标示目标词在语料中出现的行。

= 等号表示两个话轮或两个句子之间没有中断或间隙。假如一对等号一个在一行的末尾，另一个在下一行开始的位置，那就表示两行之间没有中断。

(·) 括号中的点号表示在话语内或话语之间的短时间间隔（±1/10秒）。

: 冒号表示前面的语音延长，冒号越长，延长的时间越长。

\ / 强调该话语的语调为降升调。

[( )] 方圆括号包含转写者的描述。

参考文献

邓思颖：《粤语语法讲义》，商务印书馆（香港）有限公司，2015。

邓小琴：《粤方言否定副词“咪”之溯源及其语义虚化》，《前沿》2013年第20期。

高增霞：《汉语担心—认识情态词“怕”“看”“别”的语法化》，《中国社会科学院

① Joan Bybee等（1994，2017：278～284）认为说话人指向情态包括祈使、禁止、祈愿、劝勉、警告、允许等，而认识情态则包括可能性、盖然性和推断确定性，并认为认识情态和说话人指向情态都由施事指向情态演变而来，但认识情态与说话人指向情态之间并没有明显的发展关系。但Franitsek Litchenberk（1995）总结了“禁止（prohibition）/预防（precautioning）/害怕（fear）>担心—认识情态（apprehensional - epistemic modality）>认识情态（epistemics）”的情态演化路径；高增霞（2003）从共时的角度论证了汉语“别”语法化的路径为“主观必要（禁止/劝阻）>担心—认识情态（主观非期望事件）>认识情态（主观中性事件）”；李宇凤（2007）从历时的角度论证了古汉语“莫”所经历的“主观必要（否定祈使）>担心认识情态（对不期望状况的测度）>认识情态（无明显主观态度的测度）”功能发展路径。

研究生院学报》2003 年第 1 期。

侯兴泉：《关于广州话 - k 塞尾入声变化的调查实验》，《暨南学报（哲学社会科学版）》2005 年第 2 期。

李新魁：《粤方言语音特点探论》，《广东社会科学》1990 年第 1 期。

李宇凤：《也论测度疑问副词“莫”的来源》，《语言科学》2007 年第 5 期。

吕叔湘：《中国文法要略》（重印本），商务印书馆，2014 。

麦耘、谭步云编著《实用广州话分类词典》，广东人民出版社，1997。

饶秉才、欧阳觉亚、周无忌编著《广州话词典》，广东人民出版社，1997。

邵敬敏主编《现代汉语通论》（第二版），上海教育出版社，2007。

邵敬敏、罗晓英：《“别”字句语法意义及其对否定项的选择》，《世界汉语教学》2004 年第 4 期。

宋长栋、余伟文、庄益群：《云浮方言志》，广东高等教育出版社，1995。

杨蔚：《粤语古入声分化情况的当代考察》，《学术研究》2002 年第 6 期。

余霭芹：《粤语方言的历史研究——读〈麦仕治广州俗话《书经》解义〉》，《中国语文》2000 年第 6 期。

袁毓林：《现代汉语祈使句研究》，北京大学出版社，1993。

曾子凡：《广州话、普通话口语词对译手册》，生活·读书·新知三联书店，1989。

詹伯慧主编《广东粤方言概要》，暨南大学出版社，2002。

詹伯慧主编《广州话正音字典》，广东人民出版社，2002。

张洪年：《“至/正”与“莫个”：早期粤语语料中残留的语法现象》，孙景涛、姚玉敏主编《第十八届国际粤方言研讨会论文集》，暨南大学出版社，2015，第 9 ~ 27 页。

张励妍、倪列怀：《港式广州话词典》，万里书店，1999。

张敏：《“语义地图模型”：原理、操作及在汉语多功能语法形式研究中的运用》，载李小凡、张敏、郭锐等：《汉语多功能语法形式的语义地图研究》，商务印书馆，2015，第 2 ~ 54 页。

Frantisek Lichtenberk. 1995. Apprehensional Epistemics, in *Modality Grammar and Discourse*, ed. by Joan Bybee and Suzanne Fleischman, Amsterdan: Benjamins Publishing Company, 293 - 327.

Marja - Liisa, Helasvuo. 2014. Searching for Motivations for Grammatical Patternings, *Pragmatics* 24(3): 453 - 476.

Joan Bybee, R. Perkins, W. Pagliuca. 1994. *The Evolution of Gramma: Tense, Aspect and Modality in the Languages of the World*. Chicago: The University of Chicago Press. （陈前端译《语法的演化：世界语言的时、体和情态》，商务印书馆，2017）

From “Mokko” to “Maiko”
—A Case Study on the Path of Modality Evolution in Cantonese

Yan Liming

Abstract: The neg – imperative adverb “mokko” in Cantonese developes into two different modal adverbs. One is “maiko”, an epistemic adverb indicating possibility, and the other is an apprehensional – epistemic adverb indicating a supposition in an interrogative mood, which is still called “mokko”. The semantic evolution of “mokko” takes place in two different paths at the same time, which is the outcome of the metaphorical projection of the semantic features [+unexpected] and [+ uncertain] from action field to speech field and knowledge field. Meanwhile, the new semantic functions of “mokko” emerge on the effect of multiple factors, including economical principle of language, recipient design principle, cooperative principle and the syntactic and semantic conditions appropriate to the development of “mokko”.

Keywords: “mokko”, “maiko”, phonetic varieties, Cantonese, the evolution of modality

成都话的“哇”和“嗦”

陈振宇[1]　陈振宁[2]　杜克华[3]

［1. 复旦大学中国语言文学系；2. 江汉大学人文学院；
3. 国家开放大学（成都）］

提　要　本文对比了成都话的语气词“哇”“嗦”和北京话的语气词“吗”，认为前两者在一起承担了“吗”的功能，但是“嗦”与北京话的“吗”用法更接近，主要表示语用否定，也可表示揣测问；“哇”主要表示揣测问，也可表示语用否定。“哇”源于历史上的中性询问，在失去中性询问的功能后，成都话的“哇”和北京话的“吗”向不同的方向发展，其根本原因是“哇”是弱意外，而“吗”是强意外。“嗦”则是由领悟标记直接发展为意外标记。

关键词　“哇”　“嗦”　意外　语用否定　揣测问

1. 概况

1.1　问题的引入

本文是基于北京话和成都话语料的统计进行对比得出的成果。我们建立了由五部当代成都方言小说（约49万字）构成的语料库。北京话对比语料来自《我爱我家》。成都话疑问语气词的早期研究成果，请见张一舟、张清源、邓英树（2001）。此外，近年来也有一系列的研究成果，见杜克华、陈振宇（2015），陈振宇、马宝玲、薛时蓉（2015），杜克华、陈振宇、陈振宁（2017），陈振宇、杜克华（2015），赵明节、杜克华（2017），陈振宁、陈振宇（2020），等等。

语气词研究的难点在于以下方面。

第一，一个特定语气词的意义与功能十分模糊，很难精确“定位”，就像一团“意义云/功能云”，弥散在一个或若干个语言子系统中。在两个相邻子系统的边界处，常常存在与双方都有关的特征，从而导致它们的交叉与冗余现象的出现，由于这一“通道”的存在，从一个子系统可以衍射出相邻子系统的功能。同一个例句往往同时存在多个侧面的解读，来源不同的语气词也可能共享同样的功能，从而造成“中和”现象。

第二，“测不准现象”，即当先入为主从“疑问”范畴入手研究“哇”时，会觉得有关例句都是或大多是表疑问的；如果从“感叹”范畴入手，则又会觉得它们都是或大多是表示感叹的。特别是基于自省材料以及不充分调查的方言研究，更容易造成这样的被动局面。

就本文而言，主要关注以下问题。

第一，成都话的“哇”与北京话的“吗”。

早期的观点认为，成都话中与北京话的“吗”字句最接近的是“哇”字句，一些作者在转写成都话语篇时，用“吗”来记“哇”，这一做法有一定道理，但也有麻烦的地方。

“吗”和“哇”曾经都是不同方言中中性的“极性问”形式，但是后来中性询问功能迁移，现在都主要是表达具有特定语用色彩的非中性问。当代北京话和成都话中，最中性的极性问形式已经是“句末否定词疑问”或“正反问”形式。不过，在成都话中，“哇”字句、句末否定词疑问句、正反问三种形式竞争，局面比北京话复杂。

“吗”和“哇”都是句末语气词，而且都不能在其后面再加其他语气词，可能具有同源关系。二者不同的是，当代北京话中有“吗”“哇”的区分，后者来自“啊”，但成都话没有“吗”只有“哇”（某些人受共同语影响有极少数“吗”的用法），成都话的“啊”也不是一个强势的语气词，北京话“啊”的主要功能（感叹）由成都话的“喔/哦”担任，与“哇”相去甚远。

第二，“哇、嗦”是否相当于“吗”。

成都话“哇、嗦”都是表示意外的语气词，但“哇”偏向弱意外，以表示揣测问（求证问）为主；“嗦”是强意外，以语用否定为主，但二者功能有交叉的地方。因此，更为准确地说，成都话是用“哇、嗦”与北京话的“吗”相对应。

北京话“吗”语料占北京话语气词全部语料的9.5%。在反问（语用否定）领域相当凸显，也可以表示意外，以及“要求对方做什么”和“通过疑问来告知”。北京话的“吗”本来是典型的疑问语气词，用来形成实现“无答案偏向疑问”的极性问句，但经历主观化的历时演变，清初以后就主要用于反问了（黄国营，1986），只是遗留了少数疑问和求证的功能。

成都话“哇”语料占成都话语气词全部语料的3.9%；“嗦”语料占13.1%。“哇”最重要的几个用法是表示意外，以及“通过疑问来告知”；“嗦”最重要的几个用法是表示意外，以及“要求对方做什么”和“通过疑问来告知”。

从这些用法分布看，在当代，成都话“嗦”与北京话“吗”更接近一些，而它们与“哇”相差较大。“吗”“嗦”与“反问”有更强的关联，但在揣测问（求证问）中很少使用（但不是没有），而“哇”占优势的是求证问。

下面是疑问功能的对比：

(1)（惊觉）你这不是将我呢吗？（北京话以下简称“北”）

（惊怒驳斥）清光白日的，你在装神嗦？！（成都话以下简称“成”）

(2)（没料到）就是你高中那亲密战友？不是去美国了吗？（北）

（提醒）那觉悟，能低得了吗？（北）

（不理解听者提议）未必然你要把我带到北京去嗦？（成）

（气愤）你还比得上他嗦？（成）

（3）（约定见面）（你）是职介所介绍来的哇？（成）

（猜测）这是棒棒娃他们家哇？（成）

下面看非疑问功能方面。"哇"在少数情况下可以用于祈使句（允诺句）和陈述句（有感叹意味），"吗""嗦"则不能这样，只能在极性问句中。

（4）（同意）要得哇！（成）

你今天找我嘛，肯定是说吕娃的事情嘛，说哇，他后头咋个跟你说的？（成）

还是小凤眼睛毒哇，好久都没穿过这么合身的衣服了。（成）

从这一点看，成都话"哇"倒是和北京话"吧"的功能有一定的相似性，可以表示求证、祈使等功能。但二者也存在很大的差异，首先，"哇"主要是求证，表祈使等例句很少；其次，"哇"有不少表示意外的例句，而"吧"很少，"吧"的断言和辅助疑问功能则是"哇"所没有的。

（5）揣测求证：你是老张哇？（成）

您是张厂长吧？（北）

要求：走哇！（成）

走吧！（北）

意外：你还没有来哇！（成）（"吧"不具有）

强调断言：也就是他们想赖账吧！（北）（"哇"不具有）

疑问句中辅助疑问功能：他究竟什么时候来吧?！你说他到底来不来吧！（北）（"哇"不具有）

1.2 功能的对比

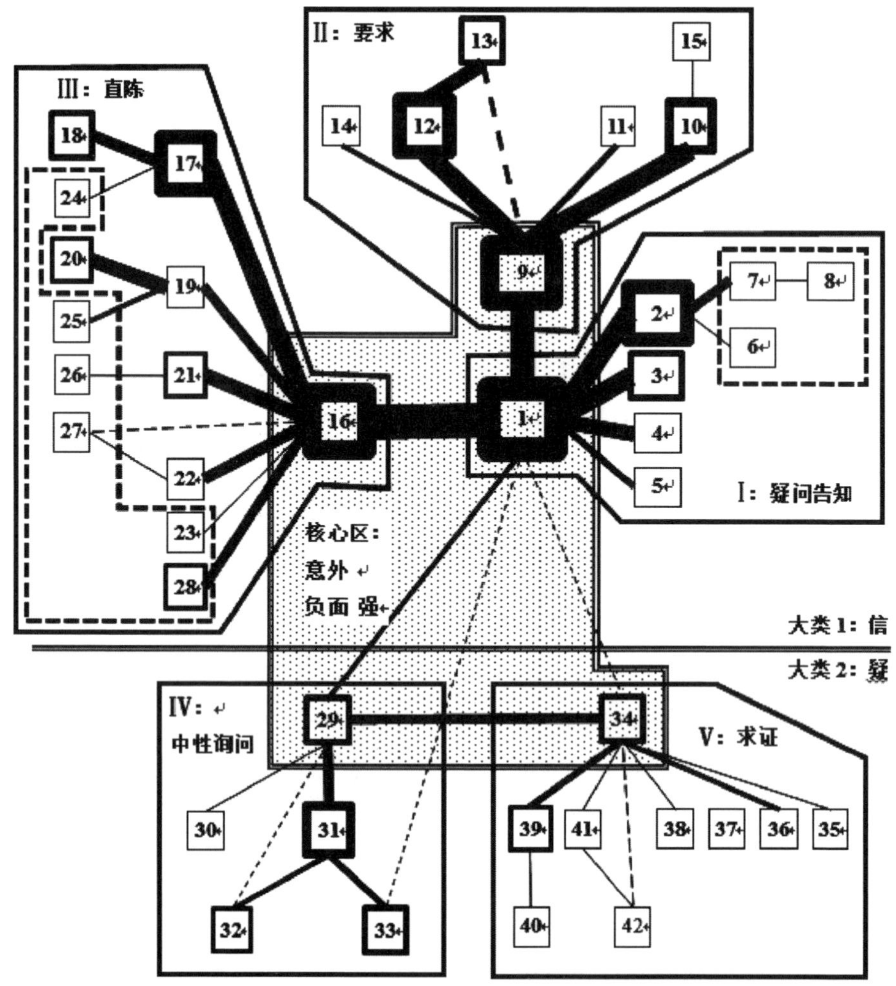

图 1 意外类语气词语义地图（引自陈振宁、陈振宇，2020）

说明：图中各个部分的功能分布如下。

核心区：意外

Ⅰ：疑问告知

Ⅱ：要求

Ⅲ：直陈

Ⅳ：中性询问

Ⅴ：求证

图中带数字的小方框，每一个代表一种例句的功能类型，共有 42 种。方框之间的连线表达这些类型之间的相关性，连线越粗相关性越大，如果没有连线则是说明相关性很小可以忽略。关联性的计算参看陈振宁、陈振宇（2020）的详细说明。这是“功能类型语义地图”，用于对各种例句进行自动聚类。

下面来看一下北京话“吗”，以及成都话“哇”“嗦”在语义地图上的各自位置，如图 2 所示。

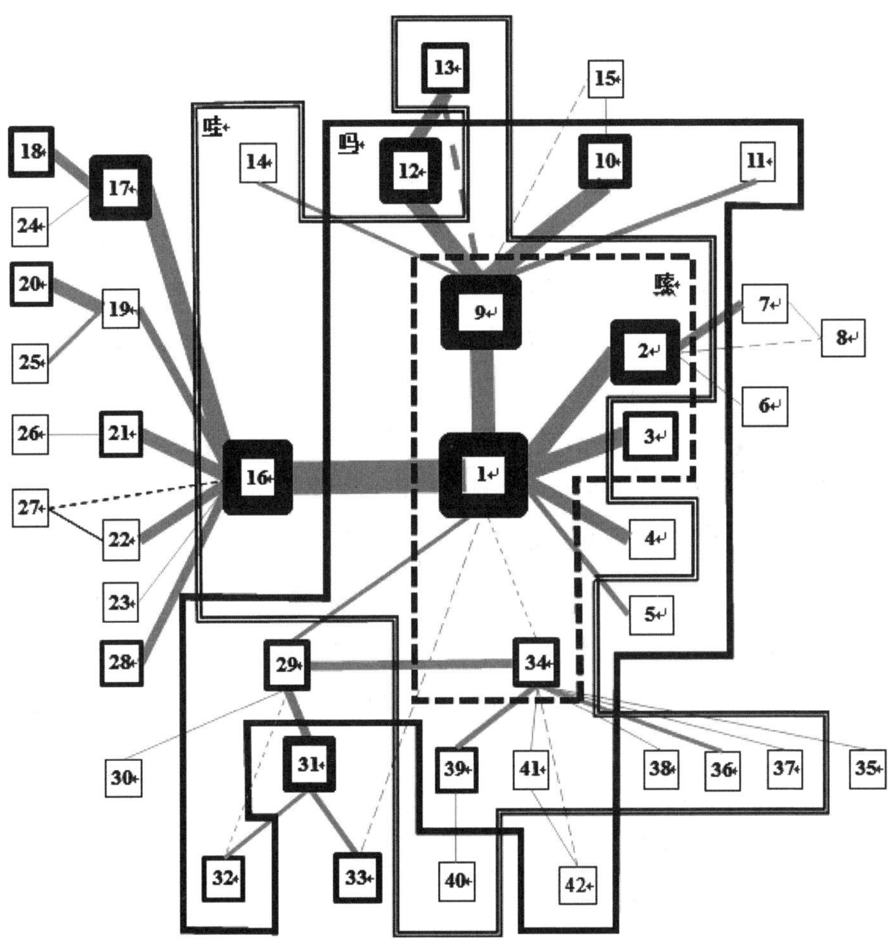

图 2　北京话“吗”和成都话“哇”“嗦”的语义地图（引自陈振宁、陈振宇，2020）

从表面上看，三个语气词重合的功能区域很多。但是经调查，这些区域中的例句数量的分布并不是均匀的。每个语气词的例句都有各自的集中区域，被称为“核心区域”，分别是：

吗（粗实线）：1　2　3　4　9　10　11

哇（双实线）：36　37　38　39　40　41

嗦（粗虚线）：1　2　3　9

2. “嗦”——从领悟到意外

2.1　领悟

张一舟、张清源和邓英树（2001）从四个方面描写了成都话疑问语气词“嗦”的语法功能：1）表示猜度或推测语气；2）有时可表恍然大悟；3）有时可表示不以为然、质问甚至挑衅的语气；4）构成反问，增强语气。这一分析基本覆盖了“嗦”的用法，但是各义项或用法之间的关系却没有阐明。

我们认为[①]，“嗦”的基本功能是表示传信，即可能来源于句末的“说”，表示说话者听说了一个新的信息。这一功能需要用在特定的语境中，表达领悟意义。其他功能和用法都是从这里演化而来的。

首先是“领悟”（eureka）。袁毓林（2006）提出了“解反预期”的概念。解反预期语篇又可以分为解他人的反预期和解自己的反预期两种。后者指说话者自己产生反预期，自己来解除。例如：

(6)［原来今天不上课嗦］（理由），我还说咋没人呢！

解反预期

①说话者发现没有人。

① 张耕有文章尚未发表，其中考察了“嗦”的传信的来源。

②【第一层预期结构】说话者对没有人感到惊讶：

条件 O　　这里是教室　　（隐含）

预期 P（M | O）　（所以）应该有一些学生在——认识情态（隐含）

当前信息 P（M）　　没有人在　　（显性表达）

预期性：反预期信息

③【第二层预期结构】说话者发现新的条件，从而构成新的预期：

条件 O　　今天不上课（显性表达）

预期 P（M | O）　（所以）没有人会来——道义/认识情态（显性表达）

当前信息 P（M）　　没有人在　　（显性表达）

预期性：正预期信息

④说话者对自己先前的预期“应该有人”做了反驳，也就是反对自己先前的预期。

可以看到，“领悟”的结构无法在语篇中分解为前后相续的两个预期结构，而是两个预期结构“交织”在一起，从而形成一个整体性的结构。其中，核心的部分包括两个小句或小句丛：一个是“领悟小句”；一个是“释然小句”或者“意外小句”。

“领悟”就是一般所说的“恍然大悟”“释然”，有以下语义结构。

Ⅰ说话者接触到事件 XP，并感到与常理或自己的预期不符。

Ⅱ说话者通过探索，或者是有别的信息传来，认识到新的条件 YP；YP 是 XP 的理由。

Ⅲ因此认识到 XP 是合理的。

领悟标记，即对新条件（理由）YP 领悟，如“原来”，张谊生（2000：45）认为它表示“溯源性释因”。方言中还可以使用特定的语气词，如成都话的“嗦”，引入新的理由（条件）：

（7）今天是星期天嗦？难怪街上人这么多。（张一舟等例）

我以为是哪个，搞了半天是你嗦？（谢光跃例）

整了半天你们俩（个）是亲戚嗦？（刘艳梅例）

不对号入座嗦？你先不先$_{\text{起先}}$昨不说呢？我还老打老实$_{\text{很老实}}$等倒喊号。（张一舟等例）

说话者看到街上有很多人，不理解因何如此，过了一会儿他突然发现今天是星期天，于是恍然大悟，因为周日很多人会上街闲逛。

现在来看看“领悟”说的问题：如果“恍然大悟”是语气词“嗦”的基本语义功能，那么我们应该看到大量表释然的例子才对。然而调查事实却恰恰相反，表释然的例子仅是少数，比例仅为2%多一点。大多数的例子都是表示意外的。为什么？

2.2 意外

我们认为，这是因为领悟标记往往会发展为意外标记。领悟与“意外”存在复杂的关系。按理说，意外是凸显疑惑，而领悟是表示疑惑的解开，所以不应该会产生交集；从整体上看，这两个范畴是相互排斥的，但在实际的语篇中，领悟的确经常导致意外情感。如：

（8）哇，原来花竟然有这么多吃法，而且由来已久！

哈哈！原来你居然想癞蛤蟆吃天鹅肉啊！

原来你豁$_{\text{骗}}$我嗦?!

新信息虽然消解了原来的意外，却打开了一个新的意外之门，即我们发现新得到的信息也是令人意外的。如说话者看到用花做的菜品，所以感到意外；后来发现，原来很早就有多种吃花的方法，所以这些用花做的菜品没什么好意外的。但对说话者来说，早就有很多吃花的方法，这本身也是足以令人意外的！

普通话中的“原来”是否已经发展为意外标记，并不清楚（需要全面考察其用法和各种用法所占的比例），但是成都话的“嗦”已经发展为高度语法化的意外标记，占总例句数的63%。

（9）“往哪走嘛？”程菲下车就问，因为她看见了一个菜市场。“就在那儿。”三娃的手指向了菜市场。程菲简直不敢相信：“菜市场去捡菜叶子吃嗦？”“啊，再去要两碗潲水晌午中午饭嘛就解决了噻！”（《有》）

女人跳上车来念叨：有钱不挣，装莽吃象装傻的！你开个耙【念 pa[1]】儿朵的还要挑线路嗦？耙哥：哎呀，大姐，你不晓得，城里头一般去不得，拿给警察、城管逮到要洗白什么都没有了！（《幸》）

“嗦”字句是疑问句吗？很有意思的是，以往的研究者大都在“嗦”字句后加“？”号，说明很多研究者是把“嗦”看作疑问语气词，把“嗦”字句看成疑问句的，更准确地讲，是把它看作所谓“反问”句的。

确实有些“嗦”字句会多少表示一些疑惑，似乎“意外”都有这一倾向，只不过是疑惑的强弱而已。关于这一点陈振宇和杜克华（2015）有所论证，后面我们会详述。

再来看看所谓“反问”，长期以来，在“反问”研究中，形成了一种思维定式，即表示“质问、责难”等语气，是从“反问句”获得的。由于反问是从询问发展来的，所以一种形式有反问用法，则必有疑问用法。这正是以往研究者把成都话句末语气词“嗦”判断为疑问语气词的重要依据之一。

但这一点在理论上是不充分的。我们认为，并非只有反问句才可以产生否定语义和“质问、责难”语气，陈振宇和杜克华（2015）说，“意外”本身就可以直接产生这一语用迁移，尤其是在强意外的情况下。实际上，“嗦”字句很难构成反问句，因为它的基本功能是表“领悟”，其本质是陈述与感叹，而“嗦”字句中最接近疑问用法的“求证”不但数量非常少，仅占全部语料的7%，而且疑惑的程度也很低。疑问用法既不充分，何来反问用法呢？

正确的处理办法是把“反问”和“语用否定”区分开来。“反问”来自疑问形式，是用疑问形式表达语用否定，但是语用否定并不一定使用疑问形式，还可以从意外标记直接获得语用否定功能。因此，“嗦”并非真正的疑问语气词，也就不是反问标记，“嗦”是意外标记，其语用否定功能来自后者而不是疑问。

3. “哇”从中性询问到倾向性询问

张一舟、张清源、邓英树（2001）较为详细与系统地描述了“哇”的各种功能，首先把它归入“疑问语气词”，认为它类似于普通话中的“吗”；另外，它常用于是非形式的反问句，表责备、反诘；有时还表示征询意见（实际上是提出建议），含有较多委婉的祈使语气；它还可以用于选择问的前支之末。

因为早期研究采取的是卡片法和内省法，并且一开始就将“哇”看作具有“吗”的功能，所以基本上是根据“吗”的用法去调查“哇”。而杜克华、陈振宇、陈振宁（2017）根据语料库语料的统计，发现“哇”和“吗”的用法差别很大。

先来看看中性询问和揣测问的区别。“哇”的确有中性的极性问用法，但并不是成都话唯一的中性询问形式；揣测问则几乎必须用“哇”。下面是一个语感调查所用的测试表（见表1）。

表1 成都话“哇字句”测试表（引自杜克华、陈振宇、陈振宁，2017）

（背景故事一）张三到了一个地方，他不知道好友李四是否来了，于是问另一位人物小王：	
A. 李四来了没有？（ ）	B. 李四来没来喔？（ ）
C. 李四来了哇？（ ）	D. 李四来了嗦？（ ）
（背景故事二）张三听说李四有可能要到外地开会，于是问李四：	
A. 你是不是要去开会？（ ）	B. 你要去开会哇？（ ）
C. 你要去开会嗦？（ ）	D. 你要去开会嘛？（ ）

杜克华、陈振宇、陈振宁（2017）回收有效问卷48份，测试结果统计如表2所示。

表2 “哇字句”表疑问的测试结果（引自杜克华、陈振宇、陈振宁，2017）

	A	B	C	D
背景故事一	15	13	20	0
背景故事二	0	47	1	0

通过询问老人，发现老成都话中用“哇”表示中性询问更为普遍，但是最常见的中性询问还是句末否定词疑问句和正反问句：

（10）你明天来不来？——你明天还来哇？（“哇”字句有猜测你会来的意味）

吃饭了没有？——你吃了饭哇？（“哇”字句有猜测你已经吃了的意味）

下面的句子各自语感有差异，但绝不是所有或大多数人认为其是中性询问：

（11）“喂，晚上吃鱼哇？”我给吕娃发了一条短信，没想到刚发出去，手机收到了吕娃的短信，内容只有一个字……“鱼”。（《上》）

揣测问是“哇”的主要功能，如：

（12）啥子呢，你喊我哇！

对方把我盯了两眼，不敢确认地问我：“你……你是王微微他们哥哇？”（《声》）

见粉丝妹跑了过来，帮到搬桌子，棒棒娃开起了玩笑：粉丝

妹，你们爸是不是又去把你们妈柳倒，当超级耙耳朵去了哇？(《幸》)

洗脚妹大加恭维：师傅，你唱的啥子喔，好好耍喔！甘江斗越加兴奋：还好听哇，我们还是有点艺术细胞喔！(《幸》)

有时候真的说不得，刚骂完她，电话就响了，是个陌生电话。“喂，帅哥×哇？猜猜我是谁啊？”标准的川普在我耳朵旁边响起，一听声音就晓得是她。(《上》)

王宝器：这样子不多于好喔，有点像啥子婚托哇！张大姐：咳，管它啥子婚托不婚托，你就把它当工作！哎，见一次面，一包烟钱加一顿饭钱，一共20元，干不干！(《幸》)

王宝器：凤姐、江斗，我，我简直，我简直有苦倒不出来啊！甘江斗：我帮你说嘛，英雄无用武之地嘛！想说这一句哇。(《幸》)

很多揣测内容实际上就是说话者已经肯定的信息，几乎没有什么疑问的意味，也不需要对方回答，如例（12）中最后两例。

另外，表疑问的“哇”字句可以在谓语前自由地加上“是不（是）”形式，这可能是因为“是不（是）”已经词汇化，表示揣测语气了，例如：

（13）是不是你喜欢他哇？

你是不喜欢这件衣服哇？

揣测问进一步发展，可以发展出表示打招呼、邀请、威胁等语用功能，如：

（14）三娃捂着鼻子穿过油汪汪的猪肉铺子，上了楼来便看见了很多人，很多打麻将的人。尽是些爆烟子老头和无所事事的姆姆们。“耍哇？”一姆姆边搓麻将边头都不抬地

问三娃。(《有》) ——打招呼/邀请

店老板：嘿，你还嘴嚼呢！工钱，火钳喔！耙哥：不给哇！老子去劳动局和消费者协会告你！(《幸》) ——威胁

你 MDP，出来就遇到这种瘟神，想搅黄老子的好事情哇？(《声》) ——威胁

为什么北京话“吗”在不表示中性询问后，倾向于表达反问（否定性疑问，也即语用否定功能），而成都话“哇”则是倾向于表达求证的揣测问（肯定性疑问，也即 XP 有可能为真）？

4. 强意外和弱意外

陈振宇、杜克华（2015）提出了“意外三角”理论。见图 3。

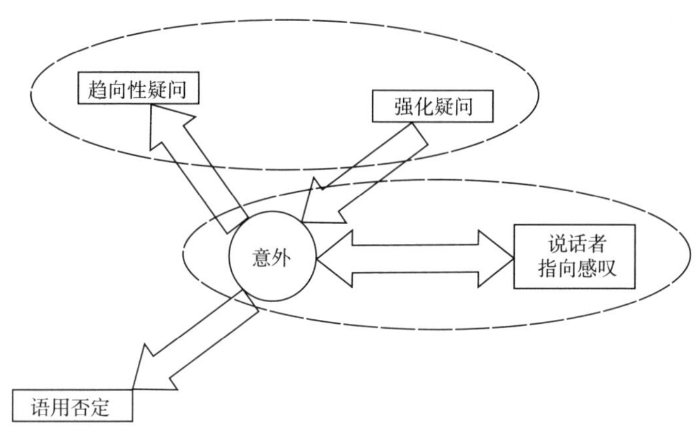

图 3　意外三角关系

其中有两条关于意外的语用原则：

感叹 +［特征］强意外→［主］语用否定 +［次］趋向性疑问

感叹 +［特征］弱意外→［主］趋向性疑问 +［次］语用否定

强意外主要会导致产生语用否定功能，其次则是揣测问（原文称为

“趋向性疑问”），当前者凸显时，常被当成所谓“反问”功能，而在特殊情况下，揣测问会凸显出来。

弱意外指对命题有基本的肯定态度，只是它稍微有些出人意料，所以需要对方予以证实（confirmation），因此主要会导致揣测问；揣测问并非中性询问，而且同时有一定的语用否定功能（感到非常规或不合理），使人多少发出一些感叹。

成都话“嗦”是强意外，“哇”是弱意外：

（15）你豁$_{骗}$我嗦?!

你（是不是）豁$_{骗}$我哇?!

两句都有领悟新信息的功能，但是语气强弱不同。

“嗦”字句的强烈意外导致了说话者的负面情绪，因为他认为“你不应该骗我”，所以他说这话就具有谴责对方的意味。这是以“语用否定”功能为主。

“哇”字句中，对自己的猜测“你是在骗我”不敢完全认同，需要对方证实。这是“疑惑”，即以揣测问为主。

不过，语气词在使用中会出现所谓“中和”的现象，即双方都向对方的功能转化：“嗦”字句也有疑惑功能，但是疑惑功能不是主要的，语用否定才是主要的；如果说话人的疑惑真的比较重的话，在成都话中应该用“哇”字句而非“嗦”字句，甚至还可以再加一个“是不（是）”，这也是表示疑惑的，已经规约化为一个表示揣测的副词，可以说成“是不”。同理，“哇”字句也经常有语用否定功能，有谴责意味，但这也是比较弱的，意为“我还不敢相信你真的在骗我”。

强弱意外的差异，导致两个语气词会有同样的功能，都可以表达疑惑，都可以表达否定，但是各自的倾向性存在巨大的差异，反映在语料的数据上有很大差异。语料的统计如表 3 所示。

表3 成都话“哇、嗦”和北京话“吗”的资料

单位：个；%

	以语用否定为主的例句	以揣测问为主的例句
“哇”字句	54/43.9	69/56.1
“嗦”字句	85/89.5	10/10.5
“哇/嗦”平均	69.5/66.7	39.5/33.3
“吗”字句	71/80.7	17/19.3

总体来讲，意外导致的语用否定（反问）是主流，比揣测问更为强势。所以“哇”字句的揣测用法仅比否定用法多一点，而“嗦”字句和“吗”字句则是压倒性地表达语用否定。

“嗦”的语用否定功能，体现在它主要是表示“不合理”意义：

（16）老子们晓得遭烧_{被骗}了，谢婷婷在则旁边吼：“老板儿，你咋个数的哦，我们不可能吃了那么多，你不要乱整_弄哦，烧_骗我们嗦，都是老买主得嘛！”（《声》）

凤姐走回家里客厅。棒棒娃：妈，你刚才又在外头点_惹了他嗦，他回来又鬼火冒，还闹到要出去找门道！

“嗦”一般不与其他疑问语气词、疑问副词共享，这些都证明“嗦”的本质是非疑问的。“嗦”字句经常与消极情感词共现，如与“硬是、你以为、等于”等评价性的成分共现，而且主要表达消极的情绪。例如：

（17）你以为我昨天出去耍了嗦？

你明天硬是要就走了嗦？

你硬是不吃了嗦？

语用否定的“嗦”字句不能加上“原来$_2$”，但几乎都可以自由加上表惊讶责备的“乍个_{怎么}”。因为“原来$_2$”凸显“悟”的意义，而评价句则主要凸显“责备”的意义，如：

（18） ＊原来发票不晓得骚$_{胡乱}$写嗦！

发票乍个$_{怎么}$不晓得骚$_{胡乱}$写嗦！乍个$_{怎么}$发票不晓得骚$_{胡乱}$写嗦！

＊你原来硬是不听话嗦！

你乍个$_{怎么}$硬是不听话嗦！　乍个$_{怎么}$你硬是不听话嗦！

当“乍个”句后面接语气词时，主要是用“嗦/喃/哦”等，但是也有极少数用“哇”的。

（19） 三娃摸着敲痛的脑壳，不甘心的又说：“你就晓得说我，你呢？一说起刘寡妇咋个就闷起不开腔了哇？”（《有》）

“嗦”字句经常与“等于”共现。

（20） 说啥子音乐又不能放大声了，桌子板凳不要摆到门口了，还给老子说啥子看到操外地口音，样子像是来开会的代表如果到我们铺子了，要文明接待，要打折等等。我心头想，还要不要给他们安排点额外节目嘛，说这么多捞球（粗话）哦，等于参加论坛的代表就不是人了嗦。（《声》）

“这个样子嘛，既然是你女朋友，当到我面舌吻一下，没得问题噻，我当见证人嘛。”“嘿！凭啥子亲给你看喃？等于你喊亲就亲嗦！”（《上》）

我又不得柳到你费$_{缠着你不放手}$，等于你还怕我古到$_{一定}$要找你和好把这个事情捅出来唆？（《上》）

说话者的观点是“参加论坛的代表也是人”，“不是你喊亲就亲（所以我们现在不亲）”等，这与句中的表述正好相反。

我们来看看“他反预期触发语”“等于”。“等于”本是一个判断动词，意同于“是”，它与动词性短语“等于说”功能一样（这二者谁从谁来尚不清楚）。在成都话中，它们处于句首位置（前面可以有主题、时间等少数成分）时，会发生进一步的语法化和词汇化，形成“等于（说）×”结构，表示说话者突然发现×的内容是听话者的认识或预期；与此同时，表示说话者对这一推测感到意外，并且认为听话者的认识或预期绝对是错误的，不会成真。如：

（21）我 RNM［粗话“日你妈”］，等于不买不行了，东西太烫了，那个铺子他有股份嗦？（《声》）
成都话是最正宗的四川话噻！等于（说）这个还有疑问？（网络语料）
给她打电话要去她那，直接给老子说她耍朋友了，上次又说屋头有人，日［粗话］，等于你喊过来就过来？老子偏不理你。直接删除短信。（《上》）

徐炽喜（2008）对普通话中表示等同、因果、条件、假设及其他相关逻辑语义范畴的“等于说”做了描写。成都话中也有相同用法，不再详述。令人惊奇的是，徐文倒是提到了普通话中极少数“具有明显的主观性”的例子，如：

（22）她正色道：“想想看，你是一个会唱歌又会跳舞的木乃伊。”“你说得我也恐怖起来了。”他耸耸肩膀，“你等于说我是个行尸走肉，你骂人的本领真高。”（徐炽喜，2008 例）

当“等于”句后面接语气词时，主要是用“嗦”，但是也有极少数用“哇”的，其中有的例句有揣测意味，如下面第二句：

（23）啥子呢？八九十万，你疯了嗦，老瓜娃子，买那么贵的捞球干什么哦，等于八九十万的就不是四个滚滚儿一个壳壳了哇？

你钱用不完了嗦，拿来我帮你烧噻。(《声》)

粉嫩胖头陀又把杯子举起来要敬我，我说："咋子做什么哦？老子我这儿都连到接连扯喝了三杯了，等于你们看老子摆故事摆得口干了哇，紧到一直催促喊老子喝，来哦，一起整！"(《声》)

这正反映了前面说的"中和而倾向不同"的语用原理。

"等于……嗦"除了表示强烈的意外，也表示一般的意外，这时就是揣测问的功能：

(24) 过了你妈半个小时，何胖娃才按起来，一副没有睡醒的样子，妈哟，等于这个批［粗话］娃娃给我两个一样，都是中午才起床的嗦？(《声》)

吃饭的时候，我问李晶磊，我说："李老师，你不是说换车就可以换命格得嘛，等于你给我换的命格就是打架割孽吵架的命格嗦？"(《声》)

我们再来看看韵律问题。

赵明节、杜克华（2017）说，"哇"有两个读音：一般表疑问时，读阴平［wa^{55}］；在祈使与陈述用法中，又可读为阳平［wa^{21}］。二者有时是自由变体，仅有语气强弱的差异，有时则又似乎只能读阳平。

(25) 亲爱的，我决定亲自陪你去一趟，就是脚板跑大，眼睛挑花，也要给你买倒巴适的！哎，粑哥，宝器，一起去哇！(《幸》)——阴平/阳平

徐烂问我晚上咋子，我说没得安排，他说那好，反正怕余震，回去也睡不稳当，约几个人出来到九眼桥酒吧头躲地震去，我说对哇，正好我也去九眼桥上一炷香。(《声》)——阳平

事后，三娃在小凤住过的房间里发现了一件崭新的浅色条纹

T恤，他晓得那是小凤买给他的。因为那个尺码就像是专门给三娃定做的一般，三娃叹了一口气：还是小凤眼睛毒哇，好久都没穿过这么合身的衣服了。(《有》) ——阳平

晚上回来，我婆凶神恶煞地要膨过来打我，我“嗖!”就钻到对门坡上去了。我婆在下面哭起哭起地骂：“死娃娃嘞死娃娃嘞～我刚刚赶场买了付新蚊帐嚓～是还没下水就遭你绞了咚大个洞哇～!”(《声》) ——阳平

“哇”还有祈使用法，“哇”是非问有时与猜想、询问没有任何关系，而是用于祈使。在祈使句中，“哇”有两个读音：读为阴平［wa^{55}］时，“哇”字句有征询意见、委婉地提出建议的意味。如：

(26) 走累了，歇哈哇?

咳得这么凶，吃点药哇?

但当读为阳平［wa^{21}］时，“哇”已进一步虚化为纯粹表祈使语气的专用形式了，没有礼貌性了。如：

(27) 走哇! 还挨$_{\text{磨蹭}}$什么?

说哇，他后头咋个跟你说的?

阴平“哇”字句的韵律模式也有强、弱两种，随句子语义内容而变。在中性语境中，“哇”字句读得较轻，语气较弱，以表示询问为主；当句中有特定语用倾向的成分时，“哇”字句常重读，与询问无关，而是表示说话者的主观评价与感情，如负面感叹、中性感叹、否定评价等，语句通过推理得到否定意义，或者是对命题真假的否定，或者是对事件合理性的否定，以表达不服气、不满、埋怨、谴责、嘲讽等情绪。如：

（28）你的眼睛未必不好哇？那么大的字也看不清楚。

现在看来，那二年的妹儿也没得几个吃素的，你以为你把人家豁$_{\text{骗}}$到了哇？

赵明节、杜克华（2017）说，成都话语气词大多读阴平或阳平；大致来讲，表达疑问功能倾向于用阴平调，而表达非疑问倾向于用阳平调，虽然也有例外。“哇”的两种韵律模式正是其功能在疑问和非疑问中分布的反映，而“嗦”［so^{21}］读阳平，表明“嗦”的基本功能是非疑问。

最后，看看“吗”的用法，也有揣测问和语用否定用法，但以后者为主。

（29）揣测问：（惊讶）她老人家还健在吗？打我上小学的时候我就记得她是个老太太……

（30）语用否定：

（自语）我学……我学得会吗我？！

（惊讶拒绝）这还用介绍吗？

（劝阻）去街道工作……您受得了吗？

（没料到）就是你高中那亲密战友？不是去美国了吗？

5. 特殊的修辞性用法——假性求证

语气词在表示感叹时往往“殊途同归”。“哇”和“嗦”都发展出发达的感叹功能，表示语用否定。它们共同具有的一个常见用法是“假性求证”，此时二者不再具有差异。

杜克华、陈振宇（2015）说，“假性求证”即说话人心中已有相当肯定的答案，其实不需要证实；说是问倒不如说是一种言语技巧，故意虚构一个“不可能为真”的情况，然后向对方求证，目的是试图对对方产生影响，或引对方接话。这种“不可能为真”的情况，是一种带有强烈情感情绪的“荒唐”的情况，也是对某方（可以是听话者）的强烈的褒贬（以消极情感为主），但往往又不是真的褒贬，而是调侃，即通过褒贬进行的戏耍性言语行为。

“嗦”的此类例子很多：

（31）“哪个李威佟啊？我 Ri 哦，这么多美女你不关心，你关心他咋子干什么？啥子意思哦，建哥取向倒拐转弯了嗦？”李晶磊笑起笑起（笑着）问我。（《声》）——调侃对方是同性恋，其实都知道建哥不是同性恋。

“回来给你说哈，我就给你说一下，这个是我成都号码，哈哈，拜拜……”“等到，你头像上那个男的是咋回事？又有人捷足先登了嗦？你这个样子要不得哈，给他说一下，要尊重公共秩序，要跟你耍必须先等我跟你耍分了才得行。”（《上》）——调侃对方又和男人发生了关系，其实都知道她不可能这样。

哎哎哎，那个妹儿，立到那儿当电线杆嗦！几下站过来。（《有》）——调侃对方是电线杆，其实人不可能是电线杆，这里是讽刺和责备对方。

“哇”的例子也有很多。

（32）也怪，当时也没想那么多，把靠背给她一放，她还真的配合，我还没动，直接把脚抬到我脑壳边上，老子心头在想，你是在采阳补阴哇？（《声》）——调侃对方的挑逗行为，实际上并不存在什么采阳补阴。

当富太太还烦？你可能一天到黑烦到起乍个把钱用得完哇？（《有》）——调侃对方的烦恼是钱太多，实际上对方根本不是这个意思。

装嘛装，果果嘛，回来了嗦？现在才联系我？想起我了嗦？你可以哦，你过得是外星日历哇？说的一个星期，这都20多天了，我每天都看到日历在倒计时哦，我还以为你坠机搞了个机毁人亡，结果每天看网上又没得坠机的消息的嘛。（《声》）——调侃对方的一个星期很长，实际上没有人会过外星日历。

“啥子意思，你要给我的福美来加翅膀儿哇？”老子逗他。（《声》）——调侃对方要给车加翅膀，实际上这是不可能的。

你个老瓜娃子，凉山州里头也地震了哇？那么早就给老子打电话!？（《声》）——调侃对方遇上了地震，所以一早起来打电话，实际上根本没有地震。

6. 结语

本文在已有研究的基础上，对成都话中的两个语气词“哇”和“嗦”的功能和表现进行了全面的总结，并将它们与北京话的语气词“吗”做了对比分析。虽然“哇”和“嗦”加在一起，大致与“吗”相当，三个语气词功能上也有不少中和的区域，但是它们各自的功能存在较大的差异。其中，“嗦”和“吗”较多地趋向于表达语用否定功能，只不过“吗”的语用否定来自原来的中性问向反问的负迁移，而“嗦”的语用否定直接来自“意外”范畴；“哇”虽也有不少语用否定的功能，但更多的是表达揣测问（求证）。

以往的汉语语法研究，过多地强调研究者的自省，强调功能边界的确定，强调最小对比对，但是一些与主观性有关的语法范畴并不符合这样的“机械”的语法分布观念。它们具有模糊性、趋向性和中和性，汉语语气词就是这样一个系统，实际上并不能找到一个硬性规定的边界把它们区分开来，而是以一种概率性的趋势分布，需要用定量的方法来详细地描写这种概率分布，从而把它们的异同两个方面都较为清晰地呈现出来。

长期以来，我们都试图发展这样的概率分析手段，对汉语方言的语气词做一系列尝试，本文是对这一方面成果的最新总结汇报。

参考文献

陈振宁、陈振宇：《基于语义地图的北京话和成都话意外类语气词类型比较》，《常熟理工学院学报》2020 年第 6 期。

陈振宇、杜克华：《意外范畴：关于感叹、疑问、否定之间的语用迁移的研究》，《当代修辞学》2015 年第 5 期。

陈振宇、马宝玲、薛时蓉：《从汉语角度看极性问的类型学性质——真性极性问形式与疑问语气成分的区别》，（台湾地区）《清华中文学报》2015 年第 14 期。

杜克华、陈振宇：《成都话句末语气词“嗦”——“领悟”范畴及其功能》，复旦大学汉语言文字学科语言研究集刊编委会主编《语言研究集刊》（第十五辑），上海辞书出版社，2015。

杜克华、陈振宇、陈振宁：《成都话“哇”字句语用功能的形成》，复旦大学汉语言文字学科语言研究集刊编委会主编《语言研究集刊》（第十七辑），上海辞书出版社，2017。

黄国营：《“吗”字句用法初探》，《语言研究》1986 年第 2 期。

徐炽喜：《浅析“等于说”》，《现代语文》2008 年第 5 期。

袁毓林：《论“连……都/也”的主观化表达功能——兼析几种相关的“反预期”和“解－反预期”格式》，（日）《中国语学》2006 年第 253 期。

张谊生：《现代汉语虚词》，华东师范大学出版社，2000。

张一舟、张清源、邓英树：《成都方言语法研究》，巴蜀书社，2001。

赵明节、杜克华：《成都话的疑问句》，陶寰、陈振宇、盛益民主编《汉语方言疑问范畴研究》，中西书局，2017。

WA and SUO in Chengdu Dialect

Chen Zhenyu Chen Zhenning Du Kehua

Abstract: This paper compares the modal particles WA and SUO in Chengdu dialect with the modal particle MA in Beijing dialect, and believes that the former two together assume the function of MA. But SUO is closer to MA, mainly expressing pragmatic negation, and also some examples of speculation questions; and WA mainly means speculation and also means pragmatic negation. WA comes from the neutral question marker in history. After losing the function of neutral question, WA and MA develop in different directions. The basic reason is that WA is a weak mirativity marker, while MA is a strong mirativity marker. SUO is a sign directly developing from eureka marker to mirativity marker.

Keywords: " WA", "SUO", mirativity, pragmatic negation, speculation

赣语莲花方言中的疑问语气词*

陈双双

（复旦大学现代语言学研究院）

提　要　本文讨论了赣语莲花方言中的四个疑问语气词"么"[mo^{44}]、"嘛"[mã^{44}]、"嚯"[xo^{21}]、"嗽"[xã^{44}]，它们相当于普通话中用于是非问句末的"吗"。虽然它们都能表示疑问语气，但在预期和功能方面有所不同。"么"是唯一没有预期意义的中性疑问语气词，构成中性问句。"嘛""嚯""嗽"都具有主观性，表示发问人的预期意义，其中，"嘛"表示反预期；"嚯"表示正预期；"嗽"既可表示正预期，也可表示反预期，构成引导性问句。在表疑惑时，"VP + 么"问句属于"求知性"，"VP + 嘛"和"VP + 嗽"问句属于"倾否性"，"VP + 嚯"则属于"求证性"。

关键词　莲花方言　是非问　疑问语气词　预期功能

1. 引言

莲花县隶属于江西省萍乡市，位于江西省西部湘赣边界。据《中国语言地图集（第2版）》(2012)，莲花方言属于赣语吉茶片。本县方言内部分为砻西和上西两片，本文的莲花方言指的是以琴亭镇所说语言为主的砻西话，是

* 本项研究得到"上海市浦江人才计划"（22PJC016）资助；本文初稿曾在"第八届方言语法博学论坛"（广州，2022.8）上宣读，邓思颖、林华勇、盛益民、胡小娟等老师提出了宝贵建议，在此一并深致谢忱。文中错误概由本人负责。

笔者的母语，文中莲花方言的语料均出自笔者自省并向其他母语者确认。

莲花方言的句末疑问语气词主要分为以下三类。

第一，用于是非问句的“么”（吗）、“嘛”（吗）、“吧”：

（1）你晓得么？（你知道吗？）

（2）你□［iau^{33}］得嘛？（你不知道吗？）

（3）你吃面吧？（你吃面吧？）

第二，选择问句/正反问句①/删节问：“嘞”（呢）、“啦”：

（4）你去不去嘞/啦？（你去不去呢/啦？）

（5）你今暝去还是明暝去嘞/啦？（你今天去还是明天去呢/啦？）

第三，非典型疑问语气词：“嚁”（是吗/吧）、“嗷”（行/可以吗/吧）②：

（6）他吃哩饭嚁？（他吃了饭，是吗/是吧？）

（7）早发哩回来嗷？（早点儿回来，行吗/可以吧？）

本文主要考察莲花方言中用于是非问句末，相当于普通话“吗”的疑问语气词。现代汉语是非问可以分为语气词是非问以及语调是非问，“吗”字是非问是语气词是非问的主要形式，表达的是发问人确有所疑，因未知而

① 在莲花方言中，否定词“恁”（没）也可出现在正反问句，例如：你吃里饭恁？（你吃了饭没？）但目前学界并未将否定词视为疑问语气词，因此本文并未包括在内。

② “嚁”和“嗷”不是典型的语气词，有些像叹词。其中，“嚁”与广州话“嗬”用法相似，“嗷”则与广州话“嗄”表“告知、商量、吩咐、威胁等口吻，要求对话方做出回应”这一部分用法相似（详见麦耘，2005）。此外，江西广丰方言（胡松柏，2007）、丰城方言（曾莉莉、刘英，2015）和临川方言（梅淑娥，2008）在是非问句尾使用“嗬”表征询和推测。在江西安福话县城关平都镇方言中也使用“嚁”和“嗷”两个语气词，用法与莲花方言类似（邱斌，2017）。

问，并期待得到对方的回答（参看邵敬敏，2012）。彭小川（2006）认为“吗”字是非问应分为两类：一类为中性“吗$_1$”问句，是发问人的一般询问，对答案没有倾向性；一类是表示诧异或反问的“吗$_2$”问句，表达的是发问人对于命题的怀疑或否定，对答案有明显的倾向性。在不少方言中，跟普通话“吗$_1$”“吗$_2$”相对应的是完全不同的疑问语气词，莲花方言中与“吗$_1$”“吗$_2$”相对应的分别为“么”和“嘛”。此外，“嚯”和“啾”则分别对应是非问构成的附加问，相当于“是吗？”“行/可以吗？”。

莲花方言中用于是非问句的四个疑问语气词：“么（吗$_1$）”［mo^{44}］、“嘛（吗$_2$）”［mã^{44}］、“嚯（是吗）”［xo^{21}］和“啾（行/可以吗）”［xã^{44}］在日常问句中使用频率较高，但目前还未有论著进行专项研究。鉴于此，本文在共时描写这四个疑问语气词的基础上，对比它们与普通话疑问语气词“吗”在句法特征、语义特征和功能上的异同，重点讨论它们在表疑问时的不同预期意义。为了表述方便，本文把语气词是非问记为 VP + M，其中 VP 表示问句的谓语部分，M 表示句末疑问语气词。

2. 疑问语气词“么”（吗$_1$）

在普通话的“吗”字是非问中，VP 既可以是肯定形式，也可以是否定形式。在莲花方言中，疑问语气词“么（吗$_1$）”［mo^{44}］一般用于 VP 为肯定形式的是非问句，即中性是非问的句末，在语义上无倾向性，主要用于询问，目的在于求答。例如：

（8）你看到哩么？（你看到了吗$_1$？）

（9）你去过北京么？（你去过北京吗$_1$？）

从发问的客观性来看，“VP + 么”与普通话的正反问句“VP（了）没有”类似，即“提问的人事先对答案没有什么倾向性”（参看刘月华等，2001）。在语义表达上，莲花方言中的“VP + 么”正是这样一种没有主观性预期的疑问句。在独立使用时，“VP + 么”传达的是发问人真实的客观疑问，希望听话人在肯定与否定中选择。

在句法上，“VP + 么”也有正反问的特点，具体表现为以下几点。

第一，可做句内成分，总体充当宾语从句。例如：

(10) 我□［iau^{33}］得渠去过北京么。(我不知道他去过北京没。)

(11) 渠问我明暝出去歇么。(他问我明天出去玩不。)

“VP + 么”以宾语从句的形式跟在“不知道”“问”等谓词性短语后，其中“么”属于句内短语层面，相当于一个否定词。普通话中能进入这一格式的只能是正反问形式“VP 没有”，而不是是非问句“VP 吗”，这表示“VP + 么”问句与“VP – neg”正反问句类似。

第二，在正反问句中，肯定部分的 VP 一般不能用“没/不”修饰，这一点与是非问“VP 吗”不同。例如：

(12) a. *你没/不回来没有？

b. 你没/不回来吗？

莲花方言“VP + 么”问句的 VP 必须是肯定形式，不可出现否定词。如果 VP 是否定形式，则句末必须使用疑问词“嘛”。例如：

(13) a. *你恁/不吃饭么？(你没/不吃饭$吗_1$？)

b. 你恁/不吃饭嘛？(你没/不吃饭$吗_2$？)

第三，回答方式。一般来说，是非问句是针对整个命题的疑问，回答时需对整个命题做出肯定或否定的回答，一般用“是、对、嗯”“不、没有”等，或用相应的身体语言回答；正反问句的疑点在于正反结构，回答时需选择“正”或“反”的形式（黄伯荣、廖序东，2007）。“VP + 么”在回答方式上是选择“正”或“反”的形式作答，而不是采用是非问句的回答方式。例如：

(14) 你回来哩么？（你回来了吗$_1$？）——回来哩。丨恁回。回来了。丨没回。

在汪国胜、李曌（2019）的研究中，莲花方言中“VP＋么”这种形式上与是非问句相似，性质上却表现出正反问句特点的句子被称为“是非型正反问句”。这种类型的问句呈片状分布在官话方言如东北官话和中原官话，以及非官话方言如吴语、湘语和赣语等方言中。他们认为，这一类型的问句正处于由正反问句向是非问句发展的过渡阶段，在有的方言中发展较为缓慢，因此仍具有正反问句的性质。

“VP＋么”除了以上特点，还可以与能愿动词如“能”“愿意”等搭配用在祈使疑问句中，表达非常有礼貌地请求别人做某事或者实施某事，语气较委婉。例如：

(15) 你可以过来一下么？（你可以过来一下吗$_1$？）

(16) 你愿意跟我一起去么？（你愿意跟我一起去吗$_1$？）

与中性是非问不同的是，在以上问句中，发问人并不确定听话人的回答，但期待得到肯定的答案。这种情况下，句末只能用“么”，而不用“嘛”。

3. 疑问语气词“嘛”（吗$_2$）

在莲花方言中，疑问语气词“嘛（吗$_2$）”［mã^{44}］用于是非问句末时，VP既可以为肯定形式，也可以为否定形式，在语义上有明显的倾向性，目的也在于求答。“VP＋嘛”表示发问人对命题真实性的怀疑与否定，即表达了发问人的否定性预期，语调与“VP + 么”问句相比有明显上升。例如：

（17）你看到哩嘛？（你看到了吗$_2$?）

（18）你□［iau^{33}］得嘛？（你不知道吗$_2$?）

如果命题是肯定性的，“VP + 嘛”表达的是发问人对命题真实性的怀疑，如例（17）表达的是发问人对“你看到这件事”的怀疑，句子的意思含有发问人的否定倾向“我觉得你没看到”。如果命题是否定性的，则整个句子具有肯定的意思。如例（18）表达的是发问人对“你不知道”命题真实性的怀疑，即发问人倾向于认为“你应该知道”。这种否定性预期还可以通过在句子后增加矛盾性话语来测试①，例如：

（19）a. 你昨日夜里在屋里嘛？恁看到亮灯嘞。（你昨晚在家里吗^2？没看到亮灯呢。）（否定性预期）

b. ＊你昨日夜里在屋里嘛？看到亮灯嘞。（你昨晚在家里吗^1？看到亮灯呢。）（肯定性预期）

例（19a）发问人根据屋里没亮灯，得出听话人昨晚没在家的否定性预期，这种预期通过“嘛”来表达；问句后如果是“屋里亮灯”的肯定性预期，与发问人表达的否定性预期相冲突，如例（19b），因此不能成立。

“VP + 嘛”所表达的否定性预期是主观性的表现，这可以从句子形式上加以测试。第一，“VP + 嘛”不能像“VP + 么”一样充当“不晓得”“看”“问”等谓词的小句宾语。例如：

（20）＊我□［iau^{33}］得渠去过北京嘛。（＊我不知道他去过北京吗。）

① 感谢匿名审稿人建议使用增加矛盾性话语的方式来测试“嘛”的否定性预期。

（21）＊渠问我明暝出去歇嘛。（＊他问我明天出去玩吗。）

第二，由于“VP＋嘛”是对命题的否定，因此可以构成反诘问句。反诘问句是无疑而问，带有否定性意义。虽然采用问句的形式，但发问人心中已经有了明确的看法，答案就在问句之中，此时并不需要听话人的回应。无论 VP 是肯定形式还是否定形式，句末都使用“嘛”。例如：

（22）我们是小气个人嘛？（我们是小气的人$吗_2$？）

（23）你哪里□［iau^{33}］得嘛？（你难道不知道$吗_2$？）

与普通话“吗”字是非问不同的是，莲花方言的“VP＋嘛”问句中，当 VP 为肯定形式时，即使没有加上“难道”等反诘语气副词，也可以单独理解为反问句。这一用法是“么”这个语气词所不具备的，这说明“VP＋么”问句不存在反问的语义基础，即使加上反诘语气副词，问句也无法成立。

此外，跟“VP＋么”问句相比，“VP＋嘛”更具备是非问句的特点，这可以用回答方式加以验证，在回答“VP＋嘛”问句时一般用“是、对、嗯”“不、没有”等表示肯定或否定。例如：

（24）你看到哩嘛？（你看到了$吗_2$？）——嗯。｜恁。嗯。｜没。

（25）你□［iau^{33}］得嘛？（你不知道$吗_2$？）——嗯，对。｜晓得。嗯，对。｜知道。

4. 疑问语气词“嚯（是吗）”

在莲花方言中，“嚯”［xo^{21}］一般用在陈述句后表示确认信息式的询问，相当于“是吗？”，主要用于求证。发问人在提问之前已经对答案的肯定性有明确倾向性，即表达的是发问人的肯定性预期，只是发问人不能完全确定，要求听话人予以证实。例如：

（26）渠吃哩饭嚯？（他吃了饭，是吗？）

（27）你明年上大学嚯？（你明年上大学，是吗？）

试比较：

（28）a. 渠吃哩饭么？（他吃了饭吗？）

b. 渠吃哩饭嚯？（他吃了饭，是吗？）

在例（28a）中，发问人不知道他是否吃过饭，表达的是客观疑问，无主观倾向，希望从听话人那里获得肯定或否定的答案（求疑）。在例（28b）中，发问人可能听说或推测他吃过饭，主观上认为命题成立，提问只是为了向听话人确认（求证）。这一点也可以从形式上加以验证，首先，“VP + 嚯”问句中可以添加“应该”“大概”“也许”等表示肯定性猜测的词语，而在“VP + 么”和“VP + 嘛”字句中不会出现这些副词。其次，“VP + 嚯”中的 VP 与“VP + 么”问句一样不能添加否定词“没/不”，即问句命题部分必须是肯定性的。如果命题部分为否定性的，句末疑问词则应为“嘛”或“嗷”。例如：

（29）a. *渠恁（/不）吃饭嚯？[他没（/不）吃饭嚯？]

b. 渠恁（/不）吃饭嘛（/嗷）？［他没/不吃饭吗？他没/不吃饭，是吗？］

另外，从语调上看，“VP + 嚯”问句一般读降调，这也是其疑问程度低、有主观倾向的形式表现。

与“么”和“嘛”两个语气词不同的是，“嚯”用于是非问句末时，跟它前面的陈述句之间可以有停顿，而且停顿与否对句子的意思基本没有影响。例如：

（30）外面在落雪，嚯？（外面在下雪，是吗？）

（31）你明暝回来，嚯？（你明天回来，是吗？）

在以上用法中，“嚯”之后还可直接出现称呼语，表达所问事件需要称呼人的确认或回应。例如：

（32）外面在落雪，嚯姆妈？（外面在下雪，是吗，妈妈？）

莲花方言中“嚯”的以上用法与北京话中的语气词“哈”的一些语法功能和意义类似，即都可用在是非问句末，表示寻求听话人的证实或认同（贺阳，1994；尹世超，1999；崔希亮，2011）。

5. 疑问语气词“啵（行吗）”

莲花方言的“啵”［xã^{44}］在“VP＋啵”问句中主要表达以下三种语法意义。第一，VP为陈述句形式时，表示的是发问人对将要做的某件事或已经发生的某件事进行“征求意见式的询问”，带有一定的请求语气，相当于问“行吗”，发问人希望得到听话人肯定的回答，带有肯定性预期。例如：

（33）我拿哩你个伞啵？（我拿了你的伞，行吗？）

（34）我要吃粉啵？（我要吃粉，行吗？）

第二，VP为祈使句形式时，表达发问人对听话人做某事或不做某事的提醒，发问人希望得到听话人肯定的回应。此时只能用“啵”，而不能用“嚯”。例如：

（35）早伐哩回来嗷？（早点儿回来，行吗？）

（36）不要吃酒嗷？　（不要喝酒，行吗？）

第三，“嗷”和“嘛”一样，都可以用在是非问句末表达发问人对命题真实性的怀疑和否定，构成反诘问句，并且都可以加上“难道”等副词加强反问语气。不同的是，“嗷”对所问的内容是确定或已知的，表示的是发问人对此事的惊讶，可以不需要听话人的回应。而“嘛”对回答有否定性倾向，但对所问的内容是不确定或未知的，需要听话人的回应。例如：

（37）a. 他们还恁回来嗷？（他们还没回来吗？）——已知，惊讶。

b. 渠考到哩大学嗷？（他考上了大学吗？）——已知，惊讶。

（38）他们还恁回来嘛？（他们还没回来吗？）——未知，否定性倾向。

与此形成对比的是，“嚯”并不能构成反诘问句，否则句子不合语法，这说明“嚯”的疑问程度虽然较低，但比“嗷”要高。另外，与“嚯”不同的是，“嗷”用于是非问句末时，跟它前面的陈述句之间一般不可以有停顿，否则句子不成立①。

此外，“嗷”在莲花方言中有时还可用作叹词，表达说话人因为没听清或者难以置信而要求听话人重复或再次证实刚才说的话。例如：

（39）嗷？真个嘛？（哈？真的吗？）

6. 结语

本文讨论了莲花方言中用于是非问句末、相当于普通话“吗”的四个

① 感谢匿名审稿人的意见，区分“嗷”与“嚯”在停顿方面的不同。

疑问语气词“么（吗$_1$）”“嘛（吗$_2$）”“嚯（是吗）”“嗽（行/可以吗）”。现将四个疑问语气词在句法和语义上的异同罗列如下（见表1）。

表1　莲花方言四个疑问语气词句法和语义特征对比

语气词	句法特征			语义特征
	①做小句宾语	②否定形式	③构成反问句	预期意义
么	+	−	−	无倾向
嘛	−	+	+	+（反预期）
嚯	−	−	−	+（正预期）
嗽	−	+	+	+（正|反预期）

根据表1可总结四个疑问语气词的异同：“么”是唯一没有预期意义的客观的中性疑问语气词。“嘛”“嚯”“嗽”都具有主观性，表示发问人的预期意义，其中“嘛”表示反预期（否定性倾向），“嚯”表示正预期（肯定性倾向），“嗽”既可表示正预期，也可表示反预期。

汉语学界普遍认为，普通话中的语气词“吗”源于唐代“VP无”式正反问句中的否定词“无”（王力，1958；吴福祥，1997；钟兆华，1997；等等）。从语法演变的角度来看，莲花方言中的四个疑问语气词展现了“无”从否定词逐渐演变为纯疑问语气词的过程。

杨永龙（2003）认为“VP无”从正反问句到是非问句的演变过程经历了四个阶段：A. 典型的正反问句，让听话人在肯定和否定中加以选择，不包含说话人的态度和倾向性，疑问程度是全疑（中性问）；B. 发问人虽然对答案的肯定与否心存疑问，但对答案有一定的倾向性，疑问程度有所降低（有倾向性的有疑而问）；C. 发问人对答案已有所知，但不很确定，要求听话人证实，此时疑问程度更低，对答案的倾向性相当明显（测度问）；D. 发问人对答案的肯定与否倾向性十分明确，是无疑而问（反诘问）。从A到D的四个阶段，“VP无”格式的疑问程度逐渐降低，“无”逐渐从否定词演变为纯疑问语气词。在此过程中，发问人的主观倾向性不断增强，构成了一个语法化/主观化斜坡（cline）：A > B > C > D。

在莲花方言的语气词是非问句中，从主观性或预期的角度来看，“么”

“嘛”“嚯”“嗽”也大致可以构成这样一个序列[①]：么 > 嘛 >（嚯｜嗽：用于肯定式陈述句）>（嘛｜嗽：用于否定式反诘问）。序列左端的疑问语气词疑问程度高，主观性弱，无预期意义，属于中性问句；往右端的疑问语气词疑问程度逐渐降低、主观性不断增强，属于引导性问句。

这四个疑问词构成的是非问句在功能上也有所不同。现代汉语疑问句可以分解为三个功能：疑惑、提问和求答，其中疑问又可以进一步区分为“未知度”与“否定度”（邵敬敏，2012、2014）。基于这样的区分以及疑问句在信疑程度上的分工，本文将莲花方言中是非问句“VP + M”的不同功能列在表 2。如表 2 所示，表疑惑的功能又可以细化为三类（参看邵敬敏，2012），“VP + 么”是非问的疑惑未知度强，是真的不知道，属于“求知性”的；“VP + 嘛”和“VP + 嗽”是非问的疑惑未知度弱，否定度强，倾向于不可思议，属于“倾否性”的；“VP + 嚯”是非问的未知度和否定度都很弱，是在已知部分事实的前提下，不能完全确认，期待听话人证实，属于“求证性”的。

表 2　莲花方言是非问句“VP + M”功能对比

是非问句	疑惑		提问	求答	信疑程度
	未知度	否定度			
VP + 么	强	弱	强	强	疑 50%；信 50%
VP + 嘛	弱	强	弱	弱	99% ≥疑≥51%；1% ≤信≤49%
VP + 嚯	弱	弱	强	强	1% ≤疑≤49%；51% ≤信≤99%
VP + 嗽	弱	强	弱	弱	99% ≥疑≥51%；1% ≤信≤49%

莲花方言中相当于“吗”的四个疑问词及其构成的四种是非问句不同于普通话，也有别于其他方言中的是非问句，可以为汉语方言疑问范畴比较研究提供一定的材料。

① 根据高顺全、杨永龙（2021）的研究，商城话中相当于“吗”的四个疑问语气词也存在这样的斜坡：蛮/呗 > 嚗 > 㕦，但这四个语气词跟莲花方言中的四个语气词“么”“嘛”“嚯”“嗽”在句法、语义和功能方面都有所不同。

参考文献

崔希亮：《语气词“哈”的情态意义和功能》，《语言教学与研究》2011年第4期。

高顺全、杨永龙：《商城话疑问语气词的时体意义和预期意义》，《语言研究》2021年第1期。

贺阳：《北京话的语气词“哈”字》，《方言》1994年第1期。

麦耘：《广州话中几个同形的叹词和句末语助词》，《方言语法论丛》第六辑，中国社会科学出版社，2005。

黄伯荣、廖序东：《现代汉语》（增订四版，下册），高等教育出版社，2007。

胡松柏：《广丰方言语气词的构造、音读和功能》，《南昌大学学报》2007年第3期。

刘月华、潘文娱、故韡：《实用现代汉语语法》，商务印书馆，2001。

梅淑娥：《江西临川方言中的语气词》，《现代语文（语言研究版）》2008年第7期。

彭小川：《关于是非问句的几点思考》，《语言教学与研究》2006年第6期。

邱斌：《江西安福话的语气词“嚯”和“啾”》，《方言》2017年第2期。

邵敬敏：《是非问内部类型的比较以及“疑惑”的细化》，《世界汉语教学》2012年第3期。

邵敬敏：《现代汉语疑问句研究》（增订本），商务印书馆，2014。

汪国胜、李曌：《汉语方言的是非型正反问句》，《方言》2019年第1期。

王力：《汉语史稿》（上、中），中华书局，1958。

吴福祥：《从“VP－neg”式反复问句的分化谈语气词“麼”的产生》，《中国语文》1997年第1期。

杨永龙：《句尾语气词“吗”的语法化过程》，《语言科学》2003年第1期。

尹世超：《说语气词“哈”和“哈”字句》，《方言》1999年第2期。

曾莉莉、刘英：《丰城方言常用语气词研究》，《宜春学院学报》2015年第7期。

中国社会科学院语言研究所等：《中国语言地图集（第2版）》，商务印书馆，2012。

钟兆华：《论疑问语气词“吗”的形成与发展》，《语文研究》1997年第1期。

Model Particles in Lianhua (莲花), Gan Dialects

Chen Shuangshuang

Abstract: This paper studies the four model particles [mo^{44}] (么), [$mã^{44}$] (嘛), [xo^{21}] (嚯), [$xã^{44}$] (啾) in Lianhua (莲花) dialect, which correspond to the model particle *ma* (吗) in Mandarin. The four model particles can be used at the end of sentences to form Yes – No questions. Though they all express an interrogative mood, they differ in expectations and functions. [mo^{44}] (么) is the only objective model particle which has no expectations of positive or negative answers, constituting a polar question. Sentences with [$mã^{44}$] (嘛), [xo^{21}] (嚯) and [$xã^{44}$] (啾) all express subjectivity to varying degrees. Sentence with [$mã^{44}$] (嘛) expects a negative answer while sentence with[xo^{21}] (嚯) expects a negative one. Sentence with [$xã^{44}$] (啾) can either expect a positive answer or a negative one. The three model particles can form guiding questions. In terms of interrogative function, "VP + [mo^{44}] (么)" belongs to the type of "intellectual curiosity" (求知性), "VP + [$mã^{44}$] (嘛)" and "VP + [$xã^{44}$] (啾)" belong to the type of "preference to negations" (倾否性), and "VP + [xo^{21}] (嚯)" belongs to the type of "verifiability" (求证性).

Keywords: Lianhua dialect, Yes – No question, model particle, expectation function

武汉话的语气词“冇/mau，ma，mə/”*

——兼与北京话的“吗/ma/”比较

陈振宁

（江汉大学人文学院）

提　要　武汉话的否定词“冇”在句尾构成是非疑问句，除了单纯地问“存在”，还可以用于一般中性问、偏向问、反问、提醒，并具有多种语篇交互功能，成为和北京话的“吗”类似的语气词。“冇”的历时演化路径和“吗”相似，也有不同：“吗”经过长期演化，主观化为以反诘、提醒为主的语气词；“冇”则多用于中性问和偏向问。“吗”在北京话语气词系统中的主观化程度超过了来源于叹词的“啊”，但残留的中性问功能仍是“啊”所不具有的。“冇”在武汉话系统中主观化不如“啊”，用于偏向问的情况不如“吧”。

关键词　武汉话　“吗”　“冇”　语气　疑问

1. 引言

现代汉语语气词是从“的”“了”“呢”“吗”“吧”发展的（方梅，1994），其中“吗”是两个半疑问语气词中的一个（陆俭明，1984）。这里

* 本文得到湖北省教育厅哲社科研究一般项目“基于语义地图的武汉话语气词类型研究”（项目编号：20G038）的资助，并在中山大学主办的“第八届方言语法博学论坛”会议上报告，承大会各位专家和审稿人提出批评意见，谨致谢忱。

的“现代汉语”主要指现代汉语普通话。不过，因为现代北京话在普通话中有着很高的地位，普通话语气词和北京话语气词的研究基本上是相通的。

已有研究对普通话或北京话的句尾语气词“吗”有以下基本认识。

从句法角度来看，“吗”被视作典型的疑问语气词，因为在一个陈述形式后加“吗”就一定会在句类（sentences type）上构成“S＋吗”是非疑问句（胡明扬，1988）。

从功能角度来看，“疑问”功能是说者向听者寻求信息。最典型的疑问功能中，说者“有疑有问”（说者对某一信息完全不了解且寻求答案）。但是，实际语料中各种疑问句的疑问程度并不一致，吕叔湘（1947/2002：291，298）就指出还有“有疑不问”的测度句和“无疑故问”的反诘句。徐杰、张林林（1985）把疑问程度分成100%、80%、60%、40%这四个等级，将“S＋吗”是非疑问句放入80%疑问程度。邵敬敏（1996：12）也把疑问程度分成四级，认为“S＋吗”是非疑问句有着3/4的疑和1/4的信。也就是说，他们都认为“S＋吗”是非疑问句的基本功能是带偏向的疑问，可以视作“半疑而问”。黄国营（1986）则在研究“吗”字是非疑问句时，将疑问程度分为三类：真正疑问句、表示怀疑和猜测的疑问、无疑而问的反问，同时指出“吗”的反诘问功能从宋代开始大大增加，到清代占比就远超另外两类。

汉语方言中句尾语气词“吗”的分布比较普遍，且大多在句法结构上和北京话类似，即构成“S＋吗”是非疑问句。但是，已有研究并未提及武汉话有语气词“吗”（吴翩翩，2009）①。赵葵欣（2012：175）则在讨论武汉话疑问范畴时指出，武汉话的否定词“冇/mau³⁵/”可以用于句尾构成是非疑问句，其功能和普通话/北京话中的已然否定词“没”“没有”相当。

我们自建了400多分钟的由视频转写的方言语料库，收集到句尾为

① 这是到目前为止专门讨论武汉话语气词系统的唯一文献。文中没有列入“吗”，只列入了一个发音类似的“嘿/mə/”。这个“嘿”主要类似北京话的“嘛”，用于陈述句后表示告知，语调为降调（未标字调），例如“这不是我的表嘿”。另外，该文认为这个“嘿”还有一个功能，即用“不是……/mə/”表示提醒（句调为升调）。这第二个功能和本文讨论的语气词“冇”一致，但在本文的语料库中，这种提醒功能问句的发音为“不是……/ma⁵⁵/”。

“冇”的是非疑问句35句，其中“冇”发音大多有所弱化，成为/ma^{55}/和/mə^{1}/①，确实发音为/mau^{35}/的仅有不到4例②。同时语料中还有下列句子：

（1）田妻：就你老婆这个样子，还有人敢欺负吗？你不是常说吗，我是“恶鸡婆”吗？

（2）书记：啊，老谢啊，再莫伤心咧~这几天，啊，你是造孽（=可怜），造孽。只不过有一条啊，我这嘿（=现在）非要和你说下子，你打牌吗你就不该带彩（=带彩头，赌博）吵，带彩你又不该偷钱。

例（1）是对惯常状态的反问和提醒，而句尾否定词“没”“没有”不能这样用。例（2）是句中引导话题，否定词在句中也不可能具有这一功能。因此，将句尾“冇”视作否定词“没”“没有”就不合适了。普通话的“吗”正是句尾否定词“无”经过历时演变形成的（吕叔湘，1947/2002：288；黄国营，1986；孙锡信，1995；吴福祥，1997）。与之对比，武汉话的句尾“冇”应该同样是经过演变成为语气词。同时，受共同语影响，“冇”和普通话的“吗”在功能上合流。

“吗”字是非疑问句例（3a）在形式和功能上还有其他竞争者。在语气词系统中，除了“吗”，北京话和武汉话都有“啊”“吧”组成是非疑问句，如例（3b）、例（3c）。

（3）a. 你去图书馆吗？/你去了图书馆吗？

b. 你去图书馆啊？/你去了图书馆啊？

c. 你去图书馆吧？/你去了图书馆吧？

这就让我们在研究“冇”的时候，需要进一步考虑整个语气词系统，考虑这些不同竞争形式之间的功能偏向。

---

① 转写视频时，发音为/ma^{55}/或/mə^{1}/的都写作“吗”，确切发音为/mau^{35}/的才写作“冇”。

② 转写视频存在误差，本文作者听到的/mau^{35}/只有2例，组织武汉本地学生听后有2例存在争议。

综上所述，我们以真实的方言语料为基础，对比武汉话的“冇”和北京话的“吗”，研究它们的以下两个方面：①主要功能和次要功能；②在各自语气词系统内的不同地位。

北京话的语料来源为情景喜剧《我爱我家》前10集台词[①]，武汉话的语料来源为短视频《雯婕的小幸运》、方言社会实拍《经视故事会》和方言情景喜剧《都市茶座》的转写文本。

2. 疑问句的功能

如前所述，疑问句的功能并不一定是典型的疑问。我们用表1所示5个特征对本文考察的是非疑问句进行标注。

表1 疑问句的特征[②]

特征名	确定性	求答性	言语行为	情感	情绪
特征值	确定	求答	告知	正面	强
	不确定	不求答	询问	负面	弱
	弱确定		语篇交互		

① 《我爱我家》有完整剧本，但和剧中真实表演有所出入，笔者按真实表演的台词进行了转写修正。

② 表1中5个特征的设置参考了已有的疑问范畴研究，也有笔者进行语气词研究以来的思考，并根据考察的语料进行了取舍。确定性和求答性：确定性是说者“疑”的程度，求答性是说者对“问”的需求（要求听者回答）。疑问范畴研究中对“疑”和“问”的考察很多，参见马建忠（1898/1983：323）、邵敬敏（2012）、戴耀晶（2017）等。言语行为：说者使用疑问句的真实交际目的，和语用学研究的言语行为（speech acts）理论有一定关系。疑问被视作一种“语气（mood）意义”，语气意义和言语行为的关系参见Austin（1962：73）、齐沪扬（2002：7－8＋20）。本文对言语行为的分类是笔者研究语气词以来形成的分类系统，参见陈振宁（2018），陈振宁、王梦颖（2018）。情感：情感是说者表达出来的对信息的主观情感。语气研究和说者主观态度的关系参见叶斯帕森（1924/2010：450）、贺阳（1992）、齐沪扬（2002：20）等。但我们认为要区分“情态”（Modality）和“语气”，所以在语气词研究中没有设置情态（对命题的真假判定）特征，只设置了感情色彩方面的特征，参考文献同“言语行为”部分。情绪：说者表达出来的情绪强度，也是说者试图实现交际目的而展现出来的力度强弱。语气形式研究中经常出现“语气之轻重”“说话的轻和重”“强调语气”“委婉语气”等概念，参见马建忠（1898/1983：323）、吕叔湘（1947/2002：258）、储诚志（1994）、温锁林（2001：179）等。我们把情绪和情感分开来考察，因为情感表达的是说者的主观性，情绪则主要作用于主观间性。

以上特征的不同组合，形成了疑问句的不同功能次类，将功能的特征组合情况归纳起来，再结合语料的具体情况，我们得到了表 2。

表 2　功能的特征组合[①]

特征名 \ 功能名	中性问	偏向问	反诘（强迫）	提醒纠正（请求）	招呼语 设问和回声问 话题和话语标记
确定性	不确定	弱确定	确定	确定	（确定）
求答性	求答	求答	不求答	不求答	不求答
言语行为	询问	询问	告知	告知	语篇交互
情感	（中性）	（中性）	负面	（中性）	（中性）
情绪	（中）	（中/弱）	强	——	——

中性问：中性问是最典型的疑问功能。说者对某一信息没有先验知识且需要听者回答，说者的真实交际目的就是询问。在本文研究的语料中，中性问的情感一般是中性的，情绪力度也是中等的。

偏向问：偏向问又可以称为求证问。说者对某一信息有一定先验知识但仍有疑虑，需要听者进行证实或证伪，说者的真实交际目的还是询问。同样，语料中的偏向问的情感也是中性的，情绪力度中等。

值得注意的是，以询问为交际目的还有诸如"追问/究问""质疑"等功能划分。其中"追问/究问"的本质是说者表达出的情绪强烈、强力推动听者给出答案，既可以是中性问也可以是偏向问。"质疑"则是说者对答案有一定预期的偏向问（偏向否定），对听者的情感是负面的、情绪是强烈的，是偏向问的一个次类[②]。

反诘（强迫）、提醒和纠正（请求）：这两个次类合在一起大致等同于

① 表中特征值带括号表示统计中占优势，但不是绝对的。如"中性问"情感中性、情绪中等是最常见的，但也有极性情感和较强情绪的中性问。"——"表示特征值的倾向性不强。

② 表 2 的划分主要是为了区别研究本文的语料，所以没有单列"追问/究问""质疑"等功能。

所谓“反问”，或者说用疑问句的形式来实现告知[①]的交际目的。两者的主要区别在于情感极性和情绪强度。反诘是说者抱有强烈的负面感情（负面情感+强情绪），其他则是用反问形式进行正面和中性的提醒和纠正。

最后一栏是疑问句的诸多特殊用法：①“你吃了吗”一类的招呼语，说者对信息并不了解，但也不需要答案，其目的是实现日常的寒暄交际（交互功能），并为接下来开始聊天做准备（语篇功能）；②“知道他是谁吗？他是我哥”中的“知道他是谁吗”，这是一种“自问自答的设问”，疑问句不是为了问问题，是为了在语篇上引起一个话题，在交互上吸引听者注意；③“（你说）10元吗？好，我买了”中的“10元吗”，将对方说过的话重复一遍再往下继续说的回声问，起到承接话题、听说互动的作用；④例（2）中“你打牌吗你就不该带彩吵”中的“吗”，为句中话题标记；⑤“他明天不来，是吧”中的“是吧”，完全丧失了问问题的功能，弱化为一种说者不自觉的口头禅，有一定人际交互的功能，也用来进行语篇衔接。对于这种只表达语篇和人际交互的疑问句，我们将其言语行为归纳为一个“语篇交互”行为，它们在情感上大多偏向中性。

3.“吗”和“冇”的功能分布

我们从语料中按顺序提取含语气词的例句，北京话和武汉话各自提取了1500句，其中北京话“吗”有72例，武汉话“冇”有36例。标注特征后，得到两者的功能分布，如表3所示。

① 这里的“告知”涵盖了一般所谓的“陈述”和“感叹”。“陈述”是说者告知听者一个信息。“感叹”则是说者告知听者自己的情感反应，我们视其为广义的告知。另外，实现告知功能的反问句有可能在语境中推理得出“要求”目的。如“（嫌弃地）你还没吃完吗?”，反诘告知对方“你吃这么慢让我不高兴”，同时可能具有要求对方快点吃的功能，但这种要求是告知结合语境附带的，比例也不高，本文不做专门讨论。

表 3 “吗”和“冇”的功能分布

功能	北京话的“吗”		武汉话的“冇”	
	例句数	比例	例句数	比例
反诘	33	45.8%	6	16.7%
提醒纠正	22	30.6%	3	8.3%
偏向问	7	9.7%	7	19.4%
中性问	4	5.6%	8	22.2%
语篇交互	6	8.3%	12	33.3%
总数	72	100%	36	100%

从表 3 中我们可以看出：北京话的“吗”最主要的功能正是反诘［例（4）］，其次是提醒纠正［例（5）］。这两者都不是询问，可以视作广义的“反问”，合在一起占比超过七成，和黄国营（1986）的统计结果相近。武汉话的“冇”在反诘［例（6）］和提醒纠正［例（7）］功能上就弱得多。

（4）和平：对不起啊，爸，我忘了他妈是您爱人。可您瞅瞅他对我妈这态度，完全是阶级偏见！（驳斥丈夫）你种族歧视，你看不起劳动人民你，我妈没文化能怨我妈吗？

（5）小凡：刘颖？啊！就是你高中那亲密战友？（提醒哥哥）不是去美国了吗？

（6）谢丽琴（和嫂子争吵）：你想霸占老头的房子，你良心过得去冇？你遭雷劈！

（7）田克兢：老婆，你这不是不在屋里吗？我就一个人看的足球咧～老婆回来了，老公，主动调台！请看韩剧，看韩剧，我让路。

询问功能：北京话的“吗”用于询问不多，同时偏向问占优［例（8）］，中性问最少［例（9）］。“冇”的询问功能则更强，且中性问［例（10）］略多于偏向问［例（11）］。

(8) 志国：唉爸爸爸，爸，这您放心，他们只会欢送，绝不会挽留。

傅老：真的不会吗？

(9) 圆圆：（傅老要求召开家庭会议后询问）哎爷爷，我可以请假吗？

(10) 雯婕：（去吃牛肉面）寞里（=里面）是把（=放）的牛肉酱吗？

(11) 余妹妹：（自己的照片落在朋友家，询问）那个照片岔巴子（=做事不靠谱乱审乱说的人，此为外号）看到了吗？

语篇交互功能：包括话题标记［例（12），北京话；例（2），武汉话］、招呼语［例（13），武汉话］、设问［例（14），北京话］和话语标记［例（15），北京话；例（16）~（17），武汉话］。北京话的“吗”用于语篇交互功能不多，武汉话的“冇”在语篇交互功能上则是最多的。

(12) 傅老：欸，那也不能那么说……住房嘛，还是，欸，三代同堂，啊；用车吗，自打退下来以后，就不那么方便啦！

(13) 雯婕：大家好，你家们（=你们的敬语）吃了吗？我是雯婕。

(14) 志新：她？就她？你太小瞧我贾志新了我告诉你？谁正眼儿瞧过她呀！又干又瘦，一脑袋黄毛，跟苞米穗子似的，知道小时候我们管她叫什么吗——老玉米！

(15) 志新：您知道什么呀！我这叫“中间人”，是高层流通领域中不可缺少的环节，懂吗？您哪，就等我发了以后给您的卧室装空调吧傅总！

(16) 余老板：你搞得老板娘冇得面子，懂了吗？欸，你这个人哪真是，你搞得她肯定心里不舒服吵！怎么这不会做人咧？你们这么好的关系又是?!

(17) 妈妈：这弄完了，他还要准备明天的料子，晓得么？

值得注意的是，为什么武汉话的“冇”在语篇交互功能中最多？

语篇人际功能从根本上来说，是语气词成为一个提醒听者注意、维持语篇声音的音响单位，是语气词的进一步“虚化”。很多语气词有可能在不同的情况下发展出语篇交互功能，并进一步丧失了较实在的主观态度，所以多用于中性语境。北京话的“吗”主观性强，不容易在中性语境中出现，用于语篇交互也少。武汉话的“冇”在中性问上具有优势，更容易向语篇交互功能过渡。

4. “吗”和“冇”在各自语气词系统中的地位

本节主要对比“S＋语气词”构成是非疑问句的情况，另外也包括语气词在句中引导话题这一功能。

4.1 反诘

两者在语气词系统中的反诘功能对比情况如表 4 所示。

表 4　反诘功能在语气词系统中的对比

方言	北京话				武汉话			
语气词	吗	啊①	吧	总数	冇	啊②	吧	总数
例句数	33	9	4	46	6	22	1	29
比例	71.7%	19.6%	8.7%	100%	20.7%	75.9%	3.4%	100%

从表 4 可以看出，北京话的“吗”在语气词系统中横向对比，反诘功能也十分突出。这说明对北京话而言，语气词“吗”确实经过了长期语法化的过程（杨金龙，2003），在是非疑问句这一形式中侵占了“啊”的地位。当然，“啊”是和感叹、强情绪联系密切的语气词（黎锦熙，1924/1998：247；吕叔湘，1947/2002：268；胡明扬，1988），“S＋啊”是非疑

① 北京话的“啊”包括“啊/啦/哪/呀”等多种合音形式，下同。

② 武汉话的“啊”包括“啊/哪/呀”等多种合音形式，下同。

问句在北京话中绝大部分也是用来表反诘的［例（18）］，只是在是非问句中反诘功能范围已经不如“S＋吗”广泛[①]。这可能是因为北京话的“啊”在各种语境下大量使用，其主观化程度很高的感叹、强情绪被“磨损”了（陈振宁、王梦颖，2018），甚至也有一些研究者认为北京话的“啊”是用来“缓和语气”的（储诚志，1994）。

至于北京话的“吧”，基本功能是表达“疑信之间语气”（陆俭明，1984）和“揣测语气”（齐沪扬，2002：112～113），只是偶尔在一定语境下可用于反诘［例（19）］：

（18）志新：爸您刚消停了一个星期，今天怎么茬儿？想趁机翻案啊？

（19）志新：爸，爸，我反革命，我反革命行了吧？就您这几条，已然够枪毙的啦！

武汉话的“冇”在语气词系统中进行横向对比，其反诘功能也不占优。武汉话表达反诘的是非疑问句，主要还是用“啊”做句尾语气词［例（20）～（21）］。也就是说，武汉话的“啊”所表达的情绪比北京话的“啊”相对更强。至于武汉话的“吧”表达的情绪则比北京话的更弱，只有1例表达反诘［例（22）］。

（20）小伙（催促赶紧吃）：你还冇吃完啊？

（21）老五媳妇（和老二争家产）：生儿子就那个亲啊？耀武扬威的！

（22）田妻（骂丈夫）：你有点儿苕（＝傻）吧?!

---

① 当然，北京话的“啊”还可以用于特指问、正反问、选择问，这其中也有不少反诘功能，但这和“吗”不形成竞争关系，故不论。“吧”的情况也是如此，不再赘述。

4.2 提醒纠正

两者在语气词系统中的提醒纠正功能对比情况如表5所示。

表5 提醒纠正功能在语气词系统中的对比

方言	北京话				武汉话			
语气词	吗	啊	吧	总数	冇	啊	吧	总数
例句数	22	3	5	30	3	0	6	9
比例	73.3%	10%	16.7%	100%	33.3%	0	66.7%	100%

从表5可以看出，北京话“吗”在横向对比中，其提醒纠正功能一样占优。提醒纠正功能和反诘功能的关系密切，反诘来自“吗”的主观化发展，主观化本来是为了表达说者的认识、态度、评价、情感、情绪等，所以很容易表达出强情绪和极性的情感（在“吗”的主观化发展中以负面情感为主），同时伴随“无疑不问”的变化。这样使用久了，一些形式成为习惯用法，例如“不是……吗”这一格式。于是，情感不再极端，更关注无疑不问告知信息的功能，就会发展为提醒和纠正功能等。

北京话的“啊”对比中提醒纠正功能也不占优势，只有少数几句［例（23）］。“吧”在是非疑问句中用于提醒纠正功能略多［例（24）］，来源于揣测，和“吗”“啊”有着不一样的功能演化路径。

（23）志新：初二那会儿我打架开瓢儿为谁呀？还不是因为疤瘌那帮老在胡同口截你啊？是我挺身而出脑袋上才挨的那一板砖……

（24）傅老：我先说几句啊！自从我主持家庭日常工作以来，这个，有一个星期了吧？主要是搞了一些调查研究，发现我们这个家里啊，问题很多，积重难返，一定要下大决心、花大力气来整顿，啊！

武汉话的“冇”在语气词系统中横向对比起来，提醒纠正功能也不占优。武汉话的“啊”感情强烈，就没有中性的提醒纠正功能。这与“啊”

在语气词系统中的地位差异有关。对于北京话来说，“啊”是一个应用极其广泛的语气词，功能分布非常“弥散”，感情已经不太强烈。武汉话的“啊”应用也比较广泛，但还有强烈的感情，功能相对集中。最后，武汉话的“吧”表达提醒纠正的情况最多，超过“冇”“啊”。[例（25）]。

（25）老五媳妇：谈朋友结婚要钱用吧？现在一分钱、两分钱是不行的吵！

4.3 偏向问

两者在语气词系统中的偏向问功能对比情况如表6所示。

表6 偏向问功能在语气词系统中的对比

方言	北京话				武汉话			
语气词	吗	啊	吧	总数	冇	啊	吧	总数
例句数	7	10	25	42	7	5	24	36
比例	16.7%	23.8%	59.5%	100%	19.4%	13.9%	66.7%	100%

从表6可以看出，北京话“吗”在对比下偏向问功能处于劣势。和感叹关系密切的“啊”的偏向问比“吗”还多一些［例（26）］。当然，基本意义是弱确定的“吧”多用于揣测［例（27）~（28）］，揣测和偏向问都是“半疑”，所以偏向问中“吧”是最多的①。

（26）傅老：（见家人在忙着大扫除）又要查卫生啊？萨马兰奇刚走又飞回来啦？

① 赵葵欣（2012）讨论武汉话的疑问系统，认为武汉话只有语调是非疑问句和“S＋/pə/”是非疑问句。其中“S＋/pə/”的主要功能是表示求证揣测等，我们认为这个/pə/就是“吧”或其语音弱化形式“啵”，统一写作“吧”。

（27）志新：不要转移斗争大方向啊！那是刘颖给我打的……（预感不对劲）唔，不会拿我开涮吧？

（28）姑娘：（去干部家庭相亲）傅局长，您现在算高干了吧？

值得注意的是，武汉话的"冇"用于偏向问在其内部是较为占优的一个功能，但在整个语气词系统中相对并不占优，只是比"啊"［例（29）］略有优势，但远远不如"吧"［例（30）］。

（29）店主：（男女客人进火钳烫发店，该烫发方式更适合男客人）是他烫啊？

（30）余老板：（妻子背名牌包包和闺蜜聚会，回来很开心）么样（=怎么样），这个包今天背过去，她们说还可以吧？蛮（=很玩味）吧？

4.4 中性问

两者在语气词系统中的中性问功能对比情况如表 7 所示。

表 7 中性问功能在语气词系统中的对比

方言	北京话				武汉话			
语气词	吗	啊	吧	总数	冇	啊	吧	总数
例句数	4	0	0	4	8	0	0	8
比例	100%	0	0	4	100%	0	0	8

从表 7 可以看出中性问的情况非常特殊。

对北京话的"吗"来说，用于中性问在其内部是一个很弱势的功能，但在系统内横向对比反而极具优势。可见"S+语气词"形式整体都很难表达中性问，"S+啊"和"S+吧"就完全没有中性问的功能。这样一来，"S+吗"残留的少数中性问功能相对非常显著。

武汉话的"冇"同样是对比之下有着突出的中性问功能，同时从"冇"

内部来看中性问功能也颇具优势。“有”和“吗”都是从句尾否定词发展到语气词的，它们可能有相似的语法化路径。杨金龙（2003）考察“吗”的历时演变过程后认为“吗”从单纯问存在开始演化，在中性问中成为语气词，再经历主观化演变用于偏向问，现在是反诘为主的语气词（见图1）。

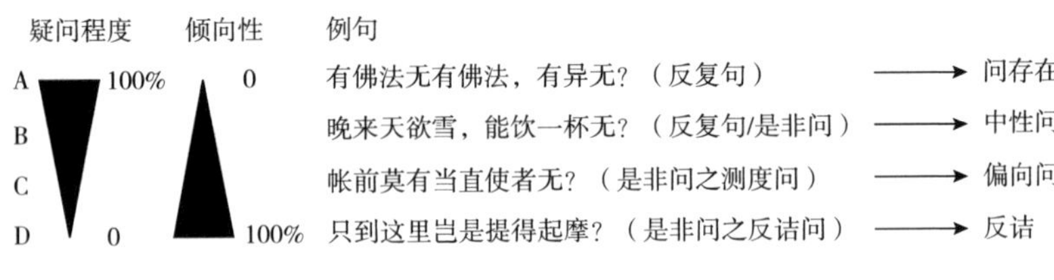

图1 “吗”之功能的历时演变

所以，对武汉话的“有”来说，其语法化进程大致走到了“（句尾否定词）问存在→（句尾语气词）中性问”这一步，主观化程度更高的偏向问和反诘问仅有一定发展。

同时，“吗”“有”这一类语气词在历史上应该有一个时期中性问功能颇为发达，因此始终比较“顽固”，相对来说“啊”“吧”在是非问中演化进程另有其道路，“啊”很可能是“感叹→强调→加强疑问的主观性”，“吧”则是“弱确定→揣测→偏向问”，这两条路线都和中性问没有多少联系。

4.5 语篇交互

两者在语气词系统中的语篇交互功能对比情况如表8所示。

表8 语篇交互功能在语气词系统中的对比

方言	北京话				武汉话			
语气词	吗	啊	吧	总数	有	啊	吧	总数
例句数	6	119	20	145	12	52	26	90
比例	4.1%	82.1%	13.8%	100%	13.3%	57.8%	28.9%	100%

从表8可以看出，北京话“吗”用于各种语篇交互功能也不占优，在这一方面相对优势最大的就是“啊”［例（31）~（33）、例（36）］，如前所述，尽管“啊”最初的源头是和强烈感情关系密切的叹词，但在广泛应用中其主

观表达反而被“磨损”了，主观化程度在降低。现代北京话的“啊”使用最为广泛，历来学者研究它的时候意见分歧也颇大。可见北京话的“啊”在日常对话时，广泛分布于句中或者语篇中，成为很常见的口头禅，基本上丧失了实在的感情表达，成为引发听者注意、填充语篇的主要音响成分。

至于北京话的“吧”，用于语篇交互功能也远多于“吗”［例（34）~（36）］。这应该和“吧”本身感情并不强烈有关①。

（31）于大妈：唉（小张提菜跟进厨房），老傅啊，这次检查卫生啊，你们家得了卫生之家了，嘿嘿嘿，全楼道——只有你们一户——多光荣啊！

（32）于大妈：哈哈，根据市政府，啊，这个常务会议精神决定，要展开全民灭鼠——（向中年人）这是区里头灭鼠办的梁同志，（梁与老傅点头）来抽查鼠情的，啊，（向沙发）咱们家里头有没有老鼠啊？

（33）傅老：（求助的）志国呀，这，这，……这是，啊，反攻倒算还乡团嘛……

（34）傅老：您快请坐，哎呀，路上累了吧？（向家人）你们怎么都不叫人哪？

（35）傅老：没有没有，我是说哈，你妈吧，人挺好的，这个，就是有点太热情了，老怕我一个人闷得慌，就来陪我说话，她这一说啊，我倒闷了。

（36）志国：爸，其实呢，志新他们也是误会了哈。局里请您重新出山啦，也没给安排您什么具体的工作，就是让您，啊，指指路，啊，把把舵，啊，引引航程，啊，要不他们心里没底儿是吧？

① “吧”的演化层次复杂，所以有感情强烈的“吧”和不强烈的“吧”，在现代汉语中以后者为主，参见齐沪扬（2002：91~113）。

武汉话“冇”的语篇交互功能在其内部确实颇占优势，但横向比较的话“冇”的语篇交互功能还是比“啊”和“吧”少得多。“啊”最常见的语篇交互功能是在句中引导话题［例（37）］，还有少数话语标记功能［例（38）］。“吧”则以“是吧”类的口头禅式话语标记为主［例（39）］。武汉话的“啊”“吧”在语篇交互功能上有此优势，原因和北京话的情况应该相似：“啊”应用非常广泛，“吧”则感情不太强烈。

（37）村书记：特别是有一次啊，他偷的这个，他孙子交学费的！有大几千块钱咧！

（38）哟，我觉得不怪哪一个，要怪咧就怪我们自己，晓得不啊？

（39）余老板：你即便想到别个（＝别人）的包，跟你这个包，不是一个，一路货是吧，或者是假的，你也不能当到那么多人的面戳穿了她。

5. 结论和余论

5.1 结论

武汉话的“冇/mau^{35}/”本来是否定存在和已然的否定词，相当于普通话的“没”。“S＋冇”构成的是非疑问句不仅能对存在进行疑问，还能用于一般中性问，甚至在句中引导话题。语音上，句尾“冇”也大多弱化为/ma^{55}/和/mə^{1}/。无疑，句尾“冇”已经语法化为语气词。

否定词在句尾构成“S＋neg.”形式的是非疑问句是汉语古今普方中一个很常见的形式，从普通话/北京话“吗”的情况可以看出，这种居于句尾的否定词在历时演化中可能演变为语气词，功能会经历“问存在→一般中性问→偏向问→反诘/提醒/纠正等”的语法化、主观化。而武汉话的“冇”很可能正走在这一历时演化的进程中，主要达到了“问存在→一般中性问”

这一步，偏向问和反诘/提醒/纠正功能也有所发展。

因此，“冇”和北京话的“吗”相比，两者内部的功能分布很是不同：北京话的“吗”主观化程度高，最主要的功能是反诘，其次是提醒，再次是偏向问，另外还有部分是实现语篇交互功能的音响成分，中性问是最弱的一个功能；武汉话的“冇”最主要的功能是用于语篇交互，其次是中性问和偏向问，反诘更弱，提醒最少，多用于语篇交互功能也是因为“冇”在中性语境中出现得多，适合单纯引发关注、填充语篇。

再将北京话的“吗”和武汉话的“冇”放入其所在的语气词系统中去看。“吗”主观化程度高，在反诘、提醒功能上，原本情感强烈的“啊”，也让位于“吗”，但“啊”本身的演化路径中可能根本没有进行中性问的进路，所以即使“吗”的中性问功能已经很弱了，“S+吗”残留的少数中性问还是很突出。另外，北京话中应用最广泛的“啊”，主要意义是弱确定的“吧”，在偏向问和语篇交互功能中一直保持优势。

“冇”主观化程度不高，主要占据着中性问的“阵地”，在主观化最强的反诘和提醒中弱于武汉话的“啊”，偏向问中弱于武汉话的“吧”，语篇交互功能弱于应用最广泛的“啊”和弱确定的“吧”。

5.2 余论

除了在语气词系统中考察“冇”，我们还可以将“S+语气词”形式进一步放到更广阔的疑问系统中去研究。在疑问系统中，和“S+语气词”有竞争关系的形式更丰富，包括韵律是非疑问句、句尾否定词是非问句、正反问、正反对举的选择问。而且，这几种形式有相继演化占据极性问（polar questions）主流的变化过程（朱德熙，1991；祝敏彻，1995；邵敬敏，2012）。

对武汉话的“冇”来说，赵葵欣（2012：155～166+175）认为正反问“V-neg-V”正成为极性问主流。我们初步检索了自建的方言语料库，其中：

V不V（啊）：用例远多于各类是非问，且中性问、偏向问和反问三者大致平衡。

V不V咧：4例，全部用于中性问。

有冇V：2例，中性问且都是问存在。

V冇V：语料中未检索到[①]。

由此可见，从是否极性问主流来看，武汉话的正反问确实远超是非问，尤其是“V不V（啊）”式具有全面优势。但是，在是非问存在的情况下，“S+冇”依旧具有一定优势，“有冇V”和“V冇V”则十分弱势。

另外，疑问系统和语气词系统本来就是互相交叠的。如“V不V咧”，正反问和语气词“咧”合在一起就成了单纯的中性问，这就需要考虑两种形式的各自源头和组合。

当然，这都需要更详细的考察，可以视作未来进一步研究的方向之一。

参考文献

陈振宁：《基于语料库多维特征聚类关联的成都话语气词研究》，浙江大学博士学位论文，2018。

陈振宁、王梦颖：《基于多维特征聚类和关联的语气研究——以北京话语气成分“啊”为例》，载《语言研究集刊》第二十辑，上海辞书出版社，2018。

陈振宇、马宝玲、薛时蓉：《从汉语角度看极性问的类型学性质——真性极性问形式与疑问语气成分的区别》，载《汉语方言疑问范畴研究》，中西书局，2017。

储诚志：《语气词语气意义的分析问题——以“啊”为例》，《语言教学与研究》1994年第4期。

戴耀晶：《传信和传疑：汉语疑问句的语义分析》，载《戴耀晶语言学论文集》，复旦大学出版社，2017，第179～196页。

方梅：《北京话句中语气词的功能研究》，《中国语文》1994年第2期。

胡明扬：《语气助词的语气意义》，《汉语学习》1988年第6期。

黄国营：《“吗”字句用法初探》，《语言研究》1986年第2期。

贺阳：《试论汉语书面语的语气系统》，《中国人民大学学报》1992年第5期。

黎锦熙：《新著国语文法》，商务印书馆，1924/1998。

① 赵葵欣（2012：161～164）将“V冇VP”格式视作武汉方言的常见疑问形式，并列举了2个例句（未标识出处），但我们在语料中确实检索不到。

陆俭明：《关于现代汉语的疑问语气词》，《中国语文》1984 年第 5 期。

吕叔湘：《中国文法要略》，再版《吕叔湘全集》(第一卷)，辽宁教育出版社，1947/2002。

马建忠：《马氏文通》，商务印书馆，1898/1983。

齐沪扬：《语气词和语气系统》，安徽教育出版社，2002。

邵敬敏：《现代汉语疑问句研究》，华东师范大学出版社，1996。

邵敬敏：《是非问内部类型的比较以及“疑惑”的细化》，《世界汉语教学》2012 年第 3 期。

孙锡信：《语气词“么”的来历》，《中国语言学报》1995 年第 7 期。

吴翩翩：《武汉方言语气词研究》，华中师范大学硕士学位论文，2009。

徐杰、张林林：《疑问程度与疑问句式》，《江西师范大学学报》1985 年第 2 期。

杨金龙：《句尾语气词“吗”的语法化过程》，《语言科学》2003 年第 1 期。

温锁林：《现代汉语语用平面研究》，北京图书馆出版社，2001。

吴福祥：《从“VP－neg”式反复问句的分化谈语气词“麽”的产生》，《中国语文》1997 年第 1 期。

叶斯帕森著，何勇、司辉、夏宁生、张兆星译《语法哲学》，商务印书馆，1924/2010。

赵葵欣：《武汉方言语法研究》，武汉大学出版社，2012。

朱德熙：《“V－neg－VO”与“VO－neg－V”两种反复问句在汉语方言里的分布》，《中国语文》1991 年第 5 期。

祝敏彻：《汉语选择问、正反问的历史发展》，《语言研究》1995 年第 2 期。

J. L. Austin, *How to do Things with Words*, Oxford University Press, 1962.

Mood Particle “冇/mau, ma, mə/” in Wuhan Dialect
—Compared with Mood Particle “吗/ma/” in Beijing Dialect

Chen Zhenning

Abstract: The negative word “冇/mau, ma, mə/” in Wuhan Dialect can be placed at the end of a sentence to compose a polar question. It has the function to express general questions and to be asked for confirmation. Sometimes it will be interpreted as a rhetorical question. In addition to all these functions, it can also be used as an interactive marker or a discourse connective. The “冇” has obviously evolved as a mood particle which is similar to the mood particle "吗/ma/" in Beijing Dialect. The two of them both have experienced similar evolution but the "吗" has much longer process of gradual development than the "冇". In the vast majority of cases, the "吗" can be used to give sharp retorts or remand somebody about something. By contrast, the "冇" is mainly used in general questions and confirmations. The subjective degree of the "吗" is even stronger than "啊", but there is still a few residual general questions in the cases of the "吗". As for the "冇", the subjective degree of it is weaker than "啊" and has less cases for confirmations than the "吧".

Keywords: Wuhan dialect, 吗/ma/, 冇/ma/, mood, questions

琼海话的两类是非问句*

——兼论普通话“吗”字句的焦点问题

杨望龙

（厦门大学中国语言文学系）

提　要　琼海话中“嚒”字句与“呗”字句的疑问域存在对立关系：前者为整个小句，后者为谓语部分，相应地在句法、语义与语用上反映为一系列对立的表现。琼海话两类疑问域不同的是非问句，可以进一步证明“整句焦点”这个概念的合理性。本文认为，普通话“吗”字句中问点与焦点的句法实现始终相同，如果表达信息焦点，那么焦点与问点实现为整个小句；如果表达对比焦点，那么焦点与问点实现为句内某个成分，即对比焦点所在的句法成分。

关键词　琼海话　是非问　焦点　疑问　吗

1. 引言

普通话的“吗”字句表达是非问，琼海话中相应的表达使用两个句末

* 本文获以下课题资助：国家社科基金青年项目“基于海南闽语的接触性语法演变机制研究”（项目编号：23CYY024）。本文在写作过程中承蒙孙晓雪、李桂兰、刘星、马沛萱、金龙等诸位同人指正，《汉语语言学》匿名评审专家也提供了宝贵的修改意见，在此统致谢忱。文中若有错讹，概由笔者负责。

助词：一是［mɛ^{53}］，[①] 记作“嚒”，其所在的是非问句称为“嚒”字句，如例（1a）；二是［^{m}bɛ^{34}］，记作“呗”，其所在的是非问句称为“呗”字句，如例（1b）。

（1）a. 汝现白转处嚒？（你明天回家吗？）

b. 汝现白转处呗？（你明天回家吗？）

如果只看普通话译文，那么这两类是非问句似乎没有什么区别。本文研究表明，两者的疑问域存在对立关系：“嚒”字句的疑问域为整个小句，疑问功能相当于普通话“吗”字句的倾向问；“呗”字句的疑问域为谓语部分，疑问功能相当于普通话“吗”字句的中性问。这种对立关系相应地在句法、语义与语用上反映为一系列对立的表现。琼海话两类是非问句在疑问域上对立的语言事实对于重新认识普通话“吗”字句的焦点问题具有重要启发。本文将据此进一步证明“整句焦点”概念的合理性，进而证明普通话“吗”字句的焦点始终与问点实现为相同的句法成分，如果表达信息焦点，那么焦点与问点实现为整个小句；如果表达对比焦点，那么焦点与问点实现为句内某个成分，即对比焦点所在的句法成分。

第 2 节全面比较“嚒”字句与“呗”字句，指出两者在句法、语义与语用上的对立表现，说明这些对立表现源于疑问域的对立；第 3 节结合琼海话“嚒”字句与“呗”字句在疑问域对立的事实，讨论普通话“吗”字句的焦点问题；第 4 节是结论。

① 琼海话属于闽语琼文片（或称海南闽语），有 8 个单字调：阴平 34、阳平 22、阴上 21、阳上 42、阴去 212、高去 53、阴入 5、阳入 3（杨望龙，2022）。其中，高去的来源比较复杂，主要包含阴入的白读层与去声的文读层，不同学者有不同的命名（详见符其武、李如龙，2004）。自然语流中还有三个声调：一是中降 31，由带喉塞尾的阳入字舒化而来，不过没有独立的音位意义；二是高升 45，既是阴去 212 的前字变调，也见于部分语气词或叹词；三是中升 24，见于部分语气词或叹词。

2. “嚒”字句与“呗”字句之比较

2.1 句法语义的对立

“嚒”字句与“呗”字句在句法语义上的对立，表现为对某些句法结构的限制，主要包括四个方面：一是答句结构；二是谓语结构；三是系词结构；四是虚指代词。

2.1.1 答句结构

（一）肯定回答

句中没有对比焦点时，“嚒”字句可以单独使用叹词应答，如例（2）的A1；不能单独使用谓词应答，如例（2）的A2。

（2）Q：汝现白转处嚒？（你明天回家吗？）

A1：嗯。（对。）

＊A2：转。（回。）

“呗”字句则相反，不能单独使用叹词应答，如例（3）的A1；“呗”字句可以单独使用谓词应答，如例（3）的A2。

（3）Q：汝现白转处呗？（你明天回家吗？）

＊A1：嗯。（对。）

A2：转。（回。）

句中出现对比焦点时（黑体加粗部分，下同），如例（4）的Q，“现白”是用重音标记的对比焦点，“嚒”字句可以单独使用叹词应答，如例（4）的A1，也可以在叹词后面使用焦点成分补答，如例（4）的A2，但是不能省略叹词，单独使用焦点成分回答，如例（4）的A3。

（4）Q：汝**现白**转处嚒？（你明天回家吗？）

A1：嗯。（嗯。）

A2：嗯，现白。（嗯，明天。）

＊A3：现白。（明天。）

相比之下，“呗”字句只能单独使用谓词回答，如例（5）的 A1；不能在谓词后面使用焦点成分补答，如例（5）的 A2；更不能省略谓词，单独使用焦点成分应答，如例（5）的 A3。“呗”字句只有对比焦点为谓词时，如例（5）中 Q 的对比焦点改为“转”，肯定回答才使用焦点成分，也就是等同于 A1，例子不再赘述。

（5）Q：汝现白转处呗？（你明天回家吗？）

A1：转。（回。）

＊A2：转，现白。（回，明天。）

＊A3：现白。（明天。）

至此，可以总结出一条规则：无论是否出现对比焦点，“嚒”字句的肯定回答，强制性使用叹词“嗯”，选择性使用焦点成分；“呗”字句的肯定回答，强制性使用谓词，回答焦点成分也只能是谓词。

（二）否定回答

句中没有对比焦点时，“嚒”字句与“呗”字句都可以单独使用否定词“无”来应答，两个“无”的语音没有什么区别，但是语义并不相同：回答“嚒”字句的“无”判断命题为假，句法上具有叹词性质，普通话得译为“不对”，如例（6）的 A；回答“呗”字句的“无”判断动作不发生或不存在，暗含时体信息，根据语境可表未然或已然，句法上具有副词性质，普通话得译为“不”或“没”，如例（7）的 A。

（6）Q：汝现白/昨晡日转处嚒？（你明天/昨天回家吗？）

A：无。（不对。）

（7）Q：汝现白/昨晡日转处呗？（你明天/昨天回家吗？）

A：无。（不/没。）

句中出现对比焦点时，两个“无”的不同性质通过补答句就能反映出来。“嚜”字句可以单独使用“无”应答，如例（8）的A1，也可以接着针对对比焦点“现白（/昨晡日）”使用“后日”纠正，如例（8）的A2，但是不能省略“无”，直接使用“后日”纠正，否则句子会显得突兀（#表示不恰当，下同），如例（8）的A3。

（8）Q：汝现白/昨晡日转处嚜？（你明天/昨天回家吗？）

A1：无。（不对。）

A2：无，后日。（不对，后天。）

#A3：后日。（后天。）

与之相比，“呗”字句的补答句不能针对谓词以外的对比焦点进行纠正。“呗”字句只能单独使用“无”应答，如例（9）的A1；不能针对对比焦点“现白（/昨晡日）”使用“后日”纠正，如例（9）的A2；更不能省略“无”，直接使用“后日”纠正，如例（9）的A3。“呗”字句的对比焦点只能是谓词，如例（9）中Q的对比焦点改为“转”，否定回答使用“无”之后，可以重复“无转”作为补答，例子不再赘述。

（9）Q：汝现白/昨晡日转处呗？（你明天/昨天回家吗？）

A1：无。（不/没。）

#A2：无，后日。（不/没，后天。）

#A3：后日。（后天。）

至此，可以总结出一条规则：无论是否出现对比焦点，“嚜”字句的否定应答，强制性使用叹词“无不对”，选择性使用焦点纠正成分；“呗”字句的否定应答，强制性使用副词“不不/没”，不能使用焦点纠正成分，只能重复“无+V”。

上述表述总结为表1。

表1 琼海话“嚒”字句与“呗”字句的回答方式

	肯定应答		否定应答	
	应答语	补答语	应答语	补答语
“嚒”字句	叹词“嗯”	（焦点成分）	叹词“无”	（焦点纠正成分）
“呗”字句	谓词“V”	—	副词“无”	（无+V）

说明：（）表示可选，—表示不能出现。

根据表1，可以进一步总结：无论是肯定应答，还是否定应答，无论出现对比焦点，还是没有对比焦点，“嚒”字句使用叹词回答具有强制性，“呗”字句使用谓词或副词回答具有强制性。

答句的句法语义属性能够反映问句的句法语义属性。叹词语义上针对命题的真假回答，句法上属于小句或句子层面（刘丹青，2011）；谓词或副词语义上针对动作（或状态）的有无回答，句法上属于短语层面。因此，“嚒”字句语义上询问命题的真假，“嚒”句法上作用于整个小句；“呗”字句语义上询问动作的有无，“呗”句法上作用于谓语部分。概而言之，“嚒”字句与“呗”字句在疑问域上存在对立关系。

2.1.2 谓语结构

“嚒”字句的谓语可以是谓词性短语，如例（10a），也可以是体词性短语，如例（11a）；“呗”字句的谓语可以是谓词性短语，如例（10b），不能是体词性短语，如例（11b）。

（10）a. 伊食糜去嚒？（他吃饭了吗？）

b. 伊食糜去呗？（他吃饭了吗？）

（11）a. 者本书五十银嚒？（这本书五十块钱吗？）

*b. 者本书五十银呗？（这本书五十块钱吗?）

谓词性短语充当谓语时，“嚒”字句的谓语可以是肯定结构，如例（10a），也可以是否定结构，如例（12a）。“呗”字句的谓语只能是肯定结构，如例（10b），不能是否定结构，如例（12b）。

（12）a. 伊无食糜伫嚒？（他还没吃饭吗?）

*b. 伊无食糜伫呗？（他还没吃饭吗?）

至此，可以总结出一条规则：“嚒”字句对谓语结构没有强制性要求，不与特定的谓语结构强制关联；“呗”字句对谓语结构存在强制性要求，与特定的谓语结构强制关联，即肯定式谓词性短语。

2.1.3　系词结构

琼海话中“是”有两类读音①：

（ⅰ）［ti²²］，阳平，属于低调域，可以看作非重读音；

（ⅱ）［ti⁴²］，阳上，属于高调域，可以看作重读音。

作为焦点标记，“是”的两类读音代表了不同的焦点解读：若“是”使用非重读音，则标记右邻的句法成分为对比焦点，如例（13a）的对比焦点为“现白”，句子的意思为“他是明天回家，而非其他时间回家”。若“是”使用重读音，则标记自身为对比焦点或真值焦点（verum focus），如例（13b）的对比焦点为“是”，句子的意思为：“他明天回家”这个命题为真，“他在其他时间回家”这个命题为假。

（13）a. 伊是［ti²²］现白转处。（他是明天回家，而非其他时间回家。）

---

① 琼海话中“是”还可以读阳入或舒化的阳入，即［tiʔ³］/［ti³¹］，只用于句末表达肯定语气。该用法与本文议题没有关系，暂不讨论。

b. 伊是［ti^{42}］现白转处。（“他明天回家”为真，“他在其他时间回家”为假。）

“嚒”字句与“呗”字句都能允准系词结构充当谓语，但是分别选择“是”的不同读音。“嚒”字句中“是”通常读非重读音，不读重读音，如例（14）至例（16）所示，对比焦点可以为句内某个成分，比如主语、状语或谓语等，但不能为“是”本身。相应的应答语“嗯/无”属于叹词。

（14）Q：是（#［ti^{42}］/［ti^{22}］）伊现白转处嚒？（是他明天回家吗？）

A1：嗯。（嗯。）

A2：无。（不对。）

（15）Q：伊是（#［ti^{42}］/［ti^{22}］）现白转处嚒？（他是明天回家吗？）

A1：嗯。（嗯。）

A2：无。（不对。）

（16）Q：伊现白是（#［ti^{42}］/［ti^{22}］）转处嚒？（他明天是回家吗？）

A1：嗯。（嗯。）

A2：无。（不对。）

“呗”字句中“是”通常读重读音，如例（17）至例（19）所示，尽管“是”的位置可以变化，但是对比焦点始终为“是”本身，不能为句内其他成分。相应的肯定应答“是”属于谓词，并且也必须读重读音，不能读非重读音，否定应答“无”属于副词。

（17）Q：是（［ti^{42}］/#［ti^{22}］）伊现白转处呗？（是他明天回家吗？）

A1：是（［ti^{42}］/#［ti^{22}］）。（是。）

A2：无是（［ti^{42}］/#［ti^{22}］）。（不是。）

（18）Q：伊是（［ti^{42}］/#［ti^{22}］）现白转处呗？（他是明天回家吗？）

A1：是（［ti^{42}］/#［ti^{22}］）。（是。）

A2：无是（$[ti^{42}]/\#[ti^{22}]$）。(不是。)

(19) Q：伊现白是（$[ti^{42}]/\#[ti^{22}]$）转处呗？(他明天是回家吗?)

A1：是（$[ti^{42}]/\#[ti^{22}]$）。(是。)

A2：无是（$[ti^{42}]/\#[ti^{22}]$）。(不是。)

至此，可以总结出一条规则，“嚒”字句中焦点标记“是”标记他者为对比焦点，焦点具有浮动性；“呗”字句中焦点标记“是”标记自身为对比焦点，焦点固定为谓词“是”。

2.1.4 虚指代词

疑问代词用于是非问句，经过了句法上的降级处理，不与句末助词发生直接的句法关系。① 疑问代词被取消了焦点身份，不再表达疑问功能，转而表达指称功能，这样的疑问代词被称为虚指代词。虚指代词的指称功能包括特指与任指。②

先看表示特指的虚指代词，如例（20）与例（21）的“〈底侬〉”表示特指③，语义上指向特定范围内的某个人。“嚒”字句允许“〈底侬〉”出

① 根据赵春利（2019：87－88），“吗”字句中出现的疑问代词必须进行句法降级，让整个句子的疑问焦点从特指问的疑问代词转为是非问的谓语动词，才能使该疑问代词的疑问功能变为虚指功能。比如作主语的疑问代词降级为“有”的宾语，作宾语的疑问代词降级为定语，独立的述宾结构降级为连动结构的一部分，分别有如下例证：

a1. 谁见过那个姑娘?	a2. * 谁见过那个姑娘吗?	a3. 有谁见过那个姑娘吗?
b1. 你有什么?	b2. * 你有什么吗?	b3. 你有什么办法吗?
c1. 你以前去哪里?	c2. * 你以前去哪里吗?	c3. 你以前去哪里看过吗?

照此来看，琼海话的“嚒[1]”适用范围要大于普通话的“吗”。

② 是非问句中的虚指代词只限于询问人、事物、时间、地点、范围、数量或状态的疑问代词，不能是询问原因的疑问代词，因为询问原因的疑问代词可以询问事件的某个方面，也可以询问整个事件发生的原因，询问原因时的疑问域会与是非问句的疑问域发生冲突，如下普通话的例（a）与例（b）。除非将整个原因特指问理解为直接引语小句，相当于更高的句法层次上省略了主语与谓语，句子才符合语法，如例（c）。

* a. 他为什么不来学校吗?

* b. 为什么他不来学校吗?

c.（你是问）为什么他不来学校吗?

③ 〈 〉表示合音词，下同。

现，如例（20a）与例（21a）；“呗”字句不允许“〈底侬〉”出现，如例（20b）与例（21b）。

（20）a. 〈底侬〉来撞汝嚒？［有谁（=某个人）来见你吗？］

＊b. 〈底侬〉来撞汝呗？［有谁（=某个人）来见你吗？］

（21）a. 汝去撞〈底侬〉嚒？［你去见谁（=某个人）吗？］

＊b. 汝去撞〈底侬〉呗？［你去见谁（=某个人）吗？］

再看表示任指的虚指代词，如例（22）与例（23）的“〈底侬〉”表示任指，语义上指向特定范围内的任何人。“嚒”字句允许“〈底侬〉”出现，如例（22a）与例（23a）。[①]“呗”字句不允许“〈底侬〉”出现，如例（22b）与例（23b）。

（22）a. 〈底侬〉都转处嚒？［是不是谁（=每个人）都回家？］

＊b. 〈底侬〉都转处呗？［是不是谁（=每个人）都回家？］

（23）a. 我找〈底侬〉都作得嚒？［我找谁都可以吗？］

＊b. 我找〈底侬〉都作得呗？［我找谁都可以吗？］

至此，可以总结出一条规则：“嚒”字句允准虚指代词；“呗”字句不允准虚指代词。

① 例（23）表示任指的疑问代词，不能直接用于主句的谓词后面，这是指称属性本身的限制，与全称量化短语“每个NP”是相同的，这种句法限制与其是否用于是非问句无关，比如普通话：

a1. 谁都可以回家。　　b1. 你找谁吗？（谁=某个人；＊谁=每个人）

b1. 每个人都可以回家。　　＊b2. 你找每个人。

2.1.5 小结

2.1.2 至 2.1.4 节考察总结为表 2。

表 2 琼海话“嚒”字句与“呗”字句的内部结构比较

	“嚒”字句	“呗”字句
谓语结构	没有选择限制	肯定式谓词性短语
系词结构	焦点标记“是”标记他者	焦点标记“是”标记自身
虚指代词	可以出现	不能出现

根据表 2,“嚒”字句不强制选择某种句法结构充当谓语;“呗”字句则强制选择肯定式谓词性短语充当谓语。“嚒”字句中“是”可以标记自身以外的其他成分为对比焦点,可以越出谓语范围;“呗”字句中“是”只能标记自身为对比焦点,无法越出谓语范围。这些对立的表现再次证明“嚒”字句的疑问域为整个小句,“呗”字句的疑问域为谓语部分。

与此同时,“嚒”字句允准虚指代词,“呗”字句不允准虚指代词,这种对立表现不仅反映了疑问域的对立,还反映了疑问功能的对立:前者是有所预期的倾向问,后者是没有预期的中性问。下面就此展开介绍。

2.2 疑问功能比较

普通话“吗”字句的疑问功能,基于不同语境可以分为以下三种情况。

(ⅰ)中性问,言者不带任何预期进行提问,属于纯粹的“有疑而问”。

(ⅱ)倾向问,言者带有某种预期进行提问,属于猜测的“有疑而问”。

(ⅲ)反诘问,言者持着否定态度进行提问,属于纯粹的“无疑而问”。

如例(24)所示,普通话的“吗”字句涵盖了这三种疑问功能。例(24a)不基于任何语境提问,属于中性问。例(24b)若基于“学校明天放假”的语境提问,则是有肯定预期的猜测;若基于“学校明天还没放假”的语境提问,则是有否定预期的猜测,并且带有惊讶口气。例(24c)基于“他都病在床上”的语境提问,是一种反诘问,表达否定意义,句中往往出现疑问副词“难道”。①

(24) a. 中性问：他明天回家吗？

b. 倾向问：他明天回家吗？（学校明天就放假了。/学校明天还没放假。）

c. 反诘问：他难道明天回家吗？（他都病在床上。）

相应地，琼海话中表达中性问使用“呗”字句，表达倾向问与反诘问使用“嚒”字句，并且表示反诘问时，“嚒”往往也可以改读 24 调。

(25) a. 中性问：伊现白转处呗（[$^{m}bɛ^{34}$]）？

b. 倾向问：伊现白转处嚒（[$mɛ^{53}$]）？

c. 反诘问：伊现白转处嚒（[$mɛ^{53}$]/[$mɛ^{24}$]）？

倾向问与中性问的区别在于是否基于预期提问，因此提供预期的语境都只能使用“嚒”字句，不能使用“呗”字句。比如句中出现表示承接、类同、重复之类的副词，暗含了某种语境，只能用于“嚒”字句，不能用于“呗”字句，如例（26），并且“嚒”字句表达的都是倾向问。

(26) a. 欲是无落雨，汝现白就转处嚒/*呗？（要是不下雨，你明天就回家吗？）

b. 我现白转处，汝现白也转处嚒/*呗？（我今天回家，你今天也回家吗？）

① 黄国营（1986）基于多值逻辑视角，根据“说话人在潜知（presupposition）中对命题真假所作判断的认定程度”，将普通话“吗”的疑问程度分为五个等级：0 > 1/4 > 1/2 > 3/4 > 1。郭锐（2000）在此基础上把“潜知中的真值”称为“确信度”（credibility degree），并作了进一步的阐释。本文认为是非问信疑度的高低实际上是基于不同语境反衬出来的意义解读，客观上无法进行数值比较与测量，将这种语用差异尽可能描述出来即可。

c. 汝昨日转处，今旦仍欲转处嚒/＊呗？（你昨天回家，今天还要回家吗？）

又比如在打电话交谈时，如果发话人认识听话人，那么在起始句中确认听话人身份时，已经有肯定预期，通常会使用“嚒”字句，而不使用“呗”字句，否则会显得见外，如例（27a）。在现场交谈时，如果发话人不认识听话人，那么在起始句中确认对方身份时，无法判断是否正确，通常不使用“嚒”字句，而使用“呗”字句，否则会显得唐突，如例（27b）。

（27）a. 电话语境：双方之前认识。

是杨老师嚒/＊呗？我是李平。（是杨老师吗？我是李平。）

b. 现场语境：双方初次见面。

是杨老师＊嚒/呗？我是李平。（是杨老师吗？我是李平。）

总之，普通话的“吗”字句表达中性问与倾向问，只能依靠语境区别；琼海话的“呗”字句与“嚒”字句分别表达中性问与倾向问，通过句末助词能直接区别。

普通话中表达中性问的反复问结构［X＋Neg＋X］，只用于构成疑问，不用于表示感叹、意外等范畴意义；不能与其他疑问结构①共现；小句嵌入程度最深，适用于各类小句位置，属于最典型的真性极性问形式（real polar－question form，陈振宇等，2017）。这是因为反复问结构提供的正反两个选择项都在句中出现，最适合表达没有预期的中性问。就疑问功能而言，“呗”字句与反复问句表达的中性问是相同的，都明显区别于“嚒”字句表达的

① 此处这里所说“其他疑问结构”并不包括表达虚指的疑问词。表达中性问的反复问结构［X＋Neg＋X］是能与表达虚指的疑问词共现的，比如：“你有没有什么办法？”感谢匿名审稿专家提醒这点。

倾向问。① 相应地，就疑问域来看，“呗”字句与反复问句都是谓语部分，“嚒”字句则是整个小句。

2.3 小结

琼海话“嚒”字句与“呗”字句的疑问域存在对立关系，反映在各个层面的对立表现总结为以下几个方面：

（ⅰ）句法层面：“嚒”作用于整个小句，“呗”作用于谓语部分；

（ⅱ）语义层面：“嚒”字句询问命题的真假，“呗”字句询问动作（或状态）的有无；

（ⅲ）语用层面：“嚒”字句表达倾向问，“呗”字句表达中性问。

这种疑问域上“整句 VS. 谓语”的对立关系，能够深化我们对于普通话“吗”字句焦点问题的认识。下面就此展开讨论。

3. 普通话是非问句的焦点问题

3.1 前人观点

关于普通话疑问句的焦点，学界曾经有不少讨论，相关研究述评详见祁峰（2014b）。普通话疑问句的结构类型对焦点的句法实现有着制约作用。其中，特指问句、选择问句与反复问句的焦点没有太多争议，一般认为：特指问句的焦点多数时候为疑问代词；选择问句的焦点为选择项之间的差异部分；反复问句的焦点为“×不×”。然而，是非问句中焦点的句法实现却存在争议，主要集中于两个问题：是非问句是否存在焦点？如果存在焦点，句法上实现为哪些成分？学界主要有三种观点，如下：

---

① 琼海话中“呗”来自反复问句句末位置的否定词“无”与语气词“嘞”的合音，声母取前字，韵母与声调取后字，即：呗［ᵐbɛ³⁴］← 无［ᵐbɔ²²］+ 嘞［lɛ³⁴］。这说明了“呗”表达中性问的语义来源。“嚒”可能也来自反复问结构句末的否定词，并且层次应该早于“呗”的来源。关于“呗”与“嚒”的语源，我们将另文专述。

（ⅰ）焦点不存在或不明确，需要借助语境或焦点标记来识别，比如陈昌来（2000：237）；

（ⅱ）焦点实现为整个句子，有时也为句内成分，比如吕叔湘（1944/1982：281；1985）；

（ⅲ）焦点实现为句内成分，有些学者认为是述语，比如马建忠（1898/2000：599）、黎锦熙（1924/1992：242）；有些学者认为是多种不同成分，比如赵春利（2019：93－98）[①]。

本文认为，造成分歧的原因不仅是诸家对“焦点”的定义与分类不同，更关键的是混淆了疑问句的“焦点”与“问点”，进而在是否存在“整句焦点”问题上犹豫不决。本节将首先根据前人相关研究，说明本文关于焦点的定义与分类，重申“焦点”与“问点”的异同关系，强调区分两者的重要性，进而通过琼海话“噻”字句与“呗”字句等相关方言或语言的证据，进一步证明“整句焦点”概念具有合理性，最后回答以普通话“吗”字句为代表的是非问的焦点问题。

3.2 焦点与问点

焦点（focus）是一个涉及韵律、句法、语义与语用等多个分析界面的概念[②]，但本质上属于语义—语用范畴。宽泛地说，焦点指话语中说话人最想让听话人注意的部分（刘丹青、徐烈炯，1998）。根据是否具有穷尽性（exhaustiveness）与排他性（exclusiveness），可以将焦点分为两类（Kiss，1998；徐烈炯，2002；刘丹青，2017：222－224）：[③]

（ⅰ）对比焦点（contrastive focus）：[＋穷尽性]、[＋排他性]

（ⅱ）信息焦点（information focus）：[－穷尽性]、[－排他性]

---

① 赵春利（2019：93－98）在区分自然焦点与对比焦点的基础上，提出“吗”字句的自然疑问焦点遵循优选序列：模态类语气类副词 ＞ 能愿动词 ＞ 动补结构 ＞ 句子谓语类。

② 基于不同的理论背景与分析框架，不同学者有不同的定义与分类，详见徐烈炯（2005）或祁峰（2014a）的总结与评述。本文旨趣不在研究焦点的基本理论问题，只介绍与本文观点相关的定义与分类。

③ 这两类焦点是汉语学界最为通行的分类，但是不同文献使用的术语不同，敬请读者注意。

对比焦点是语境或预设中相对其他成分而言的焦点，在突出焦点成分的同时，意味着焦点的所指是穷尽性的，排除了其他潜在的对象。信息焦点没有任何预设，在突出焦点成分的同时，不意味着焦点的所指是穷尽性的，不排除其他潜在的对象。以普通话来说，例（28）中针对问题“小王买了什么”，回答 A1“一块肥皂”之后，也可以再回答 A2“两条毛巾”。两者都是信息焦点，不会互相排斥。若 A3 为真，则 A1 与 A2 也为真，即 A3 蕴涵 A1 与 A2。

（28）Q：小王买了什么？

A1：小王买了一块肥皂。

A2：小王还买了两条毛巾。

A3：小王买了一块肥皂和两条毛巾。

再看例（29），针对问题“小王买的是什么”，回答 A1“一块肥皂”之后，就不能再回答 A2“两条毛巾”。A1 和 A2 两者都是对比焦点，相互排斥。若 A3 为真，则 A1 与 A2 为假，即 A3 不蕴涵 A1 或 A2。

（29）Q：小王买的是什么？

A1：小王买的是一块肥皂。

A2：小王买的是两条毛巾。

A3：小王买的是一块肥皂和两条毛巾。

第 2 节讨论琼海话时所说的“没有对比焦点”指的就是句中出现信息焦点的情况；“出现对比焦点”指的就是出现对比焦点的情况。

问点（inquiring point）指问话人向答话人询问的信息要点。问点在文献中也叫“疑问点”或“疑问中心”。由于普通话疑问句的问点多数时候也是焦点所在，因此文献中有时会有意或无意地将“问点”与“焦点”等同对待，以至于“疑问焦点”既指疑问句的焦点，又指疑问句的问点。为了避免混淆，下文不再使用“疑问焦点”这个术语。

焦点与问点的区别是显而易见的。问点只见于疑问句，焦点不限于句子的功能类型，陈述句、感叹句与祈使句都有焦点。祁峰（2014c）曾对普通话不同类型的疑问句的问点（该文称疑问点）与焦点（该文称疑问焦点）的句法实现进行了全面梳理。他指出，虽然疑问词多数时候都是问点与焦点所在，但是疑问句的问点与焦点不必然重合。比如询问原因的疑问词并非总是疑问句的焦点。下面以普通话的“为什么”为例（转引自祁峰，2014c 例 6）：

（30）a. 为什么他昨天去了上海？（意为：“他昨天去上海”这件事的起因是什么。）

b. 为什么他昨天去了上海？（意为：为什么是他，而不是其他人。）

c. 他为什么昨天去了上海？（意为：为什么是昨天，而不是其他时间。）

d. 他昨天为什么去了上海？（意为：为什么是去了上海，而不是其他事。）

e. 他昨天为什么去了上海？（意为：为什么去的是上海，而不是其他地方。）

例（30a）的“为什么”针对整个事件发生的原因询问，既是问点所在，也是焦点所在。但是例（30b－30e）的“为什么”针对事件内部的某个方面询问，不是问点所在，也不是焦点所在。“为什么”是焦点敏感算子，它指向的成分才是焦点与问点所在。因此，疑问词并非总是问点所在，也并非总是焦点所在。类似的还有非谓词位置的“是不是”，同样能够自由浮动，也是焦点敏感算子，此不赘述。

3.3 整句焦点

Lambrecht（1994：213）认为，焦点是语用层面构建的命题中断言不同于预设的语义部分。[①] 简略地说，焦点结构可以分出三类[②]，如下：

（ⅰ）论元焦点（argument focus）：焦点在句法上实现为句中的某个单一成分；

（ⅱ）谓语焦点（predicate focus）：焦点在句法上实现为句中的谓语；

（ⅲ）整句焦点（sentence focus）：焦点在句法上实现为整个小句。

论元焦点与谓语焦点都落在句内某个部分，焦点域以外就是预设部分。整句焦点则以全句为焦点域，整句都是新信息，没有预设信息。例（31）至例（33）是普通话中三类焦点的例证。（罗仁地、潘露莉，2005）

（31）A：我听说你的摩托车坏了。

B：是（我的）车坏了。［论元焦点］

（32）Q：你的车怎么了？

A：（我的车）坏了。［谓语焦点］

（33）Q：发生什么事了？

A：（我的）车坏了。［整句焦点］

上述三句相应的信息结构如表3所示：

表3 三类焦点句信息结构

	预设	断言	焦点	焦点域
论元焦点句	“答话者的×坏了”	×=“车”	“车”	名词组
谓语焦点句	“说话者的车可以作为陈述×的话题”	×=“坏了”	“坏了”	动词加其余的动词后的成分
整句焦点句	没有	“答话者的车坏了”	“答话者的车坏了”	整个小句

① 原文为 focus：The semantic component of a pragmatically structured proposition whereby the assertion differs from the presupposition。

② 本文重在强调“整句焦点”的合理性，为了便于理解，简化了三类焦点结构的称呼。Lambrecht 的术语是：论元焦点结构（argument focus structure）、谓语焦点结构（predicate focus structure）、整句焦点结构（sentence focus stucture）。其中，“谓语焦点结构”指的是无标记的“话题/述题”（topic/comment）结构。关于三类焦点结构的比较与分析，详见 Lambrecht（1994）或罗仁地、潘露莉（2005）。

刘丹青（2017：221）进一步强调，整句焦点在不少语言中有明显区别于谓语焦点的句法表现。比如日语（Lambrecht，1994：223，转引自刘丹青，2017：221）：

（34）a. KURUMA　ga　KOSHOO－shi－ta.（大写表示重读）

　　汽车　　主格　出故障－过去时

　　汽车坏了。

　　b.（Kuruma　wa）　KOSHOO－shi－ta.（括号表示可以省略）

　　汽车　　话题　出故障－过去时

　　汽车坏了。

例（34a）回答“怎么啦”之类的问题，是整句焦点，主语后使用主格标记 ga，不能替换为话题标记 wa，主语与谓语动词都要重读，主语不能省略。例（34b）回答“汽车怎么啦”之类的问题，kuruma 是话题，是旧信息，是预设“汽车发生了某件事”的一部分，要求使用话题标记 wa，不能用 ga，kuruma 不能重读，还可以省略，只有谓语可以重读，因此 ga 和 wa 之别不仅是主语和话题的区别，还是不同的焦点类别的外部表现。

此外，还有语言使用不同的语序来表达上述三类焦点。比如意大利语中“主语—谓语”句表达谓语焦点，倒装句表达全句焦点，“è”分裂句表达论元焦点；法语中“话题—主语—谓语”句表达谓语焦点，存现句表达整句焦点，“c’est”分裂句表达论元焦点。（Lambrecht，1994；罗仁地、潘露莉，2005）

“整句焦点”在语言中存在与其他焦点类型相互区别的形态句法证据，说明这个概念具有合理性。本文所整理的琼海话中，“嚒”字句与“呗”字句的对立关系，不仅能够进一步证明“整句焦点”的合理性，而且能够直观地说明是非问句也可以分出不同的焦点类型。基于前文研究，根据表 1 中答句的句法语义属性，“嚒”字句与“呗”字句的疑问域、问点与焦点在句法实现上的关系，总结为表 4。

表 4 琼海话"嚒"字句与"呗"字句的疑问域、问点与焦点

	焦点类型	应答语	补答语	疑问域	问点	焦点
"嚒"字句	信息焦点	叹词	—	CL	CL	CL
	对比焦点	叹词	XP	CL	XP	XP
"呗"字句	信息焦点	谓词	—	VP	VP	VP
	对比焦点	谓词	—	VP	VP	XP

说明：CL 表示小句（clause），VP 表示谓语，XP 表示句内某个不固定的成分。

表达信息焦点时，"嚒"字句与"呗"字句都存在"疑问域 = 问点 = 焦点"，只是前者的句法实现为 CL = CL = CL，后者的句法实现为 VP = VP = VP。换句话说，两类是非问句对立的疑问域，可以视为焦点在句法实现上的对立。这证明了"整句焦点"的合理性。

表达对比焦点时，"嚒"字句存在"疑问域 ≠ 问点 = 焦点"，并且"问点 = 焦点"始终处于疑问域之内；"呗"字句存在"疑问域 = 问点 ≠ 焦点"，并且焦点既可以同于"疑问域 = 问点"（即实现为 VP），也可以不同于"疑问域 = 问点"（即实现为 VP 之外的成分）。

相比琼海话的两类是非问句，普通话的"吗"字句没有其他焦点类型的是非问句与之构成对立关系，因此无法直观地看出是否表达整句焦点。但是，我们不能据此否定"吗"字句没有整句焦点，更不能说"吗"字句没有焦点。

3.4 本文观点

如果认识到问点与焦点的不同，也承认整句焦点的合理性，那么就很容易理解"吗"字句的焦点问题。按照本文的思路，"吗"字句的焦点问题就转换为两个问题，如下。

（i）如果焦点为对比焦点，问点与焦点的句法实现是否相同？

（ii）如果焦点为信息焦点，问点与焦点的句法实现是否相同？

关于问题（i），对比焦点由焦点标记标明，句法上实现为句内某个成分，也就是对比焦点所在。而且，此时的对比焦点所在也是问点所在。换句话说，

对比焦点与问点的句法实现是重合的。关于问题（ⅱ），问点句法上实现为整个小句，那么，此时的问点是否就是信息焦点？换句话说，问点与信息焦点的句法实现是否重合？这个问题的回答取决于是否承认存在整句焦点。正如前文所述，“整句焦点”具有合理性。那么，答案显然也是肯定的。

因此，本文的回答是：“吗”字句中问点与焦点的句法实现都是相同的。如果表达对比焦点，那么问点与对比焦点句法上都实现为句内某个成分，也就是对比焦点所在。如果表达信息焦点，那么问点与信息焦点句法上都实现为整个小句，也就是信息焦点所在。

4. 结论

本文介绍了琼海话的两类是非问句，分别是以句末助词为标记的“嚒”字句与“呗”字句。两类问句在疑问域上存在“整句 VS. 谓语”的对立关系，相应地在各个层面有对立表现：

（ⅰ）句法上“嚒”作用于整个小句，“呗”作用于谓语部分；

（ⅱ）语义上“嚒”字句询问命题的真假，“呗”字句询问动作（或状态）的有无；

（ⅲ）语用上“嚒”字句表达带有预期的倾向问，“呗”字句表达没有预期的中性问。

基于前人研究，本文明确了焦点的定义与分类，说明了焦点与问点的异同，重申了区分焦点与问点的重要性。按照 Lambrecht（1994）的焦点分类框架，不但日语、法语与意大利语等语言能够证明“整句焦点”的合理性，而且琼海话的两类是非问句表达信息焦点时，也能证明“整句焦点”的合理性。参照琼海话的“嚒”字句与“呗”字句，普通话“吗”字句的焦点问题可以转为焦点与问点的句法实现关系。“吗”字句中问点与焦点的句法实现都是相同的：如果表达对比焦点，那么问点与对比焦点句法上都实现为句内某个成分，也就是对比焦点所在；如果表达信息焦点，那么问点与信息焦点句法上都实现为整个小句，也就是信息焦点所在。

参考文献

陈昌来:《现代汉语句子》,华东师范大学出版社,2000。

陈振宇、马宝玲、薛时蓉:《从汉语角度看极性问的类型学性质——真性极性问形式与疑问语气成分的区别》,载陶寰、陈振宇、盛益民主编《汉语方言疑问范畴研究》,中西书局,2017。

符其武、李如龙:《海南闽语声调的演变》,《中国语文》2004 年第 4 期。

郭锐:《"吗"问句的确信度和回答方式》,《世界汉语教学》2000 年第 2 期。

黄国营:《"吗"字句用法初探》,《语言研究》1986 年第 2 期。

刘丹青:《叹词的本质——代句词》,《世界汉语教学》2011 年第 2 期。

刘丹青:《语法调查研究手册》(第二版),上海教育出版社,2017。

刘丹青、徐烈炯:《焦点与背景、话题及汉语"连"字句》,《中国语文》1998 年第 4 期。

罗仁地、潘露莉:《焦点结构的类型及其对汉语词序的影响》,载徐烈炯、潘海华主编《焦点结构和意义的研究》,外语教学与研究出版社,2005。

黎锦熙:《新著国文语法》,商务印书馆,1924/1992。

吕叔湘:《疑问·肯定·否定》,《中国语文》1985 年第 4 期。

吕叔湘:《中国文法要略》,商务印书馆,1944/1982。

马建忠:《马氏文通读本》(吕叔湘、王海棻编),上海教育出版社,1898/2000。

祁峰:《现代汉语焦点研究》,中西书局,2014(a)。

祁峰:《现代汉语疑问和焦点关系研究述评》,《汉语学习》2014(b)年第 6 期。

祁峰:《试论疑问焦点和疑问点的关系——论疑问焦点与否定焦点的异同》,载复旦大学中国语言文学系《"语言的描写与解释"国际学术研讨会论文集》,2014(c)。

徐烈炯:《汉语是话语概念结构化语言吗?》,《中国语文》2002 年第 5 期。

徐烈炯:《几个不同的焦点概念》,载徐烈炯、潘海华主编《焦点结构和意义的研究》,外语教学与研究出版社,2005。

杨望龙:《海南琼海话的种类量词"个"》,《方言》2022 年第 3 期。

赵春利:《现代汉语句末助词研究》,商务印书馆,2019。

Kiss, Katalan É. 1998. Indentificational focus versus information focus. *Language* 71: 245 - 273.

Lambrecht, Kund. 1994. *Informational Structure and Sentence Form : Topic , Focus , and the Mental Representation of Discourse Referents*. Cambridge: Cambridge University Press.

Two Types of Sentences of Polariry – Question in Qionghai Dialect: A Reflection on the Polar – Qustion Marked by "吗" in Mandrain

Yang Wanglong

Abstract: There are two types of sentences expressing polarity – question, marked by particle $m\varepsilon^{53}$ "嚒" and particle $^{m}b\varepsilon^{34}$ "呗" respectively in Qionghai Dialect. The $m\varepsilon^{53}$ – sentence takes a clause as its interrogative scope, as which $^{m}b\varepsilon^{34}$ – sentence takes a predicate. The opposition of interrogative scope reflects as a series of oppositive performances in syntax, semantic and pragmatics. The two types of sentences with different interrogative scopes could demonstrate the rationality of the concept of *sentence focus*. Taking the observation about the oppsitive types of sentences in Qionghai Dialect, we will argue that scope of intterogative and scope of focus in the polar – question sentence marked by particle ma^{55} "吗" in Mandrain are always identical: they are realized as a clause when informational focus occurs in the ma^{55} – sentence, while they are realized as a constituent inside a clause when contrastive focus occurs in the ma^{55} – sentence.

Keywords: Qionghai Dialect, polarity – question, focus, interrogative, ma^{55} "吗"

海门方言句末助词“哦”“嘸”及其构成的是非问句*

黄冬笑
（北京大学中文系）

提　要　海门方言句末助词“哦［vaʔ23］”和“嘸［maʔ23］”均可用于“（𫠣）– VP – PRT?”格式，形成是非问句“VP 哦?”“𫠣 VP 哦?”“𫠣 VP 嘸?”“VP 嘸?”。四种格式在对 VP 的要求、意义和功能、时体特征及答句的形式等方面有所不同。“哦［vaʔ23］”问句可用于对非过程时状及进行体、持续体 VP 的提问，而“嘸［maʔ23］”问句不能。问句“𫠣 VP 哦?”和“𫠣 VP 嘸?”有时体意义的差别。后者是完成体问句，包含了预设“事件 VP 必然发生”，与前者不同。句末助词“哦”和“嘸”在时体意义上有别，“哦”只编码了疑问义，是一般否定词“勿”和语气词“啊”的合音形式。“嘸”同时编码了疑问义和完成体义，其完成体义来自含该意义的否定词，“嘸”应是海门方言中已经消失的否定词“未”和语气词“啊”的合音。

关键词　吴语　海门方言　是非问句　句末助词

* 本文获北京大学中文系李小凡方言学奖资助，特此致谢。

1. 引言

海门方言通行于江苏省南通市海门区中南部，当地称为“海门话”①，《中国语言地图集》（1987）将其划归吴语太湖片苏沪嘉小片。

普通话句末助词“吗”可用于疑问句句末，构成中性是非问句“VP吗?”，也即袁毓林（1993：104）所说的“无标记的肯定式‘吗’问句”，这类“吗”问句“有疑问焦点，要求听话人在问句预设的VP与非VP中选一项回答”。海门方言有类似普通话“吗”问句的是非问句，用于这类问句的句末助词有两个——“哦［vaʔ^{23}］”和“嘛［maʔ^{23}］”，两者意义及功能不同，与普通话“吗”也有所不同。

前人（袁劲，1997；王洪钟，2011a，b）对海门方言这两个助词构成的是非问句进行了描写，袁文涉及“VP哦?”“𫠊VP哦?”“𫠊VP嘛?”三种格式②，王文除这三种格式还描写了“VP嘛?”。上述研究对几种格式关系的描述不尽相同。“VP哦?”与其他格式有显著差异，王洪钟（2011b：337～343）将“VP哦?”归为未然体问句，其余格式归为已然体问句。“VP哦?”之外的三种格式，王文认为它们语义一致。袁劲（1997：333）则指出“𫠊VP哦?”和“𫠊VP嘛?”存在区别，认为前者是“过去完成体问句”，后者是“查询式问句”，例如“𫠊去（过）嘛?”表示“应该去过，而问是否已经去过”。此外，王洪钟（2011b：326）还指出格式之间存在层次差异，认为已然体格式中，“VP嘛?”是土语层的形式，仅留存在老年人

① 江苏省南通市海门区境内通行的方言有两种，一种称为“海门话”，又称“沙地话”“启海话”，通行于海门区中南部的海门、滨江、三厂三个街道及常乐、临江、悦来等乡镇；另一种称为“江北话”，学界通常称为“通东话”，通行于海门区北部的四甲、正余、余东、包场等乡镇。本文的研究对象“海门方言”指当地称为“海门话”的方言，不包括“通东话”。

② 袁文用例句展现几种格式的不同，例句中的谓词性成分均为“去（过）”，本文为方便比较，将这些例句中的谓词替换为“VP”进行句式归纳。袁文例句中的句末语气助词“□［maʔ$^{8 \cdot 0}$］”依本文习惯写作“嘛”。王文例句中的副词“𫠊”字依本文习惯写作“𫠊”。

的口音中，且正在被“赠VP哦?”格式取代。

从已有研究来看，围绕句末助词“哦”“咻”构成的问句还存在一些疑问：(1)“赠VP哦?”“赠VP咻?”“VP咻?”三种格式两两之间语义是否相同？它们之间是什么关系？(2)句末助词“哦”“咻”的功能有何差异？(3)既有研究均认为“哦”来自“勿啊”的合音，那么“咻”来源为何？综上，海门方言句末助词“哦”“咻”及它们构成的是非问句还有许多值得探究之处。本文以海门方言句末助词“哦［vaʔ^{23}］”“咻［maʔ^{23}］”及其构成的是非问句为研究对象，描写海门方言“(赠)-VP-哦/咻?”问句（下文简称“‘哦/咻’问句”）的不同格式，考察不同格式问句的语义和功能，并比较其异同。在此基础上，还将分析句末助词“哦”“咻”的意义并讨论“咻”的来源。

海门方言为笔者的母语方言，本文语料除特别说明的均来源于自省。语料中尽量写本字，本字不明的用同音字表示，同音字右上角标“$^{=}$”，没有同音字的用“□”标示。语料中不合语法的句子用星号“*”标示。

2. “(赠)-VP-哦/咻?”问句的结构及相关问题

句末助词“哦/咻”构成的是非问句，句末（VP后）是“哦”或“咻”，部分格式中VP前有副词“赠”，“(赠) VP哦/咻”前通常是做主语或话题的NP，NP可以不止一个。“哦/咻”问句的结构可以概括为“(NP)-(赠)-VP-哦/咻?”，这类问句的格式本文用“(赠) VP哦/咻?”表示。

在讨论这类格式的问句之前，有一些相关内容需要补充。下面简单介绍与“(赠) VP哦/咻?”问句相关的否定词、问句中的“赠”、句末语气词。

2.1 海门方言的否定词

海门方言与“(赠) VP哦/咻?”问句相关的否定词有“弗［fəʔ^{4}］、赠［fən^{53}］”。据王洪钟（2011a：117~119，138~139），“弗［fəʔ^{4}］”大致对应普通话的“不”，用于否定主观意愿、惯常行为、性质或关系、动作结果的可能性、对方的提议或猜测；“𫢸［fən⁵³］”是“弗曾”的合音，意思是不曾、没有，用于对已然的行为或状态的否定。“弗［fəʔ⁴］”做补语时，声母弱化，读作［vəʔ²³］，写作“勿”。以下例句引自王洪钟（2011a：117）：

（1）明朝我有处弗买小菜特。（明天我可以不买菜了。）

（2）今朝我𫢸带钞票，先问你借点。（今天我没带钱，先向你借一点。）

“𫢸［fən⁵³］”另有自由变体“𫢸宁⁼［fən⁵³ ȵin⁵³］”，“（𫢸）VP 哦/咻？”问句中的“𫢸”均可替换为“𫢸宁⁼”，本文为方便考虑一律只用“𫢸”。

2.2 “哦/咻”问句中的“𫢸”

“哦”问句和“咻”问句的 VP 前都可以出现副词“𫢸”，需要注意的是，正如王洪钟（2011a：145）所言，此处的“𫢸”与其他条件下出现的否定词“𫢸”功能不同，没有否定义，只承载时体义。

首先，是非问句里的非句末位置出现否定词本就罕见。从形式来看，构成疑问的部分有句末的否定词①，如果 VP 前另有否定词则显得重复。从语义来看，是非问句非句末位置也不应该出现否定词。徐烈炯、邵敬敏（1998：96）指出“只有在非中立的情况下疑问句才可能出现否定式，中立疑问句中没有必要也不能使用否定式”。刘丹青（2008）在分析谓词重叠型问句时提到部分方言正反问句可以失落否定词而产生重叠式是非问句（如“来来？”）的条件之一是该位置否定词不表达否定义，可见是非问句中否定词的否定义丢失是普遍存在的，海门方言是非问句中否定词“𫢸”否定义的脱落可以看作正反问句否定词丢失否定义的平行现象。

其次，从系统性来看，如果 VP 前的“𫢸”有否定义，则可以认为海门

① “哦”“咻”均由否定词与语气词合音而来，详见本文第 4 节。

方言“哦/咻”问句允许否定词进入，那么难以解释“哦/咻”问句不允许否定词“弗”进入该格式（“＊弗 VP 哦？”不合法）。

再次，含“𫇬”问句的连读变调也能为这里的“𫇬”不含否定义提供一定的佐证。据黄冬笑（2021：96～97），海门方言中，否定副词做状语时，状中结构的两个直接成分之间没有连调界，属于同一个连调组。问句“𫇬 VP 哦/咻？”中的“𫇬”和后面的“VP”之间有连调界，这和陈述句以及是非问句“𫇬 VP 啊？$_{没VP啊？}$”不同。

综上所述，否定词“𫇬”来自“弗曾”的合音，同时编码否定义（“弗”）和时体义（“曾”），是非问句中 VP 前的“𫇬”没有否定义，只贡献时体义。其时体义见下文分析。

2.3 海门方言是非问句的句末语气词

本文专门讨论句末助词为“哦”“咻”的是非问句。“哦”一般被认为是否定词“勿”与疑问语气词“啊”的合音形式。实际上“啊”还可以替换成“呀、啦、喃”[①]，这些语气词多数不能和否定词“勿”融合。因此，海门方言是非问句的形式还包括“（𫇬）VP 勿呀/啦/喃”，它们与“（𫇬）VP 哦”仅有语气上的不同。（参看王洪钟，2011a：147；2011b：338）“（𫇬）VP 咻？”句末的“咻”也来自否定词与疑问语气词“啊”的融合。与“啊”融合的否定词是什么，第 4 节将专门讨论。与“（𫇬）VP 哦”类似，句末语气词除了“啊”还可以根据语气的不同换成“呀、啦、喃”，形成“（𫇬）VP 末⁼呀/啦/喃”。

① 王洪钟（2011b：338）辨析了几种语气的不同：“‘勿啦’问得比较迫切而直率，‘勿呀’问比较温和而婉转，‘勿喃’问比较平和而理智。”语气词的准确描写相当困难，王文的描写尚偏主观，疑问句句末的三个语气词“啦、呀、喃”与基本的疑问语气词“啊”的语气差异还有待进一步探究。

3. “(朆) - VP - 哦/啉?”问句的不同格式

助词“哦”“啉”构成的是非问句，根据“VP”前是否有副词“朆[$fən^{53}$]”及具体的句末助词可分为四种格式，分别是“VP哦?”“朆VP哦?”“VP啉?”“朆VP啉?”。

表1 海门方言“(朆) - VP - 哦/啉?”问句的四种格式

“朆” 句末助词	-	+
哦	VP哦?	朆VP哦?
啉	VP啉?	朆VP啉?

上述四种格式两两之间的意义和用法不完全相同。不同格式对VP的要求、答句的形式不同，问句的语义功能以及时间特性也存在差异。下面从以上方面分别考察四种格式的是非问句。句子的时间参照将结合答句形式(尤其是肯定回答)进行分析，用Reichenbach(1947)时间体系的三个元素“言语点(S)”“参照点(R)”“事件发生点(E)”的相对关系刻画不同格式的问句的时间特性。Reichenbach(1947)提出用说话时间、参照时间、事件时间三类时间(在时间轴上对应三类时间点：言语点、参照点、事件发生点)之间的关系揭示语言的时间系统，三个时间点不同的相对关系对应具体语言中不同的时(例如E < R < S对应“前过去时”anterior past、E = R < S对应“简单过去时”simple past)。本文讨论的四种问句格式之间时间特性的差异可以通过三个时间点的关系很好地展现，但具体语言中的具体的时制类型的意义有较多的个性，因此本文不对不同问句格式及其中成分所表达的时制类型进行具体的讨论。

3.1 “VP哦?”

“VP哦?”意为“VP吗?”。能进入该格式的VP有两类：不带时体词的VP[如例(3)至例(6)]，带表进行体义的副词“勒=/勒=憾=/勒=特=/

勒=到/勒=勒=”或表持续体义的助词“勒=憾=”的 VP［如例（7）、例（8）］。前者用于询问属性、状态、惯常行为、意愿或计划、能力等，后者用于询问是否正在进行某事或处于某种持续状态。“VP 哦？”格式的肯定回答通常为“VP 个$_{\text{的}}$”，否定回答通常为“弗不 VP（个$_{\text{的}}$）”①。

（3）甲：葛=只碗清爽哦？（这只碗干净吗？）

乙：清爽个。（干净的。）/弗清爽（个）。［不干净（的）。］

（4）甲：你特=爷吃香烟哦？（你爸爸抽烟吗？）

乙：吃个。（抽的。）/弗吃个。（不抽的。）

（5）甲：渠后日头来哦？（他后天来吗？）

乙：来个。（来的。）/弗来。（不来。）

（6）甲：你脚踏车踏得来哦？（你会骑自行车吗？）

乙：踏得来个。（会骑的。）/踏勿来（个）。［不会骑（的）。］

（7）甲：眼头渠勒=做作业哦？（刚才他在做作业吗？）

乙：勒=个。（在的。）/弗勒=。（不在。）

（8）甲：窗子开勒=憾=哦？（窗子开着吗？）

乙：开勒=憾=（个）。（开着。）/𫠨开。（没开。）

当 VP 带表进行体意义的动词或持续体意义的助词时，参照时间（R）与事件时间（E）一致，它们与说话时间（S）的关系可以是任意的。

3.2 “𫠨 VP 哦？”

“𫠨 VP 哦？”意为“VP 了吗？”。能进入该格式的 VP 有两类：不带时

① “个”表肯定语气，答句肯定形式中的“个”，一般强制出现，询问计划、意愿、状态、是否正在进行某事时，否定形式句末不允许出现“个”，其他情况下否定形式句末的“个”可出现，可不出现。答句的否定形式另有几个较特别的：（1）当 VP 为“V 得 C”时，否定形式为“V 勿 C”；（2）当 VP 为“有处$_{\text{可以}}$”“有”时，否定形式分别为“无处（个）”“无得（个）”，当 VP 含持续体标记时，否定形式为“𫠨 VP”，如例（8）。

体词的VP和带经历体助词“过”的VP。前者用于询问过去是否发生某个动作行为或变化［如例（9）、例（10）］，后者询问是否有某种经历［如（例11）］。“𫠓VP哦？”格式的肯定回答为“VP个$_{的}$”，否定回答为“𫠓VP$_{没VP}$”。“𫠓VP哦？”问句的参照时间通常为一个时段。事件时间与参照时间一致，在说话时间之前。可以表示为“E = R < S”。

（9）甲：渠葛⁼天子𫠓来哦？（他那天来了吗？）

乙：来个。（来的。）/𫠓来。（没来。）

（10）甲：衣裳𫠓干哦？（衣服干了吗？）

乙：干个。（干的。）/𫠓干。（没干。）

（11）甲：台浪⁼葛⁼双筷𫠓吃过哦？（桌上那双筷子用过吗？）

乙：吃过个。（用过的。）/𫠓吃过。（没用过。）

此外，“𫠓VP哦？”格式中的VP也可以带表进行体意义的副词“勒⁼”，但使用频率低于前者，不能用于对将来事件的询问，并且带有强烈的疑问语气。例如：

（12）甲：你𫠓勒⁼做作业哦？（你在做作业吗？）

乙：勒⁼个。（在的。）/𫠓勒⁼。（没在。）

3.3 “𫠓VP啉？”

“𫠓VP啉？”意为“（已经）VP了吗？”[①]。能进入该格式的VP有两类：不带时体词的VP和带经历体助词“过”的VP。前者用于询问过去或现在某个时间点是否进入某种状态［如例（13）］，或者某个动作行为或变化是

① 普通话的“已经VP了吗？”有偏向性，此处“𫠓VP啉？”有“已经”义，但没有偏向性，因此翻译中将“已经”注在括号内。

否已然［如例（14）~例（16）］。后者用于询问到过去或现在某个时间点是否已经拥有某种经历，如例（17）。

该格式的肯定回答为“VP个特$^{=}_{\text{已经VP了}}$”，否定回答为“𫅷VP（个）勒$^{=}$/弗VP（个）勒$^{=}_{\text{还没/不VP呢}}$”。否定回答的选择和VP的语义类型有关，当VP表状态时，否定回答为“弗VP（个）勒$^{=}_{\text{还不VP呢}}$”［如例（13）］；当VP表示动作或变化时，否定回答为“𫅷VP（个）勒$^{=}_{\text{还没VP呢}}$”［如例（14）-（17）］。

（13）甲：葛$^{=}$桩事体你话之前渠𫅷晓得咻？［这件事情你说之前他（已经）知道了吗?］

乙：晓得个特。（已经知道了。）/弗晓得（个）勒$^{=}$。（还不知道呢。）

（14）甲：衣裳𫅷汏咻？［衣服（已经）洗了吗?］

乙：汏个特$^{=}$。（已经洗了。）/𫅷汏（个）勒$^{=}$。（还没洗呢。）

（15）甲：你跑个辰光渠𫅷跑咻？［你走的时候他（已经）走了吗?］

乙：跑个特$^{=}$。（已经走了。）/𫅷跑（个）勒$^{=}$。（还没走呢。）

（16）甲：明明大学𫅷毕业咻？［明明大学（已经）毕业了吗?］

乙：毕业个特$^{=}$。（已经毕业了。）/𫅷毕业（个）勒$^{=}$。（还没毕业呢。）

（17）甲：回转特$^{=}$外婆家𫅷去过咻？［回家后外婆家（已经）去过了吗?］

乙：去过个特$^{=}$。（已经去过了。）/𫅷去过（个）勒$^{=}$。（还没去过呢。）

“𫅷VP咻?”问句的事件时间在参照时间之前，参照时间与说话时间一致或早于说话时间，可以表示为“E＜R≤S”。

3.4 “VP 啉?”

“VP 啉?”的意义和用法与“𫝈 VP 啉?”接近，只有不带时体词的 VP 能进入该格式。“VP 啉?”用于询问现在或将来某个时间点是否已经达到某种属性或进入某种状态［如例（18）、例（19）］，或者某个动作行为或变化是否已然［如例（20）、例（21）］。肯定回答为“VP 个特⁼已经VP了”，否定回答为“𫝈/弗 VP（个）勒⁼还没/不VP呢”。句子的事件时间在参照时间之前，参照时间与说话时间的关系没有严格限制，但当参照时间不在说话时间之后时（即非将来），母语者更倾向于使用“𫝈 VP 啉?”。

（18）甲：倾恁多洗衣粉够事啉?［倒这么多洗衣粉（已经）够了吗?］

乙：够事个特⁼。(已经够了。)/弗够事（个）勒⁼。(还不够。)

（19）甲：猕猴桃明朝有处吃啉?［猕猴桃明天（已经）可以吃了吗?］

乙：有处个特⁼。(可以了。)/无处（个）勒⁼。(还不可以呢。)

（20）甲：明朝节⁼辰光到屋里啉?［明天这个时候（已经）回到家了吗?］

乙：到个特⁼。(已经到了。)/𫝈到（个）勒⁼。(还没有呢。)

（21）甲：想好啉?［(已经）想好了吗?］

乙：想好个特⁼。(已经想好了。)/𫝈想好（个）勒⁼。(还没想好呢。)

“VP 啉?”格式还有一种特殊的用法，用于询问事件是否将然，意义与“要 VP 啉?”（“要”表将来意义）一致。此时肯定答句为“VP 特⁼VP了”，否定答句为“弗 VP 勒⁼还不VP呢”。例如：

（22）甲：□［nai²⁴］出来啉?（现在要起床了吗?）

乙：出来特⁼。(要起床了。）/弗出来勒⁼。(还不起床呢。)

（23） 甲：跑咪？（要走了吗？）

乙：跑特$^{=}$，等我换好鞋子就跑。（要出发了，等我换好鞋子就走。）

/弗跑勒$^{=}$，你爱$^{=}$坐脱$^{=}$一先$^{=}$。（还不走呢，你再坐一会儿。）

“VP 咪？”询问是否将然的用法使用范围较小，只有部分高频使用的 VP 如“出来$_{起床}$”“跑$_{走}$”进入这个格式才可以用于询问是否将然。这种用法的来源可能与陈前瑞（2005）所分析的普通话句尾“了”的将来时间用法的发展过程类似，这类“VP 咪？”与“要 VP 咪？”等义，后者的将来义由“要”承担，而在前者中“要”隐去，“VP 咪？”自身带上了将来义。

3.5 小结

由前文可知，“哦/咪”问句的四种格式在 VP 带时体词的能力、问句功能、答句形式、时间特性方面有不同的表现。四种格式对 VP 带时体词的能力及问句功能如表 2 所示。

表 2 VP 带时体词的能力和问句功能

格式	VP	功能
VP 哦？	不带时体成分	询问属性、状态、惯常行为、意愿或计划、能力等
	进行体、持续体	询问是否正在进行某事或处于某种持续状态
赠 VP 哦？	不带时体成分	询问过去是否发生某个动作行为或变化
	经历体	询问是否有某种经历
	进行体	询问是否正在进行某事
赠 VP 咪？	不带时体成分	询问过去或现在某个时间点是否已经达到某种属性或进入某种状态或者某个动作行为或变化是否已然
	经历体	询问是否已经有某经历
VP 咪？	不带时体成分	询问现在或将来某个时间点是否已经达到某种属性或进入某种状态或者某个动作行为或变化是否已然

四种格式答句的形式如表 3、问句的时间特性如表 4 所示。

表 3　答句形式

格式	肯定回答	否定回答
VP 哦?	VP 个	弗 VP(个)
𫈉 VP 哦?	VP 个	𫈉 VP
𫈉 VP 咻?	VP 个特=/特=	𫈉/弗 VP(个)勒=
VP 咻?	VP 个特=/特=	𫈉/弗 VP(个)勒=
VP 咻?(将来)	VP 特=	弗 VP 勒=

表 4　时间特性

格式	时间特性
𫈉 VP 哦?	事件时间 = 参照时间 < 说话时间 (E = R < S)
𫈉 VP 咻?	事件时间 < 参照时间 =/< 说话时间 (E < R≤S)
VP 咻?	说话时间 < 事件时间 < 参照时间 (S < E < R) (事件时间 < 参照时间 =/< 说话时间)(E < S≤R)
VP 咻?(将来)	说话时间 = 参照时间 < 事件时间 (S = R < E)

3.6　不同格式的比较

由前文可知，不同格式的“哦/咻”问句存在一些共性：“哦”问句和“咻”问句都有带副词“𫈉”和不带“𫈉”两种形式，带“𫈉”时意义和功能比较接近，这类是非问句中 VP 能带的时体成分有限，只有部分格式能带表进行体、持续体、经历体意义的成分。此外，不同格式的问句之间也存在许多差别。

下面将对几种格式进行比较，进一步分析不同格式之间的差异。首先比较“VP 哦?”和“𫈉 VP 哦?”，其次比较“𫈉 VP 咻?”和“VP 咻?”，最后比较“𫈉 VP 哦?”和“𫈉 VP 咻?”。

3.6.1　“VP 哦?”和“𫈉 VP 哦?”

“VP 哦?”与其他格式有显著差异。王洪钟（2011b：324～326，337～342）将“VP 哦?”和其他格式分别归为“未然体问句”和“已然体问句”格式，反映了“VP 哦?”与其他格式的不同。从本文的考察来看，“VP 哦?”和其他三种格式的差别体现在对 VP 的要求、答句形式、语义功能等多个方面，见表 2、表 3。王文所谓的“已然体问句”中，“𫈉 VP 哦?”与

“VP哦?”形式最相近，但两者的功能差异显著，前者是对静态性质或动态状态（进行体、持续体VP）的提问，后者则是对完整事件是否发生的提问，且此时事件被看成一个没有内部结构的整体。前文已经提到，“哦/咻”问句中的“𠲎”只贡献时体义，本文认为“𠲎VP哦”的特性符合Comrie（1976）对完整体的定义。比较“𠲎VP哦?”和“VP哦?”可知，“𠲎VP哦?”的完整体意义来自“𠲎”，也即“𠲎”编码了完整体义。

还有一个问题需要说明。“VP哦?”和“𠲎VP哦?”均允许VP带表进行体意义的副词“勒=/勒=憾=/勒=特=/勒=勒=”，但“勒=VP哦?”和“𠲎勒=VP哦?”并不完全相同，后者的使用更受限。一方面，“𠲎勒=VP哦?”不能用于将来时间，也即参照时间不能在说话时间之后；另一方面，用于现在或过去时间时，两者有不同的语用效果，“𠲎勒=VP哦?”相比“勒=VP哦?”有着更强烈的疑问语气。这说明，“𠲎”所含的时体义与将来时间互斥，且“𠲎”在“𠲎勒=VP哦?”这一格式中获得了一定的疑问义。

3.6.2 “𠲎VP咻?”和“VP咻?”

“𠲎VP咻?”和“VP咻?”在形式上的差别仅在于VP前是否有“𠲎”。王洪钟（2011b：325）认为这两种格式意义相同，从本文的考察来看，两者的意义和功能仍然存在差异。

一方面，两种格式参照时间和说话时间的关系不同。参照时间在说话时间之前（R<S）时，“VP咻?”用得相对较少。参照时间与说话时间一致或在说话时间之后（R≥S）时，不能用“𠲎VP咻?”。另一方面，当参照时间在现在，也即与说话时间一致时，“𠲎VP咻?”只能询问是否已然，“VP咻?”可以询问是否已然，也可以询问是否将然。这些差异与前文所谈的“VP哦?”“𠲎VP哦?”的时间特性差异一致，本文认为这体现了“𠲎”所贡献的时体义，“𠲎”排斥参照时间在说话时间之后的情况，可见它编码了非将来时的意义。

此外，据本文调查，“VP咻?”的使用尽管可能少于“𠲎VP咻?”，但在年轻母语者话语中依然存在，特别是“询问是否将然”用法的“VP咻?”，因此，认为“VP咻?”属于旧的层次可能不够准确。从母语者在询问是否已然时更倾向于使用“嫱 VP 咻?”而非“VP 咻?”来看，“询问是否已然”的“VP 咻?”可以认为正在被“嫱 VP 咻?”取代，而询问是否将然的“VP 咻?”依然处于活跃状态。

3.6.3 “嫱 VP 哦?”和“嫱 VP 咻?”

带副词“嫱”的两种格式意义和功能接近，下面进一步辨析。

王洪钟（2011b：325）在说明“VP 咻?”格式的例句时提到“谓词加‘嫱’后‘咻’也可以自由替换为‘哦’，语义并无区别”。实际上“嫱 VP 哦?”和“嫱 VP 咻?”仍然有所不同。从答句的形式来看，两种格式的肯定回答和否定回答均不同，“嫱 VP 哦?”的肯定回答为“VP 个”，否定回答为“嫱 VP”；“嫱 VP 咻?”的肯定回答为“VP 个特⁼/特⁼”，否定回答为“嫱/弗 VP（个）勒⁼”（见表3）。两种格式的肯定回答的差别在于句末能否用助词“个特⁼”。王洪钟（2011b：203）论证了海门方言的句末助词“个特⁼”表示完成体意义，满足“情状时间在参照时间之前”以及“情状具备现时相关性”两个条件。也就是说，只有“嫱 VP 咻?”能用完成体句子回答。本文对两种格式的时间特性的分析也反映了体意义的差别。“嫱 VP 哦?”的事件时间与参照时间一致（E = R），“嫱 VP 咻?”的事件时间总是在参照时间之前（E < R）。两种格式答句的差异也反映了两者在表达现时相关性上不同。“嫱 VP 哦?”的答句肯定或否定在某段时间里 VP 的存在，听说双方不关注 VP 与当下情状的关系；“嫱 VP 咻?”的答句表达“VP 已经实现”或“VP 尚未实现”，不管 VP 是否已然实现，已实现或未实现的状态都与当下的情状相关，若“VP 已经实现”，则问者不必继续关注 VP 的实现情况；反之，则问者需继续关注 VP 的实现。答句形式的差异（体现在答句句末助词的差异）与时间特性的差异都反映了“嫱 VP 哦?”和“嫱 VP 咻?”的句法差异在于时体义，“嫱 VP 咻?”是完成体问句，而“嫱 VP 哦?”不是。两者在形式上只有句末助词不同，显然时体差异是由句末助词带来的，“咻”编码了完成体义，而“哦”没有时体义①。

---

① “嫱 VP 哦?”是完整体问句，但不能认为“哦”编码完整体义，上一节的比较已经说明，“嫱 VP 哦?”的完整体义由“嫱”表达。

以上是“𫄨VP哦?”和“𫄨VP咻?”在句法上的差异。两者的差异在语义上也有体现。袁劲（1997：333）指出“哦”“咻”两个语气助词不同，认为“甲吩咐过乙做某事，乙已承诺过，现在甲要查询乙已否做了”的情况下，应该用“𫄨VP咻?”而非“𫄨VP哦?”，例如“你𫄨去（过）咻?”表示“应该去过，而问是否已经去过”。本文同意袁文对以上两种格式的语义区分。不过，将“𫄨VP咻?”称为“查询式”问句还不够清晰和准确，实际上“𫄨VP咻?”是含有特定预设的问句。在相同条件下，“𫄨VP咻?”与“𫄨VP哦?”语义上的不同在于包含了一个预设——VP这一事件必然发生。预设是“说话人说某一句子时持有的假设”（克里斯特尔，2018：283），“其（指预设）真值在句子的表达中被认为是理所当然的……当包含预设的句子被否定时，这个背景假设将继续有效”（Huang，2014：86）。是非问句无法被否定，但是中性是非问句语义上本身就包含了一对“肯定”和“否定”的选项，这两个选项对应问句的肯定回答和否定回答。“𫄨VP咻?”的肯定回答和否定回答都不能影响预设“VP这一事件必然发生”的真值，因此本文认为“𫄨VP咻?”包含了该预设。“𫄨VP哦?”询问在参照时间VP是否发生，“𫄨VP咻?”询问在参照时间前“预设必然发生的VP”是否已经发生。

比较下面的句子：

（24）a. 甲：台子浪゠个小菜𫄨看见哦?（桌上的菜看见了吗?）

乙：看见个。（看见了。）/𫄨看见。（没看见。）

b. 甲：台子浪゠个小菜𫄨看见咻? ［桌上的菜（已经）看见了吗?］

乙：看见个特゠。（已经看见了。）/𫄨看见勒゠。（还没看见。）

例（24b）的问句预设“听话人看见桌上的菜”这一事件会发生，回答人无论给出肯定回答还是否定回答，都不会否定问句的预设。而例（24a）的问句无此预设，听话人无法得知问话人认为“听话人看见桌上的菜”这一事件是否应该发生。因此，在一些语境中，“𫠨VP唻?”不能使用。

下面的例句来自王洪钟（2011b：388～389）记录的真实对话（翻译为笔者所补）：

（25）甲：棉花𫠨种哦?（棉花种了吗?）

乙：棉花今年𫠨种，黄豆种个。（棉花今年没有种，黄豆种了。）

在这个语境中，甲是种子站的退休农艺师，乙是顾客，两人并不相熟。这里甲的问句不能换成“棉花𫠨种唻?［棉花（已经）种了吗?］”，因为农艺师事先并不认识顾客，也就不可能了解顾客的播种计划，所以不能预设“顾客应该会种棉花”。“棉花𫠨种唻?［棉花（已经）种了吗?］”只能用于甲知道乙有种棉花的计划却不知道这个计划是否已经实施的情况。

此外，一些消极意义的VP也不能进入“𫠨VP唻?”。例如，可以问“碗𫠨跌碱脱⁼哦?（碗摔裂了吗?）”，但不能问相应的“＊碗𫠨跌碱脱⁼唻?”。这是因为这个句子预设“碗必然摔裂”，同时，要让这个问句成为合适的问题，说话人应该不知道碗是否已经摔裂，在这样的条件下，我们很难想象一个能让“碗必然摔裂”这一预设为真的语境。由此可以发现，能进入“𫠨VP唻?”的VP实际上要比能进入“𫠨VP哦?”的VP少，也正因此，“𫠨VP唻?”的日常使用少于“𫠨VP哦?”。

上文已经论证，“𫠨VP哦?”和“𫠨VP唻?”在语义上的差别在于是否包含特定预设。区分是否包含“VP这一事件必然存在”这一预设，这在汉语方言中并不少见，刘丹青（2005/2020）指出汉语方言中存在“根据预设而区分出的主客观两类已然否定”，否定说话人预期发生的事件时用主观否定。实际上，许多东南方言的否定词以及由否定词构成的疑问句能够区分是否含特定预设的两种情况。（参见陈芙，2013：55）海门方言虽然不存在两类已然否定词的对立，但是非问句可以区分是否含特定预设的两种情况。

通过对“𫠨VP哦?”和“𫠨VP唻?”的比较，我们还可以进一步观察

“嫑”的功能。本节论证“咻”编码了完成体意义，前面提到“嫑”含有完整体和非将来时的意义，这样，“嫑 VP 咻?”似乎在体意义上存在冗余信息。本文认为“嫑 VP 咻?”中“咻”的完成体意义凸显，而“嫑”的完整体意义被抑制，从“嫑 VP 咻?”和“VP 咻?”的比较来看，“嫑 VP 咻?”中的“嫑”只凸显其非将来时义。

4. 句末助词“哦”“咻”

4.1 来源

已有研究均认为“哦［vaʔ^{23}］”为“勿啊［vəʔ^{23} aʔ^{4}］”的合音形式，“勿”当为否定词“弗”的弱化形式，“啊”用于句末表疑问。而“咻”的来源则尚有争议。袁劲（1997：333）认为“咻［maʔ^{23}］”是表肯定语气的助词“末”与“哦”的合音。这个推测在语音上是合理的，前文 2.3 提到“（嫑）VP 咻?”的句末语气词可以换成“啦、呀、喃”，此时常常不与前面的否定词合音，形成“（嫑）VP 末$^{=}$啦/呀/喃?”。袁文的看法很可能是受这种非合音形式的影响。但是，从前面“嫑 VP 哦?”和“嫑 VP 咻?”的比较来看，后者多了完成体意义，而“VP 咻?”在这方面与“嫑 VP 咻?”一致，可见完成体意义应当与“咻”有关。袁文所提的“末”是否表肯定语气尚且值得商榷，“哦”添加肯定语气能得到“咻”的完成体意义显然缺乏说服力。

类比“哦”，可以推测“咻［maʔ^{23}］”应当也是否定词和“啊”的合音。不过，今天的海门方言中已经不存在声母为 m－的否定词。这个参与合音的否定词究竟是什么，需要进一步探究。

吴语“没有（未）”类否定词据钱乃荣（1992：943）的统计主要有“勿曾”“呒没”“未”三类，其中与声母 m－有关的有“呒没”“未”。“呒没”见于上海新派，上海方言“呒没［m̩məʔ^{8}］①”也可以用在疑问句句末，例如“侬结婚呒没?”（黄伯荣主编，1996：618）。看起来海门方言的“咻”

① 标音据游汝杰（2018：231）。

也可能来自“呒没”的合音形式与“啊”的合音。“未”见于温州方言、金华方言等南部吴语（游汝杰，2018：230）。王洪钟（2011b：326）就认为“啉”是“未”和“啊”的合音。王文指出，海门方言微母白读层读音为m－，因此否定词“未”消失前应读m－声母。这样，推测“啉”来自“未啊”语音上也是合理的。

不过，从语义来看，认为“啉”来自“呒没＋啊”合音是有问题的。上海方言的“呒没”并没有否定完成体的功能，其与老派上海方言中的“勿曾”均用于否定已然事件，没有意义的区别。这样一个否定词即使借入，也很难在和语气词“啊”融合后产生一个与“哦”时体意义不同的助词。见于南部吴语的否定词“未”的语义和功能则与本文的“啉”相合。例如温州方言中否定词“冇、未”都能否定已然事件，差别在于“未”包含了“事件VP必然发生”的预设。① 同时，“冇、未”也都可用于疑问句句末。由此可见，从语义上来说，“啉”来自“未啊”的合音是更合适的。

游汝杰（2018：232）认为“未＋动词”是吴语中较古老的层次，只是在太湖片吴语中已经消失。实际上，上海方言中“未”的类似用法仍有残留。海门方言中的句末助词“啉”应当也是“未”的残留形式。否定词“未”虽然消失了，但该语素还保留在疑问句句末助词中。由此也可以推测，海门方言句末用其他疑问语气词的问句“（嫱）VP末⁼啦/呀/喃？”中的“末⁼”不是袁劲（1997）认为的肯定语气词，而应该是已经消失的否定词“未”语音弱化后的残留形式。

4.2 特点

作为是非问句句末助词，“哦”“啉”与普通话的“吗”功能有相似之处，但“哦”“啉”与普通话“吗”也有许多差异。王洪钟（2011b：338）

① 郑张尚芳（2008：247）比较了这两个否定词：“‘冇’对普通话‘没有’，‘未’对普通话‘还没有’，这两词在温州有严格区别，问孩子有没有偷糖吃，孩子回答是‘冇吃’而不会说‘未吃’，‘未吃’指还没有，那不一定过会儿会偷吃的。”从文中的分析来看，这两个否定词的差别正在于是否包含“VP这一事件必然发生”的预设。

指出，尽管“哦”和“吗”都来自否定词和语气词的融合，但普通话的“吗”已经不能分开说成“m－啊”，而海门方言还存在否定词“勿”和语气词分开说的情况。此外，普通话“吗”可用于非中性问句，搭配否定性VP或带强调标记的肯定性VP，而“哦”“咻”不行。例如，例（26）、例（27）中的普通话句子（a句）在海门方言中均不合法（b句）。

（26）a. 小王没去上海吗？（普通话）

b. ＊小王覅（否定义）去上海哦？（海门方言）

（27）a. 连床单也要洗吗？（普通话）

b. ＊连床摊也要洗哦？（海门方言）

此外，普通话的“吗”不编码时体意义，只表疑问，而海门方言的“哦”“咻”存在是否编码完成体义的对立。同样不编码时体义，海门方言的“哦”和普通话的“吗”在各自的系统中有不同的价值。

表5 “吗”（普通话）与“哦”“咻”（海门方言）

助词		用法	意义	
普通话“吗”		中性问句＋非中性问句	疑问	
海门方言	“哦”	中性问句	疑问	－完成体
	“咻”			＋完成体

5. 结论和余论

海门方言可构成中性是非问句的句末助词有两个——“哦［vaʔ^{23}］”和“咻［maʔ^{23}］”。两者均可进入“（覅）－VP－PRT?”格式形成是非问句，形成的这类问句包括以下四种格式：“VP哦?”“覅VP哦?”“覅VP咻?”“VP咻?”。本文对这四种格式的问句进行了全面的考察，发现这四种问句格式有一些相似之处，但也有许多差异，主要体现在VP带时体词的能力、问句的意义和功能、时体特征等方面。

助词“哦［vaʔ²³］”构成的问句有“VP 哦?”和“赠 VP 哦?”，前者意为“VP 吗?”，用于询问属性、状态、惯常行为、意愿或计划、能力等；后者意为“VP 了吗?”，用于询问过去是否发生或经历了某动作或变化。前者用于对非过程时状的 VP 及进行体 VP、持续体 VP 提问，后者用于对过程时状的 VP（持续体 VP 除外）提问。

助词“唻［maʔ²³］”构成的问句有“赠 VP 唻?”和“VP 唻?”，意义均为“已经 VP 了吗?”，前者用于询问到现在或过去的某个时间事件是否已然；后者用于询问到现在或将来的某个时间事件是否已然，有时也用于询问事件是否将然，此时意为“要 VP 了吗?”。两者的差异主要在于参照时间与说话时间的关系不同，以及后者有询问 VP 是否将然的功能而前者没有。

比较这些问句格式，可以发现“VP 哦?”与其他三种格式有显著差异，它不涉及已然事件，对参照时间没有限制。“赠 VP 哦?”和“赠 VP 唻?”看似语义接近，实则有时体意义的差别。后者是完成体问句，前者不是完成体问句。后者包含了预设“事件 VP 必然发生”，前者无该预设。“VP 唻?”也是完成体问句，当参照时间与说话时间一致或在说话时间之后时，句子的语义与对应的“赠 VP 唻?”一致。不过“VP 唻?”不能用于过去时间，且在参照时间与说话时间一致时有询问是否将然的用法。从母语者的偏好来看，询问是否已然用法的“VP 唻?”有被“赠 VP 唻?”取代的趋势，询问是否将然的用法仍然活跃。“赠 VP 哦?”和“赠 VP 唻?”在形式上只有助词不同，两者时体义的差别是由句末助词带来的，“唻”较“哦”多了完成体意义。

海门方言是非问句的句末助词“哦”和“唻”只能构成中性是非问句，且在时体意义上有别，“哦”只编码了疑问义，是一般否定词“勿”和语气词“啊”的合音形式。“唻”同时编码了疑问义和完成体义，其完成体义来自含该意义的否定词，“唻”应是海门方言中已经消失的否定词“未”和“啊”的合音。海门方言的否定词如今不区分是否包含“VP 必然发生”的预设（也即不区分完成/非完成），但由本文的考察可以推知，区分是否包含“VP 必然发生”的预设（也即区分完成/非完成）的否定词曾经存在，编码完成体意义（包含“VP 必然发生”的预设）的否定词“未”和语气词合音后保留在疑问句句末。这一现象也表明，否定词在陈述句和疑问句中的发展可能不同步，方言中否定词系统变迁的痕迹值得进一步挖掘。

参考文献

陈芙：《汉语方言否定范畴比较研究》，华东师范大学博士学位论文，2013。

陈前瑞：《句尾“了”将来时间用法的发展》，《语言教学与研究》2005 年第 1 期。

黄伯荣主编《汉语方言语法类编》，青岛出版社，1996。

黄冬笑：《海门方言连读变调研究》，北京大学硕士学位论文，2021。

［英］克里斯特尔（编），沈家煊（译）：《现代语言学词典》，商务印书馆，2018。

刘丹青：《谓词重叠疑问句的语言共性及其解释》，《语言学论丛》第 38 辑，商务印书馆，2008。

刘丹青：《汉语否定词形态句法类型的方言比较》，载盛益民、陈振宇主编《汉语方言否定范畴研究》，中西书局，2020，第 1 ~ 21 页；原载（日）《中国语学》2005 年 252 号。

钱乃荣：《当代吴语研究》，上海教育出版社，1992。

王洪钟：《海门方言语法专题研究》，安徽师范大学出版社，2011（a）。

王洪钟：《海门方言研究》，中华书局，2011（b）。

徐烈炯、邵敬敏：《上海方言语法研究》，华东师范大学出版社，1998。

游汝杰：《吴语方言学》，上海教育出版社，2018。

袁劲：《海门方言志》，黄山书社，1997。

袁毓林：《正反问句相关的类型学参项》，《中国语文》1993 年第 2 期。

郑张尚芳：《温州方言志》，中华书局，2008。

中国社会科学院、澳大利亚人文科学院：《中国语言地图集》，朗文出版（远东）有限公司，1987。

Comrie, Bernard. 1976. *Aspect: An Introduction to the Study of Verbal Aspect and Related Problems*. Cambridge: Cambridge University Press.

Reichenbach, Hans. 1947. *Elements of Symbolic Logic*. New York: Macmillan Co.

Huang, Yan. 2014. *Pragmatics*, second edition. Oxford: Oxford University Press.

Sentence Final Particle “[vaʔ^{23}](哦)”“[maʔ^{23}](唻)” and the Yes－no Questions Composed of Them in Haimen Dialect

Huang Dongxiao

Abstract: Sentence final particle “[vaʔ$^{\underline{23}}$] (哦)” and “[maʔ$^{\underline{23}}$] (唻)” in Haimen dialect can be used in the form“(𫠨) － VP－PRT? ”, forming yes－no questions“VP 哦?”“𫠨 VP 哦?”“𫠨 VP 唻?”“VP 唻?”. The four forms are different in terms of the requirements for VP, meaning and functions, tense and aspect characteristics, and the form of answers. Interrogative sentences with “[vaʔ$^{\underline{23}}$] (哦)” can be used to ask about non process tense type, progressive aspect and continuous aspect VP, while“[maʔ$^{\underline{23}}$] (唻)”can' t. Interrogative sentences“𫠨 VP 哦?”and “𫠨 VP 唻?”are different in tense and aspect. The latter is a perfective question, which contains the presupposition “event VP must occur”, which is different from the former. Sentence final partical “[vaʔ$^{\underline{23}}$] (哦)”is different from “[maʔ$^{\underline{23}}$] (唻)” in tense and aspect. “[vaʔ$^{\underline{23}}$] (哦)” only encodes the interrogative meaning, which is a syntonic form of the general negative word “勿” and the modal particle “啊”. “[maʔ$^{\underline{23}}$] (唻)” encodes both interrogative meaning and perfective aspect meanings. Its perfective aspect meaning comes from the negative word containing this meaning. “[maʔ$^{\underline{23}}$] (唻)” should be the combination of the disappeared negative words“未”and“啊”in Haimen dialect.

Keywords: Wu dialect, Haimen dialect, yes－no question, sentence final particle

普通话句末助词“吗”在盐田客家话中的对应形式*

谭葭钰
（中山大学中国语言文学系）

提　要　普通话句末的“吗”是重要的疑问语气词，在盐田客家话中的对应形式为“冇”和“咩”。本文重点关注“冇”和“咩”的句法和语义，对比普通话的“吗”，考察盐田话“冇、咩”与普通话“吗”三者间的区别与联系。

关键词　句末助词　“吗”　“冇”　“咩”

1. 引言

学界对汉语句末助词“吗”研究非常深入，涵盖其来源、用法、确信度等诸多方面。一般认为“吗”用于是非问，由“无”发展而来（王力，1980；吴福祥，1997；孙锡信，1999）。汤廷池（1981）较早发现“吗”极少与揣测义副词连用；赵春利（2019）从句子功能、虚指代词等层面描述和验证了“吗”的选择与限制。

* 本文初稿曾在“第八届方言语法博学论坛”（2022 年 8 月，广州）上宣读，感谢邓思颖、林华勇、盛益民、黄燕旋、刘燕婷、萧阳、郭韵、柯淑玲、黄笑赧、陈舒婷等师友的指导和帮助。同时感谢《汉语语言学》匿名审稿专家提出的宝贵意见。文中错误概由笔者负责。

语义和语用方面，黄国营（1986）将“吗”字句分成五度真值逻辑系统；方梅（1995）分析了焦点与确信度的关系；郭锐（2000）进一步考察了标记性、语境和知识等因素对确信度的影响，但“吗”字句的确信度仍存在争议，彭小川（2006）认为“吗”字句可表一般询问，也可表示诧异、怀疑与反诘；赵春利（2019）基于焦点排序规则，认为“吗”字句是“全疑零信”的模态极性问。

客方言内部较早关于普通话句末助词“吗”对应形式的研究，包括刘纶鑫、何清强（2001），温昌衍（2016）对石城方言中“么”的讨论；李小华（2014）对宁化、石城、丰顺方言的疑问语气词展开的综合考察；等等。

上述研究都很有启发意义，但较少探究不同疑问语气词之间的区别与联系。

深圳“老四区”之一的盐田，与罗湖、大鹏、龙岗、坪山区毗邻，还与香港新界山水相接。盐田客家话（属客家话粤台片梅惠小片），对应普通话“吗”的语气助词为“冇［mau^{35}］”和“咩［mɛ^{55}］”：

（1） a. 做乜介发奖金，汝兜知道冇？为什么发奖金，你们知道吗？

b. 汝唔系有看倒该只人咩？你不是看到那个人了吗？

二者皆与否定词、否定结构密切相关，各自呈现出不同的分布特点和语义特征：“冇”处于由否定词向语气词演变的过程中，多用于中性的是非问；“咩”多用于说话人基于客观条件做出的推测，含诧异、反诘等意味。

本文将在考察盐田话否定词的基础上，重点关注当代盐田话句末“冇”和“咩”的句法和语义，对比普通话的“吗”，归纳出盐田话“冇、咩”与普通话“吗”三者间的区别与联系。

2. 盐田话的否定词

盐田话常用的否定词有“唔［m̩^{35}］”“冇［mau^{35}］”“唔曾［m̩^{35} t^{h}

iɛn^{35}]”“□［mau^{51}]”，句末“冇”的论述详见第三部分，本部分暂略。

A.“唔［m̩^{35}]”（与普通话“不”接近），常见结构如下：

唔V：唔知$_{不知道}$

唔VC：唔做得$_{做不得}$

V唔V：去唔去$_{去不去}$

V唔C：看唔倒$_{看不见}$

V唔CO：食唔落饭$_{吃不下饭}$

B.“冇［mau^{35}]”（与普通话“没有”接近）多否定已然情况，“唔［m̩^{35}]”多否定未然情况：

（2）a. 偃昨日冇去。$_{我昨天没去。}$

b. 偃明朝日唔去。$_{我明天不去。}$

C.“唔曾［m̩^{35}t^{h}iɛn^{35}]（不曾）”与“冇［mau^{35}]（没有）”含义接近，都可否定句中动作或行为，后接成分为单音节动词、不带宾语时，二者可以互换：

（3）a. 汝昨晡夜唔曾去。$_{你昨晚不曾去。}$

b. 汝昨晡夜冇去。$_{你昨晚没有去。}$

后接小句宾语时，倾向于使用“冇”，“唔曾”在语感上可以接受，但自然度不及“冇”：

（4）a. 佢之前唔曾想倒可以坐高铁去。$_{他之前不曾想到可以坐高铁去。}$

b. 佢之前冇想倒可以坐高铁去。$_{他之前没有想到可以坐高铁去。}$

此外，“唔曾”不与名词连用，“冇”可以：

（5） a. ＊偃唔曾这本书。＊我不曾这本书。

b. 偃冇这本书。我没有这本书。

D. “□［mau^51］”可能与“莫”和“冇”密切相关，常用于表示劝阻、禁止的句子：

（6） a. □［mau^51］行咹快，地滑。别走这么快，地上滑。

b. □［mau^51］吵，汝老妹在睡目。别吵，你妹妹在睡觉。

3.“冇［mau^35］”的句法语义

杨永龙（2003）指出，普通话“吗”是在“VP＋无”格式中语法化的，体现在“无”的语义泛化和“VP无”句式的主观化，发展阶段如下：

“有＋N＋无”（反复问）>“Aux＋V（O）＋无”（反复问/是非问）>“莫……无”（测度问）>“VP＋无（磨、摩）”（反诘问）

此外，刘镇发（2001）认为，“冇”是“无”的白读，也彰显了“冇”与“无”的密切关联。

前文提到“唔”否定未然情况，“冇”否定已然情况。然而，盐田话没有“V（O）唔”，“V（O）冇”同时具有普通话“V（O）不”和“V（O）没（有）”的语义和功能且虚化至与“V（O）吗”接近，可询问未然和已然情况。

A. 未然情况，询问听话人的意愿、态度等：

（7） a. ＊汝想去唔？你想去不？

b. 汝想去冇？你想去不/你想去吗？

可与表示现在或将来的时间词连用：

（8） a. 佢今下转屋下冇？他现在回家吗？

b. 明朝日放假，一齐去游水冇？明天放假，一起去游泳吗？

c. 后日晓落水冇？后天会下雨吗？

B. 询问已然或惯常情况，过去或现在已经发生的动作、行为、事件。与表示过去、现在的时间词，或表示完成的“开（了$_1$）”连用：

（9） a. 昨日汝带伞冇？昨天你带伞了吗？

b. 汝平时打篮球冇？你平时打篮球吗？

c. 佢食开冇？她吃了吗？

不同于“VP 没有”，“VP 冇”不与其他句末语气词共现：

（10） a. * 汝做开作业冇啊？* 你做完作业吗啊？

b. 汝做开作业冇？你做完作业了吗？

“冇［mau^{35}］”的语法化也体现在语音上。以下附加问句末“冇”的声调都发生了明显的弱化，调值为［21］①：

（11） a. 𠊎同汝见一面，可以冇？我和你见一面，可以吗？

b. 菜卖就开，系冇？菜卖完了，是吗？

c. 汝帮帮𠊎，得冇？你帮帮我，行吗？

① “冇”在部分语句中受句调叠加的影响，其调值发生了一定的变化，但不及在附加问句中表现明显。

赵春利（2019）认为普通话“吗”字句的疑问焦点为：句子谓语、动补结构、情态词（情态动词与情态副词）。试将盐田话“冇”字句与普通话“吗”字句对比分析如下：

A. 句子谓语类（光杆动词、形容词）：

（12）a. 汝去学校冇？你去学校吗？

a1. 去。去。　　倨去。我去。

b. 课室干净冇？教室干净吗？

b1. 唔干净。不干净。　课室唔干净。教室不干净。

答句都必须包含对谓语动词或形容词的肯定或否定。

B. 动补结构类（除“得”字补语），应答方式一般采用动补结构：

（13）a. 汝买倒冇？你买到了吗？

a1. 买倒。买到了。　　倨买倒。我买到了。

都不单用谓语动词来回答。

C. 情态词（情态动词与情态副词）：

普通话“吗”字句可与“能、会、想、一定、真的”等情态词共现，且可单用情态词回答。盐田话“冇”字句与“可以（能）、晓（会）、想”共现，可单独回答，但不与“一定、肯定、真的”共现（“咩”字句可以）。因为盐田话的“冇”仍带有否定词的性质，与具有高或然率的“一定、肯定”和含评价意味的“真的、绝对”在语义上不匹配。

（14）a. 汝想去冇？你想去吗？

a1. 想/唔想。想/不想。

想去/唔想去。想去/不想去。

b. ＊佢一定晓来冇？他一定会来吗？

c. ＊小王真嘅需要冇？小王真的需要吗？

因此，试将盐田话“冇”字句与普通话“吗”字句的疑问焦点比较如下：

表1 盐田话“冇”字句与普通话“吗”字句的疑问焦点

	盐田话“冇”字句	普通话“吗”字句
共有焦点	句子谓语、动补结构、部分情态动词（“能、会、想”等）	
不同焦点	\	高或然率副词（“一定、肯定”等）
		评价情态副词（“真的、绝对”等）

杨永龙（2003）指出，普通话“吗”是在“VP无”格式中语法化的，体现在“无”的语义泛化和“VP无”句式的主观化，发展阶段如下：

“有＋N＋无”（反复问）＞“Aux＋V（O）＋无”（反复问/是非问）＞“莫……无”（测度问）＞“VP＋无（磨、摩）”（反诘问）

盐田话“有＋N＋冇”（反复问）和“Aux＋V（O）＋冇”（反复问/是非问分别对应）第一、第二阶段，如：

（15）a. 台上有东西冇？桌上有东西没有？

b. 可以听倒冇？可以听见不/可以听见吗？

但“冇”字句未发展出类似第三阶段“莫……无”（测度问）的形式，且排斥否定性谓语；虽然有“VP＋无”格式，但不具备反诘问的功能。因此，“冇”仍处在由否定词向语气词演变的过程之中。

（16）a. ＊汝唔清楚冇？你不清楚吗？

b. ＊汝唔系佢姐姐冇？你不是他姐姐吗？

4.“咩［mɛ^{55}］”的句法语义兼与“冇［mau^{35}］”的差异

目前对客方言句末“咩”的来源仍无定论，较可能由“唔系［m̩^{35} xei^{51}］”的合音发展而来（庄初升、黄婷婷，2014；罗鑫，2019），盐田话的用法似符合这一推测：

（17）a. 汝唔晓捉棋，系（啊）唔系［m̩^{35}xei^{51}］？你不会下棋，是（啊）不是？

b. 汝唔晓捉棋，系［mei^{51}］？你不会下棋，是不是？

c1. 汝唔晓捉棋咩［mɛ^{51}］？你不会下棋吗？

c2. 汝唔晓捉棋咩［mɛ^{55}］？你不会下棋吗？

从合音构拟的情况来看，“咩”的调值可能从［51］演变为［55］。在当代盐田话中，大多数情况下句末“咩”的调值为c2句的［55］，而在极少数感情色彩较强烈的句子中调值有可能受句调影响读为c1句的［51］。

盐田话“咩”用于表示“诧异”或“反诘”，试比较下列“冇”“咩”两可的句子：

（18）a. 你会下棋吗？

a1. 汝晓捉棋冇？（单纯询问，预设意味弱）

a2. 汝晓捉棋咩？（说话人认为听话人不会下棋的概率较大）

b. 你吃饱了吗？

b1. 汝食饱冇？（单纯询问）

b2. 汝食饱了咩？（说话人认为听话人吃得不够）

对盐田话“咩”字句的疑问焦点分析如下：

A. 句子谓语：

（19）a. 汝去学校咩？你去学校吗？

a1. 系。是。

b. 汝开心咩？你开心吗？

b1. 唔开心。不开心。

B. 动补结构（除“得”字补语）：

（20）a. 汝买倒咩？你买到了吗？

a1. 系啊。是啊。 冇。没有。

不同于“冇”字句，“咩”字句的焦点并非句子谓语和动补结构，而是对事件整体的肯定或否定。

C. 情态词：

（21）a. 汝敢讲咩？你敢说吗？

a1. （唔）敢。（不）敢。

a2. （唔）敢讲。（不）敢说。

a3. 偓（唔）敢讲。我（不）敢说。

b. 汝真系想搞清楚咩？你真的想弄清楚吗？

b1. （唔系）真嘅。（不是）真的。

b2. （唔系）真想。（不是）真的想。

b3. 偓（唔系）真想搞清楚。我（不是）真的想弄清楚。

盐田话“咩”字句可单用情态词进行回答，其疑问焦点与普通话“吗”字句一致，不同于盐田话“冇”字句。

综上所述，试将普通话“吗”字句与盐田话“冇”字句、“咩”字句的疑问焦点归纳如下：

表 2 普通话“吗”字句与盐田话“冇”字句、“咩”字句的疑问焦点

	普通话“吗”字句	盐田话“冇”字句	盐田话“咩”字句
句子谓语	√	√	×
动补结构	√	√	×
情态动词	√	√(窄)	√(宽)
情态副词	√	×	√

此外，以下句子只能用“咩”，不能用“冇”。

A. 有否定副词时：

（22）a. 我没见过你吗？

a1. 偓冇见过汝咩？

a2. ＊偓冇见过汝冇？

b. 你不吃饭吗？

b1. 汝唔食饭咩？

b2. ＊汝唔食饭冇？

c. 他不是喜欢吃西瓜吗？

c1. 佢唔系中意食西瓜咩？

c2. ＊佢唔系中意食西瓜冇？

B. 有实然义、必然义情态副词时：

（23）a. 他们确实会帮忙吗？

a1. 佢兜确实晓帮忙咩？

a2. ＊佢兜确实晓帮忙冇？

b. 你真的想搞清楚吗？

b1. 汝真系想搞清楚咩？

b2. ＊汝真系想搞清楚冇？

c. 她必须今晚离开吗？

c1. 佢一定爱今晚离开咩？

c2. ＊佢一定爱今晚离开冇？

d. 你们确定要先走吗？

d1. 汝兜肯定爱先走咩？

d2. ＊汝兜肯定爱先走冇？

C. 与“了$_2$”共现时：

（24）a. 他选错衣服了吗？

a1. 佢拣错衫了咩？

a2. ＊佢拣错衫了冇？

b. 我说错了吗？

b1. 俚讲错开了咩？

b2. ＊俚讲错开了冇？

c. 你认出他是谁了吗？

c1. 汝认出佢系另人了咩？

c2. ＊汝认出佢系另人了冇？

D. 含“是”或“有 VP”时：

（25）a. 是老板让我等他吗？

a1. 系老板喊俚等佢咩？

a2. ＊系老板喊俚等佢冇？

b. 你姐姐是刚去学校吗？

b1. 汝姐姐系刚去学校咩？

b2. ＊汝姐姐系刚去学校冇？

c. 她有想过我吗？

c1. 佢有想过偃咩？

c2. ＊佢有想过偃冇？

E. 有虚指代词和“都”，含周遍义时：

（26）a. 你什么都有吗？

a1. 汝乜介都有咩？

a2. ＊汝乜介都有冇？

b. 谁都见过他吗？

b1. 另人都见过佢咩？

b2. ＊另人都见过佢冇？

上述五种情况都含有较强的预设意味，与盐田话“咩”字句的语义较为匹配，而与“冇”字句偏向中性的语义存在冲突。

5. 结语

综上所述，盐田话句末“冇”与“咩”的使用情况如表3所示。

表3　盐田话句末“冇”和“咩”的使用情况

	冇	咩
“有＋N＋无”（反复问）	台上有东西冇？桌上有东西不/桌上有东西没有？	/
“Aux＋V(O)＋无”（反复问/是非问）	可以听倒冇？可以听见不/可以听见吗？	/
“莫……无”（测度问）	/	明朝日冇人转屋下咩？明天没有人回家吗？
“VP＋无(磨、摩)”（反诘问）	/	唔通偃系神仙咩？难道我是神仙吗？

不同于“冇”，“咩”不可用于中性问，但可与否定副词、实然义和必

然义的情态副词、“了$_2$”、“是”、“有VP”、“都”等成分共现，盐田话“咩”字句承担了普通话“吗”字句表诧异与反诘的功能。盐田话句末“冇、咩”的语义和功能大致互补，情况如下。

“冇”正由否定词向语气词转化，“冇”字句具有部分是非问的功能，但排斥否定性谓语，也不可用于反诘。类似第四阶段“VP＋无”的形式应为第二阶段的演化，未发展至第三、第四阶段。

“咩”的语法化程度较高，多用于说话人基于客观条件做出的推测，但不可用于中性问，盐田话“咩”字句与普通话“吗”字句表诧异和反诘的用法基本一致。

盐田话句末“冇、咩”的分布，与张伯江（1997）、彭小川（2006）将疑问句划分为一般性询问和主观预设问的情况较为符合。此外，盐田话内部也存在一定的差异，盐田与龙岗北部相邻地区使用的“么［mo^{55}］”与“冇、咩”共存，而在其他地区生活的发音人则不太能接受“么”的使用。可能与接触相关的使用情况留待日后进一步调查与验证。

参考文献

方梅：《汉语对比焦点的句法表现手段》，《中国语文》1995年第4期。

复旦大学中文系：《卿云集·复旦大学中文系七十五周年纪念论文集》，上海古籍出版社，2002。

郭锐：《“吗”问句的确信度和回答方式》，《世界汉语教学》2000年第2期。

黄国营：《“吗”字句用法初探》，《语言研究》1986年第2期。

李小华：《客家方言的反复问句及其句末语气助词》，《龙岩学院学报》2014年第3期。

刘纶鑫、何清强：《石城方言语气词》，《南昌大学学报（人文社会科学版）》2001年第4期。

刘镇发：《香港客粤方言比较研究》，暨南大学出版社，2001。

罗鑫：《客家话概说》，暨南大学出版社，2019。

彭小川：《关于是非问句的几点思考》，《语言教学与研究》2006年第6期。

孙锡信：《近代汉语语气词——汉语语气词的历史考察》，语文出版社，1999。

汤廷池：《国语语法研究论集》，台北：学生书局，1981。
王力：《汉语语音的系统性及其发展的规律性（下）》，《社会科学战线》1980 年第 2 期。
温昌衍：《石城（高田）客家话的疑问句和疑问语气词》，《嘉应学院学报》2016 年第 6 期。
吴福祥：《从“VP－neg”式反复问句的分化谈语气词“麽”的产生》，《中国语文》1997 年第 1 期。
杨永龙：《句尾语气词“吗”的语法化过程》，《语言科学》2003 年第 1 期。
张伯江：《疑问句功能琐议》，《中国语文》1997 年第 2 期。
赵春利：《现代汉语句末助词研究》，商务印书馆，2019。
庄初升、黄婷婷：《19 世纪香港新界的客家方言》，广东人民出版社，2014。

Corresponding Forms of Mandarin Final Particle “ma”（吗）in Yantian Hakka Dialect

Tan Jiayu

Abstract: “ma”（吗）is an important final particle in Mandarin and its corresponding forms are “mau”（冇）and “mɛ”（咩）in Yantian Hakka dialect. The article pays attention to the syntactic and semantic properties of “mau”（冇）and “mɛ”（咩）, comparing them with “ma”（吗）in Mandarin so as to explore their differences and relations.

Keywords: final particles, “ma”(吗), “mau”（冇）, “mɛ”（咩）

粤语三水话的疑问语气词“吗［ma^{25}］”和“喎［$wɔ^{55}$］”*

陈舒婷
（中山大学中国语言文学系）

提　要　粤语广府片三水话中相当于普通话“吗”的句末助词是“吗［ma^{25}］”和“喎［$wɔ^{55}$］”，与广州、香港粤语有所不同。“吗［ma^{25}］”用于中性是非问和表示言者寻求认同的非中性是非问，对应广州话的“吗［ma^{33}］”和“吗［ma^{23}］”的疑问功能，且语法化程度较高。“喎［$wɔ^{55}$］”由言说动词“话”向疑问语气词演变而形成，用于“反言者预期而质疑”的非中性是非问和反问，与三水的“吗［ma^{25}］”有别。“吗［ma^{25}］”“喎［$wɔ^{55}$］”在功能和来源上的差异，是粤语句末语气词较为发达的体现。

关键词　粤方言　疑问语气词　是非问　“吗”

1. 引言

广州及香港粤语对应普通话“吗”的句末助词一般认为有两个：“吗

* 本文初稿曾先后宣读于第八届方言语法博学论坛（中山大学，2022年8月）、第26届国际粤方言研讨会（暨南大学，2022年11月），感谢会议专家的宝贵意见。在写作过程中，得到林华勇、黄燕璇等老师的无私指导，在此表示诚挚感谢！感谢《汉语语言学》匿名审稿专家提出的宝贵修改意见。文中的错误概由笔者负责。文章得到国家社科基金重大项目“清末民国汉语五大方言比较研究及数据库建设”（项目编号：22&ZD297）的支持。

［ma^{33}］”和“咩［$mɛ^{55}$］”。“吗”是疑问助词，句子加上“吗”后属是非问句（张洪年，2007；邓思颖，2019）。张洪年（2007）认为粤语的“吗”和普通话的“吗”功能很相像，但前者不能用于带否定副词、表反诘语气的问句。彭小川（2006）则明确指出广州话的“吗”专用于中性的一般询问。“咩”只用于是非问句，读成高平调时表一般询问，但带有惊愕语气，读成高降调时则是反诘问（李新魁等，1995；张洪年，2007；彭小川，2006；邓思颖，2019）。

粤语广府片三水话①中，存在两个专门表示疑问的句末助词，与普通话句末的“吗”相对应，分别是“吗［ma^{25}］”和“㖞［$wɔ^{55}$］”。如：

（1）请问阵间仲有活动吗/*㖞？（请问待会儿还有活动吗？）【中性询问】

（2）成堆人围响嗰，阵间仲会有活动吗/㖞？（一堆人围在这儿，待会儿还会有活动吗？）【有预期】

（3）都搬空晒咯，唔通阵间仲会有活动*吗/㖞？（已经全搬空了，难道待会儿还会有活动吗？）【反问】

例（1）不能使用“㖞”，例（3）不能用“吗”。三水话的“吗［ma^{25}］”和“㖞［$wɔ^{55}$］”都用于是非问句句末，其功能的总和相当于普通话“吗”。“吗［ma^{25}］”既可以用于因不了解而进行询问的中性问，也可以用于寻求肯定回答的非中性是非问；“㖞［$wɔ^{55}$］”只用于非中性问句，表示“反言者预期而质疑”，或用于直接表达说话人判断的反问句。

本文借助共时和历时语料，结合普通话和广州话的“吗”，来考察三水话“吗［ma^{25}］”和“㖞［$wɔ^{55}$］”的句法语义表现和演变路径。

① 本文的三水话指的是佛山市三水区金本、白坭片区通行的粤方言，为本文作者的母语。本文所用三水话语料来自作者自省，并经过发音人陈芬明、赖见开验证。

1. “吗［ma^{25}］”

1.1 “吗［ma^{25}］”的句法语义表现

三水话可以用高升语调表示疑问。例如：

(4) 佢返学校。(他回学校。)

(5) 佢返学校？(他回学校吗？)

“吗［ma^{25}］”用在句末时，句子也带上疑问语气。例如：

(6) 佢返学校吗？(他回学校吗？)【是非问句】

“吗［ma^{25}］”承载疑问信息，且专用于疑问句句末，除了高升调，它在三水话中没有其他调值表现。

另外，“吗［ma^{25}］”的句法层级较高，只能出现在根句句末，不能出现在主语小句、宾语小句等嵌套小句中，可以将“吗［ma^{25}］”看作疑问语气词。例如：

(7)* ［佢返学校吗］我唔知。

(8)* 我唔知［佢返学校吗］。

(9)［我唔知佢返学］吗？(我不知道他回学校吗？)

三水话能使用“吗［ma^{25}］”的问句类型有限。“吗［ma^{25}］”不用于特指问句、正反问句中，只能出现在是非问句，以及双项选择问句的前项。如：

（10） a. *佢几时返学校吗？（你什么时候回学校？）

b. *佢返唔返学校吗？（你回不回学校？）

（11） 佢返学校吗？定係返屋企？（他回学校吗？还是回家？）

（12）*佢返学校定係继续留喺屋企吗？（他回学校还是继续留在家？）

“吗［ma^{25}］”问句中的疑问代词都不用作发问。例（13）的“乜嘢$_{什么}$”指的是“任何东西”，例（14）的“边个$_{谁}$”指的是“某个人”，例（15）的“点$_{怎么}$”是位于宾语小句中，不与“吗”发生句法关系的嵌套代词。如：

（13） 你乜嘢都食嘅吗？（你什么都吃吗？）【任指】

（14） 有边个想要本嘅书吗？（有谁想要那本书吗？）【虚指】

（15）［你知我点解决嘅］吗？（［你知道我是怎么解决的］吗？）【嵌套】

在副词搭配方面，赵春利（2019）认为，普通话“吗”可以和模态类语气副词①搭配，但排斥“大概、明明、索性、幸亏”等估知类语气副词②。因为“吗”字句是问话者提出某命题并要求答话者回答“是”与“否”，而后一类语气副词缺乏“肯定”与“否定”对立的“两极性情态”。

三水话的“吗［ma^{25}］”适用的语气副词比普通话的“吗”要多，“吗［ma^{25}］”可以和模态类语气副词、部分估知类语气副词搭配。如：

（16） 我哋的确/一定/可能要十二点先出发吗？（我们的确/一定/可能要十二点才出发吗？）【模态类】

① 赵春利（2019）所指的模态类语气副词，包括表示实然义、必然义和可能义的语气副词。

② 赵春利（2019）所指的估知类语气副词，包括表示估测义、显然义、认定义、幸悟义的语气副词。

(17) 我哋大概/恐怕/好似要十二点先出发吗？（我们大概/恐怕/好像要十二点才出发？）【估知类、估测义】

(18) 我哋干脆/索性十二点先出发吗？（我们干脆/索性十二点才出发？）【估知类、认定义】

(19) 佢偏偏要十二点先出发吗？（他偏偏要十二点才出发？）【估知类、幸悟义】

赵春利（2019）在判断普通话“吗”全疑零信的性质时指出，如果“吗”字句能插入基于略知的估测义副词，就可以说明其带有“信”的意义。三水话的“吗”可与估测义副词共现，例（17）的副词“大概、恐怕、好似”表明说话者事先已获知“我们要十二点才出发”这件事，但仍未确信，所以用“吗”字句来寻求确认。据此，可认为三水话的“吗［ma^{25}］”能带主观预期，并非只用于中性问。

三水话的“吗［ma^{25}］”问句的谓语部分可以是肯定形式和否定形式。如：

(20) 你听日得闲/唔得闲吗？（你明天有空/没空吗？）

肯定式和否定式所体现的“吗［ma^{25}］”的疑问性质有异。“吗［ma^{25}］”在肯定形式的问句中兼表中性问和非中性问，如：

(21) a. 请问你听日得闲吗？（请问你明天有空吗？）

b. 你听日得闲吗？啱喇，过来帮我手。（你明天有空对吧？刚好，来帮我的忙。）

例（21a）中，言者使用了向他人询问的礼貌用语“请问”，句子是全疑而问。例（21b）的“吗”字句实则是一句寒暄，言者并不需要听者回答，甚至没有给对方回答的机会，属于带有言者预期的非中性问。

否定式的情况则有所不同。如：

（22）（*请问）你听日唔得闲吗？噉你快走啦。（你明天没空对吗？那你快走啊。）

（23）（*请问）??［mɛŋ^{41}］使咁快返学吗？今日先星期六。（不用这么快上学吧？今天才星期六。）

（24）（*请问）老师有叫咁多人来吗？你哋咪逼晒喺度。（老师没有叫这么多人来吧？你们不要全挤在这里。）

表示礼貌询问的“请问”通常用于中性问，否定式的“吗［ma^{25}］”字句不能与之共现。否定式“吗［ma^{25}］”字句后可以直接紧跟言者要传达的其他信息，这些信息往往是言者有所掌握或是较为认同的，且通常与“吗［ma^{25}］”前的话段成分存在逻辑上的因果关系。比如例（22），言者倾向于认同听者“明天没空”，出于这一原因，言者劝听者“不要耽误时间，尽快离开”。可见，否定式“吗［ma^{25}］”字句伴有说话者的主观预期，表示寻求确认。

我们注意到，广州话句末的“吗”有两个调值表现：33 调和 23 调。彭小川（2006：115）对广州话的“吗［ma^{33}］”进行描写，认为其可译作普通话的“吗”，“是专职的表示因不了解而询问的疑问语气词”，“只用于肯定形式的是非问句”。至于未被提及的“吗［ma^{23}］”，我们认为，它往往指向非中性问，并且可以用于否定形式的是非问句中。“吗［ma^{23}］”可单用，也可与语气词“啊［a^{21}］”连用为“啊吗［a^{21}ma^{23}］”。如：

（25）a.（请问）王老师喺屋企吗［ma^{33}］？（请问）王老师在家吗？

b.（*请问）王老师喺屋企吗［ma^{23}］/啊吗［a^{21}ma^{23}］？（王老师在家吧？）

（26）王老师喺屋企*吗［ma^{33}］/吗［ma^{23}］/啊吗［a^{21}ma^{23}］？头先先见佢上咗楼。（王老师在家吧？刚才才看见他上楼了。）

(27) 你冇得罪人*吗[ma^{33}]/吗[ma^{23}]/啊吗[$a^{21}ma^{23}$]?咁惊青嘅?(你没有得罪人吧?怎么这么慌张?)

以上广州话的三种情况中,广州话"吗"的两个声调变体都能被三水话的"吗[ma^{25}]"替换。如:

(25')(请问)王老师喺屋企吗[ma^{25}]?[(请问)王老师在家吗?]

(26')王老师喺屋企吗[ma^{25}]?头先先见佢上咗楼。(王老师在家吧?刚才才看见他上楼了。)

(27')你冇得罪人吗[ma^{25}]?咁惊青嘅?(你没有得罪人吧?怎么这么慌张?)

因此,三水话的"吗[ma^{25}]"在疑问句中所扮演的角色,在广州话中出现了分工,即由两个声调不同、用法不同的"吗"来承担。这印证了三水话的"吗[ma^{25}]"在信疑度方面表现出多样性——可用于无知而问的中性问,也可用于带有预期、寻求认同的非中性问。

1.2 "吗[ma^{25}]"的历时演变

前人从音韵、语法化等方面对普通话"吗"的来源进行了研究,得出的结论大致分为"否定词演变说"、"'么啊/没啊'合音说"以及"'无、么'演变说"三类(赵春利,2019),三者的共识是,"吗"的来源和否定词有关。

能在金白片区的三水话疑问句句末出现的否定词数量有限,只有"未曾"的合音形式"□[$m\varepsilon\eta^{41}$]",在问句句末连续叠加高升疑问语调,读作"□[$m\varepsilon\eta^{25}$]"。如:

(28) 三水$_{金本}$:你坐过飞机□[$m\varepsilon\eta^{25}$]?(你坐过飞机没有?)

在金白片区周边的其他镇，否定词出现在疑问句句末是常见的。芦塘片区①的“冇［mou^{23}］”可以用在句中作为否定词，也可用在是非问句句末作助词，但只能接受肯定形式的是非问句。如：

（29）三水$_{芦苞}$：我冇坐过飞机。（我没坐过飞机。）

三水$_{芦苞}$：a. 你坐过飞机冇？（你坐过飞机吗？）

b. 你*冇/*未坐过飞机冇？（你没坐过飞机吗？）

其他粤方言如廉江话的“吗”也来自“冇”（林华勇、吴雪钰，2015）。金白三水话的“吗［ma^{25}］”可能也来自否定词“冇［mau^{23}］$_{金白}$”。但是相对于疑问句句末的“冇［mou^{23}］$_{芦苞}$”来说，“吗［ma^{25}］$_{金白}$”的语法化程度要高得多。

1.3 早期粤语文献中的“吗”

目前的广州粤语和香港粤语中，“吗”通常表现为两种声调。本文考察 *Cantonese Made Easy*（简称 CME，《简明粤语》），发现在早期粤语中，句末表示疑问的“吗”有五个声调变体，列举如下：（Ball，1888：113－114；Ball，1907：122）②

A. 上平：吗꜀ má，simply interrogative，or interrogative combined with surprise；

（30）佢食咁药丸见好的吗？（Did he feel better after taking the pills? / He eat［s. of p. t.］pills feel better eh?）（Ball，1888：24）

B. 上上：吗꜂ má，interrogative and expecting an affirmative reply；

C. 上去：吗 má꜄，interrogative：asking certainly as to any matter；

---

① 芦塘片区三水话的语料为笔者调查所得。

② 例（30）至例（33）原文使用的是繁体字，本文引例均改为对应的简体字。

（31）佢冻亲咩？佢咳<u>吗</u>？（Has he got cold? Does he cough? /He cold caught? He cough eh?）（Ball，1888：24）

D. 下上：吗꜀má，interrogative and expecting an affirmative reply；

（32）好食<u>吗</u>，好食吖，唔该呀。（Is this good to eat? It is. Thanks. / Good eat isn't-it? Good eat. not proper.）（Ball，1888：4）

E. 下去：吗 má꜄，affirmatively-interrogative；

（33）好嘛<u>吗</u>，佢系噉话。（It's good is it? He says so. /Good? He does so say.）（Ball，1888：6）

可以看到，“吗”在早期粤语中存在非中性疑问的用法。对照张洪年（2009）梳理的CME标调形式，CME标为“上上”“上去”“下上”三个调类的调值分别为35、33、13，跟如今三水话作阴上的“吗［ma^{25}］”、广州话作阴去的“吗［ma^{33}］”以及作阳上的“吗［ma^{23}］”是对应的，说明这三个“吗”的变体在早期粤语里已存在，皆非后起。

2.“㖞［$wɔ^{55}$］”：与“吗［ma^{25}］”相比较

2.1 “㖞［$wɔ^{55}$］”的句法语义表现

“㖞［$wɔ^{55}$］”不可单用，只在句末出现，可以加在肯定句和否定句句末。此时句子表示疑问（含一般疑问和反问）。

（34）佢冇开空调。（他没开空调。）

（35）a. 佢冇开空调<u>㖞</u>？我吆□［$ɛ^{51}$］佢开㗎。（他没开空调吗？

我叫了他开的。）【一般疑问】

b. 安知佢冇开空调喎？係佢自己本身怕热啫。（难道是他没开空调吗？是他自己本身不耐热罢了。）【反问】

从句法位置来看，“喎［$wɔ^{55}$］”只能在根句句末出现，不用于主语小句、宾语小句等嵌套小句句末。例如：

（36）*［你继续读书喎］我唔知。

（37）*我唔知［你继续读书喎］？

（38）［我唔知你继续读书］喎？（［我不知道你继续读书］吗？）

因此，“喎［$wɔ^{55}$］”是表示疑问语气的句末语气词。在疑问句类型的选择上，“喎［$wɔ^{55}$］”比“吗［ma^{25}］”的适用范围更小。“喎［$wɔ^{55}$］”只用于是非问句句末，不用于选择问句、特指问句、正反问句中。如：

（39）a. *你几时返学校喎？（你什么时候回学校？）【特指问句】

b. *你係咪返学校喎？（你是不是回学校？）【正反问句】

（40）*你返学校喎？定係返屋企？（你回学校吗？还是回家？）【选择问前项】

（41）*你继续读书定係出来做嘢喎？（你继续读书还是出来工作？）【选择问后项】

和“吗［ma^{25}］”问句一样，“喎［$wɔ^{55}$］”问句里的疑问代词也不做疑问焦点。如：

（42）你乜嘢都食嘅喎？（你什么都吃吗？）【任指】

（43）有边个想要本嘅书喎？（有谁想要那本书吗？）【虚指】

（44）［你知我点解决嘅］喎？（［你知道我是怎么解决的］吗?）【嵌套】

例（44）的疑问代词“点怎么”嵌于“知知道”后的宾语小句中，“喎”是对“你知道我是怎么解决的”这一肯定式命题表示疑问。

“喎［wɔ55］”所表示的疑问和“吗［ma25］”有所区别。下面用一组例句来说明。这组例句都含有一个命题“S”，即“明仔去过北京”。

第一，“喎［wɔ55］”不能用于中性问；“吗［ma25］”可以进入中性问，表示的是言者想从听者那里获得信息。因此，例（45b）可以接受“我想知道”“请问”等示意询问的词，而例（45a）正好相反。但例（45a）可以紧接言者本身所持有的预期，即“以为小明去过北京”。

（45）a. *我想知/*请问明仔去过北京喎？我以为佢冇去过添。（小明去过北京吗？我还以为他没去过呢。）

b. 我想知/请问明仔去过北京吗？（我想知道/请问小明去过北京吗?）

第二，当“吗［ma25］”和“喎［wɔ55］”都用作非中性问时，“S 喎［wɔ55］”所表之义更接近于“S 的否命题为真”；“S 吗［ma25］”则更接近于“S 本身为真”。如：

（46）a. 明仔去过北京喎？（我听讲佢冇去过㗎。/*我听讲佢去过㗎。）

小明去过北京吗?（我听说他没去过。/*我听说他去过。）

b. 明仔去过北京吗？（*我听讲佢冇去过㗎。/我听讲佢去过㗎。）

小明去过北京吧?（*我听说他没去过。/我听说他去过。）

例（46a）的意思是，言者的既有认知是"小明没去过北京"，但出现了有违这一认知而表明"小明去过北京"的情况，所以言者用"喎［$wɔ^{55}$］"问句表示质疑。也就是说，言者持有的预期其实是句中命题"S"的否命题。而例（46b）中，言者的预期只能是与命题"S"一致的"小明已经去过北京"。

因此，当"S 喎［$wɔ^{55}$］"和"S 吗［ma^{25}］"都属于非中性问时，可得出以下表达式：

（47）A. "S 喎?"≈"倾向于认为 S 为假，对吗?"

B. "S 吗?"≈"倾向于认为 S 为真，对吗?"

第三，在表示非中性问时，"喎［$wɔ^{55}$］"可以比"吗［ma^{25}］"附带更多的主观色彩，比如言者的惊诧，甚至可以表示反诘而问。如：

（48）四十度嘅天都唔开空调，你唔热喎/*吗?（四十度的天气还不开空调，你不热吗?）【惊诧】

（49）一要钱□［$ə^{22}$］问我，（唔通）我係财神爷喎/*吗? 一要钱就问我，（难道）我是财神爷吗?【反诘】

部分情况下，比如，当说话人对命题带有较强烈的消极感情色彩，需要表达排斥、责备之意时，"喎［$wɔ^{55}$］"还可以读作高降调"［$wɔ^{51}$］"来加重否定、反对的语气。如：

（50）家下唔敢行住路玩手机喇，唔通仲想被车撞多次喎［$wɔ^{55/51}$］?（现在不敢边走路边玩手机了，难道还想再被车撞一次吗?）

（51）餐餐都唔食饭，你想饿死自己喎［$wɔ^{55/51}$］?（每顿都不吃饭，你想饿死自己吗?）

在副词的选择方面，“㖞［wɔ⁵⁵］”可以和模态类语气副词连用，但也并不全然排斥估知类语气副词。如：

（52）今个星期六真係/一定/可能要返学㖞？（这个星期六真的/一定/可能要上学吗？）

（53）佢嫌屋企烦，干脆/索性自己喺出边住㖞？（他嫌家里烦，干脆/索性自己在外面住？）

（54）间学校咁多人，佢哋偏偏/咁啱分□［ɛ⁵¹］喺同一间宿舍㖞？（学校这么多人，他们偏偏/刚巧分在了同一间宿舍？）

我们将可以和“㖞［wɔ⁵⁵］”共现的估知类语气副词设为 A 型；不能进入“㖞”问句的“反正、毕竟、难怪、原来”等，则设为 B 型。

（55）A 型估知类语气副词

甲：佢嫌屋企烦，干脆/索性自己喺出边住㖞？

（他嫌家里烦，干脆/索性自己在外面住？）

乙：* 干脆。/* 索性。/係。佢干脆/索性自己喺出边住。（对。他干脆/索性自己在外面住。）

在“吗”字句没有凸显对比焦点的情况下，能单独应答“吗”字句的词或短语就是自然疑问焦点（赵春利，2019）。从问答方式看，A 型估知类语气副词不单独作为疑问焦点，其辖域只在事件小句的层面，修饰谓语结构或主要动词。

祁峰（2014）指出，是非问句需要加上对比重音、焦点标记词或者一定的上下文才能确认疑问焦点。“是不是”除了可以在正反问中直接充当疑问焦点，还可以作为焦点算子，约束其后面的句法成分，使其成为句子的焦点（祁峰，2017）。下面考察“是不是”与两种类型的估知类语气副词的共现情况：

（56）B型估知类语气词

a. 反正/毕竟/难怪/原来佢自己喺出边住。（反正/毕竟/难怪/原来他自己在外面住。）

b. *係咪$_{是不是}$反正/毕竟/难怪/原来佢自己喺出边住？

（57）A型估知类语气副词

为□［$ɛ^{51}$］避开我，佢係咪干脆/索性自己喺出边住？（为了避开我，他是不是干脆/索性自己在外面住？）

“是不是”不能将B型及其后的语段成分作为疑问焦点，如例（56）。这是因为“是不是”可以作为正反问构式，带有中性疑问特征，而B型语气副词的辖域包括整个命题，并且表达的是对整个命题具有较高认同度的言者认知，和“是不是”表示的“中性询问”产生冲突，同样地，也和“啝［$wɔ^{55}$］”问句的“反言者预期而问”特征相冲突。A型则未及表达“认定”“醒悟”等言者认知的层面，这样一来，无论是标记疑问焦点并作中性询问的“是不是”，还是带有言者预期的疑问语气词“啝［$wɔ^{55}$］”，都能和A型估知类语气副词共现。

综上所述，“啝［$wɔ^{55}$］”选择的语气副词包括两类：一类是模态类语气副词；另一类是不表言者对整个命题的评价，仅修饰谓语结构或主要动词的估知类语气副词。

2.2 “啝”的历时来源

早期粤语文献CME将“啝”记作“喎”，用在句末，表示“传达他人的话”（Denoting that the statement preceding it has been made by some one before.）（Ball，1907：124），如：

（58）佢话打我喎。①（He said he would strike me.）（Ball，1907：97）

① 例（58）至例（61）原文为繁体字，本文引例均改为对应的简体字。

(59) 成日念经咩。Read the Sutras the whole day long, so they say. / Whole day recite - sutras, (so they) say. (Ball, 1907: 26)

据张洪年 (2007: 190 ~ 191), "㖞 [wɔ¹³]" 是 "重述所闻的助词"。当说话人 "在引述中而又想表示自己不同意", "㖞" 就要拉长, 并且把音调提高到 "比阴去的33: 要高, 比阴平的55: 略低", 如:

(60) 佢话佢唔识㖞! 你信唔信呀? (他说他不会, 你相信不相信?) (张洪年, 2007: 191)

还有一种情况是, "㖞" "并非引述别人的话语, 而只是表示事情出乎意料之外, 感到惊愕诧异", 此时 "㖞" 读作 "[wɔ²¹]", 如:

(61) 佢冇牙想食饭㖞! (他没牙齿想吃饭呢!) (张洪年, 2007: 191)

李新魁等 (1995) 也将句末助词 "㖞" 分作三类, 列举如下。

第一, "㖞 [wɔ³³]", 用于 "有意引起对方对于原先不知道或未加注意的情况的注意" 或 "表示说话人突然意识到或注意到某种情况" (李新魁等, 1995: 508), 如:

(62) 张凳唔系几稳阵㖞。(这张凳子不太牢靠呢。) (李新魁等, 1995: 508)

第二, "㖞 [wɔ¹¹]", "表示出乎意料, 有时带有吃惊口吻" (李新魁等, 1995: 509), 如:

(63) 呢度原底种住好多竹嘅, 两个星期未嚟啫, 就唔见晒㖞!

（这里原先种着许多竹子的，才两个星期没来，就都不见了！）（李新魁等，1995：509）

第三，“喎［wɔ^{13}］”，“表示转告，带强调色彩”或“用于反问，否定所说内容”，“和‘喎［wɔ^{11}］’用法相同，不过出乎意料的色彩略轻，而吃惊、不满的语气较重”（李新魁等，1995：509～510），如：

（64）阿爸叫你即刻翻去喎。（爸爸叫你马上回去呢。）（李新魁等，1995：509）【转告】

（65）佢有咁好死喎！（他能真有这么好？）（李新魁等，1995：510）【反问】

以上的传信助词“喎”都可见于三水话中，且用法与广州话基本一致。疑问语气词“喎［wɔ^{55}］”隐含言者对命题“S”的真值所持的态度，这一特征与广义的传信情态相近，三水话中表示疑问的助词“喎［wɔ^{55}］”与传信助词存在一定关联。

三水话使用高音疑问语调，既可以体现为句子的超音段成分，又可以叠加在疑问语气词的声调上，如：

（66）今次轮到你？（↗，语调升高）（这次轮到你吗？）

（67）我只苹果呢［lɛ^{55}］？（我的苹果呢？）

（68）你唔会走嘅，嗬［hɔ^{25}］/嘁［hɛ^{25}］/吓［ha^{25}］？（你不会走的，对吧？）

我们认为，三水话的疑问语气词“喎”是引述标记覆盖叠加上高音疑问语调的结果。

3. 结语

本文描写三水话的疑问语气词“吗［ma²⁵］”和“喎［wɔ⁵⁵］”，与广州、香港粤语作共时、历时比较，并对照普通话的“吗”，得出如下结论。

第一，三水话的“吗”可以用于中性是非问，也可以用于表示“言者寻求认同”的非中性是非问。“喎”用于“反言者预期而质疑”的非中性是非问和反问，主观性强于“吗［ma²⁵］”。二者的区别如表1所示。

表1 三水话疑问语气词“吗［ma²⁵］”和“喎［wɔ⁵⁵］”的异同比较

	“吗［ma²⁵］”	“喎［wɔ⁵⁵］”
所处句法层次	只用于根句句末，层次较高	只用于根句句末，层次较高
疑问句类型	是非问、部分选择问前项	是非问
共现的疑问代词	不作疑问焦点	不作疑问焦点
能否表示中性问	能	否
可表示的主观预期	“S”为真	“非S”为真
除疑问之外的语气	求认同	质疑、惊诧、反诘
语气副词的选择	模态类、估知类的部分估测义、认定义和幸悟义	模态类、估知类的部分认定义和幸悟义
历时来源	否定词	传信/示证标记

第二，普通话“吗”的功能在三水话中由疑问语气词“吗［ma²⁵］”和“喎［wɔ⁵⁵］”共同体现。普通话“吗”在方言中对应形式不同、功能不同的疑问语气词，一定程度上印证了普通话“吗”内部存在确信度划分而非全疑的观点（张伯江，1997；彭小川，2006；黄国营，1986；郭锐，2000）。

第三，三水话“吗［ma²⁵］”的疑问功能相当于广州话“吗［ma³³］”和“吗［ma²³］”两个变体之和。三者语音形式在早期粤语文献中均已出现，即粤语“吗”全疑而问、求认同而问的两个用法由来已久。句末“喎”在早期粤语中只表转述，三水话疑问语气词“喎”可能是高音疑问语调覆盖叠加传信助词的结果。

第四，“喎［wɔ⁵⁵］”的来源仍有值得探讨的空间。Chao（1947）认为“喎”是“话+哦”复合的结果。林华勇、马喆（2007）提出言说义动词语法化为传信标记的情况，并且注意到广州话的“话”和传信助词“喎”可能符合这一演化规律。三水话“喎”的其他声调变体可以充当传信/示证标记，很可能也演变自言说动词“话”。表疑问的语气助词“喎［$wɔ^{55}$］”可能也来自言说动词“话”的语法化。如果以上猜测成立，即可以构拟出“言说 > 疑问”的语法化路径。关于这一点，我们拟另文讨论。

参考文献

邓思颖：《粤语语法讲义》，（香港）商务印书馆，2019。

郭锐：《“吗”问句的确信度和回答方式》，《世界汉语教学》2000 年第 2 期。

黄国营：《“吗”字句用法初探》，《语言研究》1986 年第 2 期。

李新魁、黄家教、施其生、麦耘、陈定方：《广州方言研究》，广东人民出版社，1995。

林华勇、马喆：《廉江方言言说义动词“讲”的语法化》，《中国语文》2007 年第 2 期。

林华勇、吴雪钰：《广东廉江粤语句末疑问语调与语气助词的叠加关系》，《方言》2015 年第 1 期。

彭小川：《广州话是非问句研究》，《暨南学报》2006 年第 4 期。

祁峰：《现代汉语疑问和焦点关系研究述评》，《汉语学习》2014 年第 6 期。

祁峰：《从汉语及吴方言的正反问句看疑问和焦点的互动》，《语言科学》2017 年第 5 期。

赵春利：《现代汉语句末助词研究》，商务印书馆，2019。

张伯江：《疑问句功能琐议》，《中国语文》1997 年第 2 期。

张洪年：《香港粤语语法的研究（增订本）》，（香港）香港中文大学出版社，2007。

张洪年：《*Cantonese Made Easy*：早期粤语中的语气助词》，载《中国语言学集刊》第三卷第二期，2009。

Ball, D. J. 1888. *Cantonese Made Easy* (2nd Edition)（《简明粤语》）. Hong Kong: "China Mail" Office.

Ball, D. J. 1907. *Cantonese Made Easy* (3rd Edition)（《简明粤语》）. Singapore: Kelly & Walsh Limited.

Chao, Yuen Ren. 1947. *Cantonese Primer*（《粤语入门》）. Cambridge: Harvard University Press.

The Interrogative Particles in Sanshui Dialect of Guangdong Province: "*ma* (吗 [ma^{25}])" and "*wo* (㖞 [wɔ^{55}])"

Chen Shuting

Abstract: The interrogative particles similar to "*ma* (吗)" in Madarin are "*ma* (吗 [ma^{25}])" and "*wo* (㖞 [wɔ^{55}])" in Sanshui dialect of Guangdong Province, which is different from Cantonese in Guangzhou and Hong Kong. "*ma*(吗[ma^{25}])" is used in Yes－no questions, including the neutral one and the non－neutral one expressing the speaker's identification. "*wo* (㖞 [wɔ^{55}])" evolved from the verb "*hua* (话)", and it is used in the rhetorical questions and the non－neutral Yes－no questions which indicates that the speaker questions what goes against his or her expectations. The diversity of "*ma* (吗 [ma^{25}])" and "*wo* (㖞 [wɔ^{55}])" reflects the abundance of sentence－final particles in Cantonese.

Keywords: Yue Dialect, interrogative particle, Yes－no question, *ma* (吗)

吴语温岭话复数标记的句法与语义

——兼谈数量短语在量化表达中的功能

章昱帆

（浙江师范大学人文学院/中国方言研究院）

提　要　吴语温岭话中存在两个复数标记："些"与"等"。本文通过对"些"与"等"的分布及句法语义特点的考察，指出二者具有截然不同的句法地位："等"是一个位于 D^0 位置的功能词项，在语义上是一个最大化算子，类似于普通话中的"们"；"些"则是基础生成于量化中心语（Quantity Head）位置的复数标记，但其在语义上标记复数的方式与英语中典型的复数标记 -s 以及汉语中的"们"都不同。在此基础上，本文进一步讨论了数量短语在温岭话的量化表达中的作用，并指出句法上对量化中心语不同的赋值方式会导致不同的句法后果。

关键词　复数标记　温岭话　最大化算子

1. 引言

"复数"（plurality）这一概念在英语中可以简单地理解为可数名词所具备的一种性质，具有该性质的可数名词指称一个包含了复数个体的集合。①

① 对于复数名词的指称，学界主要有"排斥解读"（exclusive view）与"包含解读"（inclusive view）两类观点，二者之间最主要的区别在于集合中是否包含单数个体。具体的讨论详参 Champollion（2017）。

跨语言层面上，复数标记在语义上如何操作、在句法上如何实现，一直是形式语言学界经久不衰的议题。对于普通话中与“-s”类似的“们”，诸多学者从句法和语义两个角度对其进行了细致的考察，李艳惠（Li，1999）认为，普通话的“们”是一个在 Num^0 位置合并的复数标记，其作用是为整个结构赋复数特征（[+PL]）。其进一步指出，普通话中带“们”的两类结构（1. 人称代词+“们”；2. 普通名词+“们”）具有不同的句法推导过程：普通话的人称代词基础生成于 D^0 位置，而复数标记会通过 Num^0-to-D^0 的中心语移位（head movement）附缀于人称代词之上；普通名词则会通过 N^0-to-D^0 的移位来获得有定解读，其中途经 Num^0 位置，“们”也在此时附缀。该差异所导致的句法后果由例（1）所示：

（1）a. 他们三个/我们三个/你们三个

b. *学生们三个/*老师们三个……

由于 N^0-to-D^0 的移位途经 Cl^0 位置，会在 Cl^0 位置留下语迹（trace），因此数量短语无法在“普通名词+们”结构后实现；[①] Num^0-to-D^0 的移位不会经过 Cl^0 位置，因此数量短语可以与“人称代词+们”结构兼容。

对于将“们”视为复数标记这一点，李旭平（2021）则提出了不同的意见。其指出，“爸爸妈妈们、叔叔阿姨们”中的“爸爸妈妈、叔叔阿姨”实际上属于 NP 而非光杆名词 N^0，因此“普通名词+们”结构不能用中心语移位来推导。其认为普通名词在推导过程中经历的移位是 NP 移位，NP 移位到［Spec，DP］位置，并与基础生成于 D^0 位置的“们”进入一致关系，使整个名词性短语获得有定解读。在语义上，李旭平主张将“们”处理为最大化算子（maximality operator），其语义贡献是作用于一个集合，并得到其中最大的加合个体：

① 在 Li（1999）的理论建构中，数词（一、二、三等）是实现于［Spec，NumP］上的，实际上并不会和语迹冲突。

(2) a. ⟦们⟧ = $\lambda P \sigma x \cdot {*}P_c(x)$

b. ⟦学生们⟧ = $\lambda P \sigma x \cdot {*}P_c(x)(student(x)) = \sigma x \cdot {*}student_c(x)$

(引自李旭平，2021：13，例 27)

在上述对普通话"们"的研究的基础上，本文将基于形式语言学的研究方法，讨论吴语温岭话中的两类复数标记："些"与"等"的句法与语义，并进一步探讨量词在名词性结构的量化表达中所起到的作用。本文主要解决以下几个问题：(一)"些"与"等"在句法上位于什么位置？具有哪些形态句法特征？(二)"些"与"等"是否与普通话中的"们"具有相同的语义贡献？若否，则其语义作用具体如何？(三)句法(及语义)上如何对名词性结构中的量化特征进行赋值？

我们将在第二节中描写温岭话中"些"与"等"的句法行为，并在接下来的章节中对上述问题进行详细解答。

2. "等"与"些"的句法分布与结构的指称特性

2.1 "等"的句法分布

我们先来看"等"在句法上的具体分布。温岭话中的"等 [tən^{55}]"可以用在第一人称代词"我"之后来表达一种包括式的复数语义。"我等"是一个表定指的名词性短语，在具体语境中指称一个包括听话人在内的特定的复数个体。如(3)所示：

(3) 我等天□[niã^{33}] 走椒江嬉否？咱们明天去椒江玩吗？

相较于普通话中的"们"，"等"在句法组合上受到了较大的限制：等不可以同第一人称代词之外的其他人称代词("尔$_{\text{2nd person}}$""渠$_{\text{3rd person}}$")组合，也不可以同除人称代词外的任何普通名词、专有名词组合，包括在生命度等级上较高的普通名词，如“学生”“老师”等：

（4）a. *桌等/*阿丽等/*学生等

b. *尔等/*渠等

根据 Smith - Stark（1974）提出的复数标记层级，“说话者”在该层级中是优先度最高的被标记成分，如例（5）所示。“等”的这一组合限制也基本符合 Smith - Stark 对该层级序列的论述：

（5）Smith - Stark 复数标记层级

说话者 > 听话者 > 第三人称 > 亲属名词 > 表人名词 > 有生名词 > 无生名词

另外，普通话的“人称代词 + 们”结构后一般可以接数量短语，如“我们三个”“他/它们三个”等。温岭话的“第一人称代词 + 等”结构后同样可以接数量短语，这一句法表现与普通话别无二致：

（6）a. 我/咱们三个明天到椒江去玩。（普通话）

b. 我等三个天□[niã^{33}] 走椒江嬉否？咱们两个明天去椒江玩吗？（温岭话）

2.2 “些”的句法分布

我们再来看温岭话中另一个复数标记“些［he$^{55/31}$］”①。传统语法研究

① “些”的声调会随着其所处的人称代词的指称性而变化。比如，当“些”与人称代词结合时，由于“pron 些”只有定指解读，因此“些”读为高平调 55。若“些 NP”表定指，则其中的“些”仍读高平调；若“些 NP”表不定指，则“些”读为低降调 31。语例详参下文。

一般认为普通话中的“些”是一个不定量词（朱德熙，1982），其主要证据是“些”可以后置于数词“一”。但石毓智（2003）等学者均指出，“些”并不具备量词的典型特征，①应当将其定性为复数标记（或者与复数标记关系密切的“表数助词”）。与普通话不同，温岭话中表一定数量的“些”甚至不能与数词“一”搭配，与温岭话的典型量词在句法上存在本质的差异：

（7）a. 我一只鸡腿吃完爻。我吃完了一只鸡腿。

b. ＊我一些鸡腿吃完爻。我吃完了一些鸡腿。

由此可知，我们缺乏将温岭话中的“些”视作不定量词的形式基础。因此，本文将“些”处理为复数标记，而非传统意义上的量词。

与“等”相比，“些”在句法上的组合限制相对较少。其可以后附于第一人称代词“我”、第二人称代词“尔”以及第三人称代词“渠”之后，指称一个语境中的复数个体，如例（8a）所示。其中，“我些”的指称在一般情况下并不包括对话语境中的听话者，属于“排除式”的复数第一人称代词，这与“我等”在语义上略有差别。

（8）a. 我些/尔些/渠些

b. 我些天□[niã^{33}] 要走椒江嬉去，尔□[ɕiɔ^{55}] 跟过来。

我们明天要去椒江玩，你别跟过来。

在上文中，我们指出“人称代词＋等”结构可以后接数量短语。与之相反，“pron＋些＋Num＋Cl”结构的接受度要远远低于“pron＋等＋Num＋Cl”结构。本文的两位发音人均表示，当第二人称代词、第三人称代词与

① 根据邢福义（1996）的论述，量词的典型特征包括：1. 与数词自由组合；2. 单音节量词可以重叠表示“每”或者“多”。

“些”组合时，其后不可接数量结构，最自然的表达是在人称代词后直接接数量短语，如“渠两个”“尔两个”。在“‘第一人称代词+些’后是否能接数量结构”这一点上，两位发音人存在较大的分歧，但认为“我些两个”这一表述可以接受的发音人也指出，“我等两个”“我两个”是更加自然的表达。其分布特点具体如例（9）所示：

（9）a. 我两个/我等两个/? 我些两个

b. 尔三个/＊尔些三个

c. 渠三个/＊渠些三个

“些”还可以同普通名词组合来表达复数语义，但此时“些”的线性语序并非后附，而是前置于普通名词。与只能和强有生名词组合的“们”不同，其组合范围不仅包括有生名词，也包括几乎所有类别的表物名词，如例（10）所示：

（10）a. 些学生天□[niã^{33}] 要走雁荡山嬉去。那些学生明天要去雁荡山玩。[些+表人名词]

b. 些花尔都要□[bã^{42}] 爻。这些花你都得扔了。[些+有生名词]

c. 些书尔□[ɕiɔ^{55}] □[k^{h}ə^{55}] 箇底$^{=}$。这些书你不要放在这里。[些+离散表物名词]

d. 些水望去□[ts ɛ^{33}] □[t^{h}i^{55}] □[ȵiəʔ 环] 红? 这些水(的颜色)怎么看上去那么红?[些+非离散表物名词]

虽然复数标记“些”的组合范围不少于甚至广于英语中的“-s”①，但与英语的NPs能与数词结合的句法表现不同，无论温岭话中的数量表达

① 英语中的复数标记“-s”只能同离散的可数名词结合。

（数量短语）是居前（作为修饰语）还是居后，其均不可与“些 + NP”兼容：

（11） * 三个些学生/ * 些学生三个

除了“些”的组合特性，“些 + NP”结构在不同句法位置的指称特性同样值得我们关注：在例（10a - 10d）语例中，“些 + NP”均位于主语或话题位置，具有强指称意义（李旭平，2021），只能表示定指。比如，例（10a）中的“些学生”只能解读为“在对话情景中对话双方均熟悉的一群特定的学生”，而不能有类似普通话中“一些学生”的解读。但是，与普通话的“们”缀词无论在何种位置均具备有定指称不同，当“些 + NP”位于系动词的表语位置时，其具有 Mathieu（2014）所定义的“弱指称性”，且只具备不定指解读，如例（12）所示：

（12） 箱里头是些苹果。

a. 解读一：These apples are in the box. [* 有定]

b. 解读二：Some apples are in the box. [无定]

同时，“些 + NP”可以出现在典型的动词宾语位置，如例（13a）所示；也可以出现在“有”等存现动词的宾语位置，并整体作为句子的主语，如例（13b）所示；“些 + NP”也可以被“格”字短语（等同于普通话中的“的”字短语）修饰，如例（13c）所示。需要注意的是，温岭话中的“有 + 些 + NP”并不等价于普通话中的同形结构，其根本的区别在于温岭话的存现动词与“些”之间不可插入数词“一”：

（13） a. 尔要□[tsã^{55}] 些事件做做。你要自己找一些事情干干。

b. 有（ * 一） 些学生便晓得嬉。有些学生就知道玩。

c. 红格些书要拨六班。红色的书要给六班。

不过，虽然“些+NP”在上述句法位置可以获得不定指解读，但具有不定指的“些+NP”在温岭话中的句法位置仍然是受限的。比如，只有表定指的“些+NP”可以进入完成体句中的前置宾语位置（盛益民、陶寰，2019），如例（14）所示。这一位置在刘丹青（2015）的论述中也被称作次话题位置。

（14）我些作业做（完）爻。我做了这些作业。

除了上述讨论的情况，具有复数义的“些”还可以不与任何成分结合而独立使用：

（15）a. 些我弗晓得。这些我不知道。

b. ？尔鱼擐些来。你拿一些鱼过来。①

c. 有些来外头，有些来里头。有些在外面，有些在里面。

d. 后头格些都拔别个爻。后面的东西都给别人了。

例（15a）说明独用的“些”可以位于话题或主语位置表定指，指称特定的某些事物，具体的所指需要通过当下的话语情境来确定；例（15b－d）则说明“些”可以作为典型的动词宾语、存现动词的宾语以及被“格”字短语修饰，在句法上与“些+NP”类似。

值得一提的是，温岭话中存在另一种在形式上后附于普通名词的“些”，如例（16）所示：

（16）a. 苹果些要常日吃佬。像苹果这类的东西要常常吃。

b. 清明格时候，桌些都要摆摆好。清明的时候，桌子等东西都要摆好。

① 两位发音人均认为该句虽然可以接受，但将“些”替换为表小量的“□[ȵie^{31}]”是更自然的表达。

c. 到上海去，手机些一定都要带走。到上海去，手机等东西一定都要带走。

在句法上，“NP+些”基本只出现在惯常行为句中，这是一个典型的类指语境（刘丹青，2020）；同时，部分可以与“些+NP”兼容的句法位置无法与“NP+些”兼容，如例（17）所示：

（17）a. 里头是些苹果/*苹果些。里面是一些苹果。

b. 有些学生/*学生些便晓得嬉。有些学生就知道玩。

在语义上，例（16a）中“苹果些”的指称不仅包含“苹果”，还包含“香蕉、梨”等对身体有益的各类水果，其所包含的对象在语境中均具有相同的上位义；例（16b、16c）同理，“桌些”的指称不仅包括“桌子”，还包括“椅子”“祖宗牌位”等清明祭祖所必需的摆放品；“手机些”则包括了一切说话人认知中出远门必带的物品。分配算子“都”的存在也证明了“NP+些”指称的是一个内部具有结构的成分。基于上述讨论，本文认为，后附于普通名词的“些”并非上文所述的复数标记，而是一个比较特殊的类指标记，本质上是一个整分论定义下的加合算子①（Champollion，2017），语义类型为<kt，k>。其语义贡献是作用于一个以原子性（atomic）的“类”为成员的集合，②并得到一个以该集合中所有成员为部分（part）的加合个体（mereological sum），这一加合个体表示一个更大的“类”。“些”所作用的集合由其所附缀的NP引入，但其语义并非由名词本身所决定，而是由语境所决定的。例（16a）中的“苹果些”的简单形式化表达如例（18）所示：（下标C表示context）

① 整分论框架下的加合操作⊕由整体——部分关系≤所定义，如下所示：（x是P中所有成员的加合）Definition：Sum（x，P）=∀y［P（y）→y ≤ x］∧∀z［z ≤ x→∃z’［P（z’）∧zoz’］］（Champollion，2017：14），下例的（18b）中的加合个体中的成员符合上述定义。

② 此处的原子个体严格来说应该是Landman（1989）所定义的“不纯原子个体”（impure atoms）。

(18) a. 〖苹果〗$_C$ = {$k_{1(苹果)}$, $k_{2(梨)}$, $k_{3(香蕉)}$……}

b. 〖苹果些〗 = sum 〖苹果〗$_C$ = $K_{n(对身体有益的水果)}$ = $k_1 \oplus k_2 \oplus k_3 \oplus$……

由于后缀“些”作为类指标记的性质，限于主旨及篇幅，本文对其更多的句法语义特点不做过多的涉及，容另文详论。

3. 温岭话复数标记的句法语义分析

在第二节中，我们已经对“等”与“些”的句法分布和以二者为组成成分的名词性短语的指称特性做了初步的描写。在本节中，我们将基于上述讨论，结合既有的研究，探讨两种复数标记的句法语义性质，并对与之相关的句法现象做出解释。

在论述开始之前，我们需要对本文所采用的句法分析框架进行简要的介绍。本文部分采纳了“XS－Model”（Borer，2005）的句法分析模式，认为名词短语（或动词短语）的扩展投射的中心语成分均具有一个开放的值(open value)，这一开放的值等价于Chomsky（1995）所定义的不可解释特征（Hu，2018）。句法操作的核心目的之一就是为这类开放的中心语赋值(range assignment)。功能中心语在被赋值后，其语法功能才可在界面上被解读。我们认为，名词性结构的数特征在句法上主要由量化中心语Quantity编码，对该中心语不同的赋值方式将会导致不同的句法后果。汉语名词性结构的句法模型如下所示：

(19) [$_{DP}$ D [$_{QuantityP}$ Quantity [$_{NP}$ N]]]①

① 与Borer（2005）等一些坚持名词性结构右分枝投射的学者不同，本文并未在该右分枝结构中设置一个独立的ClP或DivP投射。根据贺川生（2021）的分类，本文对名词性结构的句法建构实际上可以归入左分枝的范畴。这一点将在下文详述。

3.1 “等”的性质：最大化算子

从第二节的论述可知，温岭话中的复数标记“等”只能同第一人称代词“我”结合，“我等”的语义等同于普通话中的“咱们”。可以看到，与普通话相比，“等”缀复数代词（“我等”）除了与“我们”存在包括式—排除式的语义区别，与“我/你/他们”在句法上不存在本质的差异。我们认为，温岭话中的“等”是一个直接在 D^0 位置基础生成的功能词项，带有［+plural］、［+definite］特征以及不可解读的（第一）人称特征。在具体的句法推导中，“我”会在［Spec，DP］位置基础生成，“等”不可解读的［n-1st］特征也与“我”的［+1st］特征匹配并被删除。其句法结构如例（20）所示：

（20）$[_{DP}\ [_{\varphi P}$ 我$]\ [_{D'}\ [_{D}$ 等$]\ [_{QuantityP}$ Quantity……$]]]$

我们在例（20）中将“我”处理为 φP 参考了 Déchaine 和 Wiltschko（2002）对于人称代词的相关研究，具体的语义解释将在下文详述。同时，一个问题随之而来：在 Li（1999）的论述中，复数标记“们”首先基础生成于 QP（即 NumP）的中心语位置，随后才会移位至 D^0 位置，附缀在人称代词之上。在 XS-Model 的框架下，“们”具有直接为量化核心赋值的功能。但是，在本文的处理中，“等”并未经历这一先赋值后移位的过程，句法又会通过何种方式为量化核心赋值？

我们可以从 Zeijlstra（2012）的研究中找到启发。Biberauer 和 Zeijlstra（2012）、Zeijlstra（2012）定义了这样一种“反向一致”（Reverse Agree）操作，如例（21）所示：

（21）“反向一致”的定义：

α 与 β 发生一致关系，当：

a. α 具有至少一个不可解释特征，且 β 具有一个与之匹配的可解读特征。

b. β C－统制 α。

c. β 对于 α 来说是最近的目标（goal）。

（引自 Zeijlstra，2012：514，例 42）

“反向一致”操作确保了存在可解读特征的高节点可以对一个低节点上与之匹配的不可解读特征进行赋值，这一操作也被称为“特征分享”（feature sharing）。在例（20）中，“我等”具有可解读的数特征［＋plural］，而量化核心在数特征上只有一个开放的值；同时，D^0（等）C－统制 Quantity 节点，且是 Quantity 节点最近的目标。由此可知，二者的结构关系及所具备的特征均符合“反向一致”操作的应用条件。因此，量化核心上的数特征是与 Q^0 和 D^0 上的“等”通过“反向一致”操作的“分享”而得到的。

至于“等”在语义上所起到的作用，可以参考李旭平（2021）的研究，即将“等”处理为一个最大化算子，因为“我等”与“我们”一样，都可以根据不同的语境来指称符合条件的最大成员。如例（22）所示，在该句中，“我等”与“高中生”构成同位结构。此时，“我等”不仅表示说话人和听话人，也包括独立于对话外的其他符合条件的所有第三者个体，即所有的高中生。

（22）我等高中生十年后都是国家格希望。

刘星（2021）指出，最大化算子的分析成立需要以下三个条件：一、作用的对象为具有复数个体的集合；二、语境变量 C 的参与；三、满足唯一性/最大性要求。

首先，由例（22）可知，“我等”的语义符合条件三。我们还可以通过 Kurafuji（2004）的最大化测试来检验其合理性，选取的是与刘星（2021）一致的拔河语境：

（23）a. 温岭话：＊休息格时候，我班格学生会作两组相，我等搭我等拔河。休息的时候，我们班的学生会分成两组，我们和我们拔河。

b. 宜春话：*拔河格时唧，学生分成两队，我俚拔我俚。

拔河的时候，学生分成两队，我们拔我们。

（宜春话语料选自刘星，2021：108，例42）

在例（23b）中，“我等”是以说话人为代表的全体成员，而语境并没有提供足够的信息区分这两组队员，最终导致表达式不合法。

其次，根据李旭平（2021），普通话中的“们”作为一个最大化算子，当其与人称代词结合时，其作用的对象并非人称代词，而是一个隐性的论元，即语境中话语“参与者”（participant）的集合，“们”会从中选取一个“与当下情景最直接相关的复数个体”。温岭话中的“我等”同样可以适用于该分析，使“我”所引入的论元符合条件一。如此就可以解决最大化算子与个体论元之间的语义类型不匹配的问题，也是本文将所有的人称代词均处理为指示语位置的φP的一大原因。

最后，“我等”的具体指称会随着语境的变化而变化，这说明“我等”的语义计算符合条件二：在例（24a）中，“我等”指的是学校内所有的学生；而在例（24b）中，“我等”指的是小区内的所有业主。也就是说，在以“我等”为领属语的领属结构中，随着领有物指称的变化，领属者的指称也会随之变化：

（24）a. 我等（格）学堂己日开学。我们学校今天开学。

b. 我等（格）小区己日解封。我们小区今天解封。

综上所述，温岭话的“等”在语义上是一个最大化算子。当其与第一人称代词“我”组合时，其作用的对象是一个由当下语境C中的言谈参与者的集合，并从中选择一个包括言谈中说话者、听话者（“我等”只能是一个包括式复数代词）的最大复数个体。参考李旭平（2021）对“们”的语义分析，“我等”语义组合过程可展示如下：（*表示集合论定义下的复数化操作）

(25) a. ⟦我(言谈参与者)⟧ = λx · participant (x)

b. ⟦等⟧ = λPσx · $*P_c$ (x)

c. ⟦我等⟧ = σx · $*participant_c$ (x) & λy · $speaker_c$ (y) & λz · $hearer_c$ (z) & y, z ≤ x

简言之，复数标记“等”的复数义是通过标记集合中最大的加合个体来实现的。

3.2 “些”的性质：复数谓词

我们再来看温岭话中另一个复数标记“些”。由第二节的描述可知，“些”可以与人称代词以及几乎所有类型的普通名词组合，但其在组合中所处的线性位置会因组合对象的不同而产生差异：当“些”与人称代词组合时，其后置于人称代词；当“些”与普通名词组合时，其前置于普通名词。在上文中，我们讨论了“些 NP”可以表不定指；同时，“些”还可以与“等”共现，“我等些”这一表述在温岭话中是合法的。这意味着在句法推导的层级序列中，“些”所处的句法层级必然低于 DP 而高于 NP。① 基于上述认知，我们假设，“些”是一个基础生成于 QP 中心语位置的复数标记，在形态上是一个自由语素，主要功能是为量化中心语 Q^0赋［+Plural］特征。在 XS - Model 的分析框架内，这一通过合并功能词项（merge functional item）来为中心语赋值的方式被称为“直接合并”（directly merge），是一种有别于间接赋值的句法手段。②“我些”“些学生”的句法结构如例（26）所示：

(26) a. $[_{DP}$ $[_{\varphi P}$ 我$]$ $[_{D'}$ $[_{D}]$ $[_{QP}$ Q（些）……$]]]$③

① 本文对“我等些”另有论述。详参 3.3 节及 3.4 节。

② 在 Borer（2005）、Hu（2018）的论述中，间接赋值的方式主要有三种：量化副词（adverb of quantification）、语篇算子（discourse operator）以及指示语—中心语一致（Spec - head agreement）。

③ 此处“pron 些”的句法结构只是一个初步的结构。在后文的讨论中，我们会谈到 DP 的中心语位置仍然会有成分占据。

b. ［$_{QP}$ Q（些）［$_{NP}$ N（学生）］］

至于“些”的语义，本文认为，虽然位于主语位置的“pron 些/些NP$_{[强有生]}$”与普通话中的“pron/NP 们”具有一致的指称特性（均为定指），但我们仍不能将“些”直接视为一个最大化算子。一个最直接的证据是，“NP 们”无法作为存现动词“有”的宾语，而“些 NP”却可以出现在“有”的宾语位置，如例（27）所示：

（27）a. 有些学生来跳舞。（温岭话）

b. ＊有学生们在跳舞。（普通话）

（普通话语料选自李旭平，2021：6，例 11）

在语义上，存现动词有一般被视为一个显性的存在算子，其语义作用是对一个开放的集合进行存在封闭（existence closure）。“NP 们”不能被存在算子约束，证明其唯一性个体的指称是恒定的；反之，“些 NP”可以被“有”约束，证明其可以被诠释为一个谓词性的成分，指称一个集合。同时，刘星（2021：187）指出，能够充当系动词的表语、可以被“的”字短语修饰，是判断名词性结构具有谓词性的重要标准。由例（12）、例（13c）可知，“些NP”同样符合这两项判断标准。另外，由例（15a－15d）可知，“些”不仅在句法上可以单独使用，且其在句法行为上与“些 NP”多有平行。基于以上讨论，我们认为，“些 NP”与“些”在语义上的“基式”均为一个谓词性的成分，指称一个集合，“些”与“NP”之间通过 Heim 和 Kratzer（1998）所述的“谓词修饰规则”（Predicate Modification，PM）进行组合，表达的是一种交集性的语义。其语义组合过程具体如例（28）所示：

（28）a. ⟦些⟧ $= \lambda x \cdot [\,|x| \geq 2\,]$

b. ⟦学生⟧ $= \lambda x \cdot [\,{*}student(x)\,]$

c. ⟦些学生⟧ $= \lambda x \cdot [\,{*}student(x) \wedge |x| \geq 2\,]$

我们将对这一语义组合过程进行逐一解释。首先，（28a）表示“些”在语义上指称一个由具有“组成其自身的原子个体（atoms）的数量大于等于2”性质的加合个体所构成的集合。这一语义处理参考了 Rothstein（2013）对于英语数词的研究：数词可以被处理为一个谓词性成分。比如，eight 的语义就可以被视为一个由具有“组成自身的原子个体的数量等于8”性质的加合个体所构成的集合（虽然本文并不完全赞同 Rothstein 对数词的语义分析）：

（29）$[\![\text{eight}]\!] = \lambda x \cdot [\,|x| = 8\,]$

其次，（28b）表示“学生”的语义是一个由具有“学生”性质的个体（包括 atoms 和 sums）组成的集合。本文并未采取 Chierchia（1998）、Li（2013）等将汉语的光杆名词均视为类指成分的观点，而是采纳了 Bale 和 Coon（2014）、Champollion（2017）、郝琦（2021）等人的研究成果，认为汉语的光杆名词在指称上等价于英语的不可数名词及复数名词，指称一个具有某属性的集合，且该集合是由相应的原子个体集合通过“代数闭包”（Algebraic closure）操作得来的。“代数闭包”的定义如例（30）所示：

（30）Definition：Algebraic closure（Champollion，2017：19）
The algebraic closure $*P$ of a set P is defined as $\{x \mid \exists P' \subseteq P\,[x = \oplus P']\}$

根据这一定义，汉语中“学生”所指称的集合不仅包括单数个体，也包括复数个体（所有单数个体都是其自身的加合）。

最后，（28c）表示“些学生”的语义是“些”与“学生”通过谓词修饰原则得来的，本质上是指称〖些〗与〖学生〗的交集。假设客观世界中存在三名学生 a，b 及 c，那么“学生”便指称集合 $\{a, b, c, a\oplus b, a\oplus c, b\oplus c, a\oplus b\oplus c\}$，而“些学生”则指称集合 $\{a\oplus b, a\oplus c, b\oplus c, a\oplus b\oplus c\}$。换句话说，

"些"排除了"学生"所指称集合中的单数个体，使整个结构可以指称"真性复数"（袁梅，1996）。这一语义性质也可以通过例（31）的测试来体现：

（31）？里头是些苹果，尔摞只凑，苹果便无爻。

里面是一些苹果，你再拿一只，苹果就没了。

由于例（31）中的"些苹果"只能是真性复数，集合中并不包括单数个体，因此当说话人用该句指出"箱子里面的苹果再拿一个，箱子就空了"的情况时，听话人一般会觉得该句提供的信息自相矛盾。

至于"pron 些"的语义，我们可以参考前文对"我等"的处理方式，认为汉语中的人称代词可以引入一个话语参与者的集合，如此便可以和"些"进行语义组合。我们可以将"我/你/渠些"初步的语义刻画如下：（与"我等"相反，"我些"的语义中不包括听话者。为了描写方便，读者可认为若不特地描写说话者或听话者，则可默认其不在会话参与者之中。）

（32）a. ⟦我些⟧ $= \lambda x \cdot *participant_c(x)\ \&\ \lambda y \cdot speaker_c(y)\ \&\ y \leqslant x\ \&\ |x| \geqslant 2$

b. ⟦尔些⟧ $= \lambda x \cdot *participant_c(x)\ \&\ \lambda y \cdot hearer_c(y)\ \&\ y \leqslant x\ \&\ |x| \geqslant 2$

c. ⟦渠些⟧ $= \lambda x \cdot *participant_c(x)\ \&\ |x| \geqslant 2$

3.3 "pron 些/些 NP"结构中定指义的实现：非音段性的最大化算子

在本小节中，我们将关注表定指的"pron 些/些 NP"结构。如上文的例（10a－10d）所示，"些 NP"可以表定指，例（15a）中"些学生"的语义等价于英语中的"the students"。在 Link（1983）的描述中，"the students"中的"the"通常被视为一个最大化算子。因此，一个合理的假设是，（10a－10d）表定指的"些 NP"中存在一个隐性的最大化算子，其作用是以“些 NP”这一真性复数集合为论元，并从中选出语境中符合描述的最大成员。由于汉语中存在“主语有定限制”，这一最大化算子在例（10a－10d）中的“些 NP”里是强制应用的。例（32）中的三类“pron 些”同理，其修正后的语义刻画如例（34a－34c）所示：

（33）⟦些学生$_{[define]}$⟧ = MAX⟦些学生⟧ = σx·[∗student$_c$(x) ∧ |x| ≥2]

（34）a. ⟦我些⟧ = σx· ∗participant$_c$(x) & λy·speaker$_c$(y) & y ≤ x & |x| ≥2

b. ⟦尔些⟧ = σx· ∗participant$_c$(x) & λy·hearer$_c$(y) & y ≤ x & |x| ≥2

c. ⟦渠些⟧ = σx· ∗participant$_c$(x) & |x| ≥2

一个问题随之而来：在定指性“些 NP”的句法推导中，最大化算子究竟在哪一个层面发生作用？我们当然可以假设最大化算子 MAX 是一个纯粹的语义算子，只在 LF 层面对语义进行操作。在形式语义学的文献中，针对隐性的成分设置一个纯粹的语义算子一直是一个合理的类型转换（type－shift）手段，比如 Chierchia（1998）的上向算子与下向算子，Rothstein（2010）的 MASS 算子，罗琼鹏（2019）对汉语量级等比句的比较基准直接进行 iota 转换，等等。但是，本文认为，温岭话中的看似“隐性”的最大化算子并非在 LF 层面才进入句法推导，而是一个在狭义句法层面就已经进入推导的成分，具有相应的句法实体。其最直接的证据在于，某些可以容纳不定指“些 NP”的句法位置也可以与同形的定指“些 NP”兼容，但此时定指“些 NP”中的“些”不会读为低降调 31，而是会读为有标的高平调 55。换句话说，“些 NP”可以通过改变“些”的调值来完成定指—不定指转换：

（35）a. 你买些[he^{31}]衣裳穿穿相。你买一些衣服穿穿看。

b. 你买些[he^{55}]衣裳□[tsə^{55}]□[kã^{42}]无？你买这些衣服干什么？

这一通过语音形式区别定指/不定指的现象实际上涉及了 PF 层面。在 Chomsky（1995）的句法模型中，狭义推导所形成的表达式会分别输入 PF 以及 LF，LF 层面的操作无法触及 PF 层面。若我们假设此处的最大化算子只在 PF 层面进入句法推导，将无法解释例（35）所示的现象。因此，基于上述语言事实，我们认为，定指“些 NP”中的最大化算子的句法本质是一个只具备超音段音系特征［+高调］的空词缀 -MAX①，基础生成于 D^0 位置。定指“些 NP”的句法推导过程如例（36）所示：

（36）$[_{DP}$ D(些$_i$ - MAX) $[_{QP}$ Q(t_i) $[_{NP}$ N(学生)$]]]$

在例（36）中，空词缀“-MAX”会吸引位于 QP 中心语的“些”上移，随后“-MAX”附缀其上。该表达式移交至 LF 层面时，“-MAX”被诠释为最大化算子，作用于整个 QP（此时“些”会重构回 QP 中心语位置），使表达式在接口处被诠释为一个唯一的最大个体；该表达式被移交至 PF 层面时，“些”原本的语音特征（会被诠释为低降调的［he^{31}］）与“-MAX”所带有的高调特征共同在接口处被诠释，最终生成了高平调的“些［he^{55}］”。要而言之，空词缀并非真空，而是其语音特征无法在音段层面被诠释。

至于“pron 些”结构，由于其无论在何种位置都只能是定指成分，且“些”只能读为高平调 55，我们认为空词缀同样存在于该结构的句法推导中，如例（37）所示：

（37）$[_{DP}[_{\varphi P}$ 我$]$ $[_{D'}[_{D}$(些$_i$ - MAX)$]$ $[_{QP}$ Q(t_i)……$]]]$

需要注意的是，（37）表示的是一个被移交至 LF 之前的表达式。为了使最大化算子的辖域可以覆盖整个 DP，我们假设此处的 MAX 在 LF 层面还要经历一个 LF 移位，移位至 DP 的附加语（adjunct）位置，如例（38）所示：

① 空词缀“MAX”其实处理成前缀和后缀均可。本文处理为后缀。

（38）[$_{DP}$ MAX$_j$ [$_{DP}$ [$_{\varphi P}$ 我] [$_{D'}$ [$_D$ 些$_i$ – < MAX >$_j$] [$_{QP}$ Q（< 些 >$_i$）……]]]]

3.4 余论：数量短语在句法推导中的作用

在本节的最后，我们对数量短语无法与“pron 些/NP 些”兼容的问题进行解答。由例（9）、例（11）可知，“pron 些/些 NP”基本不可与数量短语（如“三个”）共现。李旭平（2021）指出，能被数量短语修饰是判断一个名词性结构具有谓词性的标准之一，并将“NP 们”无法被数量短语修饰视为其指称个体（语义类型为 < e >）的证据。“些 NP”同样无法被数量短语修饰，这是否构成将“些 NP”视为谓词性成分的反例？

实际上，“些 NP”无法被数量短语修饰，其原因在于句法而非语义。本文采纳 Sudo（2016）、贺川生（2021）等的观点，认为自然语言中的数词在语义上应直接指称一个抽象的数（< n >），而非谓词（< e，t >）、修饰词（< et，et >）或者量化词（< et，< et，t > >）。量词作为一个类转换算子，其作用并不是对表类指的光杆名词进行个体化操作（Chierchia，1998；Li，2013），而是作用于数词，将个体指的数词转化为谓词。这意味着在句法上，量词必须首先与数词合并，数量名短语应是一个左分枝结构（[[Num – Cl] – N]）。①以“三条鱼”为例，在我们的分析中，“三条”整体在量化短语 QP 的指示语位置合并，通过“指示语—中心语一致”（Spec – head agreement）操作为量化中心语 Q^0 间接赋值。其句法结构与语义推导过程如例（39）所示：

（39）a. [$_{QP}$ [$_{NumP}$ Num（三）[$_{ClP}$ Cl（条）]] [$_{Q'}$ Q [$_{NP}$ N（鱼）]]]

b. $⟦三⟧_{<n>} = 3$

c. $⟦条⟧_{<n,et>} = \lambda n \lambda x \cdot [\mu_{cardinality}(x) = n \wedge \text{long and thin}(x)]$

---

① 关于量词与数词首先结合的更多句法和语义上的证据可参见贺川生（2021）。

d. $[\![三条]\!]_{<e,t>} = \lambda x \cdot [\mu_{cardinality}(x) = 3 \wedge \text{long and thin}(x)]$

e. $[\![鱼]\!]_{<e,t>} = \lambda x \cdot [*\text{fish}(x)]$

f. $[\![三条鱼]\!]_{<e,t>} = \lambda x \cdot [*\text{fish}(x) \wedge \mu_{cardinality}(x) = 3 \wedge \text{long and thin}(x)]$

联系3.2节中对“些”句法属性的讨论，我们可以看到，温岭话的句法中存在两种对量化核心词上的开放值进行常规赋值的方式：指示语—中心语一致以及功能词项合并。我们认为，“些”与数量短语之所以无法兼容，是因为句法一般会避免对同一中心语上的开放值进行重复赋值：若数量短语或“些”已经为量化核心赋［+plural］特征，则Q^0上的特征丛将会由开放转为封闭，另一种赋值方式将无法进行。“pron 些”与数量短语无法兼容亦同理。另外，由于本文将位于DP指示语位置的人称代词处理为φ特征的最大投射φP,[①]人称代词本身并不能通过“指示语—中心语一致”为D核心赋值，因此“pron 些”中的人称代词可以与D^0位置的MAX共存。

最后，我们需要解释“我等”为何可以与数量短语兼容的问题。前文已述，“我等三个”的句法结构中为量化中心语赋值的方式并不属于Borer（2005）、Hu（2018）所讨论的直接/间接赋值的任何一种，Q^0上的［+plural］特征是位于D^0的“等”通过“反向一致”这一非常规赋值方式“分享”（share）的。本文假设，由中心语位置合并功能词项以及“指示语—中心语一致”所获得的特征是强特征，而通过“反向一致”等非常规方式“分享”的特征则是弱特征。弱特征无法使Q^0上的开放值完全饱和，因此“我等”可以与赋强特征的数量短语兼容。我们还可以预测，在温岭话中，“我等”与“些”也可以共现。例（40）所示的语言事实符合这一预测：

（40）我等些都是好朋友。

① 有部分学者将人称代词处理为DP指示语位置的DP，比如何元建（2011）。

另外，“我等些”这一形式在语义上也可以解释：在 3.1 节及 3.2 节中，本文将“我等”中的“等”处理为最大化算子，而认为“我些”中存在一个具有超音段语音特征的最大化算子 MAX。因此，我们完全可以认为，温岭话中有两种方式对谓词形式的“我些”［其语义表达式如例（32a）］进行最大化操作，其一是使用具有高调特征的超音段算子 MAX，其二则是使用音段算子“等”，二者在句法上呈互补关系。“我等些”中的“些”只能读如低降调 31，不能读如高平调 55，如例（41）所示。这也证明了“等”与高调 MAX 不会同时进入句法计算：

（41）我些［he^{55}］/我等些［he^{31}］

4. 结语

本文在详细描写温岭话中两类复数标记的句法分布的基础上，对“些”与“等”的句法及语义属性进行了刻画，并借此解释了与之相关的各类语言现象。主要观点可概括如下。

其一，温岭话中只能与第一人称结合的复数标记“等”在句法上是一个直接在 D^0 位置合并的功能词项，同时会通过“反向一致”对量化中心语 Q^0 赋值；在语义上，“等”则是一个最大化算子，通过提取语境中符合条件的最大个体来标记复数义。在本文的处理中，“我等”中的“我”是基础生成于［Spec，DP］位置的 φP，其主要功能是核查 D^0 位置“等”不可解释的人称特征，在语义上则被诠释为一个受语境变量影响的话语参与者的集合。其他类型的人称代词均可作如是观。

其二，温岭话中另一个复数标记“些”在句法上则是一个在量化中心语 Q^0 位置合并的功能词项，直接为 Q^0 赋值；“些”的语义则是一个谓词性的成分，指称一个由具有“组成其自身的原子个体的数量大于等于 2”性质的加合个体所构成的集合。本文指出，“些”在语义上表达复数的手段需要区分定指与不定指两种情况：在“些 NP”是不定指的语境中，“些”与同样指称一个集合的 NP 通过谓词修饰原则进行语义组合，通过排除集合中的单数个体来表达复数义（最后会经历一个存在封闭）；在“些 NP”为定指的语境中，“些”与 NP 在语义组合后会被一个最大化算子操作。我们在 3.3 节中通过声调上的证据证明了该最大化算子是一个在狭义句法运算中就已经存在的成分，并非纯粹的语义算子。其基础生成于 D^0位置，具有［+高调］的超音段音系特征。“pron 些”的句法运算中同样包含该最大化算子。

其三，在上述讨论的基础上，本文进一步解释了“pron 些/些 NP”无法与数量短语兼容的原因：在 Q^0位置合并功能词项“些”、在［Spec，QP］位置合并数量短语，二者均是为量化中心语 Q^0赋值的句法手段，而句法一般会避免对同一功能中心语进行重复赋值。同时，“我等”之所以可以与数量短语及“些”兼容，是因为由“反向一致”等非常规赋值手段所赋的弱特征无法使 Q^0上的开放值完全饱和，故可以允准其他赋值方式存在。

参考文献

郝琦：《数量名结构与可数性范畴》，北京大学博士学位论文，2021。

贺川生：《数词的句法语义界面研究》，上海教育出版社，2021。

何元建：《现代汉语生成语法》，北京大学出版社，2011。

刘丹青：《吴语和西北方言受事前置语序的类型比较》，《方言》2015 年第 2 期。

刘丹青：《浙北吴语的类指表达：一种罕见的类指显赫型方言》，《中国语文》2020 年第 4 期。

刘星：《赣语宜春话复数标记的语义类型》，浙江大学博士学位论文，2021。

李旭平：《汉语“们”的语义：最大化算子》，《当代语言学》2021 年第 1 期。

罗琼鹏：《语义学与形态句法变异：以英汉语量级等比句为例》，《外国语》2019 年第 3 期。

盛益民、陶寰：《话题显赫与动后限制——塑造吴语受事前置的两大因素》，《当代语言学》2019 年第 2 期。

石毓智：《现代汉语语法系统的建立——动补结构的产生及其影响》，北京语言大学出版社，2003。

袁梅：《“们”的语法意义及其实现》，《延安大学学报（社会科学版）》1996年第1期。

邢福义：《汉语语法学》，东北师范大学出版社，1996。

朱德熙：《语法讲义》，商务印书馆，1982。

Bale, A. & J. Coon 2014. Classifiers are for numerals, not for nouns: Consequences for the mass/count distinction. *Linguistics Inquiry* 45: 695 – 707.

Biberauer, T. & H. Zeijlstra. 2012. Negative concord in Afrikaans: Filling a typological gap. *Journal of Semantics* 29: 345 – 71.

Borer, H. 2005. *In Name Only, Vol.* 1. New York: Oxford University Press.

Champollion, L. 2017. *Parts of a Whole: Distributivity as a Bridge Between Aspect and Measurement*. Oxford: Oxford University Press.

Chierchia, G. 1998. Reference to kinds across language. *Natural Language Semantics* 6: 339 – 405.

Chomsky, N. 1995. *The Minimalist Program*. Cambridge, MA: MIT Press.

Déchaine, R. M. & M. Wiltschko. 2002. Decomposing pronouns. *Linguistic Inquiry* 33: 409 – 42.

Heim, I. & A. Kratzer. 1998. *Semantics in Generative Grammar*. Oxford: Blackwell.

Hu, X – H. 2018. *Encoding events: Functional Structure and Variation*. Oxford: Oxford University Press.

Kurafuji, T. 2004. Plural morphemes, definiteness, and the notion of semantic parameters. *Language and Linguistics* 5: 211 – 42.

Landman, F. 1989. Groups, I. *Linguistics and Philosophy* 12: 559 – 605.

Li, Y – H, A. 1999. Plurality in a classifier language. *Journal of East Asian Linguistics* 8: 75 – 99.

Li, X – P. 2013. *Numeral Classifiers in Chinese*. Berlin: Mouton de Gruyter.

Link, G. 1983. the logical analysis of plural and mass term: A lattice – theoretical approach. In RainerBäuerle, Christoph Schwarze, and Arnim von Stechow, eds. , *Meaning, Use, and the Interpretation of Language*, Berlin: De Gruyter: 303 – 23.

Mathieu, E. 2014. Many a plural. In Ana a. Guevara, Bert LeBruyn, and Joost Zwarts, eds. , *Weak Referentiality*. Amsterdam: John Benjamins: 157 – 82.

Rothstein, S. 2010. Counting and the mass/count distinction. *Journal of Semantics* 27: 343 – 97.

Rothstein, S. 2013. A Fregean semantics for number words. In Proceedings of the 19th Amsterdam Colloquium.

Smith – Stark, T. C. 1974. The plurality split. In *Chicago Linguistic Society* 10: 657 – 72.

Sudo, Y. 2016. The semantic role of classifiers in Japanese. *Baltic International Yearbook of Cognition, Logic and Communication* 11: 1 – 15.

Zeijlstra, H. 2012. There is only one way to agree. *The Linguistic Review* 29: 491 – 539.

The Syntax and Semantics of Plural Markers in the Wenling Dialect: The Function of [Num – C1] Phrases in Quantitative Expression

Zhang Yufan

Abstract: *he*$^{31/55}$ and *tən*^{55} are two plural markers in the Wenling Dialect. This paper argues that *tən*^{55} is a functional item which is base – generated at the head position of DP, and is also a maximality operator in semantics, just like – *men* in Mandarin. *he*$^{31/55}$, which is a phonetic realization of Q^0, can mark the plural semantically in a way different from – *s* in English and – *men* in Mandarin. We further discuss the function of [Num – Cl] Phrases in quantitative expression of the Wenling dialect, and argue that different assignments to Q^0 will lead to different syntactic effects.

Keywords: plural marker, the Wenling dialect, maximality operator

论汉语数词的句法位置

——来自吴语和西南官话的证据*

陈秋实

（康涅狄格大学语言学系）

提　要　尽管已有相当多的研究对数词与名词性短语内部其他成分的相互关系进行了探索，在汉语中，专门针对数词本身句法位置的讨论却相对较少。基于跨方言的材料，本文提出大数词表确数，位于指定语位置；小数词（“一”“两”）既可能是中心语，又可能是位于指定语位置的最大投射。这一区分不仅不是武断的，而且它实际上还具有相当的句法/语义基础。一方面，位于中心语位置的数词充当存在量化词，可参与中心语移位；另一方面，作为指定语的数词总是表示具体数值，并可能阻挡一些 DP 内部非论元移位的实现。

关键词　数词　名词性短语　“名数量”短语　“量名”短语　西南官话　吴语

1. 引言

在汉语普通话的数词系统中，“一”和“两”的语义较为特殊。它们不仅能够用于计数，如例（1）所示，还可充当存在量化词（existential operator），如例（2）所示。后一个功能是“三”及以上的数词所不具备的。

* 本文部分内容曾于 2019 年在复旦大学方言音韵沙龙报告，陈振宇教授、盛益民教授、陶寰教授及其他与会师生分享大量洞见；笔者依据《汉语语言学》两位匿名审稿人提出的诸多富有建设性的审稿意见，对文章做出了重要改进。本人谨向以上师友致以诚挚谢意。文章尚存不当之处，概由笔者自负。

（1）我一共买了一/两/三/四/五本书。（不是六本）。

（2）a. 他没喝一杯酒就醉了。（≈他没喝任何酒就醉了。）

b. 他没喝两杯酒就醉了。（≈他没喝几杯酒就醉了。）

c. *他没喝三/四/五杯酒就醉了。

蔡维天（2002）已指出这一现象，并详细探讨了其外部句法。计数用法和存在量化用法均需要一定的语境条件才能成立，如例（2c）说明计数解读无法在否定语境中实现。严格地说，即使在中立语境中，两种解读也均可成立。如例（3）实际上有歧义：

（3）我想买一本书。

此处“一本书”既可表示书的具体数值为一（*one book*），又可直接对（单数的）书进行指称（*a book*）。“一”表数值时重读[①]，表指称时轻读且可简省[②]：

（4）我想买一本书，不是两本……

a. 这本书是《战争与和平》。

b. 什么书都可以。

（5）我想买（一）本书……

a. #这本书是《战争与和平》。

b. 什么书都可以。

“两”的情况在真值语义上看得更加清楚。“两本书”既可能表示书的具体数值为二（*two books*），如例（6），又可能对（复数的）书进行指称

① 更严格地说，这里的歧义体现在前者的数值信息是后一个指称用法所不具备的。数值用法并不一定都不带指称义，参见第五节的讨论。

② 本文仅在描写意义上使用“一”的“简省”“省略”等说法，不专门探讨其本质。另参见本文结语部分的简要讨论。

(*some books*)，如例（7a）。“两”在后者大致与“几”等同，只能轻读；此时书的数值一定不为一，但并不一定为二。与之相对，尽管例（7a）在口语中相当自然，但使用更大数词的例（7b）不妥当：

（6）我想买两本书，不是三本。

（7）a. 我想买两本书，包括《父与子》《红与黑》，还有《罪与罚》。

b. #我想买三本书，包括《父与子》《红与黑》《罪与罚》，还有《战争与和平》。

本文关心的重点是“一”“两”的这种特殊性质是否能够在句法上做出区分。在 DP 假说（Abney，1987）的框架下，汉语的数词常被分析为位于 NumP，在 ClP 之上、DP 之下（Tang，1990：413；A. Li，1998、1999；Huang et al.，2009：283～328；邓思颖，2010：63～84；等等），如例（8）所示（略去无关细节）[①]：

（8）

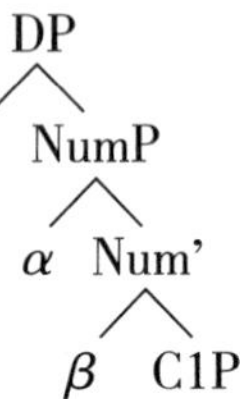

然而，数词具体是落在 α 处（即 SpecNumP）还是 β 处（即 Num°）则并未得到足够的正面讨论。学者有时对此处理得相当随意，例如，A. Li

① 并非所有学者都同意 DP 假说在汉语中的适用性（Bošković，2008、2009；J. Cheng，2011；等等）。例如，有的研究认为数词和量词先合并为 ClP，之后再嫁接在 NP 上，构成一个左分支结构（Huang，1982；贺川生，2016），还有研究认为数词和量词构成一个复合中心语（Tang，1990：403）。尽管我们同意 DP 的投射并非理所当然，但本文暂不专门讨论这个问题，后文将显示，以例（8）为出发点的讨论无论在描写还是在理论上都是行之有效的。

(1998) 把数词看作位于 Num°的中心语，而（A. Li，1999）又把数词看作最大投射，位于 NumP 的指定语位置；又如 Huang 等（2009）在第 296 页和第 312 页的图示也互不一致。这些文献并不专门讨论数词本身的位置，因此也并未给出明确的理由来说明两种选择哪种更合适，看起来，两种方式均不蕴含太多与众不同的句法后果，因此讨论的空间也有限。

与之相对，结合上文对“一”“两”特殊性的讨论，本文将着重举出方言中的例子来说明，在汉语中，数词既可能位于 SpecNumP，又可能位于 Num°。这一区分并不是随意的，它具有相当的语义基础和与之伴随的句法后果。具体而言，本文的观点如下：

(9) 表示存在量化的数词是中心语，位于 Num°；表示具体数值的数词是最大投射，位于 SpecNumP。

也就是说，例（2）中的“一”“两”作为存在量化词，是位于 Num°的中心语，而“三”“四”“五”作为具体数值，是位于 SpecNumP 的最大投射。第二节讨论西南官话（石柱方言）DP 内部非论元移位（A’-movement)，这一句法操作会且只会被指定语位置的数词所阻挡（block)。第三节讨论北部吴语的定指“量名”和定指“两量名”结构。一般认为，“量名”结构的定指义是由 Cl°到 D°的中心语移位实现的，而较少被提及（但分布同样相当广泛）的定指“两量名”结构则说明 Num°到 D°的中心语移位同样存在，此时“两”必然是中心语。从这两节的讨论可以看到，“两”的情况在西南官话和北部吴语中都较为清楚：它既可能是中心语（表概数，可参与中心语移位)，又可能是最大投射（表确数，可阻挡非论元移位)。两者在北部吴语还能够通过连读变调区分。然而，“一”的情况却体现出有趣的方言差异[①]，例如，如果“一”和“两”类似，总是可以做存在量化词，从而位于中心语位置，为什么定指“一量名”短语的分布却远

① 可能在所有人类语言中，数词“一”都具有某些特殊性质。另参见 Kayne（2019)。

不如“两量名”广泛？在给出解答后，第四节继续单独讨论“一”。由观察可知，尽管在普通话中“一”具有双重身份，但在西南官话中，它只能是中心语，表存在量化，而在北部吴语中，它只能是最大投射，表具体数值。本文的讨论将对汉语名词性结构的内/外部句法有所启发，第五节简要探讨两类名词性结构在分布上的区别。在逻辑上，存在量化和具体数值并非互斥关系；如果存在量化不被编码在数词本身，它就只能依靠（更为严格的）外部句法条件来进行允准。第六节是全文的总结。

2. 西南官话（石柱方言）的定指“名（数）量”短语

本节所讨论的西南官话主要是重庆境内的石柱方言，第四节还会涉及其他方言点。石柱方言［及一些周边方言，参见徐海英（2011）的说明］与绝大多数汉语方言类似，其名词短语的基本语序是数 > 量 > 名，但较为特殊的是，它还使用名 > 数 > 量语序来专职表示定指：

（10）a. 我搞落哒$_{\text{了}}$一本书。（我弄丢了一本书。）

b. 书一本落哒。（那本书丢了。）

陈秋实（2022）详细分析了这一语序的移位动因，我们简单概括于此，并进一步讨论。Simpson（2005）提到在泰语、缅甸语等东南亚语言中，名 > 数 > 量是名词性短语的基本语序，而这一语序应被分析为 NP 移位的结果。如例（11）所示，作为 ClP 补足语的 NP 提升至 D°左侧的 SpecDP 位置：

（11）$[_{DP}\ [NP_i]\ [_{NumP}\ [_{ClP}\ Cl\ NP_i]]]$

石柱方言的定指“名数量”短语同样可以采用这一方式分析，但因为名 > 数 > 量并非其基本语序，所以移位动因必须加以明确［即不能简单归结于线性化（Linearization）］。为此，两个关于定指“名数量”短语的重要性质需要提及。这两个性质是紧密相关的。

其一，“名数量”短语只有处于对举语境下才能够自由用于回指。如例（12）所示：

（12）a. 我有一条狗跟一个猫，狗一条很听话，猫一个就不得行哒。

b. #我有一条狗，狗一条很听话。

“名数量”短语受形容词成分修饰时也必须处于对举语境下：

（13）红的书一本我买哒，蓝的书一本没买。

如果上下文或语境中并不存在比较对象，那么单说“红的书一本”就难以接受。基于 DP 分裂假说［另参见 Lin（2009）对普通话 DP 的处理］，陈秋实（2022）认为此时的 NP 实际上是提升至 DP 左缘的焦点位置（即 SpecFocP）。更详细的论证请参见该文，对于本文重要的是，这样处理能够很好地解释例（12）—例（13）的可接受度。

其二，并非所有数词都能使用在定指“名数量”短语中。实际上，仅有“一”“两”“几”能够自由出现［例外见后文（18）］，且在该结构中它们无法重读：

（14）a. 书几本

b. 书一/两/?? 三/ * 四/ * 五本

“书一本”大致相当于普通话说“那一本书”[①]，可尽管“那四/五本书”等也是完全合法的表达，但“书四/五本”等在石柱方言中却不被接

① 石柱方言同样使用类似的“指量名”短语来表示定指，其与定指“名数量”短语的区别见陈秋实（2021）。

受。不同的母语者对“三”的接受程度并不完全一致，但他们都同意其合法度比“一”“两”大为降低；“四”及以上的数词基本不能被接受。

相当重要的是，尽管“书两本”是相当自然的表述，但此时的“两”只能以概数解读，而不是具体的数值二。也就是说，“书两本”大致相当于普通话“那几本书”，而非“那两本书”[①]。“书两本”与“书几本”在语义上几乎相同。

由此，可以出现在定指“名数量”短语中的数词就可分为两组，一组是“一”，为单数的存在量化，另一组是“两$_{概数}$”“几”，为复数的存在量化。表具体数值的数词总是无法出现在该结构中。单数“一”和具体数值“一”尽管在真值上常常没有差别，但不能混为一谈。注意到在石柱方言中，“一”是唯一的无法重读的数词。在需要强调数量是确切的“一”时，石柱方言使用重读量词的方式来实现这一目的。此时“一$_{轻读}$”的出现与否是任意的：

(15) 问：你买哒好多$_{多少}$本书？

答：我买哒(一$_{轻读}$) 本$_{重读}$。我买了一本。

第四节专门讨论“一”。

我们认为在石柱方言中，只有处于 SpecNumP 位置的数词才承担具体数值的意义解读，而 Num 中心语仅承载［±PL］特征，是纯粹的功能成分。“一”“两$_{概数}$”“几”直接合并在 Num°，前者表示单数［-PL］，后两者表示复数［+PL］；当表示具体数值的数词出现于 SpecNumP 位置时，位于 Num°的空［+PL］特征便通过指定语—中心语一致（Spec-head agreement）的方式获得核查（check）：

① 严格地讲，普通话“那两本书”也可能取概数解读。这里仅指“两”指代确数二的情况。参见引言的例子。

（16）

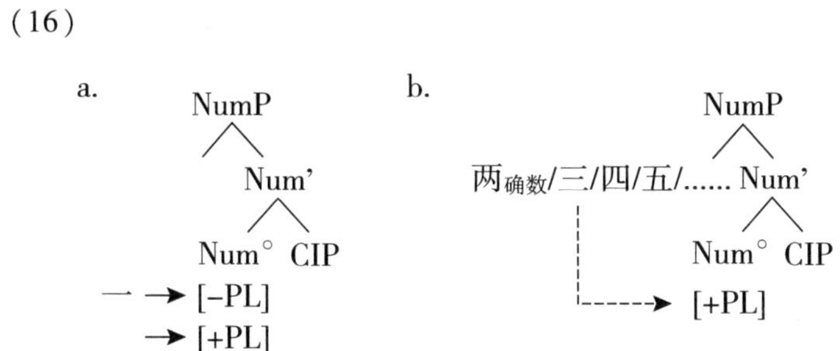

“一”与“两概数/几”是单数/复数的对立，即是单数型和复数型的存在量化；“两确数/三/四/五”则都表达具体数值（cardinality）。只有后者才能被称作基数词（cardinal）。前文提到定指“名数量”短语来源于NP向DP左缘SpecFocP位置的移位。一方面，焦点具有量化特征（Rizzi，1997）；另一方面，表示具体数值的基数词本身也是量化的[①]。因此，根据Rizzi（2004）的改进版相对性近距原则（Relativized Minimality），SpecNumP就是NP的潜在管辖者（governor），距离SpecFocP更近，因此位于SpecNumP的具有同类［QUAN］特征的成分就会阻拦后者的提升：

（17）

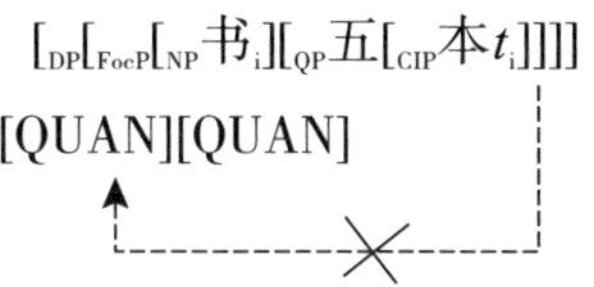

这样处理还可以直接解释一些看起来违反大数词限制的例子。例如，一部分母语者尽管通常不接受“三”及以上的数词出现在定指“名数量”短语中，但他们却接受例（18）这样的句子：

（18）我买哒一部小车，<u>轮胎四个</u>是米其林的。

① 自然，这里说的量化特征［QUAN］与前面说“一”“两概数”“几”表示存在量化并不是一回事，不能混为一谈。前者包括疑问、否定、度量、焦点等（Rizzi，2004）。无论如何，处于中心语位置的后者无法阻挡指定语位置的非论元移位。

此处“轮胎四个”用于关联回指（associative - anaphoric），因此“四”并不承担数量焦点。既然“一部汽车有四个轮胎”对于言谈双方来说属于常识性的知识，那么可以认为“四个”本身也是某种关联回指成分——它是指称性的（referential），不具备［QUAN］特征，因此这里的“四”自然就不会阻拦 NP 提升。

本节的讨论基于独立的证据印证了（9）的正确性。在石柱方言中，表存在量化的“一”“两$_{概数}$”为中心语，而表具体数值的其他数词（包括“两$_{确数}$”和“三”及以上的数词）为指定语。定指“名数量”短语如何生成，以及在什么样的情况下无法生成，均能够得到很好的解释①。下一节用

① 有趣的是，与汉语没有亲缘或值得一提的接触关系的孟加拉语中，定指“名数量”短语同样存在（其基本语序同为数 > 量 > 名），如（i）所示，一般同样认为这是由 NP 提升达成的（Chacón，2011；Dayal，2012）。至少在表面上与石柱方言尤其相似的是，较大的数词无法进入孟加拉语“名数量”短语，如（ii）所示：

(i) a. du ʈo chele　　b. chele du ʈo
two Cl boy　　boy two Cl
'two boys'　　'the two boys'　　(Bhattacharya，1999)

(ii) a. Ami lal boi du ʈo/ tin ʈe/ char ʈe kinlam.
I red book 2 Cl/ 3 Cl/ 4 Cl bought
'I bought the 2/3/4 red books.'

b. Ami lal boi ? panc ʈa/ * choy ʈa/ * sat ʈa/ * at ʈa kinlam.
I red book 5 Cl/ 6 Cl/ 7 Cl/ 8 Cl bought
'I bought the ? 5/ * 6/ * 7/ * 8 red books.'

由此，Simpson、Syed（2016）宣称，在孟加拉语中，小于“五”的数词出现在 Num°的位置，而大于“五”的数词出现在 SpecNumP 位置。因为“名数量”短语的语序是由 NP 提升实现的，而出现在 SpecNumP 位置的大数词会阻挡这一句法操作，所以（iib）各例不合法。他们同时还指出与小数词搭配的量词在语音形式上并不规则：通用量词的规则形式是 ʈ*a*，但“二”与 ʈ*o* 搭配，“三”“四”则与 ʈ*e* 搭配。因为小数词生成在 Num°位置，允许作为 Cl°中心语的量词进行中心语移位与其合并，所以造成了这种不规则音变。需要指出该论证基本上是理论先导的。一方面，当前最简方案的流行看法认为句子层面拥有两个语段［phase；CP 本身以及 *v*P 或 AspP；参见（Chomsky，2000；Bošković，2014）］，而名词性短语则似乎仅包含一个语段（DP 本身）。另外，CP/DP 的平行性又是 Chomsky（1970）及 Abney（1987）以来长期得到关注的问题，可是这种平行性似乎并未很好地体现在语段理论中。Simpson、Syed（2016）［又见 Syed、Simpson（2017）］的论点恰好可以弥补这种看似的非平行性：他们认为 NumP 同样是语段。既然大数词生成于 SpecNumP 位置，为满足语段不透性条件（Phase - Impenetrability Condition）（Chomsky，2000），在 NumP 内部就只有 Num°或出现在 NumP 边缘（即 SpecNumP）的成分才能够移出。综上所述，DP 与 CP 类似，拥有两个语段：其本身以及内部的 QP，因此两者仍然具有平行关系。尽管上述分析和正文的分析在结果上没有区别，在逻辑上却有循环论证之嫌：其一，因为有大数词限制，且 NumP 是语段，所以大数词需要在 SpecNumP；其二，因为大数词在 SpecNumP，且 NumP 是语段，所以反过来，大数词限制的存在就得到了解释。量词在语音形式上的证据只能看作佐证。除此之外，NumP 的语段性质就不再拥有任何证明。因此，本文不采取这一方案。更为重要的是，孟加拉语定指“名数量”短语的这一限制看起来是纯结构的，而从正文可以看出，石柱方言的类似限制还具备语义上的明显理由：它实际上与数值的具体大小并无关系。

北部吴语的材料来继续论证。

3. 北部吴语的定指“量名”“一量名”“两量名”短语

北部吴语的定指“量名”短语是被广泛描写和讨论的语言现象。一般而言，“量名”短语的定指语义被分析为由 Cl°到 D°的中心语移位实现，如例（19）所示（参见 Simpson，2005；Wu，Bodomo，2009；X. Li，2013：259 ~ 262；等等）①：

（19）［$_{DP}$本$_i$［$_{NumP}$ t_i ［$_{ClP}$ t_i 书］］］

这里尽管没有显性数词出现，但 NumP 仍然需要投射。因为这些定指“量名”短语在语义上总是被解读为单数，说明 Num 的［－PL］特征在移位过程中得到核查。

更少被人提到的则是有时显性数词也在类似的定指策略中出现，在一些北部吴语的方言点中还存在定指“一量名”短语或定指“两量名”短语。前者见于 19 世纪的上海方言及宁波方言。（20）各例是林素娥（2018）讨论的 19 世纪上海话传教士文献中的例句。英语释义均来自传教士原文，具体出处参见林素娥（2018），在此不再单独标出：

（20）a. 一宅房子高来野大！（The house is very high.）

① 本文遵循既有研究，统一把量词处理为中心语。一个值得提出的问题是，既然数词既可能是中心语，又可能是位于 SpecNumP 位置的最大投射，那么是否可以假设量词也具有类似的双重身份（Cl 或 SpecClP）？这样的类比是合理的。注意到一些汉语方言中的定指“量名”短语对量词的性质有限制（盛益民，2017），例如宾阳话只允许个体量词、不定量词及个别集合量词进入定指“量名”短语（覃东生，2007）；衡东新塘方言的定指“量名”短语只接受单音节量词进入（许秋莲，2007）。可以猜想这些不能进入定指“量名”短语的量词是最大投射（作为佐证，它们的信息量或音节数更大），位于 SpecClP，因此自然无法进行中心语移位。

b. 一件马挂做好拉哉。(The jacket is made.)

c. 一个外国人要去。(The foreigner will go.)

林素娥（2018）依次从直指、回指、关联回指、认同指四个角度讨论了这些“一量名”短语的定指属性，每种用法都能在传教士文献中找到不少例子。它们与普通话表示不定指的“一量名”短语的区别是无须怀疑，本文不再赘述①。我们认为这里的数词“一”位于 Num°，通过 Num°到 D°的中心语移位获得定指解读。如例（21）所示：

（21）$[_{DP}$一$_i$ $[_{NumP}$ t_i $[_{ClP}$个 $[_{NP}$外国人$]]]]$

定指“两量名”短语的情况则更为清楚。第二节提到石柱方言的“两”既有确数解读，又有概数解读，并且在定指“名数量”短语中，“两”总是概数解读。这一限制也体现在定指“两量名”短语中：“两”在此处的解读只能是概数。吴语的例子之所以重要且典型，就在于“两$_{确数}$”与“两$_{概数}$”有时还具有不同的语音形式。以富阳方言为例②，“两$_{概数}$”是高降调［niã^{53}］，而“两$_{确数}$”是曲折调［niã^{212}］（参见盛益民、李旭平，2018）。如例（22）所示，只有“两$_{高降调}$”能构成定指“两量名”短语（李旭平，2018a）：

（22）两$_{高降调}$/*两$_{曲折调}$斤橘子你放好勒$_{在}$何里$_{哪里}$？

（那几斤橘子你放在哪里了？）

① 值得留意的是白鸽（2013）提到普通话“一量名”短语有时似乎也能够表示定指：（i）我知道是小明干的，但是我不想伤害一个刚入学的新生。陈秋实（2020）认为此处的“一量名”短语在左缘包含一个 DP 内部的空话题，其定指义由该空话题实现。无论如何，这里的情况与正文所讨论的吴语的情况完全不同，尽管在历时上它们确实可能有所关联。

② 类似现象在吴语中的分布相当广泛，还见于苏州方言（石汝杰、刘丹青，1985）、海门方言（王洪钟，2008）、绍兴方言（盛益民，2019），等等。本文的论述对它们同样适用。

可以认为“两量名”短语的定指语义来自数词“两$_{\text{高降调}}$”由 Num°向 D°的中心语移位。而表示具体数值的“两$_{\text{曲折调}}$”只能够被分析为与其他基数词一致，位于 SpecNumP 位置，因此自然无法进行中心语移位。如（23）所示：

（23）

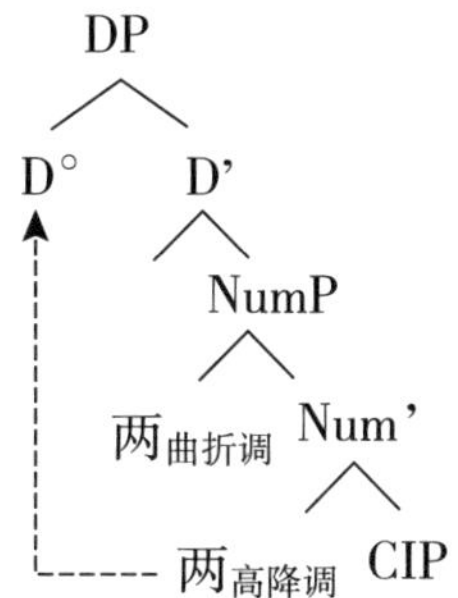

两者的区别还可以从它们与指示词“葛”的共现情况中观察到。李旭平（2018b）指出，在富阳方言中，指示词“葛”只能出现在个体指成分的左侧，决不能出现在数量解读以及通指/类指性成分的左侧：

（24）a. ＊葛$_{\text{这}}$小人叫何尔$_{\text{什么}}$名字？

b. ＊葛一/三个小人叫何尔名字？

c. 葛个小人叫何尔名字？

首先，富阳方言的光杆名词与普通话不同，只允许类指/通指解读，无法取得个体指解读，（24a）不合法；其次，（24b）中“一/三个小人”是数量解读，整个结构同样不合法；最后，（24c）中的“量名”短语具有个体指解读，因此能够与“葛”共现。从句法角度来说，（24c）中的量词经历了从 Cl°到 D°的移位，而指示词“葛”只能够合并在已被其他方式允准的限定语层（D－level）中，它自身不能独立投射 DP。与之相对，数量解读的“数量名”结构为 NumP［如（24b）］，类指/通指解读的光杆名词仅为 NP［如（24a）］，均不是 DP，因此无法直接与“葛”合并。

对于我们重要的是，“两$_{\text{曲折调}}$量名”的表现与其他“数量名”结构的表现一致，而“两$_{\text{高降调}}$量名”序列的表现则与定指“量名”短语一致。如（24d）所示：

（24）d. 葛两$_{\text{高降调}}$/ * 两$_{\text{曲折调}}$个小人叫何尔名字？
（这几个小孩儿叫什么名字？）

可见富阳方言中的这类定指策略均由中心语移位的方式达成。定指“量名”短语与定指“两量名”短语在表层的区别完全由 Num 的［±PL］特征决定：当 Num°具有［+PL］特征时，“两$_{\text{高降调}}$”合并于此，并进行中心语移位；而当 Num 具有［-PL］特征时，它不具备显性的词汇形式，因此由更低的量词中心语来完成移位操作。可以看到两者的关系与句子层面的中心语移位完全平行。比如在德语的一般疑问句中，若 I°中心语位置有助动词出现，则由它向 C°移位；若句子无助动词，则由更低的 V°中心语先移位至 I°再移位至 C°。分别如例（25a、25b）所示：

（25）a. Hat sie hat jeden Tag die Zeitung gekauft?
has she has every day the paper bought
（Has she bought the paper every day?）
b. Kaufte sie kaufte jeden Tag die Zeitung kaufte?
bought she bought every day the paper bought
（Did she buy the paper every day?）

与前文对石柱方言的分析类似，我们对富阳方言数词的句法位置规律做出如下总结：

(26) 在富阳方言中，“两$_{高降调}$”表示概数，出现在 Num°中心语位置；“一”“两$_{曲折调}$”“三”及更大的数词均表示具体数值，出现在 SpecNumP 位置。

至此，就有一个很容易注意到的问题需要解释。尽管我们尚未专门讨论它，但是实际上答案已经呼之欲出：为何“一”的情况似乎不太规则？首先，在西南官话石柱方言中，“一”位于中心语位置，不阻挡 NP 提升；其次，在 19 世纪的上海/宁波方言中，“一”同样能够出现在中心语位置，因此得以参与中心语移位；最后，在吴语富阳方言中，“一”的表现与其他表示具体数值的数词一致，与典型的中心语成员“两$_{高降调}$”反而不同，因此只能被分析为位于 SpecNumP。

这一点不难回答。作为 Num 中心语的“一”可核查［-PL］特征，而在富阳方言中，该任务由量词移位完成，并不需要某一显性形式在 Num°进行外部合并。换句话说，在功能上，定指“一量名”短语与更为常见的定指“量名”短语是竞争关系。林素娥（2018）已经提出以下猜想，即历时地看，定指“量名”短语由定指“一量名”短语演变而来。用我们的话说，即后者尚需一个额外的显性形式来核查［-PL］特征，前者则直接通过移位来达成这一点，而且这两种方式不会同时在一个语言中起作用。与之相对，［+PL］是更有标记的取值，故必须通过某种显性成分核查，这可以解释为什么定指“两量名”短语比定指“一量名”短语常见得多。也就是说，在富阳方言中，SpecNumP 的数词“一”之于 Num 的零形式，就如同 SpecNumP 的其他基数词之于 Num 的“两$_{高降调}$”。此处的分析还使人回想起 Greenberg（1963）的第 35 条共性［此处引用陆丙甫、陆致极（1984）在《国外语言学》的中译］：

(27) 复数在所有的语言里都用某种非零形式的语素来表示，而单数在有些语言中仅用零形式表示。双数和三数几乎从不采取零形式。

这同样在说［+PL］相对于［-PL］是更有标记的。“一”在很多汉语方言中都存在简省现象，其他具体数词的简省从逻辑上来说则是无法想象的。无论如何，尽管为何数词“一”具有显然的不规则性这一点本身并不难解释，可是这种不规则性在一个方言/语言中的具体表现却常常是复杂的。接下来的一节继续对数词“一”的句法位置进行讨论。

4. 不规则的“一”

前两节分别阐述了我们认为最为重要的两组论据。尽管它们已足够说明问题，但正如任何基于具体事实而提出的普遍观点一样，(9) 这样的宏观论述［在这里重复为 (28)］还留下了若干更加细节的问题以供探讨。本节继续关注数词“一”的中心语/指定语双重身份。我们已经看到它的情况并不是那么规则：“一”常常伴随更多的跨方言/语言差异。

(28) 表示存在量化的数词是中心语，位于 Num°；表示具体数值的数词是最大投射，位于 SpecNumP。

首先看石柱方言的“一”。它不仅和“两$_{概数}$”“几”一致，无法用于回答确切数目［如 (29a)］，实际上它根本不能承载重音①，如 (30) 所示：

(29) a. 问：你买哒好多$_{多少}$本书？

答：i. #我买哒两$_{概数、轻读}$/几本。

ii. 我买哒两$_{确数、重读}$/三/四/五本。

(30) *一$_{重读}$本书

① 这里说的是“一”单用的情况，在“是十一本，不是十二本”之类的情况中，“一”当然可以重读。这也能够说明正文所讨论的并非纯粹的音系现象。

具有歧义的“两”在回答具体数目时只能重读，获得确数解读。因此它具有中心语/指定语的双重身份。可是石柱方言“一”的情况并非如此。第二节已经提到如果在语境中其数量恰好是一，那么回答者就需要将重音放在量词上。如（15），重复为这里的（29b）所示。（29c）是普通话的对照，后者可以自由地将“一”重读来表示具体数值：

（29）b. 问：你买哒好多本书？

答：我（只）买哒（一$_{轻读}$）本$_{重读}$。［我（只）买了一本。］

c. 问：你买了多少本书？

答：我只买了一$_{重读}$本。

不妨把（29b）的现象称作量词的数量用法。因为此处的“一”完全不能重读，且可自由省略，所以具体数值为一的语义应并非由它实现。又如（31）是在市场中经常能听到的叫卖用语，此时“一$_{轻读}$”几乎总是不出现。也就是说，在石柱方言中，重音在量词上的“量名”短语做数量解读，恰好对应于普通话中重音在“一”上的“一量名”短语：

（31）a. 块$_{重读}$钱斤$_{重读}$。（一块钱一斤。）

b. 块$_{重读}$钱两$_{重读}$斤。（一块钱两斤。）

例（29）至例（31）的情况同样适用于成渝片其他方言点，比如下面提到的成都方言。

另一个论据来自“打”构式。张一舟等（2001：168～173）观察到成都方言使用“打［ta^{53}］”的相关构式来表示主观大量①。如例（32）所示，“数打数”形式表示说话人认为该具体数值在主观上是相当多的。当基数词是复杂形式时，“打”左侧仅重复该形式的第一个音节：

① “打”是记音字，本字不明。我们猜测它可能来自“大”，但没有确定性的证据。

（32） a. 我手头有三打三本稿子，今天打不完。（＝“整整三本稿子”）

b. 他私人藏书五打五万本。（＝“整整五万本”）

不妨把“打”构式看作作用在 SpecNumP 位置的一种形态手段：

（33）［$_{NumP}$五－打－五 万［$_{Num'}$［$_{ClP}$本］］］

更具体的分析超出了本文的范围。对于我们来说，重要的是，当这种主观大量恰好是“一”时，“一”本身严格地不能参与到“打”构式中：

（34） *我喝了一打一杯水。intended（我喝了整整一杯水。）

但这并不意味着具体数值为“一”的主观大量无法使用“打”构式来表达。如例（35）所示，当具体数值为“一”时，同样的程式需要由量词来进行：

（35） a. 他喝了（%一）瓶打瓶，还不醉。

b. （%一）桌打桌子菜，四个人吃不完。

值得注意的是，此时数词“一”仍然可以出现在“打”构式的最左侧，尽管更常见的情况是不说“一”[①]。该处的“一”位于 NumP 之上，只能被分析为位于 D°的中心语。基于这些讨论，我们做出如下归纳[②]：

① 我们调查了石柱、成都、资阳等方言点，一部分西南官话使用者（包括笔者）完全不接受“一”出现的情况。

② 不包含“一”作为语素出现在数词复杂形式中的情况，如在“三万零一”中，“一”当然不是中心语。

（36）在西南官话（石柱）中，“一”总是中心语。

“一”既可能合并在 Num°，又可能合并在更高的中心语位置；其中包含一个移位的过程，尽管这不一定发生在共时层面。下一节对该问题继续进行相关讨论。

现在看北部吴语的情况，第三节提到在富阳方言中，“一”与其他表示具体数值的数词一致，无法受指示词“葛”修饰，与中心语“两$_{高降调}$”的表现截然不同。我们据此提出（37）［它实际上就是前文（26）的一个部分］，有证据表明它在当代北部吴语方言中总是成立的：

（37）在北部吴语（富阳）中，“一”总是位于指定语位置的最大投射。

绍兴柯桥方言也为（37）的正确性提供了相当有力的证据。盛益民（2015）分析了柯桥方言的“（一）量名”短语。一方面，当“一量名”短语做数量解读时，“一”无法省略：

（38）a. 要得＊（一）本书，弗是两本。（要了一本书，不是两本。）
b. 问：上外去得几个人？（昨天去了几个人？）
答：去得＊（一）个人。（去了一个人。）

此时“一”位于 SpecNumP 位置。当“量名”短语在宾语位置做不定指解读时，“一”反而绝对无法出现：

（39）a. 渠背得（＊一）只书包弗晓得望何里去哉。
［他背着（一）个书包不知道往哪儿去了。］
b. 我前两日去得（＊一）埭北京。
［我前几天去了（一）趟北京。］

例（38）~（39）在合法性上的对比说明柯桥方言中仅有具体数值解读的“一”存在。从（39）可以看到，普通话及西南官话中出现在中心语位置的“一”在柯桥方言中的对应成分是某种零形式，可以将它看作空数词，只能获得单数解读。

5. 数词位置与汉语的名词性结构

本文的主要论据来自西南官话和北部吴语。普通话中的相关证据似乎更不明显，但引言部分的讨论也说明，在语义上，这种区分同样存在。由于构成本文的中心语/指定语二分法的一个基础要素即这种语义区分，那么只要它成立，我们对数词句法位置的分析就应该同样适用。具体而言，我们认为在普通话中，当“一”“两”轻读而不强调具体数量时，它们位于中心语位置；当重读而表达具体数值时，它们就与更大的数词类似，作为最大投射出现在指定语位置①。表示单数的成分常体现为显性的中心语“一”，也可能以空数词的形式出现，两者句法分布不同，但语义解读接近。

在逻辑上，存在量化和具体数值并非互斥关系②。例如在（40）这样的句子中，尽管“五”是确数，按照我们的分析位于指定语位置，但没有理由据此认为“五个学生”一定没有指称。它可能是纯粹的数量表达，如回答“你教了几个学生？”也可能是不定指：

（40）我教了五个学生。

① 在普通话中，“一阳平”“俩”“仨”分别被认为是“一个”“两个”“三个”的合音形式（赵元任，1927；刘祥柏，2004；等等），这在表面上似乎可以认为是由小数词的中心语移位造成的（参见注释8对孟加拉语类似情况的介绍），从而佐证我们的观点（还需要把“三”分析为表示三数的中心语，这可能是不太理想的）。但是很遗憾，这个办法无法派上用场。一方面，赵元任（1927）指出实际上北京口语中其他数词能够造成类似的音变现象（“四个”>“四呃”；“八个”>“八阿”）；另一方面，这些形式同样可以取得数量解读。除此之外，在中原官话商州方言中，所有小于“十”的数词和“几”与量词搭配都能有系统的变韵形式（张成材，2007），这是单纯的音韵现象，与我们的中心语/指定语分析无关。

② 感谢一位匿名审稿人提醒我们讨论这一部分。

我们的解释是，中心语数词“一”“两”的存在量化已是其词汇属性（蔡维天，2002），而具体数值的存在量化却只能依靠外部句法来实现。由此可以预测，在特定语境中，确数的出现比“一”“两$_{概数}$”更为受限。比如可以设想尽管一个名词性结构在语义解读上需要有指称，但外部句法无法允准这一点，那么仅中心语数词得以出现在该位置。

这样的语境不难找到。如（41a）是相当自然的句子，其中“一个学生”表特指（Huang，1987）；（41b）可接受度稍差，且“两”强烈倾向于轻读、取概数解读，否则句子不成立；（41c）的可接受度则相当差[①]。

（41） a. 我教了（一）个学生很聪明。

b. ？我教了两个学生很聪明。

c. *？我教了五个学生很聪明。

有趣的是，在西南官话成都方言的类似结构中，“有”可以出现在次级谓语（secondary predicate）的主语前，此时例（41）所体现的可接受度差异就不复存在：

（42） a. 我教了有（一）个学生很聪明。

b. 我教了有两个学生很聪明。

c. 我教了有五个学生很聪明。

跟随蔡维天（2002、2009）的思路，不妨设想在（40）中，宾语位置上的数量短语“五个学生”的不定指解读是通过存在完封（existential closure）而取得的（单纯的数值解读不需要这一操作）。如例（43）所示，VP 被送至逻辑层面（Logical Form）时内部包含一个自由变量，于其边缘

① 我们调查了不少普通话使用者，绝大部分同意这里的接受度判断，但确实有很小一部分人认为三者的接受度没有显著差别。这可能是由受调查者方言背景或者调查方法造成的。这种人际区别是一个有意思的话题，但本文暂且不论。

(edge) 引入一个存在量化算子，用以约束“五个学生”：

(43)

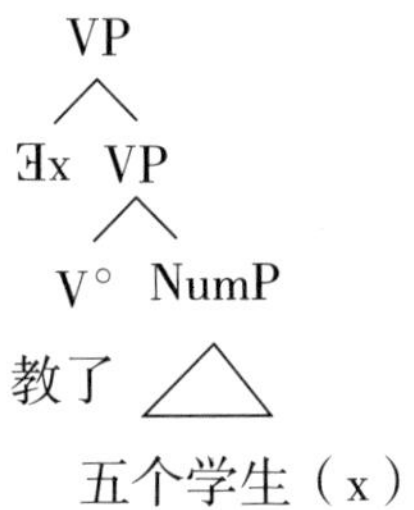

（41c）与（40）的区别在于多出一个次级谓语“很聪明”，“五个学生”为其主语。“五个学生很聪明”构成一个语段（phase）。按照语段理论中拼读（Spell-Out）循环分步进行的假设，在主要动词“教”合并前，“五个学生很聪明”就被送至逻辑层面进行解读［亦参见蔡维天（2009）引用扩充映射理论（extended mapping hypothesis）的解释］。“五个学生”于此时就需要受到约束，但由于主动词“教”位于下一个语段，尚未合并，存在完封于是无法实现，因此（41c）不被接受。

与之相对，在成都方言（42）中，“有”本身可做存在量化词以约束数量结构［另参见蔡维天（2004）对普通话“有”的讨论］，逻辑层面的存在完封就不再有必要，因此各例并不存在接受度上的区别。

普通话（41a）的合法性也并不因为次级谓语的出现而降低。因为对于作为中心语的“一”来说，存在量化已包含在其词汇属性中，所以存在完封在原则上并无必要。在句法上，“一个学生”为 DP，具备指称属性。该 DP 的允准有两种可能：一是“一”由 Num°通过中心语移位到达 D°；二是“一”仍位于 Num°，其上为空范畴 D，须受词汇管辖（lexical government）（Cheng and Sybesma，1999）。两种选择都带来大量细节问题需要进一步解释，我们在此不做抉择。在这里值得一提的是后者似乎可以同时解释汉语主语的“有定限制”（definiteness constraint）：尽管“一个学生”不需要存在完封，但其出现在主句主语位置亦相当受限——因为空 D 未能受到词汇管辖[①]。然而这又会带来另一个潜在问题：虽然“五本书”中“五”是位于 SpecNumP 的最大投射，但为何该结构不能同样包含一个空 D，使存在完封不再有必要？我们暂时无法给出一个确切的回答，目前只能简单认为空 D（如果它真的存在的话）与中心语数词的存在是密切相关联的。无论如何，严格区分数词的具体数值解读和指称解读能够很好地解释在普通话中（41）诸例的合法性差异，以及为何该差异在成都方言（42）诸例中并不存在。

6. 结语

至此，我们可以对本文的讨论做出如下总结：

（44）a. 在西南官话（石柱）中，数词“一”仅表示单数的存在量化，位于中心语位置；具体数值的“一”由其他方式实现，比如量词的数量用法。数词“两”在表示复数的存在量化时位于中心语位置，语义上相当于“几”；当它表示具体数值“二”时，就与“三”及以上的数词一致，位于指定语位置。

b. 在北部吴语（富阳）中，数词“一”仅表示具体数值，位于指定语位置；北部吴语以零形式表示单数，这种零形式必须依靠某些句法手段（如量词移位）允准。数词“两”在表示复数的存在量化时位于中心语位置；当它表示具体数

① 另参见蔡维天（2009）及陆烁、潘海华（2009）对汉语无定主语句的系统讨论。在这里想要指出的是在很多语境中“一”比其他数词更容易在主语位置被允准：

（i）a. ? 一个人走了过去。　　（ii）a. ?? 五个人走了过去。

b. 窗外一个人走了过去。　　b. ?? 窗外五个人走了过去。

加上“窗外”后，（ib）明显好于（ia），但（iib）比起（iia）并无明显提升。影响这些例句可接受度的因素众多（语境、语体，乃至韵律等），在此不多加讨论。已有很多研究指出普通话“一”有趋势或已经语法化为不定冠词（吕叔湘，1944；Wang，2019；等等），据此，“一”就可以被分析为 D 中心语（无论是通过中心语移位还是基础生成于此）。那么（ii）可以通过存在完封的要求被排除，而（ia）的略不自然则需要另外的解释。

值“二”时，就与其他数词一样，位于指定语位置。两个“两”可以通过语音形式来区分。

c. 在普通话中，数词总可出现于指定语位置来表示具体数值；“一”“两”还可充当存在量化词，合并在中心语位置［另参见蔡维天（2002）及 Zhang（2013：93～106）对这些用法的讨论］。

d. 不定数词“几”总处在中心语位置。

以表格的形式呈现如下：

（45）

方言	中心语/存在量化		指定语/具体数值		
	［－PL］	［＋PL］	“一”	“两”	其他
西南官话（石柱）	一	两$_{轻读}$、几	句法手段	两$_{重读}$	三、四、五……
北部吴语（富阳）	零形式	两$_{高降调}$、几	一	两$_{曲折调}$	
普通话	一$_{轻读}$	两$_{轻读}$、几	一$_{重读}$	两$_{重读}$	

这一格局还对普通话宾语位置上的不定指“量名”短语的分析有所启示。一方面，吕叔湘（1944）、Chao（1968）、Jiang（2012：193～205）等认为它来源于“一”在音韵上的简省，不定指的“量名”短语就是“一量名”短语；Cheng 和 Sybesma（1999）及 Her 等（2015）则认为不定指“量名”短语包含一个语义解读为单数的空数词，原则上和“一量名”短语不能等同。本文的讨论则显示，北部吴语的不定指“量名”短语必然包含一个空数词，而西南官话的类似结构则更可能来自“一”在音韵上的有条件简省［另见陈秋实（2022）］。既然普通话的“一”是两者的并集，那么两者都并非不可能。同时，这里很可能存在一些人际区别，因为众所周知，不同的普通话使用者的方言背景是不一样的。另参见 A. Li 和 Wei（2019）对不定指“量名”短语的跨方言分析。

本文的结论都可以基于（9）和具体语言事实的结合而推导出来。除此之外，我们相信这种基于语义的二分法不仅在汉语中成立，在其他语言中成立也是大有可能的。确切地说，本文讨论了具体数值与数特征的区分。一个语言很可能没有发达的表示具体数值的方式（Comrie，2013），但即使是在Pirahã 语这样基本不存在数词的语言中也可以观察到单/复数的某种对立［实际体现为少/多；参见 Frank 等（2008）］。也就是说，我们的讨论在理念上还契合于制图理论中一个特定的功能中心语总是由所有语言所共享的假设（Cinque，Rizzi，2010）。

参考文献

白鸽：《类指现象的跨语言研究》，中国社会科学院博士学位论文，2013。

蔡维天：《一、二、三》，《语言学论丛》第 26 辑，商务印书馆，2002。

蔡维天：《谈“有人”“有的人”和“有些人”》，《汉语学报》2004 年第 2 期。

蔡维天：《汉语无定名词组的分布及其在语言类型学上的定位问题》，《语言学论丛》第 39 辑，商务印书馆，2009。

陈秋实：《“数量名”语言中的定指“名（数）量”短语：石柱方言名词性结构研究》，复旦大学硕士学位论文，2020。

陈秋实：《重庆石柱方言的定指表达手段》，载盛益民主编《汉语方言定指范畴研究》，复旦大学出版社，2021，第 44 ~ 55 页。

陈秋实：《比较视野下的石柱方言定指“名数量”短语》，《当代语言学》2022 年第 2 期。

邓思颖：《形式汉语句法学》，上海教育出版社，2010。

贺川生：《论汉语数量组合的成分完整性》，《当代语言学》2016 年第 1 期。

李旭平：《吴语名词性短语的指称特点——以富阳话为例》，《中国语文》2018（a）年第 1 期。

李旭平：《吴语指示词的内部结构》，《当代语言学》2018（b）年第 4 期。

林素娥：《早期上海话中表定指的“一 + 量名”结构》，第四届方言语法博学论坛会议论文，香港中文大学，2018。

刘祥柏：《北京话“一 + 名”结构分析》，《中国语文》2004 年第 1 期。

格林伯格：《某些主要跟语序有关的语法现象》，陆丙甫、陆致极译，《国外语言学》1984 年第 2 期。

陆烁、潘海华：《汉语无定主语的语义允准分析》，《中国语文》2009 年第 6 期。

吕叔湘：《“個”字的应用范围，附论单位词前“一”字的脱落》，《金陵、齐鲁、华西大学中国文化汇刊》第四卷，1944。

覃东生：《宾阳话语法研究》，广西大学硕士学位论文，2007。

盛益民：《吴语绍兴柯桥话“一量（名）”短语研究》，载刘丹青、李蓝、郑剑平主编《方言语法论丛》第6辑，中国社会科学出版社，2015。

盛益民：《汉语方言定指“量名”结构的类型差异与共性表现》，《当代语言学》2017年第2期。

盛益民：《吴语绍兴方言“两”的数量用法和指称用法》，《中国语文通讯》2019年第2期。

盛益民、李旭平：《富阳方言研究》，复旦大学出版社，2018。

石汝杰、刘丹青：《苏州方言量词的定指用法及其变调》，《语言研究》1985年第1期。

徐海英：《重庆石柱方言的“名（数）量”结构》，《重庆电子工程职业学院学报》2011年第3期。

许秋莲：《衡东新塘方言量名结构研究》，湖南师范大学硕士学位论文，2007。

王洪钟：《海门话概数词“多［tɑ^1］”的定指用法》，《中国语文》2008年第2期。

张成材：《商州方言口语中的数量连音变化》，《中国语文》2007年第2期。

张一舟、张清源、邓英树：《成都方言语法研究》，巴蜀书社，2001。

赵元任：《俩、仨、四呃、八阿》，《东方杂志》第24卷第12号，1927。

Abney, S. P. 1987. The English noun phrase in its sentential aspect. PhD dissertation, MIT.

Bhattacharya, Tanmoy. 1999. The structure of the Bangla DP. PhO dissertation, UCL.

Bošković, Ž. 2008. What will you have, DP or NP? In Emily Elfner & Martin Walkow (eds.), *Proceedings of the North East Linguistic Society* 37: 101 – 114. BookSurge.

Bošković, Ž. 2009. More on the no – DP analysis of article – less languages. *Studia Linguistica* 63(2): 187 – 203.

Bošković, Ž. 2014. Now I' m a phase, now I' m not a phase: On the variability of phases with extraction and ellipsis. *Linguistic Inquiry* 45(1): 27 – 89.

Chacón, D. 2011. Head movement in the Bangla DP. *Journal of South Asian Linguistics* 4 (1): 3 – 25.

Chao, Y. R. 1968. *A Grammar of Spoken Chinese*. Berkeley: University of California Press.

Cheng, H. – T. J. 2011. On the DP/NP analysis of Mandarin Chinese and its implications. *University of Pennsylvania Working Papers in Linguistics* 17(1): 8.

Cheng, L. L. – S. & R. Sybesma. 1999. Bare and not – so – bare nouns and the structure of NP. *Linguistic Inquiry* 30(4): 509 – 542.

Chomsky, N. 1970. Remarks on nominalization. In Roderick A. Jacobs & Peter S. Rosenbaum (eds.), *Readings in English Transformational Grammar*, 184 – 221, Ginn & Company.

Chomsky, N. 2000. Minimalist inquiries: the framework. In Roger Martin, David Michaels &

Juan Uriagereka (eds.), *Step by Step: Essays on Minimalist Syntax in Honor of Howard Lasnik*, 89 – 155, MIT Press.

Cinque, G. & L. Rizzi . 2010. The cartography of syntactic structures. In Bernd Heine & Heiko Narrog (eds.), *Oxford Handbook of Linguistic Analysis*, 51 – 65, Oxford University Press.

Comrie, B. 2013. Numeral bases. In M. S. Dryer & M. Haspelmath (eds.), *The World Atlas of Language Structures Online*. Max Planck Institute for Evolutionary Anthropology. http://wals.info/chapter/131.

Dayal, V. 2012. Bangla classifiers: Mediating between kinds and objects. *Rivista di Linguistica* 24(2): 195 – 226.

Frank, M. C., D. L. Everett, E. Fedorenko & E. Gibson. 2008. Number as a cognitive technology: Evidence from Pirahã language and cognition. *Cognition* 108(3): 819 – 824.

Greenberg, J. H. 1963. Some universals of grammar with particular reference to the order of meaningful elements. In Joseph H. Greenberg (ed.), *Universals of Language*, 73 – 113. MIT Press.

Her, O. – S., C. – P. Chen & H. – C. Tsai. 2015. Justifying silent elements in syntax: The case of a silent numeral, a silent classifier, and two silent nouns in Mandarin Chinese. *International Journal of Chinese Linguistics* 2(2): 193 – 226.

Huang, C. – T. J. 1982. Logical relations in Chinese and the theory of grammar. PhD Dissertation, MIT.

Huang, C. – T. J. 1987. Existential sentences in Chinese and (in) definiteness. In E. Reuland & A. ter Meulen (eds.), *The Representation of (In)definiteness*, 226 – 253. MIT Press.

Huang, C. – T. J., Y. – H. A. Li, & Y. Li. 2009. *The Syntax of Chinese*. Cambridge University Press.

Jiang, L. 2012. Nominal arguments and language variation. PhD dissertation, Harvard University.

Kayne, R. S. 2019. Some thoughts on *one* and *two* and other numerals. In L. Franco & P. Lorusso (eds.), *Linguistic Variation: Structure and Interpretation*, 335 – 356. Walter de Gruyter.

Li, X. 2013. *Numeral Classifiers in Chinese: The Syntax – semantics Interface*. Walter de Gruyter.

Li, Y. – H. A. 1998. Argument determiner phrases and number phrases. *Linguistic Inquiry* 29 (4): 693 – 702.

Li, Y. – H. A. 1999. Plurality in a classifier language. *Journal of East Asian Linguistics* 8 (1): 75 – 99.

Li, Y. – H. A. & W. H. Wei. 2019. Microparameters and language variation. *Glossa: A Journal of General Linguistics* 4(1): 106. 1 – 34.

Lin, Y. – A. 2009. The Sinitic nominal phrase structure: A Minimalist perspective. PhD dissertation, University of Cambridge.

Rizzi, L. 1997. The fine structure of the left periphery. In Liliane Haegeman (ed.), *Elements of Grammar: Handbook in Generative Syntax*, 281 – 337. Dordrecht: Kluwer.

Rizzi, L. 2004. Locality and left periphery. In Adriana Belletti (ed.), *Structures and Beyond*, 223 – 251. Oxford University Press.

Simpson, A. 2005. Classifiers andDP structure in Southeast Asia. In G. Cinque & R. S. Kayne (eds.), *The Oxford Handbook of Comparative Syntax*, 806 – 838. Oxford University Press.

Simpson, A. & S. Syed. 2016. Blocking effects of higher numerals in Bangla: A phase – based analysis. *Linguistic Inquiry* 47(4): 754 – 763.

Syed, S. & A. Simpson. 2017. On the DP/NP status of nominal projections in Bangla: Consequences for the theory of phases. *Glossa: A Journal of General Linguistics* 2(1): 68. 1 – 24.

Tang, C. – C. J. 1990. Chinese phrase structure and the extended X' – theory. PhD dissertation, Cornell University.

Wang, S. 2019. Reconsideration of *yi* 'one' and classifiers in Mandarin Chinese. Ms., University of Connecticut.

Wu, Y. & A. Bodomo. 2009. Classifiers ≠ determiners. *Linguistic Inquiry* 40(3): 487 – 503.

Zhang, N. N. 2013. *Classifier Structures in Mandarin Chinese*. Walter de Gruyter.

On the positions of Chinese numerals
—Evidence from Wu and Southwestern Mandarin

Chen Qiushi

Abstract: Although the relation between numeral and other elements (demonstrative, classifier, noun, etc.) in the nominal domain has been widely discussed in the literature, studies on the syntactic position of numeral itself in Chinese are relatively few. Based on cross – dialectal evidence, this paper shows that the so – called "numeral" in Chinese is not a homogenous category. Numerals might be merged either in head or specifier positions. I demonstrate that this distinction is not an arbitrary one; it has a steady syntactic/semantic basis. On the one hand, head – numerals by definition can undergo head – movement (as existential operators); and on the other hand, Spec – numerals express specified number, and might block some DP – internal A' – movements.

Keywords: numerals, nominal phrases, the [NP – Num – Cl] phrase, the [Cl – NP] phrase, Southwestern Mandarin, Wu Chinese

汉语方言“〈稻子〉”义和“〈稻谷〉”义的词形分布*

余　丹
（北京语言大学语言科学院）

提　要　“〈稻子〉”（rice plant）和“〈稻谷〉”（unhusked rice）是汉语中的基本词。本文通过大量方言问卷调查，并参考已有的方言文献材料，获得布点较均匀且密集的方言语料，运用地理语言学的方法，绘制方言词形分布地图，讨论“〈稻子〉”“〈稻谷〉”这两种意义的词语形式在汉语方言中的分布规律。“〈稻子〉”义的词根形式主要有“[稻]”“[谷]”“[禾]”“[籼]”四种系别；“〈稻谷〉”义的词根形式主要有“[稻]”“[谷]”“[粟]”三种系别。“〈稻子〉”义和“〈稻谷〉”义之间的词形关系存在完全同形、同词根（不同词形）、不同词根三种，完全同形和同词根（不同词形）主要分布于北方方言中，而作为水稻主产区和主要消费区的南方方言区一般会使用不同词根。

关键词　汉语方言　稻子　稻谷　词形　共时分布　方言特征分布地图

1. 引言

稻子是中国最重要的粮食作物之一，分布于我国南北各地，“〈稻子〉”

* 北京语言大学研究生创新基金（中央高校基本科研任务费专项资金）项目（项目批准号：23YCX115）成果。

和“〈稻谷〉”因此成为汉语里关乎饮食生活的基本词，具有全民常用性、稳固性等特点。通过阅读文献材料发现，已有方言材料中对于“〈稻子〉”义、“〈稻谷〉”义词形的记录存在方言点数目不够、布点不均匀等弊端，重新进行统一的大规模方言调查是必要的，这样也更能保证各方言点方言材料的一致性。因此本文采用问卷调查法，设计合理的词汇调查问卷并进行大规模的方言问卷调查（问卷内容见文末附录，问卷既含有直接询问“稻子”“稻谷”义词形的可选择性问题，也包括通过短语测试所选答案准确性的问答题）。调查的布点原则是保证方言点涵盖《中国语言地图集》（第二版）划分的每一个方言片和小片，同时保证每个方言片的方言点数目分布均匀。前期进行了穷尽性的方言材料搜集和整理工作，对汉语方言中词形分布的大致规律有了预判，“〈稻子〉”“〈稻谷〉”是汉语方言里重要的常用词，在方言中有很确定的说法，调查时给被调查者提供了备选答案，被调查者不大可能会选错，后期对收集到的调查材料进行了核实，而且布点多可以降低错误发生的概率。经过大量的问卷调查，最终获得 404 个方言点的语料，又使用方言文献资料进行补充，选择的是出版时间相近，并且相对来说更具有权威性的文献材料（这里的权威性主要是考察了文献材料的作者和出版物的影响因子），因此又补充了 109 个方言点的语料，二者相加，一共取得 513 个方言点的语料。在此基础上，梳理词形，讨论其分布特点，并考察两种意义之间的词形关系。

为避免词形与词义的混淆，统一用外加“[ ]”表示词形，用外加“〈 〉”表示词义。以“—”连接“〈稻子〉”义和“〈稻谷〉”义的不同词形，“—”前面为“〈稻子〉”义的不同词形，“—”后面为“〈稻谷〉”义的不同词形，例如“[稻]”—“[谷]”表示方言中“〈稻子〉”义的词形是“[稻]”，“〈稻谷〉”义的词形是“[谷]”。以“～”连接同一个词义的不同词形，表示前后词形两可，例如“[稻～稻子]”即方言中“[稻]”“[稻子]”两种词形均会使用。

2. 共时分布

2.1 “〈稻子〉”义的词形分布

汉语方言中“〈稻子〉”义的词形可以根据词根形式分为“[稻]”“[谷]”“[禾]”“[籼]”四系，部分方言存在两种系别的词形混用，另外，福建建瓯、建阳等个别地区的方言使用词形“早子/早仔”。

“[稻]”系分布区域最广，遍及黑龙江、吉林、辽宁、河北、山东、北京、天津、山西、陕西、宁夏、甘肃、山东、河南、江苏、安徽、浙江、上海以及云南等地区，主要分布于东北官话、北京官话、冀鲁官话、胶辽官话、中原官话、兰银官话、江淮官话、晋语、吴语、徽语以及赣语怀岳片中。具体词形包括“[稻子]”、“[稻]”、“[水稻]”以及“[稻儿]”等不同形式。其中，“[稻子]”词形出现最多，有136个方言点，出现频率为26.51%，是北方官话区的主流词形，云南省的部分西南官话中也有分布。“[稻]”是吴语、徽语的主流词形，同时在安徽和江苏境内的江淮官话、赣语怀岳片以及个别中原官话、西南官话、晋语、闽语中也有分布。

“[谷]”系词形包括“[谷子]”、“[谷]”、“[稻谷]”及扩充形式“[谷翁]”等。其中，“[谷子]”是西南官话的主流词形，主要是在四川、重庆、贵州及湖北、云南等地的西南官话区内使用，而湖南、广西境内的西南官话多使用词形“[禾]”。“[谷]”散见于江淮官话、西南官话、赣语、徽语、湘语、闽语中。使用词形“[稻谷]”的仅见两例，并且两处方言都是“〈稻子〉”义和“〈稻谷〉”义同形，均使用“[稻谷]”这一词形。

“[禾]”系集中分布于湖南、江西、广西、广东和福建中西部地区，具体包括“[禾]”及其扩充形式“[禾仔]”，前者是主要词形，后者仅在粤语中出现三例。“[禾]”共在134个方言点内使用，出现频率为26.12%，是赣语、湘语、粤语、客家话、平话和土话的主流词形，湖南、广西境内的西南官话也使用词形“[禾]”。另外，闽中片、闽北片、邵将片以及闽南片的大田、龙岩、漳平等地区的内陆闽语也多说“[禾]”，但其语音形式与临近的客、赣方言不接近，因此其形成应当与临近的客、赣方言关系不大，而闽东和雷琼地区的沿海闽语使用词形“籼”，这可以视为内陆闽语和沿海闽语差异的体现。

混用型主要有“[稻]”系和“[谷]”系的混用、“[禾]”系和“[稻]”系的混用、“[禾]”系和“[谷]”系的混用，分布都比较零星。

在调查的基础上发现，有的方言里表示“〈稻子〉”意义的词素处于不同的组合关系时会使用不同的词形，这里统一称作“〈稻〉系词”，包括“稻子、稻谷、稻草、割稻子、晒稻谷”等。例如，江西万载客家话中，在短语“〈割稻子〉”中稻子的名称形式与单说稻子时不同，单说稻子时可能会使用“[水稻]”这一词形，但“〈割稻子〉”只说“[割禾]”，即使用“[禾]”这一词形来表示“〈稻子〉”义，“[水稻]”显然是受普通话影响而产生的新兴词形，“[禾]”才是当地更本土的词形层次。江西芦溪方言（赣语吉茶片）也是类似的情况，单独表示稻子这一意义时使用词形“[水稻]”，而“〈割稻子〉”说“[割禾]”，即使用词形“[禾]”，“[禾]”也是更老一点的词形层次。此外，四川南充方言（西南官话川黔片成渝小片）里，单独表示稻子意义时使用词形“[水稻]”“[谷子]”均可，但表示“〈割稻子〉”的意义时只会说“[打谷子]”，只使用词形“[谷子]”，在南充方言中“[谷子]”是更本土的词形。

除了“〈割稻子〉”这种由“〈稻子〉”义词组成的短语，含有表示“稻子”义语素的名词也可以反映出“〈稻子〉”义的不同词形，例如“稻草、稻子、稻谷”的名称中表“稻子”义素的词形不同。在西南官话区的重庆云阳方言、四川盐源方言、四川西昌方言、湖北武汉方言、湖南龙山方言、湖南张家界方言、湖北郧西方言、湖北鹤峰方言、湖北洪湖方言、湖南石门方言、四川什邡方言中，单独表示稻子意义的词形是“[谷子]”或“[谷]”，词根形式是“[谷]”，而稻草的名称为“[稻草]”，用语素“[稻]”来表示稻子这一义素。用“[谷子]”表示稻子义是西南官话的主流词形（少数方言点也用词形“[谷]”），很多西南官话区的方言使用

“[谷草]”表示“〈稻草〉”义，上述这些方言里使用的词形“[稻草]”应当是一个后起的词形。在湖南怀化、凤凰方言（西南官话）里，单独表示“〈稻子〉”义的词形是“[禾]”，但表示“〈稻草〉”义的词形也是“[稻草]”，后者也是反映了受普通话影响而形成的较新的词形层次。湖南宁远方言（西南官话）的情况则稍有不同，其单独表示“〈稻子〉”义的词形是“[禾]”，而稻草的名称是“[谷草]”，湖南境内的湘语主要使用词形“[禾]”来表示“〈稻子〉”义，湘南土话的“〈稻子〉”义词也使用词形“[禾]”，宁远县的西南官话长期与湘语等接触，受到周边语言环境的影响，也使用词形“[禾]”指称稻子，但稻草的名称却使用了西南官话的特征词“[谷草]”，并没有受到湘语与土话中主流词形“[禾秆]”的影响。此外，在河南省扶沟县方言里，单独称稻子时用“[稻子]”，即表“〈稻子〉”义的词根形式是“[稻]”，而稻草的名称为“[禾秆]”，但这里的“[禾]”应当是表示禾苗之意，是一种泛指，与宁远等方言的情况又不同。安徽宿松方言（赣语怀岳片）中，单独表示稻子义的词形使用“[谷]”，但表示稻草义时使用词形“[稻草]”，周边其他的怀岳片赣语以及江淮官话区都是用词形“[稻]”来表示“〈稻子〉”义，表示稻草义也都是使用词形“[稻草]”，宿松方言用词形“[谷]”指称稻子植株与周围同片的其他方言不同。

2.2 “〈稻谷〉”义的词形分布

在调查的基础上，对513个方言点中“〈稻谷〉”义的词形进行归类。汉语方言中的“〈稻谷〉”义词根据词根形式可分为“[稻]”“[谷]”“[粟]”三系，部分方言存在两种系别的词形混用。

“[稻]”系主要分布于东北官话、北京官话、冀鲁官话、胶辽官话、中原官话、兰银官话、江淮官话，以及部分晋语中，也见于皖西南的怀岳片赣语及云南的部分西南官话。具体词形包括“[稻子]”“[稻]”“[水稻]”“[稻粒]”“[稻粒子]”等。其中，使用“[稻子]”词形的方言最多，有121个方言点，“[稻子]”是东北官话、北京官话、冀鲁官话、胶辽官话、中原官话、兰银官话的主流词形。“[稻]”有30个方言点，出现频率为5.85%，集中分布在安徽南部以及江苏南部及上海市的部分地区，另外山西省南部也有几处用例。此外，需要加以说明的是，晋语区的有些方言中“稻”字的音不是来自全浊声母的“杜皓切”，而是来自次清声母的“土皓切”。关于这个现象唐代李肇《唐国史补》卷下中亦有记载：“关中人呼稻为讨，呼釜为付，皆讹谬所习，亦曰坊中语也。”“稻”是定母上声字，“讨”是透母上声字，“釜”是奉母上声字，“付”是非母去声字。《集韵》上声皓韵：“讨，土皓切。”小韵：“稻，秔也，关西语。”“关西”指函谷关以西，“关中”也指函谷关以西，地望大致相同。“土皓切”和“讨”同音。

“[谷]”系主要分布在四川、重庆、湖北、浙江、上海、江西、湖南、贵州、广西、广东、云南以及安徽东南部地区和江苏南部吴语区。“[谷]”有161个方言点，出现频率为31.38%，是徽语、赣语、湘语、粤语、客家话、平话、土话以及吴语的主流词形，同时在湖北、江西境内的江淮官话、湖南境内的西南官话及沅陵乡话中也有分布。“[谷子]”是西南官话的主流词形，也主要见于西南官话区，在与西南官话接触的湘语、平话中也有分布。“[稻谷]”有49个方言点，出现频率为9.55%，主要分布于冀鲁官话、中原官话、晋语，另外在东北官话、胶辽官话、西南官话、徽语、吴语、湘语中也可见用例。总体来看，“[稻]”系主要在长江以北地区使用，“[谷]”系主要在长江以南地区使用。

“[粟]”集中分布于闽语区，是闽语共有、其他方言少见的闽语特征词。《说文解字》中“粟”的释义为“嘉谷实也”，段玉裁注：“谷者，百谷之总名。嘉者，美也。……嘉谷之实曰粟，粟之皮曰穅，中曰米。”《广韵》相玉切：“粟，禾子也。”古代汉语中“粟”本泛指带壳的谷物，有时又特指小米作物，在闽语中演变为专指稻谷，词义发生了改变。

混用型主要是“[稻]”系和“[谷]”系的混用，零星地见于冀鲁官话、兰银官话、西南官话及吴语。

前文讨论了一些方言里，“〈稻〉系词”处于不同组合关系时，可能会使用不同的词形，“〈谷〉系词”也有近似的情况。例如，在安徽绩溪方言中，指称“〈稻谷〉”义的词形是“[谷]”，但在表达“〈晒稻谷〉”的意思时，说

“[晒谷]”“[晒稻]”均可，但“[晒谷]”的使用频率更高，而“[晒稻]”其实有两种含义，主要是表示晒稻谷，同时可以指割稻子之前将稻田晒干。使用“[晒稻]”这个词形，即以“[稻]”来指称稻谷，是方言接触的结果，周边的吴语及江淮官话中表“〈稻谷〉”义的词形为“[稻]”，绩溪方言是受到了它们的影响。①

3. “〈稻子〉”义和“〈稻谷〉”义的词形关系

在梳理“〈稻子〉”义和“〈稻谷〉”义词形的基础之上，我们进一步考察 513 个方言点中“〈稻子〉”义和“〈稻谷〉”义之间的词形关系。汉语方言中“〈稻子〉”义和“〈稻谷〉”义的不同词形关系可分为“[稻]系—[稻]系”“[稻]系—[谷]系”“[谷]系—[谷]系”“[禾]系—[谷]系”“[禾]系—[粟]系”“[釉]系—[粟]系”“[稻]系—[粟]系”“混用型”“其他”等九种类型，每一种类型下面又存在各种异称形式。“混用型”是指“〈稻子〉”义的词形或者“〈稻谷〉”义的词形会使用两种词根形式，例如“〈稻子〉”义的词形为“[谷子～稻子]”，“〈稻谷〉”义的词形为“[稻子～稻谷]”；“其他”型即词根不属于[稻]系、[谷]系、[禾]系、[粟]系的词形，分布零星。

据此，“〈稻子〉”义和“〈稻谷〉”义之间的词形关系可以概括成同形与不同形两大类，同形即词形完全相同，不同形又包含同系不同形、不同系不同形两个小类。

“〈稻子〉”义和“〈稻谷〉”义的词形完全相同的情况主要包括“[稻子]—[稻子]”“[稻]—[稻]”“[水稻]—[水稻]”“[谷子]—[谷子]”“[谷]—[谷]”“[稻谷]—[稻谷]”。两个不同的概念用同一个词形表示，是表达上不区分植株与子实的现象。

“[稻子]—[稻子]”见于东北官话、北京官话、冀鲁官话、胶辽官

① 绩溪方言中短语“晒稻”的含义承蒙赵日新老师告知，在此表示感谢。

话、中原官话、兰银官话、江淮官话、西南官话及晋语，共有94个方言点，出现频率为18.32%，分布的区域最广，主要位于北方官话区。“[稻]—[稻]”主要分布在皖苏长江沿岸的江淮官话、赣语怀岳片，中原官话及晋语中有个别用例。

“[谷子]—[谷子]”全部出现在西南官话区，主要是四川、重庆、贵州以及湖北、云南境内的西南官话。“[谷]—[谷]”散见于湖北境内的江淮官话、湖北与湖南的西南官话、赣语大通片和怀岳片，以及徽语、湘语闽语中。

此外，徐州、磁县方言中“〈稻子〉”义和“〈稻谷〉”义的词形也相同。徐州方言的词形为“[稻/稻子]—[稻/稻子]”，加不加“子”后缀皆可。磁县方言的词形为“[稻子/稻的]—[稻子/稻的]”，“〈稻子〉”义和“〈稻谷〉”义的语音形式都发生了弱化，但还没有完全采用弱化后的形式，原本的词形“[稻子]”也在使用，处于向完全弱化的过渡阶段。

两个概念共用一种形式，容易造成混淆。不过，一者为生长在田里的植物（稻子），一者为储藏在粮仓的主粮（稻谷），外观、形状、作用等都不同，“〈稻子〉”义词和“〈稻谷〉”义词基本能通过语境和组合关系区分开来，“〈稻子〉”义词主要出现在“种稻子”“今年稻子长得好”“割稻子”等环境中，“〈稻谷〉”义词主要出现在“×斤稻谷”“晒稻谷”等环境中，因而如上文所述，不少方言里存在“〈稻子〉”义词和“〈稻谷〉”义词同形的情况。但在单独出现的时候，二者词形相同则会难以区分说话人所指是稻子还是稻谷，于是部分方言里可能会产生一些区别形式。例如，灵璧方言中，“〈稻子〉”义的词形已经弱化为“[稻的]”，而“〈稻谷〉”义的词形没有发生弱化，仍说“[稻子]”，这可能是一种功能上的分工，当然也可能是表示“〈稻谷〉”义的“[稻子]”未发生弱化。又如马鞍山方言中，“〈稻子〉”义可不加“子”缀，使用“[稻]”或“[稻子]”两种词形，而“〈稻谷〉”义只用“[稻子]”一种词形。相似的，蒲县方言中，“〈稻子〉”义和“〈稻谷〉”义的词形为“[稻/稻子]—[稻]”，“〈稻子〉”义还会使用词形“[稻子]”，与“〈稻谷〉”义不同。在个别吴语中也有类似情况，金坛、铜陵方言中“〈稻子〉”义的词形使用加“子”缀的“[稻子]”，而“〈稻谷〉”义的词形使用不加“子”缀的“[稻]”；南陵方言则相反，“〈稻子〉”义的词形使用不加“子”缀的“[稻]”，而“〈稻谷〉”义的词形使用加“子”缀的“[稻子]”。还有一些方言会引入普通话的词形，如松原、牡丹江、龙江、甘谷、陇西、商丘方言中，“〈稻子〉”义的词形用“[稻子]”或“[水稻]”，而“〈稻谷〉”义的词形只用“[稻子]”；繁昌方言“〈稻子〉”义和“〈稻谷〉”义的词形为“[稻/水稻]—[稻]”，也是相似的情况；部分官话区方言中“〈稻子〉”义和“〈稻谷〉”义的词形已经固定为“[水稻]—[稻子]”形式。又或者如昌黎、通渭方言中，“〈稻子〉”义只用“[稻子]”一种词形，“〈稻谷〉”义词可用“[稻子]”“[稻粒]”两种形式表达。其他方言中还有存在区别形式的现象，可能都是有一种强调的意味，以表明所指是稻子植株还是稻谷。

同系不同形是指词根相同但具体的词形相异，主要存在于“[稻]系—[稻]系”和“[谷]系—[谷]系”，分布都比较零散。不同系不同形即词根形式不同，主要包括“[稻]系—[谷]系”“[禾]系—[谷]系”“[禾]—[粟]”“[釉]—[粟]”等。总体来看，东南方言中“〈稻子〉”义和“〈稻谷〉”义基本都是不同形的。

“[稻]系—[谷]系”散布于徽语、江浙沪境内的吴语和部分冀鲁官话、中原官话、西南官话、晋语中，具体包括“[稻子]—[稻谷]”“[稻]—[谷]”“[稻]—[稻谷]”“[稻子]—[谷子]”等十种形式。“[稻子]—[稻谷]”分布较少，主要见于晋语、冀鲁官话、中原官话；“[稻]—[谷]”主要分布在徽语及江浙沪境内的吴语，也是吴、徽语的主流形式。

“[禾]系—[谷]系”主要分布在湖南、江西、广西、广东以及福建西部与江西、广东接壤的地区，分布比较集中。“[禾]—[谷]”为主要形式，共有113个方言点，出现频率为22.03%，是赣语、湘语、粤语、客家话、平话和土话以及湖南境内的西南官话的主流形式。

“[禾]—[粟]”主要见于闽语闽中片、闽北片、邵将片以及闽南片的大田、龙岩、漳平等方言。“[釉]—[粟]”则集中分布在闽东和雷琼地区的闽语中。

此外，不同系不同形还有“［稻］—［粟］”“［禾］—［粮食］”“［早子］—［粟］”及不同词根形式的混用型等，各仅有一两个用例，“［早子］—［粟］”出现在闽语闽北片的建瓯、建阳方言中，以“［早子］”表“〈稻子〉”义，“〈稻谷〉”义仍然使用闽语共有的特征词“［粟］”。

整体而言“〈稻子〉”义和“〈稻谷〉”义词在非官话区一般会使用不同的词根形式表示，而在官话地区往往会使用同一个词根形式表示。这种区别也几乎是以长江为分界线的，长江以南的南方地区一般都会区分稻子的植株与子实，即“〈稻子〉”义和“〈稻谷〉”义所采用的词根形式不同；长江以北的北方地区一般则不区分稻子的植株与子实，即往往用相同的词根来表示“〈稻子〉”义和“〈稻谷〉”义，长江以南地区也正是种植和消费稻子这一作物的主要地区。不过，西南官话区同在长江以南，江淮官话区也在长江沿岸，今词形却与东南方言区分植株与子实的规律不符，今西南官话中不说“［稻］”，“〈稻子〉”义和“〈稻谷〉”义都说“［谷/谷子］”，而江淮官话中不用“［谷］”，“〈稻子〉”义和“〈稻谷〉”义都说“［稻］”。

通过对历史文献的考据发现，在更早期的西南官话和江淮官话中，存在“〈稻子〉”义和“〈稻谷〉”义使用不同词根形式的痕迹，即西南官话和江淮官话在此前对植株与子实也是有区分的。明代李实著《蜀语》，解说四川方言词语，全书共收录四川方言词语563条，反映了明代四川方言的基本面貌，该书也是我国现存第一部“断域为书”的方言词汇著作。《蜀语》中将“稻”解释为“稻曰䅉谷，䅉音讨”，《集韵·上·皓》：“稻，土皓切，粳也，关西语。”又“䅉，土皓切，关西呼蜀黍曰䅉黍。”黄仁寿、刘家和等校注的《蜀语校注》认为李实是因为“稻”“䅉”二字读音相同，遂谓“稻曰䅉谷”，失查。同时《蜀语》也有“打谷器”“盛谷器”“扬谷器”的记录，即“打谷器曰连耞”“盛谷器曰囤”“扬谷器曰欣”。由此可见，在明末，四川方言中“［谷］”已经可以兼指稻子（植株）和稻谷（子实）了。但《蜀语》中仍然可见“［稻］”表示稻子（植株）的用法，如“稻苗秀出曰放檦，檦音標”，“放檦”即指稻抽穗。又在解释“熟谷”时说“熟谷曰火谷；舂成米曰火米。用粳稻，水滚煮，住火停锅中一夜。……如糯稻依此法作炒米甚松"。另有"香圆稻米曰稅米，稅音晚"，这里用的"稻米"，别处又用了"谷米"——"石读为旦。凡官府粮册及民间谷米账，皆以石"，两处意思都是要表达大米。此时，"[谷]"同时表示稻子（植株）和稻谷（子实）应该已经是主流用法，之后的西南官话文献材料中，更是完全不用"[稻]"这一词形了。清朝末期中国内地传教士钟秀芝编著《西蜀方言》。钟秀芝在成都生活30余年，《西蜀方言》既是一部词典，也是一部用于传教士学习当地语言的口语教材，较完整地反映了19世纪末川西方言的状况，该书就没有关于词形"[稻]"的记录，只有"[谷]"，下面又包含了"五谷杂粮、谷子、苞谷"三个方言词语，其中"[谷子]"表示稻子植株（rice in the ear）、稻谷（the grain before it is hulled）两种意义，说明当时川西方言已经没有"[稻]"的说法。而且，通过"CCL语料库检索系统"考察先秦至民国的古代汉语，在历代文献中暂未发现用"[谷]"指稻子植株的用例，称稻子植株为"[谷/谷子]"仅见于近代时期成型的西南官话，一个合理的推断是西南官话中的"[谷/谷子]"原本也只表示"〈稻谷〉"，后由"〈稻谷〉"引申至结稻谷的植株，继而只保留词形"[谷/谷子]"兼指稻子（植株）和稻谷（子实）。

1989年奥地利汉学家弗郎茨·屈耐特著德语版《南京字汇》，也反映出当时一些南京方言词语的使用情况，其中有对"谷（穀）"的记录。1902年，德国人何美玲出版《南京官话》，第三部分"南京音节表"实际上就是同音字汇，其中记录有"谷（穀）"和"稻"两个南京音词语，说明当时南京话中有"谷"的说法，但书中没有明确说明具体词义。又《（光绪）通州直隶州志》："綻，谷实饱满也。瘪，不饱满也。"通州直隶州相当于今天江苏省南通市，这里的"谷实"就是指当地主要粮食作物稻谷。《（民国）续修盐城县志》中也有："又农家收谷器，一人扶一人挽之，亦曰概。"盐城县即今江苏省盐城市，这里记载了一种在当地使用的收稻谷的农具。

其实在近期编纂的江淮官话方言词典中，也仍有"[谷]"系词的记录。刘丹青编纂《南京方言词典》（1995）收录"[稻子]""[稻谷]"两个词形，其中“[稻子]”有两种意义：①“最重要的粮食作物之一，通常指水稻，子实去壳后即为米，是本地首要主食。”②“指稻谷，例如：把晒好的稻子拿去碾米。”“[稻谷]”就表示“稻子的子实”。即“[稻子]”一个词形可以兼指稻子（植株）和稻谷（子实），但指稻谷（子实）时也可以说“[稻谷]”。南京方言属江淮官话洪巢片，另黄孝片的安庆方言也有相似情况，“〈稻子〉”义和“〈稻谷〉”义一般都说“[稻]”，但“〈稻谷〉”义也有“[谷]”的说法，只是没有“[稻]”常用。王世华、黄继林《扬州方言词典》（1996）就没有“[谷]”系词的记录了，“〈稻子〉”义和“〈稻谷〉”义都用“[稻子]”这一个词形表示，六安舒城方言也没有“[谷]”的说法，扬州和六安舒城方言属江淮官话洪巢片，今江淮官话大部分方言都丢失了“[谷]”系词。

综上可见，西南官话和江淮官话在更早的时期，“〈稻子〉”义和“〈稻谷〉”义也有分别使用“[稻]”和“[谷]”两种不同词根的情况，后来西南官话发展为只保留一个词根“[谷]”，而江淮官话变为主要使用词根“[稻]”，但在少数江淮官话里今天还仍存有“[谷]”系词。由此，可以得出一个结论：南方一般区分稻子的植株与子实，北方一般不区分，因为南方是稻作物的主产区，也是原来的主要消费区（其实，今天也仍然维持着南方偏爱大米、北方偏爱面食及小米的饮食习惯），所以出于生产、生活的需要，南方地区更注重植株与子实的区别，这在词汇上的表现就是，南方方言区“〈稻子〉”义和“〈稻谷〉”义的词根形式不同。

4. 结语

汉语方言中，“〈稻子〉”义词主要有“[稻]、[谷]、[禾]、[籼]”等四种词根形式，出现频率最高的词根形式是“[稻]”，分布范围也最广，主要见于北方官话区、晋语及吴语、徽语。“[禾]”系词形的出现频率次之，分布很集中，是赣语、湘语、粤语、客家话、平话和土话的主流词形。“[谷]”系词是西南官话的主流词形，也只见于西南官话，可以说是西南官话区的特征词。闽语有自身的特征词“[籼]”，但主要见于闽东、雷琼的闽语区。横向比较，有时同一个词语形式在不同地区的方言中会指称截然不同的事物，例如，就词形“谷子”而言，在北方地区“谷子”通常指小米，在南方地区“谷子”指稻谷。词形“禾”的情况类似，北方方言的“禾”一般是指小米植株，而在东南方言中“禾”是指稻子、植株。

“〈稻谷〉”义词主要有“[稻]、[谷]、[粟]”等三种词根形式，“[稻]”系词主要见于东北官话、北京官话、冀鲁官话、胶辽官话、中原官话、兰银官话、江淮官话、皖西南的怀岳片赣语及部分晋语。“[谷]”系词是西南官话、徽语、赣语、湘语、粤语、客家话、平话、土话及吴语的主流词形，也见于部分冀鲁官话、中原官话和晋语。“[粟]”集中分布于闽语区，是闽语共有的特征词。另外需要指出的是，有些地区水资源缺乏，只能种旱稻或不种稻子，尤其是华北、西北的部分地区，老百姓知道“稻子、稻谷”这类事物，但平时可能很少说，即“无实物，但有说法”；还有的地方可能是“无实物，也无说法”。

汉语方言中“〈稻子〉”义和“〈稻谷〉”义词形存在完全相同的情况，主要分布于官话地区，而作为稻作物主产区和主要消费区的南方方言区（非官话区）的方言则会使用不同的词根形式。对于词形存在完全相同的方言，究其内在还存在差别，“〈稻子〉”义和“〈稻谷〉”义都使用“[稻]”系词形时，或是词根“[稻]”在开始就是兼指稻子和稻谷（因为“稻”在古代汉语中就有稻子和稻谷两种意义），或是词根“[稻]”由专指稻子引申为可以指稻谷，但二者都使用“[谷]”系词形的情况则只有一种可能，即词根“[谷]”由指稻谷转指稻子、植株，从而一个词形兼指植株与子实。其他语言里也存在“〈稻子〉”义和“〈稻谷〉”义同形的情况，如傣语、壮语、英语、法语、俄语、泰语等。更进一步看，这种作物植株与子实的名称不加区分的现象在语言里更是广泛存在，例如麦子、玉米、高粱、芋头、红薯、蚕豆、黄豆、辣椒、茄子等作物的植株和子实在很多汉语方言或其他语言中都使用同一个词形来表示，相对而言，子实更为重要，对这个大问题的解答则需要更深层的类型学调查和研究。

参考文献

北京大学中国语言文学系语言学教研室：《汉语方言词汇》（第二版），语文出版社，1995。

曹志耘：《徽语严州方言研究》，北京语言大学出版社，2017。

曹志耘主编《汉语方言地图集》（词汇卷），商务印书馆，2008。

陈满华：《湖南安仁方言词汇（一）》，《方言》1995年第2期。

陈章太、李如龙：《闽语研究》，语文出版社，1991。

董正谊：《湖南省攸县方言记略》，《方言》1990年第3期。

范峻军：《湖南桂阳敖泉土话方言词汇》，《方言》2004年第4期。

黄雪贞：《永定（下洋）方言词汇（一）》，《方言》1983年第2期。

李冬香、庄初升：《韶关土话调查研究》，山东人民出版社，2009。

李荣主编《现代汉语方言大词典》（6卷本），江苏教育出版社，2002。

李如龙主编《汉语方言特征词研究》，厦门大学出版社，2002。

李如龙、张双庆：《客赣方言调查报告》，厦门大学出版社，1992。

李实：《蜀语校注》，黄仁寿、刘家和校注，巴蜀书社，1990。

钱乃荣：《当代吴语研究》，上海教育出版社，1992。

孙华先：《〈南京字汇〉中的〈官话类编〉词汇》，世界图书出版公司，2013。

平田昌司、赵日新、刘丹青、冯爱珍、木津祐子、沟口正人：《徽州方言研究》，好文出版社，1998。

汪维辉：《汉语核心词的历史与现状研究》，商务印书馆，2018。

颜森：《高安（老屋周家）方言词汇（一）》，《方言》1982年第1期。

赵日新：《豫北方言儿化韵的层次》，《中国语文》2020年第5期。

赵日新：《汉语方言"走"义和"跑"义的词形分布》，载曹志耘主编《汉语方言的地理语言学研究》，商务印书馆，2013。

周振鹤、游汝杰：《方言与中国文化》，上海人民出版社，2015。

詹伯慧、张日升：《粤北十县市粤方言调查报告》，暨南大学出版社，1994。

詹伯慧、张日升：《粤西十县市粤方言调查报告》，暨南大学出版社，1998。

张双庆：《连州土话研究》，厦门大学出版社，2004。

K. Hemeling. 1902. The Nanking Kuan Hua, The Statistical Department of the Inspectorate General of Customs.

附录：汉语方言“稻”“谷”“米”“饭”义词调查问卷

您好！非常感谢您抽出宝贵时间来填写这份问卷！如若方便，可以问一问家里的年长者，以保证选出方言中最地道的说法。不确定的字请用同音字代替或标注拼音。不种植稻子、无相应名称的地区请填写：无稻子。

1. 在您的方言中，“稻子”叫什么？（“稻子”指长在田里的，比如：“种稻子”“割稻子”“今年的稻子长得好”）【可多选】

□稻/稻子/水稻/……（具体使用哪一名称请填写）

□谷/谷子/稻谷/谷翁/……（具体名称请填写）

□禾/禾仔/……（具体名称请填写）

□籼/籼仔/……（具体名称请填写）

□其他名称，请填写：

2. “割稻子”在您的方言中怎么说？

3. 在您的方言中，“稻谷”叫什么？（“稻谷”指稻子未去壳的子实，比如：“晒稻谷”“今年稻谷的价钱如何”“这担稻谷有一百五十斤”）【可多选】

□稻/稻子/稻粒/……（具体名称请填写）

□谷/谷子/谷儿/谷粒/稻谷/……（具体名称请填写）

□粟/……（具体名称请填写）

□籼/……（具体名称请填写）

□其他名称，请填写：

4. 在您的方言中，“稻谷”去皮后的子实叫什么？

5. 在您的方言中，“稻草”叫什么？（“稻草”指脱粒后的稻秆，可打草绳或草帘子，也用来造纸或做饲料等）【在对应的词语形式后填写具体名称】

□稻秸/稻秸子/……（具体名称请填写）

□秆/稻秆/禾秆/……（具体名称请填写）

□草/稻草/谷草/禾草/籼草/穰草/管草/……（具体名称请填写）

□柴/稻柴/……（具体名称请填写）

□稿/籼稿/……（具体名称请填写）

□稻尖/……（具体名称请填写）

□稻梗/……（具体名称请填写）

□其他名称，请填写：

Morphological Distribution of the Meanings of *Dao zi* and *Dao gu* in Chinese Dialects

Yu Dan

Abstract: *Dao zi*（稻子）and *Dao gu*（稻谷）are the basic words in Chinese. Based on a large number of dialect questionnaires and some existing dialect literature, we obtained a relatively evenly distributed and dense dialect corpus. This paper uses the analytical methods of geographical linguistics, mapping the morphological distribution of dialects, to analyze the morphological distribution of the two meanings of *Dao zi* and *Dao gu* in Chinese dialects. The root forms of the meaning of *Dao zi* mainly include *Dao*（稻）, *Gu*（谷）, *He*（禾）and *Zhou*（籼）. The root forms of the meaning of *Dao gu* mainly include *Dao*, *Gu* and *Su*（粟）. And there are three kinds of word form relations between the meanings of *Dao zi* and *Dao gu*, the northern dialects usually have the same word forms or roots, however, as the main rice producing area and the main consumption area, the southern dialects area generally uses different roots.

Keywords: Chinese dialects, *Dao zi*, *Dao gu*, word form, synchronic distribution, distribution map of dialect features

现代学者对《韵镜》的认识谫论

马德强

（扬州大学文学院）

提　要　作为现存最早的韵图，《韵镜》价值的充分发挥首先取决于人们对其性质的合理认识。现代学者对《韵镜》的认识有一个逐步深入的过程，早期主要着眼于它对《切韵》音系研究的参照作用，后来逐渐意识到它还具有反映现实音系的一面。作为帮助当时的读书人拼读韵书反切的工具书，《韵镜》是在中古后期时音的框架内展示韵书音系的。因此，它除了可以作为研究《切韵》音系的参考，还可以用来研究中古后期的语音，具有独立的语音史价值。学者们对《韵镜》的认识每前进一步，都在一定程度上反映出那个时期汉语音韵研究水平的提升。

关键词　《韵镜》　韵图性质　中古音

目前，学术界公认《韵镜》是现存最早的韵图。现在能见到的最早本子是由南宋张麟之刊刻的。但是张氏当年刊刻不久后该图就在国内失传，在长达600多年的时间里国人根本不知道它的存在，各种中土文献也很难见到关于它的记载。直至19世纪末，清廷官员黎庶昌在日本发现《韵镜》，将其收入《古逸丛书》，它才重新被国内学者知晓。19世纪末20世纪初，汉语音韵学正处于从传统到现代转型的启幕阶段，《韵镜》此时回归故土可谓恰逢其时，意义重大。

《韵镜》在日本流传期间，引起该国学者的极大兴趣，以至于形成了蔚为壮观的“《韵镜》学”（李无未，2004）。而《韵镜》刚传入国内时，因为其特殊的流传经历，中国学者对其认识十分模糊，甚至可以说是一片空白。不过，经过几代学者的不懈努力，目前已在《韵镜》研究领域取得很大成绩，学者们对《韵镜》的整体认识水平大大提升。本文主要从观念层面对中国现代学者认识《韵镜》经历的几个阶段作宏观梳理，阐明已经取得的成就和目前的研究进展，以期能在最大限度上发挥其在汉语音韵研究中的价值。

1. 《韵镜》在《切韵》音系研究中参照地位的确立

谈论现代学者对《韵镜》的认识，首先得从现代音韵学的奠基人高本汉（Bernhard Karlgren）讲起。20 世纪初，高本汉研究《切韵》音系时已经知道《韵镜》的存在，而且对其编排体例已有所了解，可是当时他带有很大的偏见，认为它只是一部“拟古”的著作，参考价值有限（参见高本汉，1940［1926］：22～23）。因此，他把《韵镜》抛在一边，转而选择《切韵指掌图》以及《等韵切音指南》作为参考。后来他对《韵镜》的态度一直没改变。

高本汉的《中国音韵学研究》前三卷分别于 1915 年、1916 年、1919 年出版，相关成果曾经被钱玄同拿到课堂上讲授。但是，钱氏一开始对《韵镜》的认识也是很模糊的。他在 1922 年 2 月 20 日的日记中提道：“与幼渔谈及《韵镜》和《切韵指南》，其中‘分合’及‘开合’等名多不可解。我以为我们现在对于此等书，只好暂不理会。暂以江永、陈澧二家之说考残本《切韵》再说。”（钱玄同，2014：395）这从一个侧面反映出当时学术界对《韵镜》的认识水平。

高本汉建立了在等韵框架内构拟《切韵》音系的研究模式，影响深远，但是他忽略了等韵源流，参考年代较为晚近的韵图构拟《切韵》音系，有些地方难免会偏离事实真相。例如，他依据《等韵切音指南》确定韵类的开合，鱼韵的拟音就明显与《切韵》不符。种种证据表明，鱼韵在《切韵》音系里当是开口。《韵镜》标注为开口，提供的信息与韵书一致。而《等韵切音指南》标注为合口，反映的是后来的演变。高氏据《等韵切音指南》把它拟为合口音，这就难以被其他学者接受。罗常培较早地指出了他这方面的不足：

> 所以我们对于《切韵》鱼、虞两韵的开合应当以《韵镜》和《七音略》为准，而不应以《切韵指南》等书为准。《韵镜》成书的年代虽无明文可考，然张麟之的初刊本成于宋高宗绍兴三十一年辛巳（1161），适与郑樵《通志》的完成同时，那末，无论如何它也是南宋以前的产物，至少要比《切韵指南》的成书（元顺帝至元二年丙子，1336）早着175年。后去古之远近说，自然《韵镜》也比《切韵指南》较为可靠。高本汉对于鱼、虞两韵音值的考订，既然从吴音汉音里得到很充分的证据，却无端为清初的《等韵切音指南》所误，读鱼韵为合口，反倒说《韵镜》所定的开口合口有些混乱的地方，岂不是很可惜的事么？（罗常培，1931）

罗先生这段论述在学术史上的重要意义在于，他对《韵镜》《七音略》等早期韵图的价值给予了充分肯定。《韵镜》不仅对确定鱼韵的开合有帮助，就是对整个《切韵》音系的研究而言，其价值也远远高于《等韵切音指南》这类晚出的韵图。这在今天已成学术界的共识。

罗先生在20世纪30年代把传世的宋元等韵图分为三系：《韵镜》和《七音略》为第一系，《四声等子》和《切韵指南》为第二系，《切韵指掌图》为第三系。就研究《切韵》音系而言，这三系的价值是不一样的。他说：

> 综此三系，体制各殊，时序所关，未容轩轾。然求其尽括《广韵》音纽，绝少漏遗，且推迹原型，足为构拟隋唐旧音之参证者，则前一系固较后二系差胜也。（罗常培，1935）

同一时期张世禄（1984［1933］）也说：

> 现今所存宋人的等韵，以《韵镜》（在《古逸丛书》中）和《七音略》（在郑樵《通志》中）为最可靠、最首要的著作，可以完全当作今音等韵学派的代表。清代讲等韵反切的，如江永、戴震、陈澧以至于劳乃宣，都未曾见到《韵镜》一书，而只以《切韵指掌图》和《四声等子》为最古。因为《切韵指掌图》向来以为是司马光所作，用以解释《集韵》的。经邹特夫据孙觌《内简尺牍》考定之后，才知道《指掌图》原书出于杨中修；而今本《切韵指掌图》又是南宋以后的人所伪作。原书应当有四十四图，和《七音略》、《韵镜》的数目差不多；而今本《指掌图》仅有二十。又内中入声分配于阴阳二声，也和《七音略》、《韵镜》单分配于阳声的不同；显然和今音的系统渐渐隔离了。所以现今所存纯粹今音派的等韵书，只是《七音略》和《韵镜》二种。

张世禄明确指出今本《切韵指掌图》已经明显与今音系统（即《切韵》音系）偏离，充分强调《韵镜》和《七音略》的价值。而且当时张先生已经认识到“《韵镜》和《七音略》两书，同出于一种蓝本，那是可以断定的”。

此外，王力（2014［1936］：81）、钱玄同（1999［1937］）等学者当时也在相关论著中对《韵镜》表达过类似的意见。可以说，到了20世纪30年代学术界在音韵观念方面便已形成如下共识：现存的各类韵图，《韵镜》和《七音略》年代最早，对《切韵》音系的研究帮助最大。

2.《韵镜》独立语音史价值的揭示

20世纪30年代，学者们在观念上已能认识到《韵镜》对《切韵》音系研究的重要作用，可这并不意味着能够顺利地释读韵图蕴含的语音信息。《韵镜》除了不同寻常的流传经历，自身也是谜一样的存在。它的作者、制作年代、成书背景、编写体例以及图中蕴含的各种语音信息，韵图本身没有任何说明和解释。南宋张麟之刊刻《韵镜》时在前面加了序例，这固然能提供一些帮助，但信息量毕竟有限，而且张麟之离《韵镜》制作的年代已有相当差距，他当时已经说不清该图的来源，“自是研究，今五十载，竟莫知原于谁”。面对这种情形，现代学者要对其做出准确解读与合理定位，当然不是一件容易的事情，有时可能会产生误解。

王力是语言学界公认的学术权威，他对《韵镜》的认识较有代表性。例如，关于《韵镜》声母的排列方式，王先生的认识先后有变化。1936 年他说：

> 其等韵图中舌头舌上不分，重唇轻唇，犹存《切韵》（601）之旧；至于齿头正齿音不分，似尚较《切韵》为近古。（王力，2014［1936］：81～82）

因为韵图把舌头舌上音、重唇轻唇音、齿头正齿音分别放在同一栏，王先生认为它们在《韵镜》里不分。到了 20 世纪 60 年代，他对《韵镜》声母排列的认识发生了显著变化，解读相对更为合理：

> 在《七音略》和《韵镜》中，三十六字母不是分为三十六行，而是分为二十三行：重唇与轻唇同行，舌头与舌上同行，齿头与正齿同行。如上所述，舌头音（端系）只有一、四等，舌上音（知系）只有二、三等，正好互相补足；齿头音（精细）只有一、四等，正齿音（照系）只有二、三等，也正好互相补足。轻唇音只有三等，而且只出现于合口呼，轻唇音出现的地方正巧没有重唇音（因为这些轻唇音是由重唇音变来的），所以也正好互相补足。这样归并为二十三行，并不单纯为了节省篇幅，更重要的是表现了舌头与舌上之间、齿头与正齿之间、重唇与轻唇之间的密切关系，即历史上的联系。（王力，2014［1963］：95～96）

关于《韵镜》，以下两点认识可以说在一定时期内代表了多数学者的意见。

（1）《韵镜》是韵书音系的图表化。

《韵镜》横列声母，纵列206韵和四声。通常认为它就是古代的一种声韵调配合表，比较忠实地反映了《切韵》系韵书的音系。而后出的韵图如《四声等子》《切韵指掌图》《经史正音切韵指南》等反映的则是《切韵》之后变化了的语音。因此，学者们在研究《切韵》音系时，往往把《韵镜》作为最重要的参考韵图。

（2）《韵镜》和韵书音系之间的不一致之处是韵图立法未善造成的。

《韵镜》的编排格式和韵书音系之间不完全一一对应，其间也存在一些参差。对此，很多学者认为是《韵镜》本身的设计有缺陷，是韵图作者立法未善造成的。这主要体现在韵图对韵书庄组、精组、喻母以及重纽字的安排上。《切韵》的庄组声母既可以与二等韵的字相拼，也可以与三等韵的字相拼，但是韵图只把庄组字放在二等的位置上。当庄组声母和二等韵的字相拼的时候，声母和韵等的地位是一致的。但是，当庄组声母与三等韵的字相拼的时候，就有矛盾了，通常认为三等的位置已经安排了章组，为了迁就章组只好借二等的位置安排这些字，在这种情况下，排在二等位置的庄组字就成为“假二等”（“假”即“假借”之意）。《切韵》的精组声母和喻$_{四}$，本来可以同三等韵的字相拼，由于三等位置安排了章组和喻$_{三}$，为了迁就章组和喻$_{三}$只好借四等的位置安排这些字，这种情况下，排在四等的精组字和喻$_{四}$字就成了“假四等”。此外，还有《切韵》音系里的重纽四等字，也算是“本应”列入三等而实际被放入四等的“假四等”。也就是说，按照学术界的通行看法，出现“假二等”“假四等”是韵图作者不得已而为之的结果。

大多数音韵学通论性著作基本上都是按照上述观念介绍《韵镜》及其与韵书之间关系的。但是，这种认识有明显不合理之处。《韵镜》的制作有很强的实用功能，其实就是帮助古代读书人拼读韵书反切的工具书（赖江基，1991）。南宋张麟之在序文中明确指出了它的这一基本属性：“读书难字过，不知音切之病也，诚能依切以求音，即音而知字，故无载酒问人之劳。”既然如此，韵图形式上的安排理应清晰地反映韵书音类，这样才能方便读书人查找。可实际情况却不是这样，这就难免让人产生疑惑，《韵镜》的作者为何要舍本逐末地照顾韵图格子的疏密而故意打乱韵书的音类？如果说《韵镜》《七音略》这类早期韵图，因为齿音只有一栏，在不得已的情况下硬是把三等的庄、精组字放在二、四等的位置上，从而造成“假二等”“假四等”现象，那么，对于后来产生的《切韵指掌图》来说，按道理就不应该再有类似的问题，因为它的齿音是分两栏排列的。可是实际上同样的问题依然存在，请看表 1：

表 1 《韵镜》和《切韵指掌图》齿音排列方式对比

《韵镜》	《切韵指掌图》	
齿音	齿头	正齿
精清从心	精清从心	
庄初崇生		庄初崇生
章昌船书禅		章昌船书禅
精清从心邪	精清从心邪	

可以看出，《切韵指掌图》虽然把 36 字母依次排开，齿头、正齿分作两栏，但是《切韵》的庄、章两组仍被放在正齿一栏的二、三等位置，精组被放在齿头一栏的一、四等位置，宁愿让三等的位置空着。这是“假二等”“假四等”说所不好解释的。鉴于以上情形，有些学者进行了积极反思。

多数学者都是把注意力放在《韵镜》反映韵书音系的一面，即只关注它对《切韵》音系研究的参考价值。可随着研究的深入，有些学者对以《韵镜》为代表的早期韵图有了新认识。他们认为《韵镜》以图表的形式展示韵书音系的同时，它的体例设计还能反映出制图时代的语音特征。也就是说，《韵镜》除了可以作为研究《切韵》音系的参考，还具有独立的语音史价值，是研究韵图时代即中古后期语音的一份重要文献。

根据目前掌握的材料，国内较早提出这一意见的应是黄淬伯。黄先生早年著有《慧琳一切经音义反切考》（1931），整理慧琳反切的音类系统。到了晚年，他对其中一些问题逐渐有了新的认识和看法，于是对旧作进行改写，最终于1970年著成《唐代关中方言音系》一书。就在成书这一年，黄先生去世。此书作为遗稿，直到1998年才由江苏古籍出版社出版，2010年又作为《黄淬伯文集》中的一册由中华书局再次出版。黄淬伯先是根据慧琳《一切经音义》的反切归纳出唐五代关中方言音系，然后分别将其与《切韵》《韵镜》《切韵指掌图》音系进行比较。在具体比较之前，他首先明确指出韵图音系的现实性。他说：

> 用我们的观点来说，不论早期或晚期的等韵图，都是作者凭借陆法言《切韵》反映一定时地的现实性的音系。由是彼此比较，便可看到中古时期汉语语音发展的过程和规律性。（黄淬伯，2010：133）

黄先生以中唐时期的慧琳音系为参照，指出《韵镜》音系具有反映现实语音的一面。《切韵》反切上字有分组的趋势，一、二、四等为一组，三等为一组。而到了慧琳时期，这种分组的格局明显被打破，慧琳反切上字的等往往与被切字的等保持一致。他认为这种现象反映出的深层语音内涵是四等体系开始形成。也就是说，韵图的四等体系是《切韵》之后出现的，而到了慧琳时期已经奠定基本格局（黄淬伯，2010：142）。他当时能有这样的认识，难能可贵。当然，黄先生的观点也有一定的局限性。例如，他认为《韵镜》的声母精组与照组不分，轻唇与重唇不分，理由是它们排在同一栏里（黄淬伯，2010：133）。这与王力（2014［1936］：81～82）当年的认识相同。现在来看，这种看法是不对的。

1986年，陈振寰的《音韵学》出版。该书第六章专门论述等韵图的性质及其与五代宋音系的关系，用了较多篇幅阐述以《韵镜》为代表的早期韵图的独立语音史价值。他明确说：

> 韵图并不是对《切韵》（或《广韵》）的纯客观的图解，不是在简单地调查了旧有反切的声韵结构后所做的图解，而是站在五代、两宋实际语音的立场上，利用当时之音解释已逝之音，即以已知求未知的作

品。……韵图的大框架就是制图时实际语音的基本轮廓，韵图的发展变化也正透漏出实际语音演变的某些面貌。(陈振寰，1986：218)

他还说：

韵图的框架就是当时韵图实际语音面貌的反映。一切看来与韵书不同之点都是唐末到两宋实际韵书发展的结果。韵图本是一双新鞋，为了需要又不得不把旧脚（韵书）全部填塞进去，自然有所不合，等韵学家设立的诸般门法（图例），都是为了帮助人们从这双新鞋里找到变了形的旧脚的局部。(陈振寰，1986：245)

陈先生认为韵图反映实际语音，具有独立的语音史价值，从而根据《韵镜》拟定五代的声韵系统（陈振寰，1986：248～251）。不过，他的拟定工作整体上还较为粗疏，并且在有些方面也未能摆脱传统观念的束缚。例如，对“假二等”“假四等”现象，依然说“本该排在第三格的字，排到了二四格”（陈振寰，1986：249），言下之意还是认为韵图体例不善。又如，他根据《韵镜》的分韵拟定五代的韵系，误把韵图的仿古成分当成了实际语音。《韵镜》沿用韵书的分韵系统，这并不表示206韵在《韵镜》里都有区别，但他对《韵镜》的独立语音史价值的论述值得肯定。当时黄淬伯的《唐代关中方言音系》尚未出版，仅以出版年代而论，陈先生的《音韵学》算是国内较早明确表达这种观点的论著。

自20世纪90年代以来，国内持有此种观点的学者逐渐多了起来，如麦耘（1995、2002）、黄笑山（1995：115、2006）、陈泽平（1999）、郑张尚芳（2012［2000］）等。其中较为典型的成果是黄笑山1995年出版的《〈切韵〉和中唐五代音位系统》。该书原是黄先生1991年在厦门大学的博士学位论文，后来被列入“大陆地区博士论文丛刊”由台湾文津出版社出版。黄先生认为早期韵图反映中古后期的实际语音，《韵镜》提供了比韵文、译音等材料更为系统全面的认识中唐五代时期语音的框架。他把《韵镜》作为一份具有整体性的、独立的语音史数据，将其视为中古后期实际语音的代表，以此考察中唐五代时期的音位系统。与陈振寰相比，黄先生的研究显然更为深入具体。

西方也有学者较早注意到《韵镜》的独立语音史价值。比较典型的例子是加拿大学者蒲立本（Edwin George Pulleyblank）。他在 1984 年出版的 *Middle Chinese: A Study in Historical Phonology* 一书把中古汉语分为前后两期。《切韵》只代表“前期中古汉语”（Early Middle Chinese，EMC），至于“后期中古汉语”（Late Middle Chinese，LMC）则是拿《韵镜》作代表（Pulleyblank，1984：62）。他认为中古前后期的语音不是直接继承的关系，因为二者的基础方言发生了转移。他构拟的后期中古汉语以韵图的框架为基础，参考了同一时期的诗文用韵（李贺、白居易等）、慧琳《一切经音义》反切、梵汉对音、域外汉字音（日译汉音、高丽译音、安南音译）等资料。从相关文献来看，蒲立本于 1970 年至 1971 年在《亚洲学刊》（*Asia Major*）发表的文章中就已经提出“后期中古汉语”的设想。此时黄淬伯的《唐代关中方言音系》刚刚完成，二者观点提出的时间差不多。蒲立本讨论韵图音系参考了黄淬伯早年的《慧琳一切经音义反切考》。

美国学者林德威（David Prager Branner）于 1998 年在明尼苏达大学组织了一次专门的学术研讨会，议题为“New Views on the Linguistic Philosophy Underlying the Rime Tables”，相关论文于 2006 年结集出版，书名为 *The Chinese Rime Tables: Linguistic Philosophy and Historical - Comparative Phonology*。论文集围绕中国古代的韵图进行多角度探讨，其中也有关于《韵镜》的讨论。林德威对蒲立本关于《韵镜》代表后期中古汉语的说法持否定态度，不过反驳的理由没有多大说服力。论文集中其他学者如 Abraham Chan、Wen - Chao Li 显然接受了蒲立本的中古汉语分期学说。

3.《韵镜》时音属性的阐释

揭示出《韵镜》的时音属性以及独立语音史价值，是近些年等韵研究领域的一大突破，对于深化中古音研究具有重要意义。现在综合各家观点和材料，对《韵镜》的时音属性略作阐释。

中古音是联系上古音和近代音的枢纽，在汉语音韵史上的地位十分重要。它涵盖的时间段大致为南北朝到五代宋初700年左右的时间。这段时期汉语音韵系统发生了不小的变化。以往把这么长时间跨度的各种材料都压缩在同一个平面上看待并不科学。黄笑山（1995：13）、郑张尚芳（2012［2000］）、麦耘（2002）等学者主张在中古音内部再分出前后不同的阶段，然后利用相关材料分别研究前后期的音韵系统，前后期的音系则分别以《切韵》和《韵镜》为代表。也就是说，这些学者不再仅仅把《韵镜》看作研究韵书音系的辅助材料，而是赋予其独立的语音史地位。《韵镜》的编排特点反映中古后期的实际语音，它和韵书音系之间的参差之处，可以从语音史的角度予以合理解释，由此及彼，正可窥见中古前后两个阶段汉语语音演变的过程和规律。

上文提到韵书和韵图之间的参差之处主要体现在"等"的差别上，亦即庄组三等、精组三等、喻四、重纽四等字在韵书和韵图中的表现不一致。这几组字韵图放在二等或四等的位置，在韵书中则被当作三等韵。这些差别其实是中古前后期不同历史阶段语音系统自然演变的结果。这可以从中古前后期汉语的声母系统与介音的组合差异上得到解释（麦耘，1995；黄笑山，2006）。

关于中古前后期介音的具体拟音形式，学界目前尚无一致意见，表2中拟音仅表示介音类别上的区分。先看表2《切韵》的介音与声母配合情况。

表2 《切韵》的介音与声母配合情况

	唇音	牙音	喉音	舌音	齿音之一	齿音之二
甲类 ø	帮滂並明	见溪　疑	影晓匣	端透定泥来		精清从心
乙类 r	帮滂並明	见溪　疑	影晓匣	知彻澄娘来		庄初崇生
丙类 ri	帮滂並明	见溪群疑	影晓　喻三	知彻澄娘来		庄初崇生俟
丁类 i	帮滂並明	见溪群疑	影晓　喻四		章昌禅书船日	精清从心邪

《切韵》的介音系统可以分为四类，四类介音和《切韵》"×等韵"的对应关系如下：

甲类：一等韵，纯四等韵。

乙类：二等韵。

丙类：三等韵中的“重纽三等”，非重纽三等韵的唇、牙、喉音（喻$_{\text{四}}$除外），所有三等韵的庄组和知组（含娘母）、来母。

丁类：三等韵中的“重纽四等”，所有三等韵的精组、章组、日母、喻$_{\text{四}}$。

至于早期韵图的介音系统，和中古前期相同，也是四类，在韵图中按四个等的顺序依次排列。但是这一时期的四类介音和声母的对应关系发生了一些变化。表3下加横线的声母即表示在与介音的组合方面从《切韵》到韵图发生变化的部分。

表3 《韵镜》的介音与声母配合情况

	唇音	牙音	喉音	舌音	齿音
一等 ø	帮滂並明	见溪　疑	影晓匣	端透定泥来	精清从心
二等 r	帮滂並明	见溪　疑	影晓匣	知彻澄娘来	庄初崇生 庄初崇生俟
三等 ri	帮滂並明 非敷奉微	见溪群疑	影晓　喻$_{\text{三}}$	知彻澄娘来	章昌禅书船日
四等 i	帮滂並明 帮滂並明	见溪群疑 见溪　疑	影晓　喻$_{\text{四}}$ 影晓匣	端透定泥来	精清从心邪 精清从心

比较表2、表3，韵图四个等与《切韵》四类介音的对应关系可总结如下：

一等：甲类中的一等韵。

二等：乙类（二等韵），丙类中的庄组（三等韵庄组）。

三等：丙类除庄组，丁类中的章组、日母。

四等：丁类除章组和日母，甲类中的纯四等韵。

这里实际上涉及三项音变：

《切韵》音系的纯四等韵后来产生i介音，并入丁类三等韵；

《切韵》音系的三等庄组后来丢失了后面的i介音，从而与二等庄组合并；

《切韵》音系的章组后来发生翘舌化音变，与庄组合流形成照组。

下面结合相关材料分别说明这几项音变。

(1)《切韵》音系的纯四等韵后来产生 i 介音，是韵图将其放入四等的现实语音基础。

《切韵》里的反切上字有明显的分组趋势，一、二、四等为一类，三等为一类。从介音和谐的角度看，学术界通常认为这种分布特点表明《切韵》音系的纯四等韵没有 i 介音。而到了中唐时期，这种格局发生改变。先来观察中唐时期慧琳反切用字的变化，表 4 材料引自黄淬伯（2010：130～132）：

表 4 《切韵》与慧琳《一切经音义》纯四等字的反切上字对比

		《切韵》		慧琳《一切经音义》	
韵目	例字	反切	上字的等	反切	上字的等
齐韵	鸡	古奚	1	经奚	4
	醯	呼鸡	1	馨鸡	4
	低	都奚	1	丁兮	4
	齐	徂奚	1	情奚	3(从母)
	迷	莫兮	1	米篦	4
先韵	烟	乌前	1	伊贤	3A
	坚	古贤	1	吉烟	3A
	颠	都年	1	丁年	4
	迁	苍先	1	七仙	3(清母)
	眠	莫贤	1	弥编	3A
萧韵	么	於尧	1	伊遥	3A
	骁	古尧	1	皎尧	4
	貂	都聊	1	鸟聊	4
	聊	落萧	1	了彫	4
	槠	苏彫	1	小条	3(心母)
青韵	庭	特丁	1	狄形	4
	宁	奴丁	1	佞丁	4
	灵	郎丁	1	历丁	4
	俜	普丁	1	匹丁	3A
	冥	莫经	1	觅瓶	4

续表

		《切韵》		慧琳《一切经音义》	
韵目	例字	反切	上字的等	反切	上字的等
添韵	兼	古兼	1	颊盐	4
	嫌	户兼	1	刑阎	4
	添	他兼	1	忝拈	4
	甜	徒兼	1	定阎	4
	鲇	奴兼	1	念兼	4

可以看出，齐、先、萧、青、添五个四等韵的反切上字，在《切韵》里用一等字，到了慧琳时期则被替换成三等字（限于3A类和精组）和四等字。这种变化表明四等字与一等字在介音方面已经有了不同。同时四等字和三等字（限于3A类和精组）具有相同的反切行为，说明四等韵已经具有与重纽四等（即3A类）相同的前腭介音i。

张渭毅（2003）提供的一系列数据表明，中唐的慧琳反切、晚唐的朱翱反切以及北宋的《集韵》反切，纯四等与重纽四等的表现是一致的，均已混而不分。这说明纯四等韵与重纽四等的合流是《切韵》之后语音演变的一个明显的规律。《韵镜》把纯四等韵放入四等的格子中是中古后期实际语音的反映。

关于纯四等韵i介音的演变机制，学者们的认识基本上是一致的，即纯四等韵是e类元音，一等韵是其他类型的元音，后来，由于纯四等韵的e类主元音发生裂化，前面衍生出一个i介音。这个四等i介音的产生成了三四等韵得以合流的现实语音基础，也是韵图把它们同列四等的原因。后人往往以为四等韵从来就应当属四等，反而认为重纽四等以及四等的精组、喻$_{四}$是“假”的。这与实际情况正相反，因为重纽四等以及四等的精组、喻$_{四}$在《切韵》时期属丁类，本来就有i介音，纯四等韵是产生i介音之后才混入此列的。

（2）《切韵》音系的三等庄组后来失落前腭介音i，是韵图将其放入二等的现实依据。

学术界通常把排在韵图二等位置的庄组三等韵的字称为“假二等”。韵图的这种安排其实可以从音理上得到解释。黄笑山（2006）指出中古前期的 r 介音实际上是个近音［ɹ］，后来演变成近音［ɻ］，即由龈音变成卷舌音，由［＋前］的特征变成［－前］的特征。这个 r 介音新生的卷舌音色把舌前庄组声母同化，使之发生卷舌化，即 tsɹ－＞tʂ（ɻ）－（二等），tsɹi－＞tʂɻi－（三等）。三等庄组卷舌声母 tʂɻ 和硬腭介音 i 由于在发音机制上互相排斥，在发音的过程中逐渐把介音 i 消磨掉了，即 tʂɻi－＞tʂ（ɻ）－，从而与二等的庄组合而为一。也就是说，中古前期三等庄组介音中的硬腭特征到中古后期趋于消失，早期韵图把庄组二等和三等韵的字都放在二等的位置上反映的就是这种变化。

庄组三等介音硬腭特征的消失是一个逐渐演变的过程，是以词汇扩散的方式进行的。这种变化实际上早在《切韵》时期就开始了，臻韵的独立反映的就是这种音变。《切韵》音系中臻韵系和真韵系的关系是一个饶有趣味的问题。臻韵系只有平声臻韵和入声栉韵，而且只在庄组有字。真韵系庄组平声真韵和上声轸韵无字，去声震韵和入声质韵有字，但质韵与栉韵的字出现的位置互补。另外，殷韵系上声隐韵有一个“龀”字。因为殷韵系是纯三等韵，齿音位置不应有字，李荣（1956：144）认为这个字是从真韵上声轸韵误入此韵的。请看表 5：

表 5　真、臻韵系庄组小韵在“王三”中的分布

	真	轸	震	质		臻	○	○	栉
庄 ts	○	○	○	○		臻	○	○	栉
初 tsʰ	○	龀	榇	刹		○	○	○	○
崇 dz	○	○	○	龇		榛	○	○	○
生 s	○	○	○	○		莘	○	○	瑟

真、臻两个韵系庄组三等小韵分布上的互补特点，在《切韵》音系中显得十分特殊。这个问题正可以通过硬腭介音的消失来解释。

按照黄笑山（2006）的意见，由于庄组三等介音发生的卷舌化音变，原来“臻/栉”［tsɹi－］、“龀榇/刹”［tsʰɹi－］、“榛/龇”［dzɹi－］、“莘/瑟”［sɹi－］的音分别变成［tʂɻi－］［tʂʰɻi－］［dʐɻi－］［ʂɻi－］。卷舌音和腭介音i相拼不顺口，i介音逐步被卷舌音同化而走向消失。这种变化首先发生在真韵系平声字里，接着是入声字……这项音变在起始阶段就被韵书作者觉察到，把原来真韵系中丢失i介音的字记录在臻韵系中。也就是说，臻韵系的字是从真韵系的庄组字中分离出来的，《切韵》分立臻韵反映了当时语音的变化。

介音r的变化造成庄组三等韵腭介音i的丢失，在《切韵》以后继续以词汇扩散的方式向前发展。唐代武玄之的《韵诠》记录了这个扩散的进一步表现。这部失传的韵书从"琴韵"（侵韵）里分出"岑韵"，也是只有庄组字。"岑韵"的独立说明腭介音i的失落已经由原来的n/t尾韵扩散到m尾韵。

同样的变化继续发展，到早期韵图时代所有庄组三等的腭介音i都已消失，完成了"庄三化二"的过程，庄组三等和庄组二等变得相同。韵图作者把庄组三等字放在二等的位置反映的就是这一现象。联系后来的《蒙古字韵》和《中原音韵》来看（这两部韵书里的三等庄组字已经全部失去i，参见麦耘，2000），这种认识是符合语音演变的整体趋势的。

三等庄组字这种由细到洪的转变在今天的南方方言中还有所反映。按照学术界的通行看法，"假二等"的产生是韵图为了迁就章组声母（已经占据了三等位置）而把三等庄组字放在二等的位置上造成的，同时认为《方言调查字表》由于把庄、章组声母分开排列，就解决了"假二等"的问题（唐作藩，2016：115）。但是，陈泽平（1999）用《方言调查字表》记录福州音，发现三等庄组字在"遇、止、流、深、臻、宕、曾、通"八摄的文读音比较特别，请看表6：

表6 福州方言三等庄组字与其他声组字在内转八摄的文读音对比

	一等			三等							
	帮	端	见	帮	泥	精	知	庄	章	日	见
遇合	uo	u	u	u	y	y	y	u	y	y	y
止开				i	ie	yi	i	y	i	i	i
止合					ui	ui	ui	øy	ui	ui	
流开		eu			iu	iu	iu	eu	iu	iu	iu
深开					iŋ	iŋ	iŋ	eiŋ	iŋ	in	

续表

	一等			三等							
	帮	端	见	帮	泥	精	知	庄	章	日	见
臻开		ouŋ				iŋ	iŋ	eiŋ	iŋ	in	
臻合		ouŋ				uŋ	uŋ		uŋ		
臻开入				iʔ	iʔ	iʔ	iʔ	eiʔ	iʔ	iʔ	yʔ
臻合入								ou	u		
宕开	ouŋ	ouŋ	ouŋ		uoŋ	uoŋ	uoŋ	ouŋ	uoŋ	ouŋ	yoŋ
宕合			uoŋ	uoŋ							
宕开入	ouʔ	ouʔ	ouʔ		uoʔ	uoʔ	uoʔ		uoʔ	yoʔ	yoʔ
宕合入			uoʔ	uoʔ							
曾开	eiŋ	eiŋ	eiŋ	iŋ	iŋ	iŋ			iŋ	iŋ	iŋ
曾开入	øyʔ	eiʔ	eiʔ	iʔ	iʔ	iʔ	iʔ	eiʔ	iʔ		iʔ
通合		uŋ		uŋ	yŋ	uŋ	yŋ	uŋ	yŋ	yŋ	yŋ
通合入		uʔ		uʔ	øyʔ	yʔ	yʔ	uʔ	yʔ	yʔ	yʔ

从表6中可以看出，在福州方言里这几摄三等韵的庄组（即所谓的“假二等”）与章组以及其他声组的字存在明显的洪细对立，而与同摄一等韵趋于一致。三等庄组在福州话文读系统中的这种特殊表现不能不引起注意（庄章组的这种对立在其他南方方言中依稀存在，只不过没有福州话那么完整、有规律）。由于闽语的文读音与中古音系保持着比较整齐的对应关系，会让人很自然地想到早期韵图对这些三等庄组字安排（即放入二等的位置）的现实语音基础也是如此。

（3）章组声母卷舌化，与庄组合流形成照组。

在三等庄组失去硬腭特征，与二等庄组合并以后，原来所占的三等位置空了出来。这时，章组字（连带日母）正好填补这个位置。其结果是二等的庄组和三等的章组合在一起形成照组。这一转变意味着章组增加了卷舌特征，从而由早期的丁类转为韵图时期的三等（相当于前期的丙类）。至于章组为什么会由舌面音变成卷舌音，学术界有不同认识。麦耘（1994）认为是“拉链”（drag chain）的作用，即原来的三等庄组失去腭介音以后，留下的空位拉动了章组，即 tʂ ← tʂi ← tɕi。黄笑山（2006）则认为是中古 r 介音的消失所引起的连锁变化。具体说来，中古前期重纽三等韵的唇牙喉音都是带 r 介音的，这个介音后来被声母或腭介音 i 同化而失落（与庄组的情况正好相反），这样重纽三等韵的语音形式就由 pɹi－、kɹi－、ʔɹi－变为 pi－、ki－、ʔi－。这样一来，就迫使相应声母的重纽四等韵和纯四等韵的语音形式由 pi－、ki－、ʔi－进一步腭化为 pji－、kji－、ʔji－。这种腭化作用由此引起进一步的连锁反应，致使章组字让出腭音的位置进入三等卷舌呲音的位置（即庄三化二后留下的空位），也就是 ʨi → tʂi。

资料表明，庄、章两组的合流在唐末五代时期就已经完成。唐末《守温韵学残卷》已经把庄、章两组合为统一的照组（精清从是齿头音，审穿禅照是正齿音）。唐末五代的西北方音，庄、章两组不分（罗常培，2012［1933］：39）。邵雍《皇极经世书声音图》所反映的宋代汴洛语音，照组二三等也不分（周祖谟，1966）。另外，在《广韵》《集韵》里也有个别庄、章混切的例子。

当然，庄、章两组的合流是从声母的角度说的，从声介合母的角度看，依然有区别。直到《中原音韵》时期，除了“支思”韵庄、章组的字合并（还有“东钟”韵有一个小韵庄、章合用），庄、章组的字仍不同音。差别在于章组字有前腭介音 i，而庄组字没有（蒋绍愚，2005：72）。庄、章组作为出现条件互补的一组声母，成为早期韵图分别把它们放在二三等位置的客观语音基础。

以上是对韵书和韵图的声母系统与介音组合差异的介绍。联系其他语音材料所反映出的这一时期语音演变的总体趋势，这种声介组合差异反映了实际语音的演变，《韵镜》的四等格局以中古后期的实际语音为基础，这种观点是可以接受的，能够解释一些之前不容易解答的问题。

上文说的《韵镜》和《切韵》之间的语音差异主要是从时间角度考虑的，实际上二者之间还涉及标准语基础方言的转移问题。中古前期，金陵一带的读书音是当时的标准音，这一状况直到初唐时期仍没有多大改变。反映这一时期语音的玄应《一切经音义》的语音系统，十之八九还与《切韵》音系一致（周法高，1948）。随着时间的推移，首都长安一带的语音逐渐取得优势地位，至迟在中唐前后取代金陵音成为全国标准语。中唐时期的慧琳《一切经音义》就公开推崇“秦音”，并且贬斥以《切韵》为代表的旧标准音为“吴音”。这里的“秦音”其实就是当时北方的通语音系（储泰松，2005：23）。既然《切韵》和早期韵图分别代表中古前后期的语音系统，自然也就涉及标准语基础方言的转移问题。《韵镜》的语音基础在北方（葛毅卿，1957），《切韵》音系里的有些南方音特征在韵图里就没有体现出来，元韵的归属是一个明显的例子。元韵在韵书中处在文欣韵与魂痕韵之间，即与臻摄的韵排在一起，而在韵图中却是与山仙韵同图。这种排列顺序的不同正反映了二者语音基础的差异（马德强，2011）。相对而言，《韵镜》和《切韵》之间的语音差异主要还是时间因素造成的。

4. 余论

最后还要提到一种说法。鲁国尧（2003［1992］）20 世纪 90 年代撰文讨论《卢宗迈切韵法》时提出韵图具有“层累性”的特点。在韵图长期流传过程中，后人经常会根据自己的学识、爱好、师承，为求完善或切时，不断对其进行加工。后来鲁先生在其一系列论著中多次重申这个观点。就《韵镜》的流传情况来说，“层累性”的说法颇为贴切。这一观点对我们准确把握以及合理使用《韵镜》这类早期韵图具有重要的指导意义。杨军（2007）的《韵镜校笺》是近年出版的一本颇有分量的《韵镜》校注本，校注工作明显体现出层累思想。但是需要指出，尽管《韵镜》在流传过程中很可能有过各种改动，但是目前见到的韵图框架反映了制图时期的语音这一点不应当被否认。韵图具有“层累性”与韵图反映时音这两个方面不应当是对立的。

《韵镜》回归故土正好处于汉语音韵学由传统到现代的转型时期，《韵镜》认识的深入程度与现代音韵学的发展是相互促进的。学者们对《韵镜》的认识每前进一步，都在一定程度上反映出那个时期汉语音韵研究水平的提升。目前，这本韵图仍然存在诸多未解之谜。我们期待，随着汉语音韵研究的持续深入，《韵镜》的学术内涵及其研究价值日后能够被更多地发掘出来。

参考文献

陈泽平：《从现代方言释〈韵镜〉假二等和内外转》，《语言研究》1999 年第 2 期。

陈振寰：《音韵学》，湖南人民出版社，1986。

储泰松：《唐五代关中方音研究》，安徽大学出版社，2005。

高本汉：《中国音韵学研究》（中译本），商务印书馆，1940。

葛毅卿：《〈韵镜〉音所代表的时间和区域》，《学术月刊》1957 年第 8 期。

黄淬伯：《唐代关中方言音系》，中华书局，2010。

黄笑山：《〈切韵〉和中唐五代音位系统》，台湾文津出版社，1995。

黄笑山：《中古 r 介音消失所引起的连锁变化》，《山高水长——丁邦新先生七秩寿庆论文集》，中研院语言研究所，2006。

蒋绍愚：《近代汉语研究概要》，北京大学出版社，2005。

赖江基：《〈韵镜〉是宋人拼读反切的工具书》，《暨南学报（哲学社会科学版）》1991 年第 2 期。

李荣：《切韵音系》，科学出版社，1956。

李无未：《日本学者的〈韵镜〉研究》，《古汉语研究》2004 年第 4 期。

鲁国尧：《〈卢宗迈切韵法〉述论》，《鲁国尧语言学论文集》，江苏教育出版社，2003。

罗常培：《〈切韵〉鱼虞的音值及其所据方音考》，《历史语言研究所集刊》1931 年第 2 本第 3 分。

罗常培：《唐五代西北方音》，商务印书馆，2012。

罗常培：《〈通志·七音略〉研究》，《历史语言研究所集刊》1935 年第 5 本第 4 分。

麦耘：《关于章组声母翘舌化的动因问题》，《古汉语研究》1994 年第 1 期。

麦耘：《韵图的介音系统及重纽在〈切韵〉后的演变》，《音韵与方言研究》，广东人民出版社，1995。

麦耘：《汉语语音史上词汇扩散一例》，《声韵论丛》第 9 辑，学生书局，2000。

麦耘：《汉语语音史上“中古时期”内部阶段的划分》，载潘悟云主编《东方语言与文化》，东方出版中心，2002。

马德强：《中古元韵问题述论》，《宁夏大学学报（人文社会科学版）》2011 年第 4 期。

钱玄同：《林尹〈中国声韵学要旨〉序》，载刘思源主编《钱玄同文集》第 4 卷，中国人民大学出版社，1999。

唐作藩：《音韵学教程》（第 5 版），北京大学出版社，2016。

王力：《汉语音韵学》，中华书局，2014。

王力：《汉语音韵》，中华书局，2014。

杨军：《韵镜校笺》，浙江大学出版社，2007。

杨天石主编《钱玄同日记》，北京大学出版社，2014。

张世禄:《等韵学派系统的分析》,《张世禄语言学论文集》,学林出版社,1984。

张渭毅:《魏晋至元代重纽的南北区别和标准音的转变》,载北京语言大学汉语语言学研究中心《语言学论丛》编委会编《语言学论丛》第27辑,商务印书馆,2003。

郑张尚芳:《中古音的分期与拟音问题》,《郑张尚芳语言学论文集》,中华书局,2012。

周法高:《玄应反切考》,《历史语言研究所集刊》,中华书局,1948年第20本。

周祖谟:《宋代汴洛语音考》,《问学集》,中华书局,1966。

Edwin George Pulleyblank 1984. *Middle Chinese: A Study in Historical Phonology*, University of British Columbia Press.

David Prager Branner 2006. *The Chinese Rime Tables: Linguistic Philosophy and Historical - Comparative Phonology*, John Benjamins Publishing Company.

A Review of Modern Scholars' Understanding of *Yunjing*

Ma Deqiang

Abstract: As the earliest rhyme table in existence, the full play of *Yunjing*'s value depends, first of all, on a reasonable understanding of its nature. Modern scholars are gradually deepening their understanding of *Yunjing*. At first, scholars mainly focused on its reference role to the study of *Qieyun* phonology. Later, scholars gradually realized that it could also reflect the phonology of the rhyme table compilation period. As a reference book to help ancient scholars to spell fanqie of rhyme dictionary correctly, *Yunjing* shows *Qieyun* phonology in the framework of the late middle Chinese. Therefore, besides serving as a reference for the *Qieyun* phonology, it can also be used to study the phonology of the late middle Chinese and has independent value in the study of historical phonology. Every step forward in scholars' understanding of *Yunjing* reflects to some extent the improvement of the research level of Chinese phonology in that period.

Keywords: *Yunjing*, phonology nature of rhyme table, middle Chinese phonology

基于精准评估的汉语儿童读写障碍高效矫正案例

谢桐同[#]　李南娇[#]　陆　烁　李　毅　黄楚芬[*]

（深圳大学外国语学院神经语言学实验室）

提　要　读写障碍是儿童语言障碍的重要类型，其相对高发、矫正难度大、干预效果差。本案例以一名7.5岁存在读写障碍的儿童为对象，依据行为测试与神经探测等精准评估手段，开展为期3个月的针对性训练与家庭矫正训练，并探索其矫正效果。结果显示，训练对象的读写能力得到了较大提升，读写障碍基本解除。这一案例表明，精准评估结合家长参与的针对性语言矫正训练对于儿童语言障碍解除具有显著效果，并可为后续读写障碍儿童语言矫正提供参考。

关键词　儿童语言障碍　发展性读写障碍　读写障碍矫正　精准评估　高效矫正

1. 引言

读写障碍（dyslexia）的根源在于识字解码过程中存在困难，导致儿童读写能力与同龄人相差较大，其可分为获得性读写障碍（acquired dyslexia）

---

* 本文通讯作者，通讯邮箱：huangcf@ szu. edu. cn。#对本文有同等贡献。本研究得到了国家社科基金重大项目（项目编号：22&ZD299）、国家社科基金后期资助项目（项目编号：YYB023）、深圳大学人文社会科学高层次团队项目—领军学者创新团队项目（项目编号：24LJXZ02）的经费支持。

与发展性读写障碍（developmental dyslexia），前者主要是后天原因造成脑部损伤导致，而后者则通常由与语言相关的功能缺陷导致（详见 Lambon Ralph & Patterson, 2005; Rayner et al., 2001; Vellutino & Fletcher, 2005; 等等）。发展性读写障碍主要表现为字形—音素对应规则（Grapheme – Phoneme Correspondence Rules，简称 GPC 规则）习得困难（Coltheart et al., 1993），对患者的词汇辨识、语音解码与拼写能力造成影响（Vellutino & Fletcher, 2005），程度亦有轻重之分（见 Rayner et al., 2001）。目前，发展性读写障碍影响 5%—10% 的汉语儿童，若缺乏有效的早期干预，会导致儿童学习成绩落后，甚至对儿童认知、情感与未来发展产生负面影响（如程鲁月、常欣，2023；李虹、舒华，2009；刘钟泠等，2023）。因此，读写障碍的早期发现与干预极为重要。

目前，对于发展性读写障碍，表音文字系统的评估工具相对完善，如英文评估体系比较全面，且覆盖全年龄段人群。对于汉语这一表意系统，我国香港地区的评估也相对完善，不仅覆盖了语音意识（phonological awareness, PA）、语音记忆、快速命名等核心能力，还结合了汉语正字法意识和语素意识（详见刘钟泠等，2023）。然而，对于普通话，国内现有测试手段相对较少，如吴汉荣等（2006）编制的《儿童汉语阅读障碍量表》，或医生根据临床观察判定。国内以筛查性量表为主，而诊断性测试较少，未能建立统一的评估标准。虽然香港地区已有较为完善的评估与诊疗体系，但由于其在口语上侧重使用粤语、在书面语上使用繁体字等客观原因，大陆地区无法照搬其评估体系（见金花等，2009；刘钟泠等，2023）。

针对汉语儿童读写障碍的干预矫正，训练人员会采用拆解汉字并讲解笔画顺序、汉字结构等方式提高读写障碍儿童的书写能力，并通过让他们重复阅读等手段提高其阅读流畅性（见程鲁月、常欣，2023）。然而，这些方法缺乏精准评估的依据（尤其是高密度脑电图的认知神经科学证据），另外，现阶段大多案例缺乏语言学专业人士参与，训练者与儿童是一对一模式甚至是一对多模式，难以做到具有针对性地解决读写障碍。另外，家庭训练是重要补充，非语言学专业人士难以给出科学、合理、有效的家庭训练建议，导致训练效果大打折扣。

本案例以一名7.5岁存在汉语读写障碍的儿童为对象，探索基于行为测试、高密度脑电的精准评估与家长参与的语言矫正训练的效果。

2. 对象与方法

2.1 训练对象

小雨（化名），7.5岁，女，右利手，常用语言为普通话，非常喜欢听故事和画画。参与本研究前，小雨上二年级，学习成绩中等偏下，在书写和阅读方面存在困难，有时被认为学习马虎，不够用心。据家长反映，小雨书写汉字存在部件左右互换、上下颠倒的情况（如“秋”字左右互换），英文字母书写同样存在类似问题（如混淆“b”和“d”）；自主阅读语句存在困难，习惯依靠他人朗读来理解语句意思；对长篇阅读有明显抗拒心理；自主写作比较困难，能流利地口头表达自己的想法但无法用文字表达。

2022年12月，小雨一家来到深圳大学神经语言学实验室，进行儿童读写能力评估及障碍矫正训练。小雨一家自愿参与本研究项目，并签署知情同意书。本研究开展过程中，小雨未接受其他机构提供的读写训练。

2.2 训练前评估

训练前，实验室团队为小雨做了一系列的精细读写能力评估和精密神经探测评估，以诊断小雨的读写障碍症结。

2.2.1 言语交际能力

使用实验室自主开发的汉语儿童言语交际能力智能测评系统（Zhang et al.，2020）对小雨进行言语交际能力的评估，测试项目包含图片复述、视频复述和自由发言，从听理解、发音、表意、句法与交际五个方面对儿童的言语交际能力进行综合分析。

在上述测试中，小雨关于句子和语篇的听理解能力较好，可以正确理解题目内容，能快速、准确地完成复述，声母、韵母、声调都基本准确，未出现明显的发音偏误和音位混淆情况。句子产出能力正常，语法复杂程度正常，懂得运用长句和复杂句。表达逻辑正常，表意基本清晰。偶尔存在表达不连贯的情况，但能及时纠正。与人交际时能完成良好的语言互动，言语交际的积极主动性较强。

经初步评估，该儿童听理解能力较好，语言表达逻辑与言语交际能力正常。

2.2.2 瑞文智力测试与韦氏儿童智力测试

瑞文智力测试是一种非文字智力测试，从逻辑推理、空间感知等多个方面评估被试在各认知领域的表现。我们采用张厚粲、王晓平（1985）修订的瑞文测试对小雨进行评估。小雨原始测试得分为 35 分，处于中下水平，C、D 类题目错误较多。考虑到她年纪较小，暂未熟练掌握抽象逻辑推理能力，且测试过程中并未发现明显认知障碍，故判定综合认知能力正常。

此外，韦氏儿童智力量表是全球通用的智力量表，具有较高的信效度。因此，我们采用该量表第四版（中文版）对小雨进行测试（张厚粲，2008）。测试结果表明，小雨的智力与认知水平较高，在同龄人中属于优秀水平（超过 92% 的同龄人）。其中，她的言语理解与加工速度属于优秀水平，知觉推理属于中上水平，而工作记忆属于中等水平。在言语理解中，小雨能准确理解和完成需口头表达的任务，在抽象概括、解释词义、图片命名等任务中表现良好，说明其具备较好的语言理解能力和表达能力，超过同龄人平均水平。在知觉推理中，小雨的视觉—动作协调能力较好，积木拼摆、矩阵推理等题目完成较好。小雨的工作记忆能力正常，可完成 6 位数的顺序背数与 3 位数的倒序背数，处于中等水平。另外，小雨的加工速度较好，在完成译码与符号检索等测试中正确率较高。小雨的加工速度指数稍高于工作记忆和知觉推理的指数，说明其具备较好的眼手协调能力和短期视觉记忆力。小雨韦氏测试结果详见表 1。

表 1 小雨韦氏儿童智力量表第四版（中文版）测试结果

量表	合成分数	95%置信区间
言语理解	言语理解指数:126	118～131
知觉理解	知觉推理指数:112	103～119
工作记忆	工作记忆指数:100	93～107
加工速度	加工速度指数:122	110～128
全量表	总智商:121	115～125

2.2.3 识字量测验与读写能力测试

通过义务教育阶段学生识字量测验（一至二年级版，见温红博等，2015）与学龄儿童读写能力测试（一至二年级 A 卷，见陆烁、丘国新，2022），从识字量、汉字词识读、阅读理解、汉字书写、句法五个方面，对小雨的读写能力进行全面评估。

在此次测试中，小雨识字量测试得分为 67 分，与同年级儿童相比属于正常水平（50 分及以上）。在汉字词识读方面，小雨基本能正确识别汉字，并运用所给汉字进行组词，汉字字形的快速识别能力较弱，对于符号意义的处理速度较慢且正确率不高，无法拼音识读。在阅读理解方面，小雨篇章阅读理解能力较差，阅读意愿低，有较强的抵触心理。由于汉字词快速识读能力较弱、字形—字义—字音处理能力较弱，小雨语句阅读理解能力一般，阅读速度较慢。小雨虽可以从文本篇章中提取出所需信息，但有时难以归纳文章思想主旨。在汉字书写方面，小雨汉字抄写能力基本正常，但自主书写能力一般，对于“竹”“助”等四会字（注：会读、会认、会写、会默的汉字），无法自主书写。在句法方面，小雨语法逻辑能力较弱，不能正确使用简单关联词，且无法正确搭配动宾、兼语等语法结构。本次读写能力测试具体得分情况见表 2。

表 2 小雨读写能力测试得分情况

测试题型	实际得分/满分	障碍阈值
选字填空	4/12	22
看图选句子	2/4	

续表

测试题型	实际得分/满分	障碍阈值
书写汉字	5/8	
阅读理解	6/8	
关联词填空	0/5	22
连线题	3/5	
总分	20/42	

基于以上测试结果，并结合其他书写情况，初步判定小雨的综合读写能力低于同龄人平均水平，可能有中度读写障碍，主要问题在汉字词识读、符号加工、拼音识读、句法等方面。

2.2.4 汉字视觉加工测试

视觉辨认能力是判断儿童读写障碍的重要因素（黄秀霜、谢文铃，1997）。使用高密度脑电图技术，对其进行汉字视觉加工测试，探测小雨对汉字视觉加工的神经响应。我们将大量试次中所得到的脑电图对齐，进行叠加平均，得到事件相关电位（event - related potential，ERP），测量指标主要为潜伏期（刺激呈现后波幅达到峰值的时长，单位为毫秒）和波幅（脑部电位活动大小，单位为微伏）。本实验设置三种条件，分别是汉字刺激、人脸刺激与实物图片刺激。

对于汉字刺激，左右颞枕区于100～110毫秒前后出现P1波形（即视觉初级加工成分，刺激出现的100毫秒前后出现明显正波），根据常模数据，即与同龄一般儿童相比潜伏期正常，波幅较小；于190～200毫秒前后出现N170波形（即刺激出现的170毫秒前后出现明显负波），潜伏期和波幅基本正常。对于人脸刺激，左右颞枕区于100～110毫秒前后出现P1波形，潜伏期和波幅均正常；于190～200毫秒前后出现N170波形，潜伏期和波幅正常。对于图片刺激，左右颞枕区于100～130毫秒前后出现P1波形，潜伏期和波幅均正常，详见图1。

测试结果显示，小雨汉字视觉神经加工存在轻度迟缓状况。与同龄一般儿童相比，汉字刺激的响应的P1较小；与人脸及实物图片刺激的响应相比，

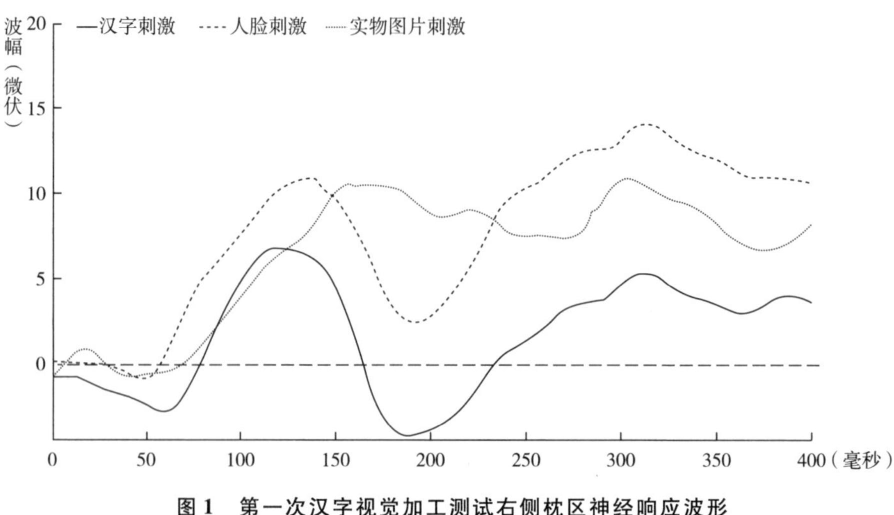

图1　第一次汉字视觉加工测试右侧枕区神经响应波形

汉字刺激的响应的P1较小，提示小雨的视觉加工通路神经发育良好，但汉字加工视觉通路敏感性低。

2.2.5　汉字复杂词汇视觉加工测试

使用高密度脑电图技术，对小雨进行汉字复杂词汇视觉加工测试，探测其对汉字词汇视觉加工的神经响应。实验设置三种条件，分别是真词刺激、假词刺激与非词刺激。

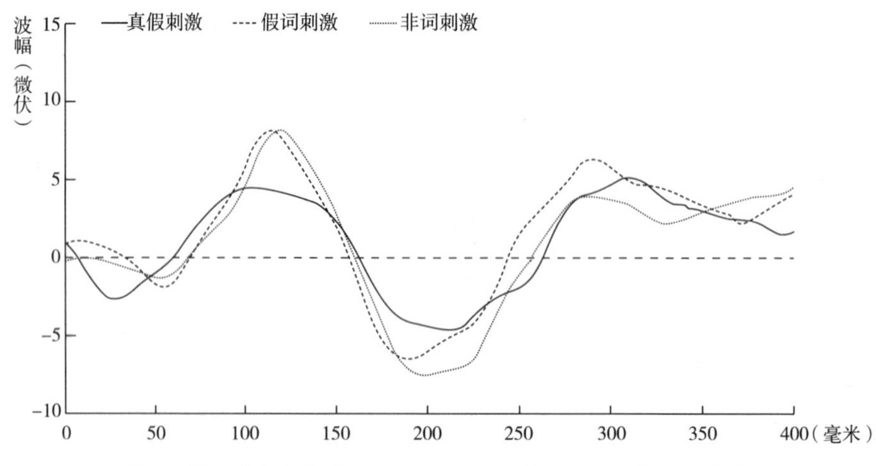

图2　第一次汉字复杂词汇视觉加工测试左侧枕区神经响应波形

对于真词刺激，P1 波形在左右颞枕区于 100～120 毫秒前后出现，两侧潜伏期均正常。根据常模数据，除右侧颞区波幅外，左右颞区、左侧颞区波幅略高于同龄一般儿童；在左右颞枕区于 200～210 毫秒前后出现 N170 波形，潜伏期、波幅均正常。在左右额区于 380～420 毫秒前后出现 N400 波形（即刺激呈现后约 400 毫秒出现明显负波）。

对于假词刺激，在左右颞枕区于 110 毫秒前后出现 P1 波形，潜伏期正常，除右侧颞区波幅外，左右颞区、左侧颞区波幅略高于同龄一般儿童；在左右颞枕区于 190～200 毫秒前后出现 N170 波形，潜伏期正常，左侧颞枕区波幅正常，右侧颞枕区幅值略高于同龄一般儿童。在左右额区于 360～420 毫秒前后出现 N400 波形。

对于非词刺激，在左右颞枕区 110～120 毫秒前后出现 P1 波形，潜伏期正常，除右侧颞区波幅外，左右颞区、左侧颞区幅值略高于同龄一般儿童；在左右颞枕区 200～220 毫秒前后出现 N170 波形，潜伏期正常，左侧颞枕区波幅正常，右侧颞枕区幅值略高于同龄一般儿童。在左右额区 320～380 毫秒前后出现 N400 波形。

测试结果反映，小雨词汇识别早期加工能力发育存在轻度异常，主要表现在假词与非词的 N170 幅值略高于同龄一般儿童，表明其汉字词汇视觉加工敏感度低。N400 的波形表现，表明小雨的汉字词汇的语义启动及后续加工能力基本正常。综合小雨阅读能力判断，得知其汉字词汇视觉加工熟练度略低。

2.2.6 现场观察

在整个测试过程中，小雨能够快速理解测试者的问题并做出回应，能够持续专注地倾听或观看实验刺激，表达欲望较强，注意力与认知方面未见明显异常。

基于综合评估结果，小雨不存在智力障碍、认知障碍等发育问题，其核心问题是读写障碍。这可能与家长过分注重儿童听力输入、忽视儿童的读写训练有关，并在很大程度上抑制儿童读写能力发展。具体障碍表现在小雨的汉字视觉加工能力较弱，汉字词汇视觉加工熟练度略低，一定程度上导致其汉字部件识别准确率低，阅读语句困难，进而对读写产生抗拒、畏难的情绪。

2.3 训练方法

针对小雨的障碍症结，实验室团队成立了具有针对性的矫正训练小组，迅速制定精准矫正的语言训练方案，于2023年3月至6月开展了两期语言训练。

2.3.1 训练内容

第一期语言训练旨在帮助小雨克服书写和阅读的畏难心理，并强化其汉字视觉加工能力和汉字词汇视觉加工能力。

为了克服小雨对读写的畏难心理，营造轻松愉悦的读写训练氛围，训练形式和材料充分考虑其自身特点和爱好。例如，训练初期，实施人员发现小雨非常喜欢拼图、小猫等，因此训练形式采用拼图来强化她的视觉空间识别能力；在阅读材料中融入小猫相关元素来增加阅读的趣味性；通过描红的形式提高小雨的控笔能力，培养其良好的书写习惯。此外，采取积分换奖品等多种方式，提高小雨训练的积极性和注意力。适当调整字体的行距和大小，缓解小雨阅读时的畏难心理。

在读写方面，训练小组根据儿童语言发展规律，制定了循序渐进的视觉空间能力强化和汉字部件强化的训练方案。例如，让小雨从易到难进行拼图，逐步强化她的视觉空间识别能力和视觉空间记忆能力。汉字部件训练先从高频且位置固定的处于左右结构的偏旁入手，继而训练处于上下结构的偏旁。运用造字法向儿童解释偏旁部首的含义，再结合图片解释汉语字词的意义，加深小雨对汉语字词的识别和理解。阅读训练先让小雨进行阅读，减少跳行、读错字、增减字的情况，再通过角色扮演、问题抢答等方式让其逐步熟悉短文内容，继而提高她对文本的熟悉程度（训练大纲见表3，示例见图3）。

表 3　第一期读写训练大纲

<table>
<tr><th>训练材料</th><th>训练重点</th><th>训练内容</th></tr>
<tr><td rowspan="5">1. 拼图
2. ppt
3. 故事短文
4. 绘本
5. 描红本</td><td>1. 观察并了解不同的汉字结构组合模式
2. 图形和位置的工作记忆训练</td><td>1)视觉空间识别和视觉空间记忆
2)汉字结构:左右结构、上下结构</td></tr>
<tr><td>3. 基础常见汉字偏旁的音义理解和识别</td><td>三点水、提手旁等常见偏旁汉字的文本材料</td></tr>
<tr><td>4. 基础汉字部件的书写,强调空间结构的准确度
5. 图画描红,提高儿童的控笔能力和改善书写习惯</td><td>1)人教版小学一、二年级语文教科书的四会字词
2)儿童感兴趣的描红图案</td></tr>
<tr><td>6. 视觉符号的快速识别能力
7. 短文(绘本)朗读和内容复述</td><td>阅读故事短文,快速选出目标字</td></tr>
<tr><td>8. 巩固训练内容,提高熟练度,强调流利朗读</td><td>在家复习、巩固、训练所学的字词、短文</td></tr>
</table>

江河

水池

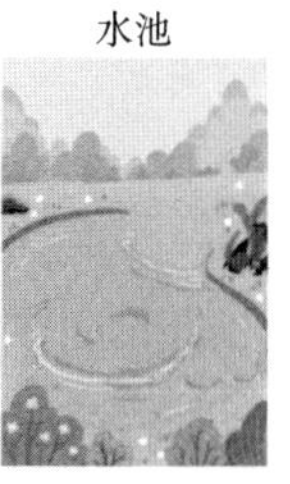

洗澡

图 3　训练内容示例

第一期读写训练后，小雨书写更加工整、汉字结构书写问题明显改善；书写的汉字左右部件互换的情况有所减少。朗读更加流利，跳行、读错字、增减字的情况减少。语句阅读理解能力得到加强，语文、数学和英语考试成绩明显提高，学习的自信心提升，对于读写的畏难心理得到有效的缓解。

在此基础上，训练小组对小雨展开了第二期读写训练。鉴于小雨在绘本阅读、短文圈字、图画描红方面的良好表现，后期逐渐将此部分训练改为家庭训练。结合家长的需求与儿童的兴趣，后期训练加入了对英语自然拼读法的学习，提高了儿童对英语正字法规律（orthographic rules）的把握。

此外，汉字部件强化逐步转向全包围、半包围结构，以及位置相对灵活且常用的偏旁部首。为了进一步提高小雨的书写能力以及使其对汉字结构比例有精准的把握，训练人员将田字格换成方格，阅读材料的篇幅也随着儿童能力的提高而增加，并通过划分意群的方式，缓解其阅读的畏难心理。

第二期读写训练重点练习句法与语言逻辑。针对小雨在句法上的弱项设计了看图写句子环节，让小雨使用目标字词造句。随着小雨能力的提高，看图写句子环节过渡到看图写两句话，甚至功能性写作。训练着重提高她的语法逻辑能力，加强其对关联词语，动宾、兼语等语法结构的把握。具体训练大纲见表4。

表4　第二期读写训练大纲

训练材料	训练重点	训练内容
1. 拼图 2. ppt 3. 故事短文 4. 描红本 5. 绘本	1. 复杂图形的工作记忆能力(后期改为家庭训练)	1)视觉空间识别和视觉空间记忆 2)汉字结构:全包围结构,半包围结构为主
	2. 全包围和半包围结构、较复杂或位置相对灵活且常用的偏旁部首,讲解偏旁—字—词的意义促进儿童对汉语字词的识别和理解 3. 复习和巩固已学的偏旁部首	1)广字旁、病字头等较复杂的偏旁部首 2)复习已学的偏旁部首
	4. 让儿童读短文并根据短文内容回答问题,通过大量重复方式让儿童流利朗读	字数为400~500字的故事短文
	5. 词语的抄写和自主书写,看图造短句	人教版小学一、二年级语文教科书的四会字
	6. 语篇的写作,强调自主书写的欲望和积极性。强调书写语句语法逻辑的正确性	1)结合生活进行功能性写作 2)鼓励写长单句和复句
	7. 掌握英语单词常见正字法规律	常见规则单词的自然拼读
	8. 以兴趣为导向,进行家庭巩固和强化训练	在家复习和抄写已学的目标汉字、单词,流利朗读短文(绘本)

2.3.2　具体实施方法

第一期语言训练从2023年3月上旬开始，为期1.5个月。第二期语言训练从2023年4月中下旬开始，为期1.5个月。两期训练均采用现场训练的形式，每周开展4次，平均训练时长为90分钟。训练前先和家长了解小雨近况，训练后与家长反映儿童训练情况，布置家庭作业，家长上传家庭训练视频至微信群，与训练小组讨论交流，根据小雨的表现情况，及时调整训练进度及内容。

3. 结果

3.1 训练后评估

在完成两期语言训练后，对小雨进行第二次读写能力评估。评估结果显示，小雨的书写能力、综合阅读能力、汉字字词视觉加工能力等均获得明显提高。

3.1.1 识字量测验与读写能力测试

使用义务教育阶段学生识字量测验（一至二年级版，见温红博等，2015）、学龄儿童读写能力测试（一至二年级 B 卷，见陆烁、丘国新，2022）进行第二次识字量测验与读写能力测试。小雨在识字量测试中得分为 75 分，比上一次测试提高 8%，汉字字形的识别与掌握程度良好，能快速、正确地运用所给汉字组词，汉字认读能力正常，但仍存在把个别汉字错误识别为同音字的情况；对于部分字形陌生的汉字，倾向于认读汉字的某个部件，此类错误符合儿童语言能力发展规律。另小雨的抄写能力、自主书写能力已赶上同龄一般儿童水平。

在阅读理解方面，小雨基本可以从文本篇章中提取出所需信息。与上一次测试相比，小雨归纳文章思想主旨的能力有所提高，并且阅读意愿明显加强、阅读速度明显提升，注意力集中。在关联词填空题中，小雨最终作答正确率为 100%，较上一次测试同类型题目作答正确率（0%）有明显提升，表明她的语法逻辑能力有明显进步。在连线题中，小雨能及时纠正搭配不当的选项，最终作答正确率由上一次测试的 60% 提高至本次测试的 100%，表明小雨已能正确搭配定中、动宾、连谓、动补、兼语语法结构。整体结果提示小雨综合读写能力正常，具体得分见表 5。

表 5 第二次识字量测验与读写能力测试得分情况

测试项目		实际得分/满分
识字量		75/100
读写测试	选字填空	8/12
	看图选句子	2/4
	书写汉字	4/8
	阅读理解	5/8
	关联词填空	5/5
	连线题	5/5
	总分	29/42

3.1.2 汉字视觉加工测试

在第二次高密度脑电图汉字视觉加工测试中，小雨在各条件下的神经响应强度与速度，与同龄一般儿童相比，均处于正常水平；与第一次测试相比，对汉字刺激的神经响应增强，表明小雨汉字加工敏感性增强。

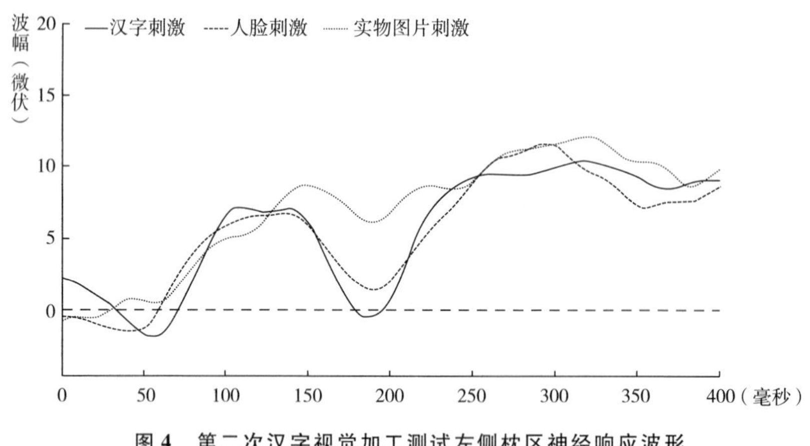

图 4 第二次汉字视觉加工测试左侧枕区神经响应波形

对于汉字刺激，在左右颞枕区于 100~110 毫秒前后出现 P1 波形，潜伏期和波幅均正常；于 190~200 毫秒前后出现 N170 波形，潜伏期和波幅基本正常。对于人脸刺激，在左右颞枕区于 100~110 毫秒前后出现 P1 波形，潜伏期和波幅均正常；于 190~200 毫秒前后均出现 N170 波形，潜伏期和波幅正常。

与第一次测试相比，本次测试小雨在观看汉字刺激时的 P1 成分表现正常，与人脸刺激、实物图片刺激条件相比，P1 幅值无明显减弱，未出现第一次测试中汉字刺激 P1 成分幅值低于其他条件的情况，表明小雨对于汉字加工的敏感性增强。

3.1.3 汉字复杂词汇视觉加工测试

小雨在第二次汉字复杂词汇视觉加工测试中，除右侧枕区呈现显著增强性激活外，其他条件的神经响应速度和强度与同龄一般儿童平均水平相近。与第一次测试相比，对假词刺激、非词刺激的神经响应趋于正常，表明小雨汉字词汇加工敏感性增强。

对于真词刺激，P1 波形在左右颞枕区于 100 ~ 120 毫秒前后出现，两侧潜伏期均正常，左侧枕区波幅正常，右侧枕区波幅高于同龄一般儿童；在左右颞枕区于 200 ~ 210 毫秒前后出现 N170 波形，潜伏期、波幅均正常。在左右额区于 380 ~ 440 毫秒前后出现 N400 波形。

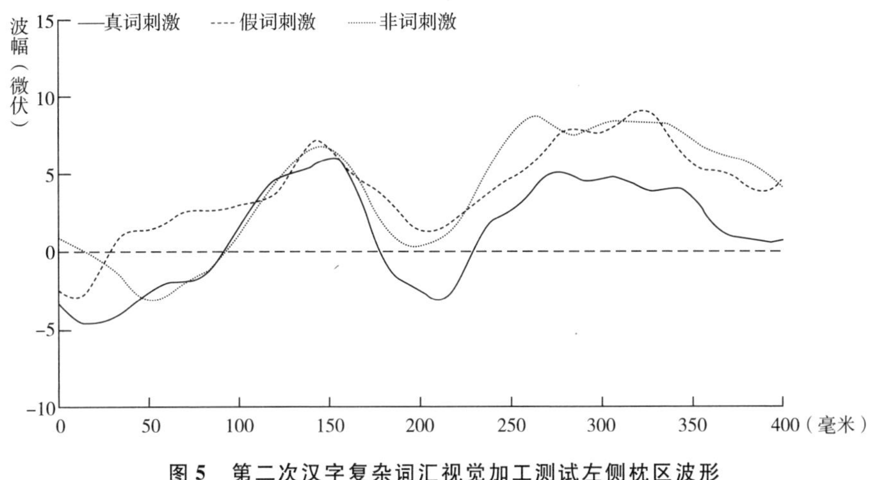

图 5 第二次汉字复杂词汇视觉加工测试左侧枕区波形

对于假词刺激，左右颞枕区于 120 毫秒前后出现 P1 波形，潜伏期正常，左侧枕区波幅略高于同龄一般儿童，右侧枕区波幅高于同龄一般儿童；左右颞枕区于 190 ~ 200 毫秒前后出现 N170 波形，潜伏期、波幅均正常。左右额区于 400 ~ 500 毫秒前后出现 N400 波形，潜伏期、波幅均正常。

对于非词刺激，在左右颞枕区于 110～120 毫秒前后出现 P1 波形，潜伏期正常，左侧枕区波幅略高于同龄一般儿童，右侧枕区波幅高于同龄一般儿童；在左右颞枕区于 190～200 毫秒前后出现 N170 波形，潜伏期、波幅均正常。在左右额区于 380～450 毫秒前后出现 N400 波形，潜伏期、波幅均正常。

本次测试中，小雨在加工词汇刺激时 N170 响应活动趋于正常，未出现第一次测试中非词刺激激活异常强于其他刺激的情况，表明其对于视觉汉字词汇任务完成的熟练度提升。P1 成分右侧波幅综合呈现显著增强性激活，词汇刺激内部相差不大，未出现第一次测试中假词、非词刺激 P1 成分幅值高于真词刺激的情况，表明小雨对于正常词汇加工的敏感性增强，汉字词汇的视觉加工成熟程度提升。

综合来看，在小雨针对汉字复杂词汇加工的视觉辨别过程中，其词汇识别早期加工能力趋于正常（主要表现在 P1 与 N170 趋于正常化激活，而 P1 右侧波幅呈现显著增强性激活）。N400 波形表现更加优化，表明被试儿童对汉字词汇的语义启动及后续加工趋于正常，表明小雨汉字词汇视觉加工熟练度有所提升。

第一次测试（训练前）的神经探测结果表明，该被试儿童视觉加工通路发育正常，在人脸刺激与实物图片刺激时能诱发正常的视觉加工响应，但在加工汉字刺激时表现出敏感度和熟练度略低的状况，提示在汉语字词加工早期阶段可能存在迟缓现象。而第二次测试（即训练后）的神经探测结果表明，儿童在汉语字、词层面的早期加工中熟练度有所提升，汉字字词早期加工不敏感的情况基本解除，提示小雨汉字阅读敏感性增强。

综合上述评估结果，小雨的汉字阅读能力表现出较大提升，具体表现在汉字字词视觉加工的早期加工敏感性提升，汉字字词视觉加工的成熟度提高，综合阅读能力提升，障碍基本解除。

3.2 家长反馈

实验室团队的训练效果获得了小雨一家的强烈认可。家长感觉小雨的汉字书写有明显进步，书写汉字结构更加工整，部件颠倒的情况大量减少

（见图 6 对比）；句子结构更加完整且有逻辑；阅读能力与意愿增强；学习成绩明显提高，自信心增强。

小雨妈妈表示，训练结束后，其对儿童读写障碍有了更加清晰和深刻的认识。她以前认为儿童写字差、错别字多、不愿意阅读，是学习马虎、态度不端正的问题，在辅导儿童写家庭作业时，无法理解儿童的难处，容易失去耐心，与儿童发生争执。在训练过程中，小雨妈妈对小雨读写困难的症结逐步有了清晰的认知，也意识到自己之前对儿童读写困难存在误解。现在对儿童无法完成的读写作业能给予包容和理解，并且能更加科学地辅导儿童写作业，与儿童相处也更为融洽。

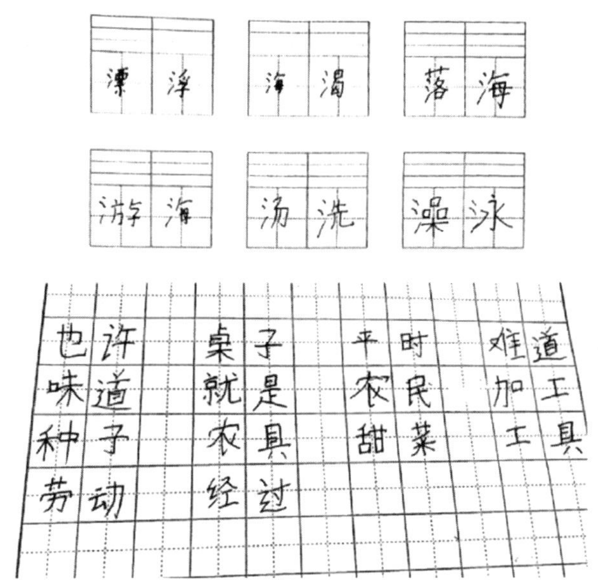

图 6　小雨训练初期（上）与训练结束后（下）汉字书写比较

4. 讨论

本研究以一名 7.5 岁的存在汉语读写障碍的儿童为对象，进行 3 个月的针对性读写矫正训练，使该儿童的汉字字词视觉加工和综合阅读能力都提升至同龄人一般水平，读写障碍基本解除。本研究证明，基于汉语特征和汉语儿童读写能力发展规律，加以精准评估的高效矫正，可以获得良好的效果。

4.1 儿童读写障碍矫正需要科学、精准的评估

首先，读写障碍也称读写困难，是一种常见的特定语言障碍。读写障碍儿童往往具备一般儿童的特征，如智力正常，能流利表达自身需求，交际能力良好，等等。其区别于一般儿童的主要特征为，能口头表达但无法用文字表达；阅读能力差，总会出现跳字、漏字的情况；书写常常出现上下颠倒、左右互换的情况；等等。上述表现通常与脑神经发育等生理因素相关，也与儿童语言环境不良有关。学校老师和家长有时对儿童读写障碍缺乏正确的认知，容易把儿童读写困难归咎于儿童自身不努力、态度不端正，导致儿童自信心减弱，对读写产生抵触心理，甚至产生厌学心理。因此，当儿童出现读写障碍时，需要及时通过科学的评估来明确儿童障碍成因，以免错过读写矫正的最佳时期。

其次，必须从语言学层面来精准评估儿童读写障碍的成因。对于不同类型的读写困难表现，要建立在精细的读写能力评估的基础上对儿童进行个性化矫正，才能高效地帮助儿童解除核心障碍，提高读写能力。

4.2 儿童读写障碍矫正需要遵循汉语儿童学习发展规律

从整体来看，拼音文字系统具有表音性，所以英语母语儿童的读写障碍主要在于声韵处理能力缺陷（phonological processing deficit，见李虹、舒华，2009；欧芸、詹勇，2017；Vellutino & Fletcher，2005；Zhang et al.，2023；等等）。同时，与荷兰语、芬兰语等拼音文字不同，英语正字法透明度更低，使英语儿童更依赖语音意识。然而，汉字往往被认为是表意文字，除了语音意识，正字法、词法与视觉能力等同样是汉语读写障碍儿童落后于正常儿童的重要方面（Huang & Hanley，1995；Zhang et al.，2023）。

因此，在本次训练中，结合汉语自身特点，实验室团队成员为小雨进行了汉语视觉加工与词汇视觉加工的高密度神经探测。结合神经探测结果，我

们重点训练小雨的视觉加工能力与汉字部件加工能力，针对前者，采用儿童喜爱的积木与拼图进行训练以提高工作记忆能力；对于后者，从比较简单、常见的偏旁部首出发，结合部件含义，从左右结构到上下结构，最后是全包围与半包围结构，训练小雨的四会字书写与阅读，使其汉字书写能力以及更高阶的阅读能力逐渐提高，并增强学习汉语的信心，从而形成正向反馈。

4.3 儿童读写障碍矫正需要加强家庭训练指导

本案例中，小雨读写能力的显著提升离不开家长的密切配合和不懈努力。这给我们以下三点启示。

第一，积极创设读写情境。家长应当积极创设读写情境，为儿童提供写作和阅读的动机，让儿童体会到写作表达和阅读的乐趣，提高儿童文字表达的自信心。在训练的过程中，儿童难免会出现厌倦、抗拒、学习动力不足的情况。家长最了解儿童学习习惯以及兴趣爱好，因此可根据儿童的喜好，制定合理的奖惩机制来提高儿童学习的积极性，不可无条件满足儿童或一味对儿童进行惩罚。

第二，积极并持续参与训练。开始训练后的半个月，小雨的读写能力提升，学校成绩明显提高。因此，家长逐渐放松心态，仅仅依靠实验室的训练，忽视家庭训练的重要性，然而一周 6 个小时的训练量显然无法实现新突破。因此训练人员及时调整训练方案，将部分简单的训练环节调整为家庭训练。训练过程中让家长在一旁观看学习。不久，儿童的读写能力得到提高，且小雨的家长意识到家庭训练的重要性，将语言训练贯穿到家庭生活的细节中，并逐步掌握儿童读写训练技巧，训练进展得越来越顺利。

第三，家长与训练人员要做到随时沟通，家长要及时反馈。在安排家庭训练时，训练人员要充分考虑训练的可行性与家长的执行力。训练方案要尽量写得通俗易懂、具体易行，如每个训练任务都标明具体的引导方式、完成的次数、训练要点等。完成家庭训练后，家长应该及时反馈儿童的训练情况；训练人员要及时根据反馈给出建议，与家长共同探讨、摸索最佳训练模式。

参考文献

程鲁月、常欣：《汉语发展性阅读障碍干预研究进展及其启示》，《中国特殊教育》2023年第4期。

黄秀霜、谢文铃：《阅读障碍儿童与普通儿童在视觉辨认、视觉记忆与国语文成就之比较研究》，《特殊教育学报》1997年第12期。

金花、何先友、莫雷：《汉语发展性阅读障碍诊断方法探讨》，《华南师范大学学报（社会科学版）》2009年第5期。

李虹、舒华：《阅读障碍儿童的语言特异性认知缺陷》，《心理科学》2009年第32期。

刘钟泠、刘铎、万勤、陈津津：《中外发展性阅读障碍评估方法对比》，《教育生物学杂志》2023年第3期。

陆烁、丘国新：《汉语儿童语言障碍精准筛查》，科学出版社，2022。

欧芸、詹勇：《浅析汉字与拼音文字的阅读障碍致因差异》，《伊犁师范学院学报（社会科学版）》2017年第2期。

温红博、唐文君、刘先伟：《义务教育阶段学生识字量测验的编制研究》，《语言文字应用》2015年第3期。

吴汉荣、宋然然、姚彬：《儿童汉语阅读障碍量表的初步编制》，《中国学校卫生》2006年第3期。

张厚粲：《〈韦氏儿童智力量表〉第四版（中文版）》，培生出版社，2008。

张厚粲、王晓平主修《瑞文标准推理测验手册（中国城市修订版）》，北京师范大学出版社，1985。

Coltheart, M., B. Curtis, P. Atkins, &M. Haller. 1993. Models of reading aloud: Dual - route and parallel - distributed - processing approaches. *Psychological Review*100(4): 589 - 608.

Huang, H. S., &J. R. Hanley. 1995. Phonological awareness and visual skills in learning to read Chinese and English. *Cognition* 54(1): 73 - 98.

Lambon Ralph, M. A., &K. Patterson. 2005. Acquired Disorders of Reading. In M. J. Snowling&C. Hulme(Eds.), *The Science of Reading: A Handbook*(pp. 413 - 430). Oxford, UK: Blackwell Publishing Ltd.

Rayner, K., B. R. Foorman, C. A. Perfetti, D. Pesetsky, &M. S. Seidenberg. 2001. How psychological science informs the teaching of reading. *Psychological Science in the Public Interest* 2(2): 31 - 74.

Vellutino, F. R. &J. M. Fletcher. 2005. Developmental Dyslexia. In M. J. Snowling&C. Hulme (Eds.), *The Science of Reading: A Handbook*(pp. 362 - 378). Oxford, UK: Blackwell Publishing Ltd.

Zhang, L., Z. Xia, Z. Yang, H. Shu, &Y. Zhang. 2023. Recent advances in Chinese developmental dyslexia. *Annual Review of Linguistics* 9: 439 - 461.

Zhang, X., F. Qin, Z. Chen, L. Gao, G. Qiu, &S. Lu. 2020. Fast screening for children's developmental language disorders via comprehensive speech ability evaluation—using a novel deep learning framework. *Annals of Translational Medicine* 8(11): 1 - 14.

A Case Study of High - efficiency Intervention with Precise Assessment for a Dyslexic Mandarin - speaking Child

XIE Tongtong[#] *LI Nanjiao*[#] *LU Shuo* *LI Yi* *HUANG Chufen*[*]

Abstract: As an important subtype of language disorder in children, dyslexia is characterized by a relatively high incidence, difficulties in rehabilitation, and poor intervention performance. This case study explores the effect of the targeted training based on precise assessment methods including behavioral evaluation and neuroimaging. A seven - and - half - year old Mandarin - speaking child with dyslexia received a targeted training program of three months in the laboratory with parental participation at home. The results indicate that the reading and writing abilities of the participant improved significantly, and the dyslexia was essentially resolved, which further shed light on subsequent language intervention for children with dyslexia.

Keywords: Language disorder in children; Developmental dyslexia; Dyslexia intervention; Precise assessment; High - efficiency intervention

图书在版编目（CIP）数据

汉语语言学．第四辑 / 中山大学中国语言文学系《汉语语言学》编委会编．--北京：社会科学文献出版社，2023.12

ISBN 978-7-5228-2955-5

Ⅰ.①汉… Ⅱ.①中… Ⅲ.①汉语-语言学-文集 Ⅳ.①H1-53

中国国家版本馆 CIP 数据核字（2023）第 245177 号

汉语语言学（第四辑）

编　　者 / 中山大学中国语言文学系《汉语语言学》编委会

出 版 人 / 冀祥德
责任编辑 / 李建廷
文稿编辑 / 王佳萌
责任印制 / 王京美

出　　版 / 社会科学文献出版社
地址：北京市北三环中路甲 29 号院华龙大厦　邮编：100029
网址：www.ssap.com.cn
发　　行 / 社会科学文献出版社（010）59367028
印　　装 / 三河市尚艺印装有限公司

规　　格 / 开 本：787mm × 1092mm　1/16
印 张：24.5　字 数：377 千字
版　　次 / 2023 年 12 月第 1 版　2023 年 12 月第 1 次印刷
书　　号 / ISBN 978-7-5228-2955-5
定　　价 / 98.00 元

读者服务电话：4008918866